Stuart Pigotts Wilder Wein

Stuart Pigotts

Wilder Wein

Reise in die Zukunft
des Weins

Mit Stephen Taylor

Aus dem Englischen
von Ursula Heinzelmann

[handschriftliche Widmung:]
Liebe Petra Weißbar,
dieses Buch habe ich
für Menschen geschrieben,
die Neugier & Mut
für das Besondere besitzen!

Scherz

Die allermeisten Menschen, die mir geholfen haben,
erscheinen in diesem Buch. Einer ist vollkommen unsichtbar,
weil unsere Begegnung 20 Jahre zurückliegt.
Ohne ihn aber hätte ich das Ganze nicht schaffen können.
DANKE CHRISTOPHER FRAYLING.

Bei den Recherchen zu diesem Buch habe ich mit vielen Menschen gesprochen,
die namentlich nicht unbedingt erwähnt werden wollten.
In diesen Fällen habe ich mich für Phantasienamen entschieden.
Stuart Pigott

www.fischerverlage.de

Zweite Auflage 2006
Erschienen bei Scherz, ein Verlag der
S. Fischer Verlag GmbH, Frankfurt am Main

© S. Fischer Verlag GmbH, Frankfurt am Main, 2006
Lektorat: Martina Seith-Karow
Herstellung: Robert Buchmüller
Satz: MedienTeam Berger, Ellwangen
Druck und Bindung: Clausen & Bosse, Leck
Printed in Germany

ISBN-13-978-3-502-15035-0
ISBN-10-3-502-15035-4

Inhalt

Wilder Wein oder
Die wunderbare Unordnung auf
Planet Wein

Der Duft des Weins ist kühl und belebend wie eine Brise an einem schwülen Tag. Ich hebe das Glas langsam an die geöffneten Lippen, die die Wärme der durch die Wolken brechenden Sonne spüren. Mit dem ersten Schluck schießt der Wein einen belebenden Energiestoß durch meinen Körper, der sanft kribbelnd wie elektrischer Strom in mir pulsiert. Vor meinem inneren Auge eröffnen die Aromen des Weins eine atemberaubende Landschaft: Bergketten erstrecken sich, eine nach der anderen, weit in die dunstige Ferne. Ich verweile vor dem hinreißenden Panorama, behalte den Wein im Mund, vergesse die Welt um mich herum, und dann, als ich ihn schließlich gehen lasse, höre ich, wie er mir nachruft, höre sein Echo in den Tälern widerhallen. Und ich verliere mich in ... wie lange war ich weggetreten? Ein paar Sekunden, eine halbe Minute? Ich setze mich mechanisch in Bewegung, und stolpere durch die Tür. Ich muss hinaus auf den Weg des Weins, doch dann:

BLITZ!

Die Welt wird schlagartig elektrisch-weiß, dann kracht einen Bruchteil einer Sekunde später hirnerschütterndes Donnerrollen über mich wie ein monströser grauer Tsunami:

KRAAACH-KRAAACH-Kraaaaaaawwwwuuuummmmmmmm!

Licht sticht in meine Augen. Donner bohrt in meinen Ohren. Es ist ein Gefühl, als prallten beißende Helligkeit und klirrender Lärm gleichzeitig auf mein Hirn wie ein Schwarm langer, spitzer Nadeln. Plötzlich zuckt ein Strom von Erinnerungsfetzen durch meinen Kopf, grellbunte und düstere Bilder fliehen haltlos vorbei. Ich taumle nach vorn. Ist das das Ende?

Gott sei Dank, oder wer auch immer da oben für ihn das Haus

hütet, es ist nicht das Ende. Eine sanfte Welle der Erleichterung durchflutet mich und richtet meinen Körper aus der geduckten Haltung auf – wie eine Comicfigur, die wieder zu dreidimensionaler Gestalt aufspringt, nachdem sie der Stoß eines Ambosses plattgedrückt hat. Doch es hilft nichts; mein Hirn bleibt platt. Die simple Wahrheit ist, dass ich in meiner katerbedingten Benommenheit – *wieder zuviel Wein!* – gedankenlos direkt in die Sonne geschaut habe, als ich aus dem gut besetzten Inneren des »Café Toulouse«, wo ich mit meiner Frau Ursula und unserem Kofferberg saß, auf die Münchner Orleansstraße getreten bin. Ich würge ein paar tiefe Atemzüge hinunter und versuche, einen klaren Kopf zu bekommen, aber die Luft an dieser belebten innerstädtischen Durchfahrtsstraße ist heiß und stinkt ekelerregend nach Auspuffgasen.

Im Unterschied zu den allermeisten Menschen, die diesen Zustand kennen, kann ich professionelle Gründe für meine Leiden anführen. Es ist ein unvermeidliches Risiko meiner Tätigkeit als Autor von Zeitungskolumnen, Zeitschriftartikeln und Büchern über Wein. Neben anderen Dingen verlangt dieser Job, dass ich sehr häufig Wein verkoste, um ihn zu beschreiben und zu bewerten; worum mich so gut wie jeder, mit dem ich über meine Arbeit spreche, beneidet. Allerdings kann ich mir schwer vorstellen, dass mich jemand um meinen gegenwärtigen Zustand beneidet!

Zumindest weiß ich noch, wo *oben* und *unten* ist, wenn auch meine Wahrnehmung von *oben* zweifellos leicht, aber doch entscheidend von der anderer Passanten hier abweicht, so wie sich auch der magnetische Nordpol nicht mit dem geographischen deckt – obgleich sie beide das sind, was wir im Westen als die *Oberseite* unseres Planeten betrachten. DIESE SEITE NACH OBEN! – KÜHL LAGERN.

Mein Zustand ist das Ergebnis meiner Auffassung vom Weinverkosten, die *nicht* darin besteht, mir einen weißen Laborkittel umzuhängen, um pseudowissenschaftliche sensorische Analysen durchzuführen, und auch *nicht* darin, Wein zögerlich in diskreten kleinen Schlucken zu testen, die im Mund mit der durch gespitzte Lippen eingesaugten Luft kreisen, bevor sie mit großer Präzision in einen maßangefertigten Spucknapf entsorgt werden. Nein! Dieses Ritual ist zu weit entfernt von der alltäglichen subjektiv-irrational-fröhlichen Wirklichkeit des Weinkonsums, als dass ich glauben könnte, dass die Wahrheit im Wein sich mir durch solchen kurzen und oberflächlichen Kontakt erschließen könnte. Wenn ein Wein interessant ist, dann will ich vielmehr herausfinden, wie es ist ihn zu *trinken*, und über diese Erfahrung kritisch berichten. Das ist ziemlich sicher der bessere Weg zur Wahrheit im Wein, weil der Trinker zwangsläufig einen viel längeren und intensiveren Kontakt mit dem Wein hat. Deshalb *schlucke* ich, muss ich schlucken, was mich zweifellos zu einer Art professionellem Trinker macht.

Gestern Abend in unserer Wohnküche und auf dem Balkon unserer kleinen Wohnung am Hackeschen Markt in Berlin-Mitte waren Ursula und ich am Weinverkosten in der bei uns üblichen Weise, ohne Rücksicht auf das, was unsere Kollegen als professionell objektiv und korrekt bezeichnen würden. Das bedeutete Wein in großen Schlucken, die – langsam und bedächtig – konsumiert wurden, bis erst das Glas und dann die Flasche leer waren, worauf ich ging und die nächste holte. Die Flaschen stammten aus einer Kiste mit *Mustern*, die ein Weinproduzent geschickt hatte, ein normales Vorkommnis, das sich aber schwer unter Kontrolle halten lässt. Manche dieser Muster werden nämlich nicht nur kostenlos von Winzern und Händlern geschickt, sondern auch ohne dass wir sie angefordert hätten. »Gratis-Wein« klingt für viele unserer Freunde und Bekannten herrlich, aber sie haben keine Ahnung, wie schrecklich manche dieser nicht angeforderten Weine schmecken:

VORSICHT! DER WEIN IN DIESER FLASCHE IST FÜR DEN MENSCHLICHEN KONSUM NICHT GEEIGNET!

Diese Auffassung von Weinkostung ist die logische Folge meiner selbstgewählten Rolle als *Gonzo-Weinjournalist*. Ich spreche oft davon, dass ich mich auf den Spuren des Gründers des *Gonzo-Journalismus* bewege, Hunter S. Thompson. Er verpulverte den gesamten Vorschuss seines Verlegers für ein dickes Motorrad, um ein Jahr mit den San Francisco Hell's Angels herumzufahren und dann ihre Geschichte in einem Buch mit dem schlichten Titel »Hell's Angels« niederzuschreiben. Bei dieser Form von Journalismus dreht sich alles darum, so nah wie möglich an den Gegenstand des Interesses heranzukommen; und dazu gehört auch *man selbst* als Journalist, der versucht, in diesen Gegenstand förmlich *ganz hineinzukriechen*. Wenn man dabei erfolgreich ist, dann *kriecht es auch in einen selbst hinein*. An einer Stelle im Buch fragt sich Thompson, ob er nicht selbst zu einem Hell's Angel geworden ist. Aber nur so konnte er herausfinden, worum es bei dieser Motorradbande wirklich ging. Wenn man diesen Weg wählt, um über Wein zu schreiben, dann führt das unweigerlich zu Exzessen. Wie bereits mein Landsmann, der englische Dichter William Blake, vor beinahe zwei Jahrhunderten bemerkt hat, lässt sich nur herausfinden, wie viel genug ist, wenn man entdeckt, wie viel zuviel ist.

Die Grenze zwischen genug und zuviel ist ein entscheidender Aspekt des Erlebnisses Weintrinken. Heutzutage ist es nichts Ungewöhnliches, dass ein Wein im ersten Moment einen plausiblen und oberflächlich attraktiven Eindruck erweckt – süßer, fruchtiger Duft, dann ein weicher, runder Geschmack –, jedoch spätestens nach einem Glas beginnt, wie unerträglich klebriger Kitsch zu schmecken. Der Wein hat sich nicht verändert, vielmehr wird dem Trinker bewusst, dass die Flüssigkeit in seinem Glas nichts als Make-up und Silikon ist, womöglich unter dieser ganzen Kosmetik überhaupt kein echter Körper steckt. Ich nenne diesen Geschmack *flauschig-weißes Kuschelhäschen*, weil solche Weine unserem *Babygeschmack* entsprechen. Der ist weltweit gleich, im Gegensatz zum kulturgeprägten und individuellen Erwachsenengeschmack, der deshalb ein ernsthaftes Hindernis für kulturenübergreifende globale Weinmarken darstellt – dem unerklärten Ziel der den heutigen

Weltweinmarkt beherrschenden Großkonzerne. Deshalb bedienen industrielle Weinproduzenten gerne diesen *Babygeschmack* – mit Erfolg: *flauschig-weißes Kuschelhäschen* ist ein enormer Verkaufsschlager rund um den ganzen Erdball.

Es gibt noch eine andere Art von geschmacklich standardisierten Weinen – weniger bedeutend, was die Menge betrifft, aber lautstark im Auftreten –, die ich *Action-Helden* nenne; dicke, harte Weine mit glänzenden Muskeln, aufgepumpt mit Steroiden. Sie sind nur bei jenen Konsumenten so richtig beliebt, die Weinzeitschriften regelmäßig lesen und bei der Weinauswahl höchsten Wert darauf legen, wie viele Punkte die wichtigen Weinkritiker jedem Wein gegeben haben. Hier haben wir es mit dem *Geschmack der pubertären Unsicherheit* zu tun.

Das Problem damit ist, dass es nur wenig Orte auf der Welt gibt, an denen aufgrund der natürlichen Bedingungen Weine mit den Geschmacksprofilen *flauschig-weißes Kuschelhäschen* oder *Action-Held* wachsen. Der größte Teil dieser Weine wird im Keller gemacht, unter Zuhilfenahme immenser technischer Möglichkeiten der Weinmanipulation. Einige der wirksamsten Manipulationsmethoden erfordern allerdings nicht einmal den Einsatz blitzender Hightech-Geräte. In Weinproduktionsstätten um den gesamten Erdball zählen der Geschmack der biologischen Vielfalt der Reben, der klimatischen Unterschiede sowie regionaler Weintraditionen zu den *Kollateralschäden* eines weltumspannenden Weinhandelskrieges. Handelskrieg ist wahrhaftig das richtige Wort, weil die gegenwärtige weltweite Überproduktion an Wein um die fünf Milliarden Liter beträgt. Die großen Weinkonzerne entdecken zur Zeit, was für ein hartes Geschäft es ist, in einem übersättigten, von Preisnachlässen regierten Markt mit Wein das große Geld zu machen.

Der Exzess von gestern Abend hatte viel mit dem guten Geschmack eines Weins des Jahrgangs 1999 namens TRAUM zu tun. Er stammte vom STAATSWEINGUT WEINSBERG in Württemberg/ Deutschland, besaß einen wunderbaren Duft nach bitterer Schokolade und schmeckte, obgleich es ein mächtiger, kraftvoller Wein war, als ließe man sich in ein riesiges, tiefes, rubinrotes Samtsofa fallen. Dann war da noch seine kleine Schwester, die 1999 TRAUMZEIT, die vielleicht nicht ganz so köstlich, aber doch im positiven Sinne bemerkenswert war. Ich gebe zu, diese Beschreibung klingt, als handle es sich bei dem Paar eventuell um *flauschig-weiße Kuschelhäschen-Weine*. Die Tatsache, dass noch der letzte Tropfen aus dem letzten Glas aus der letzten Flasche ebenso gut schmeckte wie der erste, beweist in meinen Augen jedoch, dass es an ihnen nichts Infantiles oder Synthetisches gab; *innovativ* und *geschmeidig* schließen nicht zwangsläufig wahren Charakter und Stil beim Wein aus. Das hätte ich nicht unbedingt herausgefunden, ohne sie zu trinken. Diese Weine zeigen, wie schwierig es ist, klare einfache Antworten auf die Fragen zu finden, wohin sich die Weinwelt unserer Zeit bewegt. Klare einfache Antworten gehören zu der Welt vor der Globalisierung! Ich muss auch zugeben, dass sich die Weinwelt stets als komplexer erwiesen hat, als ich es mir vorstellte. Jedes Mal, wenn ich in eitler Überzeugung wähnte, nun zu wissen, wie alles funktionierte, stolperte ich über eine köstliche Überraschung.

Es führt auch kein Weg an der Tatsache vorbei, dass ich seit 20 Jahren an einer Sucht nach dem sinnlichen Rausch der von Duft und Geschmack des guten Weins ausgelösten Begeisterung leide. Nach meinem *ersten Schuss* großen Weins war ich süchtig, und der *Kitzel solcher Entdeckungen* zog mich in den Weinjournalismus. Ich stellte fest, dass mir als Journalist ein legitimer Grund zugestanden wurde, nicht nur alle Arten von Wein zu verkosten, sondern auch die Menschen kennen zu lernen und die Orte zu besuchen, die sich hinter diesen Weinen verbargen. Türen begannen sich für mich zu öffnen, und allmählich erlebte ich viel mehr als nur den Wein im Glas. Das einzige Problem ist, dass Wein auch die harte Droge Äthylalkohol enthält. Die Sucht nach diesem unkontrollierten Stoff kann ebenso zerstörerisch sein wie Heroinsucht. Meistens klopfe ich mir selbstgefällig auf die Schulter, weil ich meine Weinsucht anscheinend unter Kontrolle habe, doch dann befinde ich mich wieder in einer solchen Situation wie hier in München, und mir wird klar, dass mich der Wein ebenso im Griff hat wie ich ihn.

Ich gehe langsam auf den Schatten einiger Bäume zu, in der Hoffnung, dort dem dröhnenden Lärm der vorbeifahrenden Lastwagen, Autos und Busse zu entkommen.

Ich muss ein stilles Plätzchen finden, um meinen Lektor Frank Pfälzer anzurufen, um ihm die allerletzten Korrekturen für mein in Kürze erscheinendes Buch »Schöne neue Weinwelt« durchzugeben. Das ist der Grund, warum mir meine berufliche Vergangenheit, neuere Entwicklungen der weltweiten Weinindustrie und der Inhalt meines Glases gestern Abend durch den Kopf gehen. Um zu zeigen, wie grundlegend sich die Weinwelt durch die Globalisierung verändert hat, habe ich eine Weltkarte »auf dem Kopf« – mit Europa unten und der Antarktis ganz oben – auf die Vorsatzpapiere gestellt, und darauf sind zwei Orte falsch markiert: Los Angeles/California und Rocky Gully/Western Australia.

Ein Straßenschild sagt mir, dass ich den Orleansplatz erreicht habe, eine grüne, schattige halbrunde Oase. Ich suche mir eine ruhige Ecke, an der mich die Leute, die aus der U-Bahn heraufkommen, nicht umrennen, hole mein Handy heraus und tippe Pfälzers Nummer. Er ist nicht gerade glücklich über die Änderungen, weil der Herstellungsprozess des Buches schon weit vorangeschritten ist, aber er explodiert zumindest nicht. Als ich das Handy wieder ausschalte, spüre ich eine zweite Welle der Erleichterung. Ich habe es zur Ziellinie geschafft! Jetzt ist das Rennen gegen die Zeit vorbei, und meine Gedanken wandern nach Kalifornien, dem Ziel der Reise, zu der wir heute früh aufgebrochen sind, mit ebenso viel Stöhnen, Ächzen und Quietschen wie die Straßenbahnen, die auf der anderen Seite des Orleansplatzes fahren.

Obgleich es in Kalifornien nicht gerade wenige industrielle Weinproduzenten gibt, trifft man dort auch viele der kreativsten. Sie gehören zu der *Lichtseite* der aktuellen Weinwelt, auf der alle

Winzer sich mit denselben wirtschaftlichen Herausforderungen konfrontiert sehen und dieselben kreativen Möglichkeiten haben. Wer diese Möglichkeiten ergreift, zählt zu den Freidenkern, die wie die Reben mit dem Land tief verwurzelt sind. Ihre Weine unterscheiden sich geschmacklich extrem voneinander, weil sie das Ergebnis eines höchst eigenständigen Erzeugungsprozesses sind und die nicht weniger eigenständigen Wachstumsbedingungen der Reben widerspiegeln. Jeder Mensch hat selbstverständlich seinen eigenen Geschmack, aber in meinen Augen ist dies *Erwachsenengeschmack*. Es ist das vollkommene Gegenteil der industrialisierten Weine, die in ein vorgefertigtes Schema gepresst werden, um sich in das eine oder andere Nervenzentrum der Konsumenten einzuklinken, und um dieses Geschmacksabenteuer zu erleben, reisen wir nach Kalifornien.

Die Erkenntnis, dass diese positiven Weinmöglichkeiten jetzt weltweit die gleichen sind, zumindest überall dort, wo Reben zu wachsen gewillt sind, ist das freudige Fazit in »Schöne neue Weinwelt«. Und ich jubelte, als mir Ursula vor einem Jahr, an einer Straßenecke in San Francisco, die Augen dafür öffnete, dass jeder Aspekt unserer globalisierten Welt eine von unzähligen Schichten bildet, die sich übereinander auf die Erdoberfläche legen und die globalisierte Welt an sich bilden. Ich jubelte, weil mir plötzlich klar wurde, dass die starre alte Hierarchie des Weins – mit Frankreich oben an der Qualitätspyramide und Bordeaux als glitzernder Spitze, die nach Ansicht der meisten meiner Kollegen lediglich einiger Nachbesserungen bedarf – tatsächlich zusammengebrochen war. Selbst die Unterscheidung zwischen der *alten Weinwelt* Europas und der *neuen Weinwelt* in Übersee, an die sich viele noch klammern, hat keine wirkliche Bedeutung mehr. Diese Kategorien haben sich mit der Globalisierung aufgelöst. All diese alten Schinken gehören in den Abfalleimer der Geschichte, weil sie nicht mehr der Wirklichkeit entsprechen. »Schöne neue Weinwelt« beschreibt meine lange Entdeckungsreise zum *Planet Wein*.

14

Heute kann ich von einem Aussichtspunkt auf diese Reise zurückschauen, der mir einen wesentlich besseren Überblick bietet, als ich ihn am Anfang der Arbeit an »Schöne neue Weinwelt« hatte. Damals hatte ich nur viele Hinweise, Vermutungen und Spuren, die verfolgt werden mussten. Hier im kühlen Schatten des Orleansplatzes wird mir plötzlich klar, dass *Planet Wein*, also der Fall der alten Hierarchien und Kategorien, eigentlich auch bedeutet, dass die *alten Regeln* des Weins hinfällig sind. Dieser Gedanke lässt mich ein wenig erschaudern, was zugleich beunruhigend und angenehm ist. Was bedeutet das?

Mit den *alten Regeln* meine ich die Dinge, die mir als unumstößlich überliefert wurden, als ich vor 20 Jahren anfing, mich professionell mit Wein zu beschäftigen, als mittelloser Kunststudent in London. Zum Beispiel gibt es die so genannte 30–50-Regel. Sie besagt, dass Qualitätsweine ausschließlich zwischen dem 30. und 50. Breitengrad nördlich und südlich des Äquators erzeugt werden können. Doch trifft es wirklich zu, dass sowohl die Pole als auch die Tropen zwangsläufig nicht zu *Planet Wein* gehören? Vor kurzem haben wir einen trockenen Weißwein aus Chenin Blanc-Trauben von Château de Loei in Nordost-Thailand und einen Rotwein aus Cabernet Sauvignon-Trauben von Grover Wines unweit von Bangalore in Indien verkostet – Orte, die eindeutig in den Tropen liegen – und sie schmeckten mehr als angenehm. Wir haben diese Flaschen mühelos geleert! Wenn diese Weine keine Ausnahmeerscheinungen waren, bedeutet das, dass diese *alte Regel* keine Gültigkeit mehr hat. Ob das so ist, kann ich aber nur herausfinden, indem ich in diese Länder reise, in fremde Kulturen eintauche, die auch in Bezug auf Wein lange Zeit als vollkommen fremd galten. *Gonzo* ist der einzige Weg, um diese neuen tropischen Weine zu verstehen.

Eine andere Regel lautet, dass gewisse Weinstile für gewisse Regionen selbstverständlich sind, während andere Stile dort einfach nicht passen. Daraus wird abgeleitet, dass jeder junge Winzer bei der Weinzubereitung dem Weintypus der vorherigen Generation folgen muss, um überhaupt eine Chance zu haben, gute Weine zu erzeugen. In Deutschland gibt es jedoch eine *junge und wilde* Generation von Winzern, die anscheinend *ganz andere* Weine machen und Wein in eine Form von Rock'n'Roll verwandeln. Wenn diese Eindrücke zutreffen, dann fliegt noch eine Regel über Bord.

Als neutraler Beobachter dieses Phänomens würde ich einem Verhaltensforscher gleichen, der den Mäusen in seinem Labor zusieht. Ich könnte erkennen, wohin die Mäuse rennen, aber ich hätte keine Ahnung, *was für ein Gefühl* es ist, eine Maus zu sein. Also gibt es auch hier keine Alternative zur *Hardcore-Gonzo-Recherche*.

Eine ganze Menge anderer Fragen schießen mir plötzlich kreuz und quer durch den Kopf, zu viele, viel zu viele! Ich kann sie nicht hier und jetzt sortieren, aber sie stellen alle jene alten Regeln zur Disposition, die klar und unnachgiebig in der Weinwelt zwischen Möglichem und Unmöglichem trennen. Es ist das Wein-Pendant zu der Newtonschen Physik und der perspektivischen Ansicht des Universums, bei der sich alle gerade Linien in der hinter ihm liegenden Unendlichkeit treffen.

Ich weiß, dass es sich im dynamischen Kalifornien lohnen wird, nach Beweisen dafür zu suchen, dass die alte Ansicht der Weinwelt gleichermaßen überholt ist, aber leider sind wir nicht auf direktem Weg dorthin unterwegs. Wir hängen hier in München herum, weil wir auf einen Anschlusszug nach Südtirol in Norditalien warten. Ich Idiot habe zugesagt, beim 4. Internationalen Gewürztraminer-Symposium in Tramin einen Vortrag zu halten, und das bedeutet vier Tage in einem Gebiet, das im Allgemeinen in der Fachwelt als wenig dynamisch, um nicht zu sagen langweilig gilt. Was zum Teufel hat mich da geritten?

Ich blicke auf meine Uhr. Es ist Zeit, zurück zu Ursula ins Café zu gehen. Unser Zug fährt in 20 Minuten, und wir müssen noch das Gepäck und auch uns selbst hinüber auf den Bahnsteig schleppen. Als ich mich umdrehe, fällt mein Blick auf den riesigen Betonblock des Bahnhofs München Ost auf der anderen Straßenseite, aber der Gedanke, unseren Kofferberg durch die Hitze in diese Hässlichkeit zu transportieren, stört mich plötzlich nicht im Geringsten. Der schreckliche Hammer in meinem Vorderkopf hat abrupt aufgehört zu schlagen! Wenn die alten Weinregeln wirklich keine Gültigkeit mehr haben, dann ist die ganze Weinwelt *wild* geworden, ist jetzt von wunderbarer Unordnung geprägt. Das würde bedeuten, dass sich dafür selbst in einem Gebiet Beweise finden lassen sollten, in dem scheinbar seit Jahren keine neuen Entwicklungen stattfinden und das noch dazu ein Touristenziel mit lange überschrittenem Haltbarkeitsdatum ist. Wenn es mir gelingt, auch nur winzige Beweise in der vertrauten Weinwelt der europäischen Alpen aufzuspüren, die vor Veränderungen bewahrt wird wie eine im Bernstein gefangene Fliege, dann sollte es davon an den offensichtlicheren äußeren Grenzen der gegenwärtigen Weinwelt massenhaft geben.

Ich gehe den Bürgersteig der Orleansstraße entlang und bemerke, dass mein »Oben« wieder mit dem der mich umgebenden Passanten übereinstimmt; auch wenn mein Kopf voller Gedanken ist, die sie überhaupt nicht interessieren, zeigt mein innerer Kompass auf den denselben Norden wie der ihre. Ich trete ins »Café Toulouse« und brauche einen Moment, um mich an das Dämmerlicht im Innern zu gewöhnen.

»Gut, dass du endlich kommst, wir müssen gehen«, sagt Ursula in dem abrupten Jetzt-reiß-dich-zusammen-Ton, den sie immer dann anschlägt, wenn die Zeit knapp ist. Ich winke der Bedienung. Ursula hat schon lange den letzten Löffel Milchschaum ihres Latte Macchiato ausgekratzt und sucht hektisch ihre Sachen zusammen. Ich trinke den letzten Schluck meines Mangosafts – Versuch einer Katerkur – und greife nach Tasche und Koffer. Jetzt habe auch ich es eilig. Ich höre den Ruf der Wildnis!

Schwer beladen stolpere ich über die Straße und folge Ursula eine breite Betontreppe hinunter in den Bauch des Bahnhofs. Ein Sperrfeuer von multikulturellen Fastfood-Düften überwältigt meine Nase, aber es erscheint mir wie ein Vorgeschmack auf die kommenden Monate. Ein elektronisches Schild erinnert mich, heute sei der 15. Juli 2003. Wie lange wird es dauern, um all die Recherche zu unternehmen, die in meinem Kopf nach und nach Gestalt annimmt? *Gonzo* ist *gonzo*, und das heißt, dass man den Torpedo reiten, die Geschichte verfolgen muss, wohin und so lange sie einen trägt. Als ich die Treppe zum Bahnsteig hinaufkeuche, weiß ich lediglich, dass wir in vier Stunden, um 15:29, in Südtirol ankommen werden. Ich bin soeben auf den Torpedo gestiegen. Gott allein, oder wer auch immer da oben für ihn das Haus hütet, weiß, wo und wann die Reise enden wird.

Alpine Umwege und
die Pigott-Methode

Es ist später Nachmittag, der Himmel von blassblauer Weite, durch die sich hoch oben weiße Wolkenfäden ziehen. Für einen 18. Oktober schönes Wetter, aber bisher war es nicht ganz der goldene Oktober, auf den die Winzer im Moseltal gehofft haben. Hätte der starke Regen vor ein paar Tagen nicht endlich aufgehört, wäre das für die Lese wahrscheinlich eine Katastrophe gewesen. Durch die offenen Türen des Kelterhauses kann ich sehen, wie die Sonne die gekräuselte Wasseroberfläche des Flusses silbern glitzern lässt; davor die vorbeirasenden Autos auf der B50. Doch eigentlich gilt meine ganze Aufmerksamkeit den kleinen Träubchen. Winzige, goldene Rieslingbeeren, die ich zusammen mit Berni Schug, dem großen bärtigen Kellermeister des WEINGUTS DR. LOOSEN bei Bernkastel, aus einer hässlichen grünen Glasfaserbox auf einem Anhänger in die offene Weinpresse schaufele. Die Presse ist ein großer hellgelber Metallzylinder, der liegend auf vier Füßen mit Rädern befestigt ist. Noch bevor der Kompressor, der das pneumatische System antreibt, anspringt, läuft unten der erste Saft heraus in die flache Auffangwanne. Selbst von hier oben auf dem Anhänger kann ich ihn riechen; eine berauschende Fruchtigkeit mit einem tropischen Touch. Einen Augenblick lang halte ich inne und inhaliere tief. Unten im Keller wird der Saft in Kürze seine Verwandlung in die 1988 ERDENER PRÄLAT AUSLESE GOLDKAPSEL beginnen, ein Prozess, der den ganzen Winter in Anspruch nehmen wird. Ich werde das Ergebnis irgendwann im nächsten Frühjahr zum ersten Mal schmecken. Berni strahlt mich an, auch er hat kurz mit dem Schaufeln aufgehört, und sein Lächeln sagt mir, wie sicher er sich ist, dass das ein verdammt guter Wein werden wird.

Ich wache langsam aus meinem Traum vom Wein-Norden auf.

Strahlender Sonnenschein, unser Zug rumpelt von Österreich über den Brenner in die italienische Provinz Südtirol/Alto Adige. Es ist der 15. Juli 2003, und wir sind auf dem Weg nach Kalifornien über das 4. Internationale Gewürztraminer-Symposium in Tramin. Alpenwiesen umgeben uns; friedlich und sicher im Schutze der mächtigen unsichtbaren Gipfel. Von hier ist es nur noch ein kurzes Stück das grüne Tal hinunter zu den Palmen, dem mediterranen Flair und dem Designer-Selbstbewusstsein von Bozen/Bolzano. Die Stadt ist einer der wenigen Orte in dieser persönlichkeitsgespaltenen Provinz, an dem Italienisch dominiert, so dass unser Ziel eigentlich *Bolzano* ist. Der größte Teil der Provinz spricht hingegen vorwiegend Deutsch, so dass wir uns definitiv in *Südtirol* befinden. Unabhängig von der Sprache werden die österreichischen Wurzeln dieses Landstrichs, der erst 1919 nach der Auflösung des österreich-ungarischen Reiches im Zuge des verheerenden Versailler Vertrags zu Italien kam, jedoch nur selten offen erwähnt. Ähnlich selten wird Mussolinis noch verheerendere Politik zur Sprache gebracht, der die Provinz mit brutaler Gründlichkeit zu italianisieren versuchte.

Paradoxerweise haben die Südtiroler Winzer in den letzten Jahren von ihrer eigentümlichen Situation als deutschsprachige Italiener sehr profitiert. Die Berge sorgen für ein kühles Klima, das sich weitaus besser zur Erzeugung von frischen Weißweinen eignet als der größte Teil des restlichen Italien, wo sich durch den klimatischen Einfluss des Mittelmeers Rotwein, Oliven, Tomaten und Wasserbüffel wohler fühlen. Als die italienischen Gourmets nach dem desaströsen Methanol-Weinskandal von 1986, der über 20 Menschenleben forderte, die handwerklichen Weine ihres Landes wiederentdeckten, war Südtirol bestens platziert, um sich an die Spitze der trockenen Weißweine zu setzen. Wie das alte chinesische Sprichwort sagt: Gute Neuigkeiten? Schlechte Neuigkeiten? Wer weiß.

Dass ich mir das alles so ruhig durch den Kopf gehen lassen kann, ist ein sicheres Zeichen dafür, dass ich den schlimmsten Teil meines Katers überstanden habe. Auch auf die Gefahr hin, dass der Hammer in meinem Kopf bei dem Gedanken plötzlich wieder loslegen könnte, ist der Orleansplatz in München ein gutes Bild dafür, wie ich Wein betrachte.

Die meisten Journalisten blicken beim Wein nur selten über das hinaus, was *im Glas* ist. So, wie sie ihn beschreiben, scheint er sie oft kaum zu berühren. Eigentlich sind sie ziemlich weit entfernt von dem Wein, dem ihr Blick so ausschließlich gilt, als blickten sie auf das Glas durch eine Kamera, deren Teleobjektiv so nah *herangezoomt* ist, dass das bisschen Wein ihr ganzes Blickfeld ausfüllt. Weil sie außer dem Inhalt des Glases nichts wahrnehmen, können sie darüber auch nicht viel mehr sagen, als wie der Wein riecht und schmeckt. Das ist in Ordnung, wird aber nach der x-ten Wiederholung furchtbar langweilig; ein sinnentleertes Mantra hohler Adjektive. Dann stellt sich mir die Frage: *War je ein Film in der Kamera?*

Ich werde hier jetzt nicht die arrogante Behauptung aufstellen, stets viel näher am Wein als sie zu sein, obgleich ich es immer versuche – was häufig zu Kollisionen mit dem Wein führt wie gestern Abend. Doch kann ich behaupten, dass ich nach einem genauen Blick auf den Inhalt des Glases vor mir stets davon *wegzoome*, um wahrzunehmen, was *um das Glas herum* vorgeht. Dabei geht es nicht nur darum, einen »Kontext« oder einen »Rahmen« zu schaffen, so wichtig das auch sein kann, um den Wein für den Leser interessant und greifbar werden zu lassen. Es ist vielmehr der Versuch, dieses Glas Wein als Mittelpunkt einer großen Kreuzung wie dem Münchner Orleansplatz zu sehen. Die Straßen, Straßenbahn- und U-Bahnlinien, die hier aufeinanderstoßen, heißen Geschichte, Klima, Tradition, Wirtschaft, Wissenschaft, Kommunikation, schöpferische Vision und vieles mehr. Alle beeinflussen sie den Wein, der ihren Schnittpunkt bildet; alle haben sie eine Rolle gespielt, dass er genau so und nicht anders schmeckt. Die Vielzahl von Faktoren, die sich im Wein treffen, ist für mich genauso ausschlaggebend in der Entscheidung für das, was ich meinen Job nenne, wie der Umstand, dass manche Weine einfach höchst erstaunlich und köstlich schmecken. Um einen Wein ganz zu begreifen, muss man sich seiner Erscheinung aus all diesen unterschiedlichen Perspektiven bewusst sein; das ist die tatsächliche Wahrheit-im-Wein. Hoffentlich steckt in meiner Kamera immer ein Film, und hoffentlich kommen gute Bilder dabei heraus statt Schnappschüsse, auf denen die Köpfe fehlen. Das erfordert nicht nur echte Neugier und klares Denken, sondern Entschlossenheit, Geduld und Intuition. Gelegentlich muss man auch rückwärts blicken.

Bei der Beschäftigung mit der Geschichte geht es mir vor allem darum, Verbindungen zu suchen, kausale Ketten zu verfolgen, die Vergangenheit und Gegenwart verbinden; sich darüber klar werden, wie man dahin gekommen, wo man heute ist. Die Weinwelt der späten 1980er Jahre unterschied sich ganz beträchtlich von der heutigen Situation, weil sie von einem ganz anderen Megatrend beherrscht wurde als der weltumspannenden Rotwein-Besessenheit der Gegenwart. Es war der Höhepunkt eines allgemeinen Weißweinbooms, dessen Schlagworte *trocken* und *leicht* hießen. Beim Essen waren *Light*-Produkte mit niedrigem Kalorien- und Fettgehalt die Renner; eine Parallele zum Wein. Erst ab November 1991 wurde Weiß durch Rot verdrängt, nachdem angesehene Ärzte in einer amerikanischen Fernsehshow namens »Sixty Minutes« dem neuen Thronanwärter überraschend bemerkenswerte gesundheitsfördernde Eigenschaften attestierten. Die Gesundheitspropheten hatten gesprochen, und die Welt folgte ihnen, wenn auch manche dafür länger als 60 Minuten brauchten. Ich glaube nicht, dass die Ärzte das voraussahen, aber wie bei einem Stein, der ins Wasser geworfen langsam Wellen über die gesamte Wasseroberfläche auslöst, erfasste diese Nachricht den ganzen Planeten Wein. Die Schlagworte des globalen Rotweinbooms heißen *voll* und *weich*, obgleich die so beschriebenen Weine mir oft vor allem *süß* und *schwer* erscheinen. Im Laufe von 15 Jahren ist das Pendel der Mode beim Wein so weit wie nur irgend möglich zur anderen Seite geschwungen.

Damals in der fernen Epoche von weiß, trocken und leicht galt der gesundheitliche Aspekt von Wein als *implizit*, während er in unserem heutigen Weinzeitalter als *explizit* gesehen wird. Aber was wird heute nicht geoutet? Damals fühlte man sich aus physischer, sozialer und finanzieller Sicht gesund, wenn man mit den Yuppies dem Sport der Wein- und Essenskombination frönte – Coolness, Erfolg und Gesundheit übertrugen sich auf magische Art auf einen selbst. Mit italienischen Designermöbeln karg ausgestattete Restaurants bildeten die eisig-perfekte Kulisse für das gastronomische Pendant zu Jogging und Aerobics. Armani war die schlichte italienische Ausrüstung, die sich sowohl fürs private Training als auch für öffentliches Kräftemessen eignete. Es war wahnsinnig wichtig, dass alles *genau richtig aussah* und alle dies auch bemerkten, selbst wenn einem weder der leichte, trockene Weißwein im Glas noch das magere Essen auf dem Teller wirklich schmeckten. Kein Wunder, dass sich eine süße, schwere Gegenwelle bildete – endlich richtig *ficken* statt wie eisig-perfekte Models zu posieren!

Anfang der 1980er Jahre, als der globale Weißweinboom noch an Schwung gewann, hatte Südtirol das Glück, bereits über große Rebflächen mit dem damals angesagten Pinot Grigio (alias Grauburgunder, Pinot Gris) und Pinot Bianco (alias Weißburgunder, Pinot Blanc) zu verfügen. Aus Deutschland importierte Kellertechnik, vor allem temperaturkontrollierte Gärtanks aus Edelstahl, ermöglichte den Winzern, daraus ohne besonderen Aufwand frisch und klar schmeckende Weißweine von zurückhaltender Aromatik zu erzeugen, die genau der damaligen Stimmung entsprachen; sie verkörperten weiß, trocken und leicht aufs Beste. Plötzlich griff man in ganz Italien in Lebensmittelläden, Bars und Restaurants zu den Weißweinflaschen aus Südtirol, weil ihr Inhalt erfrischender und angenehmer als Essensbegleiter war als die Alternativen aus dem Süden. Die magischen Worte »Alto Adige«, »Pinot Grigio« und »Pinot Bianco« auf dem Etikett ließen sie ebenso italienisch erscheinen wie Fiat, Vespa und Alessi, also waren sie des Nationalstolzes würdig. Durch diese Bestätigung ihrer nationalen Identität waren sie auch einfacher nach Amerika, Japan, England, Skandinavien und Deutschland zu exportieren als jedweder germanisch anmutende Wein. Designer-Ausstattungen taten ein Übriges, um ihr modernes italienisches Wesen unübersehbar zu machen, und die internationalen Absatzzahlen stiegen rasant. Es waren gute Weine, obgleich nicht einer auch nur annähernd so spektakulär schmeckte wie die Gebirgslandschaft Südtirols aussieht.

Die überaus modische Chardonnay-Rebe, aus Frankreich als Reaktion auf den weltweiten Trend zu Weinen dieser Sorte nach Südtirol importiert, gab schnell zu erkennen, dass sie sich gut für das Klima eignete. Aus Frankreich wurde auch die dementsprechende Kellertechnik importiert, vor allem kleine Barrique-Fässer aus neuem Eichenholz für Gärung und Reife. Das gab dem Chardonnay die holzigen Noten – Vanille-, Toast- und Raucharomen –, die damals als unerlässlich galten, um diesen Weinen Sex-Appeal zu verleihen. Der Name Chardonnay war damals eindeutig die bekannteste und angesehenste Bezeichnung auf Wein-Etiketten – ließ sie als zugänglich und attraktiv erscheinen; genau das Richtige für Yuppies auf der Suche nach Designer-Weinen mit der passenden Aura von Innovation, Klasse und Kultur für ihre kargen Designer-Esstische. Wie auch die Chardonnays aus anderen Ecken von *Planet Wein* schmeckten sie allerdings oft weder sehr trocken noch sehr leicht; einmal mehr siegte Image über Wirklichkeit, wie es im *Marketing-Märchen-Land* so oft der Fall ist.

Zur gleichen Zeit entstand ein neues Element der großen italienischen PR-Maschine, die dafür sorgte, dass italienische Produkte jeder kulinarischen Art im Westen seit den 1950ern so gefragt waren. Ein neuer Gastro-Journalismus verband sich mit neuen Medien. Zuerst kam eine Zeitschrift namens »Gambero Rosso« heraus, dann der Führer zu den italienischen Weinen, den diese zusammen mit der Slowfood-Bewegung alljährlich veröffentlicht, und seit einigen Jahren gibt es auch einen »Gambero Rosso«-Fernsehsender.

Sie waren von Anfang an unermüdliche Promoter der neuen italienischen Weine, und ihre Begeisterung für die trockenen Weißweine Südtirols wurde nur noch von ihrem Durst nach neuen Rotweinen aus diesem Gebiet übertroffen. Selbst in der »Weiß-Trocken-Leicht-Epoche« hegten Weinprofis eine besondere Bewunderung für Rotwein, als ob die tiefe Farbe des Weins allein von besonderer Bedeutung sei.

Weinjournalisten neigen aus verschiedenen Gründen seit langem dazu, Rotweinen gegenüber mehr Respekt zu zeigen als Weißweinen. Einer besteht darin, dass das Studium der Farbe das Ritual des Weinverkostens um ein Element erweitert. Dazu kommt die Tatsache, dass in den Jahrzehnten nach dem Zweiten Weltkrieg die teuersten und angesehensten Weine der Welt rot waren, vor allem die Premier-Grand-Cru-Classé-Weine aus dem Médoc und Graves in Bordeaux sowie Romanée-Conti im Burgund. Dass die dem Gaumen pelzig erscheinende Art schwerer Rotweine von Journalisten oft als »Power« oder »Biss« beschrieben wurde, macht deutlich, dass dies als eine grundsätzlich *maskuline Eigenschaft* gewertet wurde. Damals waren die meisten Weinjournalisten männlich – sie sind es immer noch in der Mehrzahl und diese sexistische und snobistische Denkweise ist auch heute noch anzutreffen. Manche meiner männlichen Kollegen werden mich zweifellos des zynischen Versuchs bezichtigen, meine eigene Überlegenheit ihnen gegenüber zu beweisen, aber ich beobachte all dies seit Jahren.

In Südtirol gibt es zwei bedeutende einheimische rote Rebsorten: den bescheidenen Vernatsch (alias Trollinger), in weitem Maße Ausgangsmaterial für dünne blassrote Touristenweine, und den ernsthafteren Lagrein. Traditionell wurden sie miteinander verschnitten; erst nach dem Zweiten Weltkrieg begann man, sie getrennt abzufüllen und unter ihrem respektiven Namen zu vermarkten. Während der späten 1980er und frühen '90er interessierten sich die italienischen Weinjournalisten jedoch nicht groß für die Rotweine aus diesen Sorten. Sie galten ihnen als Landeier, der kultivierten Manieren unfähig, die für eine kosmopolitische Existenz in der großen weiten Weinwelt essenziell waren.

Stattdessen sehnten sich die chauvinistischen neuen Weingurus Italiens nach italienischen Rotweinen, die sie als den teuersten und angesehensten Rotweinen der Welt – also Frankreichs – ebenbürtig erklären könnten. Das erforderte Weine aus den Sorten Cabernet Sauvignon, dem traditionellen Rückgrat jener teuren Roten aus Bordeaux, und Pinot Noir, die Rebsorte, aus der Romanée-Conti und andere teure rote Burgunder erzeugt werden. Darin war Italien allerdings kein Einzelfall, weltweit orientierten sich Weinjournalisten und -Importeure vor allem an Bordeaux und Burgund. Neue Rotweine wurden gewissermaßen nur dann ernst genommen, wenn sie aus vertrauten französischen Rebsorten erzeugt wurden. Alle zogen es vor, auf einem Feld zu spielen, wo ihnen die Position der Zielpfosten genau bekannt war. Italiens berühmtester Winzer, Angelo Gaja aus Barbaresco im Piemont, sagte mir, *jeder* habe ihn gefragt, als er mit dem Export seiner Rotweine begann, die aus der Rebsorte Nebbiolo entstehen, ob sie nun wie Bordeaux oder wie Burgunder seien. Erst nach jahrelangem Wiederholen der Antwort, sie seien weder noch, wurde diese Frage allmählich seltener! Und wahrscheinlich lautete der Grund dafür, dass Gaja und seine Weine so berühmt und erfolgreich geworden waren, dass ihnen endlich eine eigene Identität zugestanden wurde. Wer zweifelt an einem echten Star?

Die Rebsorte Blau- bzw. Spätburgunder alias Pinot Noir/Pinot Nero war in Südtirol erfreulicherweise bereits eingeführt, aber der Cabernet Sauvignon war so selten, dass der Großteil der ambitionierten Winzer des Gebiets gezwungen war, neue Weinberge anzulegen, um der Nachfrage nach diesem Typus von Rotwein nachzukommen. Und sie überschlugen sich dabei förmlich. Schließlich hatten sie mit dem französischen Chardonnay Erfolg gehabt, da würde ihnen der gleichermaßen französische Cabernet Sauvignon wohl kaum Probleme bereiten? Zu ihren Gunsten muss gesagt werden, dass dies damals eine unter den Winzern auf *Planet Wein* weitverbreitete Naivität war. Cabernet Sauvignon wurde an sehr vielen Standorten gepflanzt, die zu kühl waren, um die Trauben regelmäßig einigermaßen reif zu bekommen. Nicht nur einzelne Winzer, sondern ganze Gebiete fielen der illusorischen Überzeugung zum Opfer, innerhalb von wenigen Jahren ebenso berühmt für Rotweine aus dieser Sorte zu werden wie Bordeaux, allen dagegen sprechenden Klimadaten zum Trotz.

»Bolzano« unterbricht der Lautsprecher meine Gedanken, und wir hieven unser Gepäck aus der Ablage. Mit einem Schlag trifft mich die mediterrane Hitze, als wir hinaus auf den Bahnsteig treten, und der Hammer in meinem Kopf tritt wieder in Aktion. BOLZANO steht auf den Schildern, und es ätzt sich in mein Bewusstsein ein, als sei Schwefelsäure direkt in meine Sehnerven gespritzt worden. Wieder fühle ich, wie mein persönlicher Norden vom geographischen Pol abdriftet. Wie ferngesteuert stolpere ich hinter Ursula her, durch sonnenglühende Straßen, Staub und Autoabgase, bis wir die antiseptische Anonymität des Hertz-Büros erreicht haben. Während Ursula zum Schalter geht – der Mietwagen läuft auf ihren Namen, ich hatte nie einen Führerschein –, stelle ich mich vor eine Weltkarte im Maßstab 1:30.000.000, die an der Wand hängt, und starre gedankenlos darauf.

Es ist natürlich eine dieser konventionellen Karten: DIESE SEITE NACH OBEN! KÜHL LAGERN. Glücklicherweise gibt es in diesem Schuppen eine funktionierende Klima-Anlage, so dass sich der Hammer langsam beruhigt. Aber es gibt auch ein Computerproblem, was bedeutet, dass keine Verträge ausgedruckt werden können. Die beiden jungen Italiener hinter dem Tresen waren schon am Kochen, als wir hereinkamen. Jetzt führen sie eine alltägliche italienische Farce auf, mit theatralischen Gesten als Duett »gesungen«. Während sie mit ihrer Show beschäftigt sind, ruft Ursula über Handy die Hertz-Zentrale in Deutschland an, die wiederum die Hertz-Zentrale in Rom kontaktiert – und wie durch ein Wunder springt der Computerdrucker an. »Bene, benissimo!«, singt das Duo in melodiösem Entzücken darüber, dass ihre Welt wieder nach oben und unten sortiert ist.

Minuten später donnern wir mit offenen Fenstern die Autostrada 22 nach Süden hinunter, und der Fahrtwind hat denselben wohltuenden Effekt wie die Klima-Anlage. Bewaldete Berge steigen rechts und links von uns auf; in Verbindung mit der überwiegend deutschsprachigen Bevölkerung macht das Südtirol zu einem äußerst beliebten Ferienziel für wander- und skibegeisterte Deutsche. Zum Wandern in seiner harmloseren Form gehören regelmäßige Pausen für eine Jause. Diese Zwischenmahlzeit besteht üblicherweise aus einer in britischen Augen sehr germanisch anmutenden Zusammenstellung von hiesigem Brot, Schinken, Wurst und Käse. Das alles wird mit großzügigen Mengen jenes blassroten Vernatsch hinuntergespült, über den die Weinkritiker ihre selbstherrlichen, überheblichen Nasen rümpfen. Allerdings hat die Anziehungskraft des vertrauten Lebensstils in malerischer Kulisse in den letzten Jahren nachgelassen und damit auch die Zahl der hier wandernden Deutschen.

Meine Gedanken sind jedoch mit den kahlen, zerklüfteten Gipfeln der Dolomiten beschäftigt, die bis zu 3000 Meter zu unserer Linken aufragen. Den ernsthaften Bergwanderern, die hierher kommen, liegt mehr daran, diese Höhen zu erklimmen, als von einer Jause zur nächsten zu wandern. Die Gipfel sind sicher weit genug von den gut besuchten Cafés, den coolen Weinbars und den Geschäften mit Designerklamotten im Zentrum Bolzanos entfernt, dass ihr Erreichen für Kletterer, die sich nicht gerade als Reinhold Messner sehen, eine Herausforderung darstellt. Aber so richtig abgelegen sind diese Berge nicht mehr. Welche Abenteuer soll dieses bestens vermessene Terrain, für das es zahllose Karten und Wegbeschreibungen gibt, denn auch noch bieten? Selbst ein Anfänger könnte mit Hilfe eines erfahrenen Begleiters einige ziemlich imposante Gipfel bezwingen. Wodurch könnten diese Berge wieder *wild* werden? Freeclimbing ist das einzige, was mir einfällt. Das würde die steilsten Zacken der Dolomiten zweifellos zur äußerst riskanten Herausforderung werden lassen.

Wir biegen jetzt von der Autostrada ab und fahren das Etschtal entlang nach Tramin, vorbei an der gigantischen Bohrmaschinen- und Werkzeugfabrik von Würth, dem »Montageprofi«, durch das Meer von Apfelbäumen, das die meisten Flächen im Tal in Anspruch nimmt und für die Überproduktion an Golden Delicious verantwortlich ist. Als dann die Straße langsam die westliche Seite hinaufsteigt, werden aus Apfelbäumen nach und nach Reben. Die sind in diesen Lagen nicht weniger anfällig für Überproduktion wie die Obstplantagen. Auch wenn niemand darüber spricht: weniger deutsche Wanderer bedeutet zuviel Vernatsch. Wir fahren vor dem chaletartigen »Hotel Tirolerhof« vor, und als Ursula den Wagen auf den schattigen Parkplatz unter den pergolagezogenen Reben manövriert, frage ich mich, wodurch in aller Welt die Weine dieses hoffnungslos hübschen Anbaugebiets auch nur im geringsten *wild* werden könnten? Was wäre das Element im Weinbau Südtirols, das dem Freeclimbing in den Gipfeln der Dolomiten entspräche?

Wobei die Welt hier keineswegs so kuschelig, gemütlich oder heil ist, wie es beim ersten Blick auf diese Konfektschachtel-Idylle scheinen mag. Bei meinem ersten Besuch vor zwei Jahren hatte Martin Foradori von J. HOFSTÄTTER, Tramins berühmtestem Weinerzeuger, nur wenige Stunden gebraucht, um mich davon zu überzeugen, dass Südtirol nicht nur ein wesentlich dynamischeres Anbaugebiet ist als es erscheint, sondern auch in einer grundlegenden Neuorientierung begriffen. Vom Flughafen in Bolzano aus düsten wir denselben Abschnitt der Autostrada hinunter, in ebenso strahlendem Sonnenschein, und ich fragte ihn ganz direkt, in welche Richtung sich die Weine seiner Heimat entwickelten. Schwarzes T-Shirt und beiger Kordanzug in stilvollem Retro-Schnitt, coole Designer-Sonnenbrille und dröhnender Drum'n'Bass aus dem Lautsprecher – es schien mir in Ordnung, Mr Cool Südtirol diese große Frage nach dem Sound der Zukunft so unverblümt zu stellen. »Autochthon! Autochthon! Autochthon!«, schoss es aus ihm heraus. Dieser bei der Beschreibung von Rebsorten häufig verwendete Ausdruck besagt, dass die Rebsorte in jener Gegend, wo sie entstanden ist, bis heute, traditionell angebaut wird.

Bevor ich noch Zweifel äußern konnte, war er schon auf seinem Steckenpferd und erklärte, die *internationalen* Rebsorten Chardonnay, Pinot Noir und Cabernet Sauvignon hätten zwar viel dazu beigetragen, Südtirols Image Ende der 1980er und in den 1990er Jahren zu bessern, aber das Problem sei, dass »sie hier nur in einigen *Mikrozonen* hervorragende Ergebnisse bringen … ansonsten sind die Weine aus den einheimischen Sorten viel besser.« Die meisten Cabernet Sauvignons aus Südtirol, die mir bis jetzt begegnet sind, haben nach grünen Paprikaschoten förmlich gestunken und waren spitz und kantig wie roter Bordeaux in schlechten Jahrgängen, und der größte Teil der Südtiroler Chardonnays erschien mir wie magersüchtige Nachahmungen üppiger kalifornischer Weine. Seine Argumentation fiel also auf fruchtbaren Boden, und in meinem Kopf begann ein neues Bild des Gebietes zu entstehen.

Wir gingen in die Kellerei von J. Hofstätter gleich neben der gotischen Kirche von Tramin, ein Anwesen, dessen Gebäude ganz offensichtlich aus dem 17. bis 21. Jahrhundert stammten, und liefen an einer gewaltigen Wand von Betontanks vorbei, mehrere Stockwerke hoch, der kleinste mit einem Volumen von 25 000 Litern. Sie erzählten eine Geschichte, deren Titel »Pump up the Volume« hieß, und die in einer Zeit spielte, als selbst jene Erzeuger, die von Qualität sprachen, in Richtung Quantität bzw. fabrikmäßiger Weinproduktion abrutschten. »Das waren die 1960er und '70er … auch noch ein Teil der '80er, aber jetzt nutzen wir diese Tanks kaum noch«, lautete der Kommentar meines Gastgebers, als blicke er wie ein Historiker aus sicherer Entfernung auf die Vergangenheit zurück. Wir traten in einen Fahrstuhl und fuhren hinunter in den nagelneuen Fassweinkeller, um Rotwein aus dem Holzfass zu verkosten.

Ich war nervös, als Foradori mit einer Glaspipette eine Probe rubinroten Lagreins aus einem kleinen Barriquefass zog. Der erste Lagrein, den ich an einem verregneten Winternachmittag 1983 in London erlebt hatte, war auch tieffarbig gewesen, hatte aber ziemlich im Hals gekratzt. »Der 2000 STEINRAFFLER LAGREIN«, sagte er, als er mir das zu einem Viertel gefüllte Probierglas hinhielt und ich etwas zögerlich danach griff. Doch dann fühlte ich eine Welle der Erleichterung; dies war ein nagelneuer Wein von unwiderstehlicher Schönheit statt des brutalen Kerls, der mich damals in die Rotwein-Folterkammer gestoßen hatte. Der Duft nach schwarzem Pfeffer, Waldhonig und Schokolade wirkte verführerisch, und der Wein war fleischig mit einem zugleich kraftvollen und samtigen Nachgeschmack. Die nächste Fassprobe war ein 2000 Wein namens YNGRAM, was für mich eher nach einem etruskischen Dildo klang. Foradori erklärte, es handle sich um einen Rotwein aus Cabernet Sauvignon mit einem geringen Anteil von Petit Verdot und Syrah. Er stank zwar nicht nach grüner Paprika und war auch nicht hart und kantig, aber er begeisterte auch nicht. Warum sollte ich ihn trinken, wenn es Weine wie den 2000 STEINRAFFLER LAGREIN gab?

Um die Weißweine zu verkosten, fuhren wir aus Tramin hinauf in die Weinberge, in Richtung des kleinen Örtchens Söll. Als die Straße einen weiten Bogen nach rechts beschrieb, kamen wir an einer ansehnlichen Parzelle kürzlich gepflanzter Reben vorbei, in der konventionellen modernen Art an Drahtrahmen gezogen, aufrecht und ordentlich wie ein Barockgarten.

»Mein neuer Gewürztraminer-Weinberg«, sagte Foradori mit unverkennbarem Stolz, »2,2 Hektar, das ist für Südtirol ein großes Stück.«

Mega-out-Gewürztraminer! War er verrückt geworden? Ungläubig und rechthaberisch fragte ich ihn: »Gibt es denn genug Leute, die *altmodischen* Gewürztraminer trinken, dass es sinnvoll ist, soviel davon zu pflanzen?«

Auch bei Wein ist *altmodisch* richtig negativ, es lässt sich beinahe wörtlich mit Absatzschwierigkeiten übersetzen und deutet auf einen der vielen halbtoten Insassen der Marketing-Desasterzone.

»Oh, in Italien, in ganz Italien trinken die Leute in guten Restaurants Gewürztraminer aus Südtirol. Es ist jedes Jahr der erste Wein, der bei uns ausverkauft ist«, entgegnete er, und in seiner Stimme schwang Mitleid mit für das lebende Fossil Homo pigottus, kürzlich zwischen den fernen Seen und Wäldern um Berlin entdeckt und noch im Schockzustand durch die abrupte Konfrontation mit der Realität des 21. Jahrhunderts. Foradori parkte vor einer beeindruckenden Villa aus dem 19. Jahrhundert, die malerisch zwischen den Weinbergen lag.

»Der KOLBENHOF, eines unserer vier Weingüter«, erklärte er und holte eine Kühlbox vom Rücksitz des Wagens. Wir liefen ein kurzes Stück zurück, zu einem Hochsitz, der sich zwischen den Zweigen eines alten Kirschbaums verbarg. Wir kletterten hinauf, und die erste Flasche, die an diesem exzentrischen Verkostungsort aus der Kühltasche kam, war der 2000 KOLBENHOF GEWÜRZTRAMINER. Auf dem Etikett stand »14,5%vol«. Das Letzte, was ich in der brütenden Nachmittagssonne brauchte, war eine in meinem Mund explodierende Alkoholbombe, deren Druckwellen kurze Zeit später unweigerlich meinen Schädel erreichen würden. Mein einziger Orientierungspunkt für diese Sorte waren zu diesem Zeitpunkt die Gewürztraminer aus dem Elsass/Frankreich. Dieses schwere Zeug kann zwar gelegentlich so göttlich schmecken, wie es golden glänzt, ist aber meistens im Duft ebenso lychee-überladen wie geschmacklich beinahe sirupartig konzentriert, mit einem Alkoholgehalt, der den Blutalkoholspiegel im Handumdrehen in gefährliche Höhen schnellen lässt. Auf was hatte ich mich hier eingelassen? Zu meiner großen Überraschung stieg mir jedoch ein feiner Rosenduft in die Nase. Der Geschmack war ebenso delikat, überraschend und unerklärlich bei dem Alkoholgehalt. Dieser seidige, schwungvolle Schluck hatte ein zweites Vorurteil ins Gras beißen lassen. Ich war bekehrt: *Autochthon! Autochthon! Autochthon!*

Foradori sah mein Staunen mit Wohlwollen und hob zu einer breitangelegten Erklärung zur Revolution an, die in Südtirol sowohl beim Gewürztraminer als auch beim Lagrein stattgefunden hatte. »Reifere Trauben« stand ganz oben auf der Agenda der jungen Rebellen des Südtiroler Weins, gefolgt von ihrer schonenden Verarbeitung, damit nichts Hartes aus den Trauben in die Weine gelangte. Im Fall des Gewürztraminers ging es vor allem darum, so genannte Phenole ganz und gar zu vermeiden. Sie ließen die Weine schwer schmecken, nicht der Alkohol. Phenole sind die Stoffe, durch die Tee, wenn er zu lange gezogen hat, dieses unangenehm pelzige Gefühl auf der Zunge erzeugt, gleichzeitig sorgen sie in niedrigerer Konzentration aber auch für die geschmackliche *Bassstimme* von Spitzen-Darjeeling. Beim Lagrein lag das Geheimnis darin, Trauben mit weicher schmeckenden Phenolen zu erzeugen, damit die Weine nicht aggressiv wirkten.

»Gewürztraminer eignet sich generell gut für unser Klima, aber diese Lage ist geradezu ideal, so wie Gries bei Bozen der perfekte Ort für Lagrein ist. Auch hier am Fuß der Porphyrfelsen, wo der LAGREIN STEINRAFFLER herkommt, fühlt er sich wohl«, schloss der *DJ Autochthon-Südtirol* seine Erläuterungen ab.

Jener Lagrein, der vor 20 Jahren für meine negative Haltung gegenüber der Sorte gesorgt hatte, stammte vom WEINGUT TIEFENBRUNNER. Dort habe ich mir vor zwei Jahren erstmals ernsthafte Gedanken über das Wesen des Alpenweins gemacht. Christoph Tiefenbrunner empfing mich im CASTEL TURMHOF, dessen Zinnen keinen Zweifel hinterließen, dass die Geschichte dieser trutzigen Mauern bis ins 13. Jahrhundert zurückreichte. Vor dem Verkosten der Weine bestand der junge Tiefenbrunner darauf, mir einen Lagrein-Weinberg zu zeigen. Die Reihen dort sahen aus, als seien sie von einem Sturm alle zur Seite gedrückt worden.

»Vor zehn Jahren hätte ich dieses Erziehungssystem grundsätzlich abgelehnt, weil es eine Art von Pergola ist, und Pergola ist *altmodisch*«, sagte er dazu. Der dünne, blasse Jausen-Vernatsch stammt aus Pergola-Weinbergen. »Aber jetzt bin ich begeistert von dieser neuen Art von Pergola, weil es der Lagrein hasst, wenn seine Wurzeln in heißem, trockenem Boden stecken. Auf diese Weise beschattet jede Rebreihe den Boden der nächsten Reihe, und das Problem ist gelöst. Außerdem wächst Lagrein wie Unkraut, es ist schwierig, ihn unter Kontrolle zu halten, aber für gute Weine ist das unerlässlich.«

Allmählich begann ich zu verstehen, warum mein erster Lagrein so scheußlich geschmeckt hatte; wahrscheinlich hatte er von Reben gestammt, die wie Unkraut in trockenem Boden wuchsen. In jedem Weinanbaugebiet, das ich auf *Planet Wein* besuche, bestätigt sich meine Überzeugung aufs Neue, dass echte Weinqualität im Weinberg *wächst* und nicht im Keller mit Hilfe von Maschinen und Zusätzen *fabriziert* werden kann. Bei genauer Analyse ist Letzteres unmöglich, weil gewachsene Weinqualität auf einer außerordentlich komplexen Ausgewogenheit Hunderter von Stoffen beruht, die sich auch der größte Geist nicht ausdenken könnte. Jeder Versuch, Wein im Keller umzugestalten, ist zum Scheitern verurteilt, weil das bedeutet, dem Wein etwas *aufzudrücken*. Das Ergebnis wirkt immer ungehobelt und banal im Vergleich mit dem, was ein engagierter Winzer der Natur entlocken kann. Die einzige Art, um einen wirklich guten oder einen großen Wein »zu machen«, besteht für einen Winzer darin, Methoden zu entwickeln, um perfekt reife Trauben zu erzeugen und ihre Qualität im Keller zu bewahren.

Das ist wesentlich schwieriger, als es klingt – Trauben wachsen nicht wie Mais. Die Rebe erfordert enorm viel Pflege während der Wachstums- und Reifezeit; für einen qualitätsorientierten Winzer ist es neben der Lese die arbeitsreichste Zeit. Noch schlimmer, die Antwort auf die Frage, wie sich die vollkommene Reife erreichen lässt, lautet für jede Sorte und in jedem Gebiet anders. Viel Ausprobieren ist nötig, bis sich eine Bewirtschaftmethode schließlich als deutlich überlegen erweist. Ob diese Anlage mit ihren auf bizarre Weise verbogenen Reben nur ein Schritt auf dem steinigen Weg war oder sich als direkter Anstieg zum Lagrein-Gipfel erweisen würde, konnte ich nicht voraussagen, aber der 1999 CASTEL TURMHOF LAGREIN war wesentlich freundlicher, lebendiger und angenehmer – der Duft leuchtend roter Kirschen! – als sein hässlicher Vorfahre. In der Zwischenzeit habe ich auch Tiefenbrunners geschmeidigen und ausgesprochen würzigen 2000 LINCTICARUS LAGREIN getrunken, der darauf deutet, dass die Reben dieser Sorte anscheinend wahrhaftig lieber halb umfallen als aufrecht stehen.

Das war jedoch nicht das Ende meines Besuchs. Der junge Tiefenbrunner bestand darauf, mir das gewagteste Experiment seines Vaters zu zeigen. Ich erwartete eine kurze Fahrt zum nächsten Weinberg und stieg mit ihm ins Auto. Wir fuhren durch die Rebterrassen, jedoch immer weiter die Westseite des Etschtals hinauf, das während der Eiszeiten durch gewaltige Gletscher entstanden ist. Wir kamen durch merkwürdige Weinberge mit Reben, die weder Blätter noch Trauben trugen, nur die nackten Stöcke standen dort.

»Hagelschaden«, erklärte Tiefenbrunner. »Wir hatten Glück, unsere Weinberge sind verschont geblieben.« Auch im 21. Jahrhundert bleibt der Weinbau ein risikoreiches Unternehmen.

Nach zehn Minuten Haarnadelkurven im niedrigsten Gang erreichten wir ein sanft gewelltes Plateau mit übernatürlich grünen Wiesen und Wäldern; eine durch und durch alpine Landschaft, das Einzige, was fehlte, waren Heidi und der Alm-Öhi! Schließlich holperten wir einen Kiesweg entlang, mächtige schneebedeckte Berggipfel tauchten auf – und plötzlich standen wir vor dichtbelaubten grünen Rebreihen.

»Wir sind hier 1025 Meter über dem Meeresspiegel, und das ist der Feldmarschall-Fenner-zu-Fennberg-Weinberg«, erklärte mein Gastgeber stolz. Ich hatte noch nie einen Weinberg inmitten von

Alpenblumen und Zirbelkiefern gesehen. Es konnte keine Zweifel daran geben, dass diese Lage die äußersten klimatischen Grenzen auslotete, und vielleicht schon darüber hinausgeschossen war. Aber bedeutete das auch *wild*? Das hing davon ab, ob die Weine aus diesen Reben etwas Bemerkenswertes in ihrem Charakter zeigten oder eher wie Batteriesäure schmeckten. Ich befürchtete Letzteres.

Als ich aus dem Auto stieg, genoss ich die kühle Bergluft so richtig nach der feuchten Hitze unten beim CASTEL TURMHOF, das *nur* 250 Meter hoch liegt. Je höher man kommt, desto kühler wird es – doch erreicht man irgendwann den Punkt, an dem es nicht mehr warm genug ist, um die Trauben reif zu bekommen. In Deutschland, um den 50. Breitengrad, stößt der Weinbau bei einer Höhe von um die 300 Meter an seine Grenzen. Doch hier, nur wenig nördlich des 46. Breitengrads, schiebt der Einfluss des Mittelmeers, der sich im Sommer das Etschtal hinauf bemerkbar macht, diese Grenze deutlich höher hinauf als im germanischen Norden. Allerdings sind sich die Experten einig, dass beim Feldmarschall-Weinberg die äußerste Grenze für die so genannten *edlen* Rebsorten definitiv überschritten ist.

Tiefenbrunner erzählte, dass es seinem Vater, als er diesen Weinberg 1972 angelegt hatte, durchaus bewusst gewesen war, dass sehr früh reifende Rebsorten die einzige Chance darstellten, hier um die ehemalige Sommerresidenz des Feldmarschalls herum mit einer gewissen Regelmäßigkeit auf gute Weine zu kommen. Deshalb fiel seine Wahl auf den *unedlen* Müller-Thurgau, der aus Deutschland nach Südtirol gekommen war und in seiner Schweizer Heimat bereits vor Generationen bewiesen hatte, dass er auch in höheren Berglagen zu voller Reife gelangte. Müller-Thurgau ist Hauptbestandteil der Liebfraumilch gewesen, aber um den Bodensee bringt er an Hängen mit einem spektakulären Blick auf die andere Seite der Alpen Weine hervor, deren zarte Eleganz Lichtjahre von jenem überholten Kitsch entfernt ist.

Wegen der Intensität des Sonnenlichts war ich froh, nach einer knappen halben Stunde zwischen den Reben in den Schatten eines einfachen Landgasthofs ein kleines Stück weiter unten an der Straße zu flüchten. Während aus der Küche das Brutzeln von Schnitzel und Bratkartoffeln zu hören war, schenkte mir Tiefenbrunner die Jahrgänge 2000 und 1999 des FELDMARSCHALLS ein. Der Duft nach schwarzen Johannisbeeren des 2000 gefiel mir, doch schmeckte der Wein ein wenig einfach und etwas unreif-grün. Im Gegensatz dazu wirkte der 1999 FELDMARSCHALL reifer und schwungvoller, aber auch er vermittelte mir nicht das Gefühl, mich im Freeclimbing in diesen Bergen zu bewegen …

Ursula und ich ziehen uns um und gehen durch den antiquierten Charme des Hotels hinunter zu einem Aperitif im Freien. Als wir auf das wildgemusterte Pflaster der Terrasse treten, sitzt da inmitten von weißen Plastikmöbeln und Sonnenschirmen mit bunter Bierreklame *Weltmeister-Sommelier* »Placido Domingo« mit einem großen Glas Radler. Er wird allgemein so bezeichnet, obgleich er eigentlich längst *Ex*-Weltmeister ist. Er begrüßt uns mit ein paar flüchtigen Worten, weil er sich sofort an die viel wichtigere Aufgabe machen will, uns alles über das Bankett zu erzählen, das vor einigen Wochen anlässlich der so genannten Fêtes des Fleurs in Bordeaux zur Weltweinmesse VINEXPO stattgefunden hat. Oder vielmehr, welche wichtigen Leute er dort getroffen und welche berühmten Bordeaux-Weine er mit ihnen getrunken hat. »Placido« ist wie immer tadellos gekleidet – ich habe ihn noch nie anders als im dunklen Anzug gesehen – und fährt mit seinem Monolog fort. *Ist in seiner Kamera überhaupt ein Film?*

Leider ist er mit seiner Rückspiegel-Einstellung bei weitem kein Einzelfall in der Weinwelt. Es wäre eine Leichtigkeit, Dutzende von Weinprofis aufzutreiben, die dasselbe *Zeug* wiederkäuen. An ihrem periodischen Nicken sehe ich, dass Ursula sich inzwischen in die Zuhörerrolle ergeben hat, deshalb erlaube ich mir, meine Gedanken zurück zu meiner Begegnung mit dem FELDMARSCHALL schweifen zu lassen. So interessant diese Weine auch sind, erscheint es eher überraschend, dass sie *trotz* dieser extremen Lage zwischen den Berggipfeln so gelungen sind. Gibt es aber echte *wilde Bergweine* in diesem von Hochgebirgen umringten Gebiet? Oder sind die Berge lediglich eine riesige Klima-Anlage für die Reben unten im Tal, um die Massenproduktion günstiger, frisch schmeckender Weißweine zu ermöglichen? Und ist keiner der Winzer hier am Freeclimbing interessiert? Ursula unterbricht »Placidos« Redefluss und meine Gedanken. Wir müssen uns zum großen Begrüßungs-Dinner des Gewürztraminer-Symposiums aufmachen.

»Ich werde abgeholt. Ihr könnt mit mir fahren«, sagt »Placido« gönnerhaft und bindet dabei mit einer unglaublichen Geste von Laisser-faire die Krawatte ab.

»Wir laufen«, entgegnet Ursula bestimmt. Die Luft ist endlich frischer, die Sonne inzwischen hinter den Bergen über Tramin versunken.

»These legs are not made for walking!«, schnarrt »Placido« auf Englisch. Ganz offensichtlich steht Freeclimbing für ihn außerhalb jeder Diskussion, und er gehört auch zu jenen Weinprofis, die lieber mit der etablierten Elite herumhängen, statt das Risiko einer unvorhergesehenen, spannenden Entdeckung einzugehen. Wir gehen also alleine los und sprechen über unsere morgigen Pläne: Wir wollen wieder zu den Berglagen, wo wir hoffentlich ein paar wilden Weinen begegnen werden.

16. Juli 2003 Ursula kennt den Weg nach Naturns im Vinschgau, und ich brauche nicht zu navigieren, wie es sonst meine Aufgabe ist. Wir kurven durch den touristischen Ort, vorbei am »Hotel Schönblick«, in dem sie bei früheren Südtirol-Besuchen gewohnt hat – der Blick über die vielen Hausdächer ist gar nicht besonders schön – und weiter die Via Castello hinauf. Nach wenigen Minuten haben wir unser Ziel erreicht: Gasthof Falkenstein.

Wir gehen die paar Schritte vom Parkplatz hinüber zu dem im traditionellen Stil der Gegend gehaltenen »Alpenhof«. Von hier oben ist der Blick über das Tal trotz einer dünnen grauen Wolkenschicht wahrhaftig schön. In der Ferne erstreckt sich eine Kette von zerklüfteten Felsgipfeln bis zum Horizont, und das weckt meine frühesten Alpen-Erinnerungen von Ende der 1960er Jahre. Am Empfangstresen, wo wir auf unseren Gastgeber warten, hängt ein Schild an der Wand, das unseren Standort mit einer Präzision verkündet, die in der Zeit, bevor uns das Pentagon das GPS bescherte, zweifellos noch wesentlich beeindruckender gewirkt hat:

Höhe 650 m über dem Meeresspiegel
Längengrad Ost 11° 00,285'
Breitengrad Nord 46° 39,305'

Nach anderen Statistiken zu urteilen, ist unser Besuch hier ziemlich absurd. Im Jahr 2000 gab es in Naturns ganze vier Hektar an kommerziellem Weinbau; im Vinschgau insgesamt waren es nur 18,1 Hektar, von denen der Großteil leichten Touristen-Rotwein hervorbringt. Kann es hier oben überhaupt etwas geben, das uns interessiert, inmitten dieser Alpenwiesen unweit des Schnalstal-Gletschers an der Grenze zu Österreich, wo 1991 »Ötzi« zum Vorschein gekommen ist, die Eismumie aus der Kupferzeit? Selbst im Haus kann es keinen Zweifel daran geben, dass uns hier *Bergluft* umgibt. Heute früh bin ich in Tramin durch die Weinberge gejoggt und war bereits nach zwanzig Minuten in der schweren Mittelmeerluft vollkommen durchgeschwitzt. Wenn solch eine kurze Entfernung in ihren Auswirkungen für uns so deutlich zu spüren ist, dann wird sie auch auf den sensiblen Rebstock ihren Effekt haben.

Franz Pratzner, stämmig und vor Energie förmlich strotzend, ist ganz offensichtlich hoch erfreut, uns zu sehen, und beginnt sofort, die ganze Geschichte des Vinschgauer Weinbaus zu erzählen. Früher gab es hier 200 Hektar Terrassen-Weinberge, doch in den 1960ern wurden die Reben immer stärker vom Obstbau verdrängt. Der wiederum rechnet sich heute nicht mehr, weil dabei viel Handarbeit nötig ist, und so hat sich das Blatt erneut zugunsten des Weins gewendet, obgleich es nur fünf Winzer gibt, die Flaschenwein vermarkten. Das macht Pratzner mit seinen vier Hektar Reben, die er vielleicht bis auf sieben ausdehnen möchte, zu einem *großen* Erzeuger. Das Wetter hier ist untypisch für Italien, es ist mehr wie auf der anderen Seite der Alpen im Norden, die Weine auch. Wollen wir die Weinberge sehen?

Dieser Frage kann ich grundsätzlich nicht widerstehen. Ich stamme aus einer Familie von Gärtnern und bin seit Kindesbeinen an besessen von Pflanzen. Als Teenie fand ich es viel einfacher, zu Orchideen Beziehungen aufzubauen als zu Mädchen, und auch ihren Verlust konnte ich leichter verkraften. Wir steigen in Pratzners Allradjeep, es geht steil hinauf, und er gibt weiterhin eine stete Flut von Informationen von sich, während wir uns auf die 800 Meter zu bewegen. Die Familie Pratzner hatte immer einen Hektar Vernatsch-Reben für Hauswein; aber erst 1995 fand die erste Lese der Sorte statt, die heute ihre wichtigste ist, nämlich der Riesling.

Riesling! Die große weiße Rebsorte des germanischen Nordens. Aber jene Riesling-Weinberge auf der nördlichen Seite der Alpen liegen in völlig anderen Landschaften. Deshalb fällt es mir schwer, mir den Geschmack eines Vinschgauer Rieslings vorzustellen. Was ist hier möglich? Pratzner scheint bereits eine sehr klare Vorstellung von den am besten geeigneten Bewirtschaftungsmethoden zu haben. Angesichts der Tatsache, dass er sich damit noch nicht einmal zehn Jahre beschäftigt, wirkt er erstaunlich zuversichtlich, bereits den direkten Weg zum großen Riesling-Gipfel gefunden zu haben.

Alles ist hier anders als im mediterranen restlichen Südtirol, fährt er fort. Die besten Ergebnisse erzielt man hier mit sehr dicht bepflanzten Weinbergen, 9000 Reben auf den Hektar, so dass jeder Stock nur Trauben für zwei Drittel des Inhalts einer Flasche Wein hergibt – alles unter einer Flasche pro Stock gilt im allgemeinen als sehr niedrig. Doch selbst diese kleine Menge zu voller Reife zu bringen, erfordert Geduld; die Lese findet im Allgemeinen in der zweiten Oktober-Hälfte statt. Das klingt bemerkenswert vertraut, die großen Rieslinge des germanischen Nordens stammen üblicherweise auch aus dicht bepflanzten Weinbergen, die erst spät im Herbst gelesen werden. Diese geringe Menge pro Stock ist zweifellos ein gewagter Schritt, denn wenn der fertige Wein nicht von herausstechender Qualität ist, ist das ganze Unternehmen genauso unwirtschaftlich wie die Apfelbäume. Wenn es jedoch funktioniert, dann ist es Pratzner gelungen, wahres Wein-Neuland zu erobern.

Wir halten unterhalb eines neu bepflanzten Weinbergs an, der auf schmalen Terrassen angelegt ist, die den Höhenlinien entlang verlaufen, auf jeder lediglich zwei oder drei Reihen Reben. Auch das sieht vertraut aus, viele der großen Rieslinge von jenseits der Alpen wachsen an ähnlich terrassierten Hängen. Wenn auch die Landschaft an sich eine ganz andere ist, erinnert mich dieser Weinberg an die Terrassenmosel in Deutschland. HEYMANN-LÖWEN-STEIN. *Ein Meister des nördlichen Rieslings*! Bis zum ersten Ertrag dieser zwei Hektar Reben wird es noch zwei Jahre dauern, und ich bin gespannt, was das Ergebnis sein wird. Auch bei diesem Ertrag pro Stock bedeuten zwei Hektar immerhin um die 12 000 Flaschen, und wenn die Qualität stimmt, dann ist das aus kommerzieller Sicht eine sehr interessante Kombination. Es ist eine Menge Wein, die über Südtirols Grenzen hinaus in der großen weiten Weinwelt für *Aufsehen* sorgen könnte. Es leuchtet alles ein, aber als wir wieder hinunter zum GASTHOF FALKENSTEIN fahren, um zu verkosten, steigt meine Spannung. Ob die älteren Rieslingreben weiter unten am Berg schon einen Wein hervorbringen, der etwas ebenso Besonderes ist, wie ich es mir von dem neuen Weinberg vorstellen kann?

Der alte Keller wäre idyllisch, hätte er nicht eine Betondecke und wäre er etwas geräumiger. Aber das sagt natürlich nicht das Geringste über die Qualität des Inhalts in den großen alten Fässern aus Akazienholz und in den prosaisch schlichten Edelstahltanks aus, die uns auf allen Seiten einengen. Mittels des vorn angebrachten

Hähnchens zieht Pratzner eine Probe des 2002 Rieslings aus einem der Holzfässer, reicht uns die Gläser mit dem hellen, grünlich schimmernden Wein, und in dem Moment, in dem ich seinen Duft zum ersten Mal einatme, schießt mir das Wort »*Norden*« durch den Kopf. Der Wein schmeckt nicht nur ebenso erfrischend wie die Bergluft hier oben, sondern zeigt auch genau die lebhaften Blüten- und Fruchtaromen, die ich mit den großen Rieslingen des germanischen Nordens verbinde. ERDENER PRÄLAT! Der *wahnsinnige Riesling* von DR. LOOSEN. So wie das Klima hier anscheinend nichts mit dem Südtirols und Italiens an sich zu tun hat, ist dieser Wein ganz anders als alles, was ich bis jetzt aus Südtirol und Italien an sich verkostet habe!

Dass die Tatsache, auf welcher Seite einer Staatsgrenze ein bestimmter Wein wächst, nicht zwangsläufig etwas über seinen Geschmack aussagt, ist mir seit langem klar. Hunderte von Beispielen haben mich davon überzeugt, dass offensichtlicher *nationaler Charakter* im Wein meist im Keller zusammengebastelt wird, weshalb diese Weine immer banal schmecken. Entweder wird so Eigencharakter übertönt – das Terroir, wie heutzutage nicht nur die Franzosen den Geschmack eines bestimmten Ortes in einem Wein oder Lebensmittel nennen – oder einfach die gähnende Leere ausgefüllt. So oder so ist Nationalcharakter beim Wein ein Märchen. Im Gegensatz dazu entsteht der *wahre Eigencharakter* eines bestimmten Weins in dem bestimmten Weinberg, in dem er gewachsen ist; die im Keller zu seinem Ausbau verwandten Methoden stellen lediglich einen passenden »Rahmen« um dieses »Bild« dar. Selbst der »Regionalcharakter«, der Weinen oft bescheinigt wird, ist zum Beispiel in einem so ausgedehnten uneinheitlichen Gebiet wie Südtirol eher Mythos als Wahrheit.

Der FALKENSTEIN-Riesling widerlegt die Märchen vom besonderen Wesen der italienischen und Südtiroler Weine, weil sein Eigencharakter ungehemmt und ohne Übertönung zum Ausdruck kommen kann. Das ist Pratzners wahre Leistung. Dass dieser Wein mich in seinem Charakter ganz eindeutig an die nördlichen Rieslinge erinnert, die jenseits der Alpen in Deutschland um den 50. Breitengrad wachsen. Das bedeutet, dass er weitab von den üblichen Normen für Südtiroler Weißweine liegt und tatsächlich ein *echter wilder Bergwein* ist. Interessanterweise sind Pratzners andere Weine – trockene Pinot Bianco, Sauvignon Blanc und Gewürztraminer – sehr gut, entsprechen aber mehr oder weniger den konventionellen Südtiroler Standards. Sein Riesling ist also ein Einzelgänger – und bekanntlich bestätigen Ausnahmen die Regel.

All das geht mir noch im Kopf herum, als wir gegen sieben wieder zurück im Hotel sind. In welche Richtung man auch blickt, überall sprüht das aus der Etsch gepumpte Wasser aus den Sprengern, ihr Zisch-Zisch ist allgegenwärtig. Apfelplantagen, der Rasen in den Gemeindeanlagen und Weinberge werden berieselt. Das Wasser stammt nicht nur aus geschmolzenem Schnee, sondern auch aus dem Schmelzwasser uralter Alpengletscher, die sich hier verflüssigen. Nach dem UN-Umwelt-Programm sind zwischen 1990 und 2000 die Gletscher auf unserem Planeten um durchschnittlich vier Zentimeter dünner geworden. Wie viel von diesem Bewässerungswasser verdunstet zwischen Sprengerdüse und Boden? Man möchte gar nicht darüber nachdenken, und so scheinen es auch die meisten hier zu halten.

Der größte Teil der Weinberge auf *Planet Wein* ist heutzutage mit so genannten Tröpfchenbewässerungsanlagen ausgestattet, die ursprünglich in Israel für den Anbau von Erdbeeren entwickelt wurden und im Weinbau seit genau 30 Jahren zur Anwendung kommen. Bei diesem System gelangt das Wasser unter minimalem Verdunstungsverlust direkt zu jedem Rebstock und zischt nicht ziellos in der Gegend herum. Unter qualitätsorientierten Winzern ist auch diese Bewässerung keinesfalls unumstritten, aber zumindest ist sie nicht zwangsläufig ein ökologisches Desaster. Ganz abgesehen von der Wasserverschwendung, die mich hier umgibt, bedeutet der Einsatz von Sprengern aus weinbaulicher Sicht auch ein

Risiko durch die Förderung von Pilzbefall; für Winzer beinahe ebenso ein Albtraum wie Hagelschäden.

Obgleich mich Statistik selten beeindruckt, weil sie oft ein vereinfachtes oder irreführendes Bild vom Weltgeschehen vermittelt, war ich neulich schockiert, als ich gelesen habe, dass laut Erhebungen der Vereinten Nationen über 70 Prozent des weltweiten Wasserverbrauchs von der Landwirtschaft verursacht werden. Das macht diese zum Hauptschuldigen für seinen sechsfachen Anstieg seit 1900, während sich die Weltbevölkerung in dieser Zeit »nur« verdreifacht hat. Auch ohne Doktortitel lässt sich erkennen, welche Gefahren diese Tendenz langfristig in sich birgt. Es sieht aus, als ob es in diesen Alpentälern ausreichend Wasser gebe, doch was hier oben aus der Etsch gepumpt wird, steht den Bauern weiter unten zwischen Verona und der Adriaküste nicht mehr zur Verfügung. Das beeinflusst, welche Gemüse sie anbauen können, und somit, was heute Abend auf meinem Teller liegt. Noch weiter gedacht hängt von der Wassermenge, die in der Adria landet, das Meeresleben ab, also welchen Fisch ich heute Abend neben dem Gemüse finden werde. Und das sind nur die direkten naheliegenden Auswirkungen.

Martin Foradori steht an der Hotel-Rezeption und unterhält sich mit der jungen Wirtin.

»Wie war euer Tag?«, will er sofort von uns wissen.

»Sehr interessant! Jetzt bin ich überzeugt, dass in Südtirol auch spannende Rieslinge entstehen können, richtige Bergweine!« Ich kann meine Begeisterung nicht verbergen.

»Ja, aber nur an wenigen Orten im Vinschgau und im Eisacktal«, sagt er darauf, und sein Ton deutet an, dass es sich aus seiner Sicht nur um spezielle *Mikrozonen* handelt und ich übertreibe.

»Ja, im Vinschgau waren wir heute früh, und am Nachmittag hat uns Peter Pliger im Eisacktal auch mineralische trockene Grüne Veltliner und Silvaner gezeigt, nördliche Rebsorten, die wir hier in Italien ganz und gar nicht erwartet haben«, entgegne ich, als müsse ich meine Begeisterung rechtfertigen.

Mineralische Noten, die an nasse Steine, feuchte Erde oder auch die Werkstatt eines Steinmetzen erinnern, bilden die dritte aromatische Dimension der Weißweine des germanischen Nordens; sie erweitern die fruchtigen und floralen Aromen, erste und zweite Dimension ihres edlen Wesens. Ergänzen sich alle drei gegenseitig, dann wirkt der Wein mit großer Sicherheit auf spannende Art ausdrucksvoll und harmonisch. Vielleicht zeigt sich Foradori auch so wenig beeindruckt, weil diese Weine aus dem Norden Südtirols stammen und er selbst aus dem Süden?

Ihre Weinberge liegen auf gleicher Höhe und die Weine sind von sehr ähnlicher Art, und doch ist WEINGUT PLIGER eine ganz andere Welt als der GASTHOF FALKENSTEIN der Pratzners. Hat sich je ein Tourist zu dem unscheinbaren weißen Haus verirrt, einige 100 Meter über der Brenner-Autostrada am südlichen Rand von Brixen? Schwer zu glauben. Wie viele derer, die da unten entlangsausen, nehmen die Rebeninsel zwischen den Alpenwiesen überhaupt wahr? Peter und Brigitte Pliger haben einen wesentlich schwierigeren Weg eingeschlagen als der endlose Strom von Autos, Campingwagen und Wohnmobilen; einen steinigen Weg ohne Verkehrsschilder oder Raststätten in regelmäßigen Abständen. Die Zurückhaltung und Bescheidenheit, mit der sie uns ihre Weine präsentierten, war ebenso auffallend wie der Enthusiasmus, den ihre Kinder an den Tag legten, die sich mit Etikettieren und Verpacken der Flaschen ihr Taschengeld aufbesserten. Der Raum, in dem wir saßen, war im traditionellen Stil holzgetäfelt, und manche Teile des Kellers waren mindestens acht Jahrhunderte alt. Doch die Holzfässer sowie die gesamte Ausstattung im Keller waren brandneu, und die Reben neben dem Haus wurden mit einer Tröpfchenbewässerungsanlage versorgt. Die Achtung vor dem Jahrtausende alten Zusammenspiel von Natur und Kultur in dieser Umgebung ließ sich in der Bergluft deutlich spüren, aber die Weine waren durch und durch *zeitgenössisch,* waren trotz der modernen Kellertechnik im Charakter vollkommen ursprünglich – eine *wilde* Kombination.

Sie ähnelten den Pratznerschen Weinen nur oberflächlich und erinnerten mich eher an österreichische als deutsche Weine.

Wir sagen »Ciao« zu Foradori, es bleibt gerade genug Zeit, um uns für das große Gewürztraminer-Dinner umzuziehen, das im Bürgerhaus in Tramin stattfindet und bei dem »Placido Domingo« die Weine kommentieren wird. Er wird das zweifelsohne mit dem gewohnten Weltmeister-Takt tun, wofür er eine Weltmeister-Gage bekommen wird, aber ich bin froh, nicht in seinen Schuhen zu stecken. Während das warme Wasser der Dusche langsam den Schweiß abspült, frage ich mich, ob Foradori nicht in einem wichtigen Punkt Recht hat. Sind nicht die *sehr vielen* guten Weine, die *sehr viele* Menschen begeistern, wichtiger als die *wenigen* wilden, die einige *wenige* Fanatiker wie mich zum Staunen bringen?

Ich drehe das warme Wasser aus und das kalte auf. Ist nicht das Bemerkenswerteste an Südtirol heutzutage die Qualität bei manchen Genossenschaftskellereien, deren Jahresproduktion jeweils ein bis zwei Millionen Flaschen umfasst? Der KAITON der Pligers, ein 2002 trockener Riesling, der durch eine wahnwitzige Laune des italienischen Weingesetzes weder die Rebsorte noch den Jahrgang auf dem Etikett tragen darf, ist ein brillanter Wein. Doch aufgrund von Frostschäden im Weinberg – noch ein Winzer-Albtraum – gab es ganze 1500 Flaschen dieser zarten Essenz aus Aprikosen und Schneelawinen, in der sich Sommer und Winter verbinden. Der Wein war so gründlich ausverkauft, dass ich *keine einzige Flasche* kaufen konnte! Wenn so gut wie niemand ihn je trinken wird, wen interessiert es da, dass er mir wie ein *wilder Bergwein* erscheint? Ich drehe das Wasser ab, ziehe mein Handtuch von der Stange und stolpere ernüchtert aus der Duschkabine.

Nur wenige Minuten zu Fuß vom »Hotel Tirolerhof« beweist Willi Stürz, der dynamische junge Kellermeister der WINZERGENOSSENSCHAFT TRAMIN, dass das »Mittelfeld« des Südtiroler Weins der Gegenwart zugleich köstlich und waschecht sein kann. Seit der erste Jahrgang seiner süßen Gewürztraminer-Kreation PASSITO

TERMINUM 1999 auf den Markt kam, hat er die Produktpalette jedes Jahr um ein oder zwei spannende neue Weine erweitert, und jedes Jahr konnte man sein Streben erkosten, das zu verbessern, was schon fest etabliert wirkt. In vieler Hinsicht tritt Stürz in die Fußstapfen von Hans Terzer, der seit 1977 die GENOSSENSCHAFT ST. MICHAEL-EPPAN leitet. Terzer hat Schritt um Schritt eine neue Serie von Spitzenweinen namens ST. VALENTIN aufgebaut; einen für jede edle Rebsorte, die in den Weinbergen der Mitglieder ausreichend vertreten ist. Inzwischen gibt es jedes Jahr eine ganze Familie von ST. VALENTINS, deren Gesamtproduktion vielleicht eine halbe Million Flaschen umfasst. Trotz immer neuen Lobeshymnen seitens der Presse und ununterbrochenem Verkaufserfolg hat es sich Terzer nie gestattet, der Selbstzufriedenheit zu frönen, sondern sucht stets nach neuen Wegen, Qualität und Quantität weiter zu steigern, ohne dass eins auf Kosten des anderen geht. Das sind sicher die Weine, auf die sich meine ungeteilte Aufmerksamkeit richten sollte, oder? Sie vereinen in sich Spitzenqualität und Verfügbarkeit, allen voran die Weine aus den autochthonen Sorten.

Ich ziehe den Rollladen im Zimmer hoch – die Sonne macht endlich Anstalten, hinter den Bergspitzen zu versinken – und denke, dass mir keiner dieser Weine zwar bis jetzt je wahrhaft *groß* oder *wild* erschienen ist, sie aber beweisen, dass sich Südtirol erfolgreich neu orientiert hat, seitdem sich der in den 1980er Jahren eingeschlagene Weg des modischen Internationalismus als Fehler erwiesen hat. Noch vor wenigen Jahren wäre Vorfreude meinerseits auf einen ganzen Abend ausschließlich mit Gewürztraminer unvorstellbar gewesen, und genauso ist es beim Lagrein. Das deutet darauf hin, dass die naturgegebenen und die menschlichen Faktoren in Südtirol heute wesentlich häufiger im Einklang sind als noch vor einer Generation. Was lässt sich gegen gute Südtiroler Weine aus autochthonen Sorten sagen, die es bereits ab fünf Euro gibt? Und ganz abgesehen davon, was ist überhaupt dagegen einzuwenden, dass jemand Spaß mit einer Flasche Pinot Grigio von Aldi für 1,49

Euro hat, selbst wenn der Wein diesem *Gonzo-Weinjournalisten* banal und langweilig erscheint? Die einzige mögliche Antwort lautet für mich in beiden Fällen: An sich nichts. Es ist nicht meine Aufgabe, positive Weinerlebnisse in Frage zu stellen.

Ich stehe Auge in Auge mit meinen Gedanken vor einem barockgerahmten Spiegel, während ich meine seidene Krawatte zum Knoten binde. Habe ich mir die Existenz einer wilden neuen Weinwelt nur selbst eingeredet, weil es sich wie eine tolle Idee anhört? Ist es einfach eine gute Ausrede, um jahrelang auf *Planet Wein* herumzureisen, interessante Leute kennen zu lernen, schöne Landschaften zu sehen und köstliche Weine zu verkosten? Ich schiebe meine Füße in ein Paar teure italienische Schuhe, in denen ich mir auch den Geschäftsführer einer großen PR-Firma vorstellen könnte, und werfe einen letzten prüfenden Blick in den Spiegel. Wer zur Hölle glaube ich eigentlich zu sein? Der *Weltmeister-Gonzo-Weinjournalist*, der wie Superman mit seinen Röntgenaugen durch den PR-Nebel blicken kann und die Wirklichkeit der Weinwelt in ihrer wahren Gestalt erkennen kann? Pah! Ursula klemmt sich ihre falschen Diamanten an die Ohrläppchen, und das heißt, dass wir gleich losmarschieren müssen Richtung Bürgerhaus. Ich würde viel lieber die Berge hochklettern, auf der Suche nach Wahrheit und Inspiration.

17. Juli 2003 Als wir am nächsten Morgen in unserem Mietwagen das Tal durchqueren, steigt das Gesicht meines Londoner Künstlerfreundes Jonathan Hatt vor meinem inneren Auge auf. Ich kann seine oft wiederholte Behauptung hören, Inspiration sei der Schnittpunkt zweier imaginärer Ebenen; ein Punkt, der außerhalb des physikalischen Raumes und der linearen Zeit liegt. Warum muss ich daran ausgerechnet jetzt denken? Die Hitze ist heute weniger drückend, und ich kann mich besser als gestern oder in dem verkaterten Zustand bei unserer Ankunft auf meine Gedanken konzentrieren. Wir müssen nicht weit fahren, an der Riesenkiste von Würth vorbei, durch den kleinen Ort Neumarkt mit seinem historischen Einkaufszentrum inklusive Souvenirläden, dann bergauf nach Montan und den Kellern von WEINGUT FRANZ HAAS.

Mit seinem schmalen Kopf und der ausgeprägten Form der Nase – starke Vertikale! –, dem dunklen Schnurrbart – eine ausgeprägte Horizontale! – und den runden Brillengläsern – Brennpunkte! – ähnelt Haas einem Porträt von Otto Dix. War es von einem Philosophie-Professor, einem Schriftsteller, einem Wissenschaftler? Ich kann mich nicht erinnern. Auf dem Dix-Gemälde, das mir vorschwebt, trug der Porträtierte auch keine Jeans-Latzhose, sondern einen smarten Anzug. Schon bei der Begrüßung wird klar, dass ein Besuch der Weinberge, nein, eine *Weinbergsexpedition*, fest vorgesehen ist. Und von dem Augenblick an, als wir in seinem Kombi losfahren, wird aus Haas' Worten ebenso klar, dass es hier um seit vielen Jahren andauernde *Forschungen* geht, deren Ende und Ergebnis ungewiss sind.

»Wir haben in Südtirol 27 verschiedene Rebsorten, aber wie viele wirklich *große* Weine erzeugen wir?«, fragt er unverblümt und bringt mich damit etwas ins Stottern.

»Ähm ... naja, es gibt viele gute Weine, aber große Weine ... eher *wenige*«, antworte ich schließlich etwas nervös, in der Hoffnung, dass ihm das nicht zu direkt erscheint. Welches Recht habe ich, hier aufzutauchen und ihm zu erzählen, dass seine Heimat auf der Weltweinbühne keine gute Figur abgibt?

»Genau!«, entgegnet er jedoch voller Überzeugung, »und die gibt es nur in *homöopathischen* Mengen.«

Wumm! Er besteht darauf, unbequemen Wahrheiten direkt ins Auge zu schauen; unbequem für Südtiroler Winzer, die sich gegenseitig auf die Schulter klopfen, zurücklehnen und die Füße hochlegen möchten.

»Das Problem ist, dass wir die Reben lieber dahin pflanzen, wo sie leicht zu bewirtschaften sind, als an die Orte, die für die Weinqualität am besten sind«, fährt er fort, und sein Ton lässt keinen

Zweifel daran, dass es keine Schonung geben wird bei dieser Bestandsaufnahme der Schwächen und Versäumnisse, am allerwenigsten für ihn selbst. »Unten im Tal gibt es zu wenig Licht, weil die Sonne früh untergeht, und wegen des Dunstes. Alle großen Weine kommen aus Weinbergen mit *außergewöhnlichem Licht.*«

Ich denke an die Weinberge von RIDGE auf dem Monte Bello, nahezu tausend Meter über dem Silicon Valley/Kalifornien, das Licht da oben war zweifellos etwas ganz anderes als der Dunst, der unten im Etschtal hängt und ganz verdächtig nach Smog aussieht. Von hier oben wirkt es alles andere als ideal, um große Weine zu erzeugen.

Haas fährt langsamer, als wir durch Weinberge auf breiten, grasbewachsenen Terrassen kommen, an einem Bergbauernhof aus dem 19. Jahrhundert vorbei, auf dessen weißgetünchter Wand »Elsenhof« steht.

»Die Weinberge hier liegen 650 bis 700 Meter über dem Meeresspiegel, und ungewöhnlich für dieses Gebiet haben sie tiefe Böden, die die Feuchtigkeit gut speichern können«, erklärt er dabei.

Plötzlich fällt es mir wie Schuppen von den Augen. Warum werden in Südtirol so viele Weinberge so intensiv bewässert? Flache, trockene Böden, die kein Wasser speichern, sind die Norm.

»Die Wahrheit lautet, dass es bei uns immer entweder zu heiß, zu trocken, zu feucht oder zu kalt ist. Die Wachstumsperiode ist auch oft zu kurz. Die meisten großen Rotweine brauchen eine Reifezeit von 105 bis 110 Tagen für die Trauben, und in Südtirol sind es oft nur 95 Tage. Deshalb bin ich hier hinaufgegangen, wegen des Lichts und der längeren Reifezeit«, fährt Haas fort.

Jetzt kommen wir den Dingen auf den Grund. Aber wir fahren immer noch weiter hinauf, der Elsenhof scheint nur der erste Schritt auf seinem Weg zum Gipfel des großen Weinbergs gewesen zu sein.

Wir kommen auf eine Hauptstraße, passieren die bewaldete

Schwarzenbach-Schlucht auf einer hohen Brücke, und biegen dann in einen Feldweg ein, der durch Bergwiesen führt.

»Hier auf dem Steinhauser sind wir genau auf 800 Meter«, erläutert Haas. »Er liegt nach Süden hin, hat abends um sieben noch Sonne, und im Winter schmilzt hier der Schnee am frühesten! Ich habe diesen Ort tagtäglich über Jahre hinweg von meinem Küchenfenster aus beobachtet.«

Wo die Sonne abends am längsten scheint und der Schnee zuerst schmilzt, sind altmodische, vorwissenschaftliche Methoden, um die geeignetesten Standorte für die Weinrebe zu bestimmen. Wir steigen aus, um uns die Reben anzuschauen, die er hier experimentell gepflanzt hat. Im Süden kann ich die zerklüfteten Berggipfel erkennen, die am Rande des Etschtals aufsteigen, weit bis in das italienischsprachige Trentino hinein. In einer leichten Brise flattern leuchtend bunte Schmetterlinge. Sie weht den Duft von wilden Nelken und wildem Oregano herüber, die auf den Wiesen neben den Reben wachsen. Leider sind die Reben – viele *edle* Sorten um herauszufinden, welche für dieses Höhen-Trainingslager am besten geeignet sind – zu jung, als dass es bereits Weine zu verkosten geben könnte. Wird sich dieser Standort wirklich geschmacklich in etwas Außergewöhnliches übertragen lassen? Mein Instinkt, dem ich gewöhnlich in solchen Situationen vertraue, sagt mir, dass ich unbedingt zurückkommen muss, wenn die Reben älter sind und die ersten Früchte getragen haben, um die Ergebnisse dieser Forschungen zu verkosten.

Auf der Rückfahrt beschließe ich, dass dies wieder der richtige Moment für die große Frage ist.

»Wie sieht die Zukunft des Gebiets aus?«, will ich von Haas wissen.

»Müller-Thurgau ist uninteressant, Chardonnay auf dem absteigenden Ast und Pinot Grigio eine Modeerscheinung mit eingeschränkter Lebenserwartung … ich lasse euch gleich verkosten, was ich für die Zukunft halte.«

Sein *Verkostungszimmer* besteht aus zwei Tischen an einem Ende des langgestreckten, niedrigen Raumes, in dem auch das Büro des Weinguts untergebracht ist. An den Wänden entlang sind Regale mit leeren Weinflaschen – ganz offensichtlich Erinnerungen an Momente der Inspiration – und in der Ecke steht eine rote Berkel-Aufschnittmaschine mit einem großen Schwungrad. Beim Konsum von Schweinefleisch liegt Italien europaweit ganz vorne, und der größte Teil davon wird in Form von Schinken und Salami verzehrt. Der Duft von Haas' 2002 Traminer Aromatico wirkt so frisch und zart wie wilde Alpenblumen und der Wein trotz 14%vol Alkohol nahezu schwerelos.

»Auf dieser Seite des Tals sind die Traminer athletischer als in Tramin«, sagt er und greift dann nach den Rotweinen. »Was ich immer machen wollte, ist, einen großen Blauburgunder zu erzeugen.«

Diese Rebsorte wird international meist mit ihrem französischen Namen »Pinot Noir« oder auch nur kurz »Pinot« bezeichnet, als spreche man von einer Geliebten, bei der ein längerer Name eine unangemessene Distanz implizieren würde. Unzählige Winzer rund um den ganzen Erdball sind von ihr besessen. Sie ist die Kali unter den Rebsorten und wie die Hindu-Göttin sorgt sie unter ihren Anhängern für Ekstase, Glück sowie Desaster und lässt sich nur mit fortwährenden Opfern besänftigen. Doch treibt Pinot-Winzer auch die Sehnsucht nach Glanz und Ruhm, den der Erfolg mit der schwierigen Schönen verspricht. Denn der Durst nach großem Pinot Noir auf *Planet Wein* übersteigt das Angebot bei weitem.

Auch Haas sagt, sein Ziel sei, »*einen* Wein zu erzeugen, der mich vollkommen überzeugt. Einmal war ich sicher, dass es mir gelungen sei. Ich hatte aus einem Weinberg mit 12 500 Reben pro Hektar einen Ertrag, der einem Glas Wein pro Stock entsprach – aber das Ergebnis war wie zwei Zahnräder, die einfach nicht ineinander greifen wollten ... es war furchtbar.« Ein Ertrag von nur einem Glas Wein pro Stock und volle 12 500 Stöcke pro Hektar – alles über 6000 wird als allgemein sehr dicht angesehen – das ist waghalsiges Qualitätsstreben. Es sind klassische Symptome für einen fortgeschrittenen Fall von Pinot-Noir-Syndrom bei einem Winzer; ein Leiden, das weitreichende wirtschaftliche Folgen haben kann, da Bedenken praktischer Art oder auch die gute alte Vernunft einfach aus dem Fenster geworfen werden.

Haas schenkt den nächsten Wein ein, den 2002 BLAUBURGUNDER SCHWEIZER, benannt nach dem Künstler, der das Etikett gestaltet hat. Aus dem Glas strömt ein berauschender und belebender Duft, der mich sofort 30 Jahre zurück zu den Rosen im Garten meines Großvaters versetzt. Trotz aller Kraft, unzähligen Phenolen-*Zahnrädern*, greift doch alles so perfekt ineinander, dass sie sich mühelos zu drehen scheinen. Beim ersten Schluck erklingen Aromen wie Echos in den Bergtälern, und ich entdecke neue Gipfel in mir selbst.

Unser Gastgeber leert voller Ungeduld die Gläser, es folgt ein Wein von lebhafter, violett-rubinroter Farbe: 2002 LAGREIN. Fester und entschlossener als der Blauburgunder wird er von einer erstaunlichen Spannung zwischen wermutartiger Bitterkeit und nahezu lasziver Süße beherrscht; komm her und bleib, wo du bist, scheint er gleichzeitig zu sagen.

»Das Richtige ist die Vollendung des Kreises«, sinniert Haas, aber in meinem Kopf habe ich den Punkt erreicht, an dem sich zwei imaginäre Ebenen treffen …

24. Oktober 2004 Wir winden uns durch den dichten, hektischen Verkehr in Turin. Die Sonne hat Mühe, den Herbstnebel zu vertreiben, der den Blick auf die Alpen versperrt, der sich hier sonst an jeder Straßenkreuzung bietet. Am Steuer sitzt Paolo de Marchi und erzählt uns von seinen neuen piemontesischen Weinen. Piemont, das war sowohl für die italienische als auch für die internationale Weinszene in den 1980ern und '90ern eine Riesengeschichte, die von der Weinpresse unzählige Male erzählt worden ist und inzwischen wirklich hoffnungslos ausgelaugt ist. Es kann keine Zweifel daran geben, dass sich die Rotweine der Langhe im Süd-Piemont, vor allem und am bekanntesten Barolo und Barbaresco aus der launischen Rebsorte Nebbiolo, ebenso wie ihre Erzeuger während dieser Zeit grundlegend verändert haben. Genauso zweifelsfrei ist aber, dass es dort wenig Neues gibt, über das zu berichten sich lohnen würde. Der nicht mehr so junge de Marchi, dessen Züge und Begeisterungsfähigkeit aber immer noch jungenhaft wirken, redet jedoch von den neuen Rotweinen des *Nord*-Piemont, was im Kontext jenes Gebiets die *falsche Seite* bedeutet. Diese Seite des Gebiets ist unser Ziel – wir fahren bewusst in die *falsche* Richtung.

Das Ganze ist auch deshalb interessant bis leicht paradox, weil unser in Turin geborener Winzerfreund mit den Rotweinen berühmt geworden ist, die er auf Isole e Olena erzeugt, dem toskanischen Weingut seiner Familie, vor allem dem Chianti Classico und seinem großen Bruder Cepparello.

»Das ist unser Haus, hier bin ich aufgewachsen«, sagt er plötzlich, als wir an einem großen Haus aus dem 19. Jahrhundert mit beeindruckender Steinfassade vorbeifahren. »Nachdem ich fast mein ganzes Leben auf Isole e Olena gearbeitet habe, habe ich entschieden, mich mit dem Anbau der schwierigsten Rebsorte Italiens in dem schwierigsten Klima Italiens zu beschäftigen«, folgt der nahtlose Übergang von der Vergangenheit zur Gegenwart und Zukunft. »Aber ich habe entdeckt, dass es *einfach* ist, Nebbiolo im Nord-Piemont anzubauen. Denn wenn es kurz vor der Lese regnet, dann ist das für den Nebbiolo im Süd-Piemont ein Riesenproblem, aber nicht im Norden der Provinz. Im Süden saugen die Reben das Regenwasser wie Schwämme auf und pumpen es in die Trauben!« Das kann nur allzu leicht dazu führen, dass die Beeren aufplatzen und faulen; in manchen Jahren bedeutet das im Süd-Piemont ein wahres Horrorszenario.

»Außerdem haben wir eine autochthone Rebsorte mit wundervollen Aromen namens Vespolino«, berichtet er weiter voller Begeisterung. »Sie scheint eng verwandt zu sein mit dem Nebbiolo, ihre DNA stimmen zu 80 Prozent überein.«

Ursulas, meine und de Marchis DNA stimmen mit großer Sicherheit zu weit über 80 Prozent überein, ohne dass wir deshalb miteinander verwandt wären, aber ich beschließe, seinen Redefluss nicht zu unterbrechen. Er muss sich konzentrieren, weil die Auffahrt zur Autostrada durch Bauarbeiten einem Labyrinth gleichkommt, aber das hindert ihn nicht am Reden.

»In der Gegend um Lessona, wo wir hinfahren, florierte im 20. Jahrhundert die Textilindustrie, was den Weinbau beinahe vollkommen zum Verschwinden gebracht hat. Früher gab es 40 000 Hektar Weinberge im Nord-Piemont, heute sind es ganze 700!«

Damit steht er ungefähr so nah vor dem Aussterben wie der Große Pandabär. Wie kann sich ein Weinanbaugebiet von solch einem Schicksalsschlag erholen, frage ich mich laut.

»Nun, ich glaube, dass man im wahrsten Sinne des Wortes zurück zu den Wurzeln gehen muss, zum *Boden,* dem Kern der Herkunft jedes Weines. Aber das ist natürlich nur ein Faktor, der Jahrgang, das heißt der Wetterverlauf in der jeweiligen Wachstumsperiode, ist ein anderer Teil seiner Herkunft.« Er wagt sich da in immer tiefere Gewässer vor, auch wenn das alles mit bewundernswerter Klarheit vorgebracht wird. »Ein Teil der Herkunft bleibt also *immer gleich,* und ein Teil *ändert sich fortwährend.* Heute, nach einem ganzen Leben im Weinbau, ist das für mich so klar!«

Aber es gibt auch den Keller, den Ausbau, den menschlichen Faktor, frage ich mich wiederum laut …

»Der menschliche Faktor ist immer präsent, aber wir müssen *uns selbst verändern,* statt den *Wein zu verändern!* Die Alternative sind *Nutella-Weine*«, antwortet er.

Mir ist seit langem bewusst, dass beim Wein letztendlich alles darauf hinausläuft: *entweder* darauf bestehen, dass der Wein sich weltweiten Standards anpasst – die Entscheidung für Nutella- oder Coca-Cola-Weine –, *oder* den spannenderen Weg der Vielfalt einzuschlagen, die durch unterschiedliche Herkünfte möglich ist. Aus de Marchis Blickwinkel habe ich das Ganze jedoch noch nie betrachtet, und die anderthalb Stunden Autofahrt haben sich schon allein für diese unerwartete Philosophiestunde gelohnt. Wo soll die Veränderung stattfinden? Endlich doch in uns, oder drängen wir uns der Welt weiter auf?

Auf unserer Linken lassen sich im Nebel allmählich gespenstisch wirkende Bergumrisse erkennen.

»Bevor die Gletscher kamen, war diese Ebene Teil der Adria, und die ersten Berge dort bildeten die Küste. Die Böden dort sind so *extrem mineralisch*, dass sie stellenweise für die Reben *giftig* sind … da drüben liegt der Monte Rosa!« De Marchi deutet direkt in den dicksten Nebel, hinter dem sich der 4634 Meter hohe, pyramidenförmige Berg verbirgt. »Wir liegen in seinem Regenschatten, deshalb ist es sehr trocken. Unser Anwesen, zu dem wir jetzt fahren, wo ich als Kind immer die Sommer verbracht habe, heißt ›La Valsecca‹, das trockene Tal. Von Natur ist hier alles das ganze Jahr über dürr und gelb.«

Es klingt alles vollkommen anders als in den Langhe im Süd-Piemont mit seinen fruchtbaren Böden, wo neben Reben auch Weizen, Mais und Haselnüsse angebaut werden – die Grundlagen für Nutella. Die Straße führt jetzt aus der Ebene steil hinauf in die Berge und nach einigen Minuten entlang einem Bergrücken kommen wir durch eine Gegend, die ganz offensichtlich von der ursprünglichen Vegetation bestimmt ist: wenige verkrüppelte Eichen, die sich zwischen dem harten braunen Gras durchkämpfen. Ich habe so eine Steppenlandschaft in Westeuropa noch nicht erlebt, und hier am Fuß der Alpen ist die Überraschung noch größer.

»Willkommen!«, ruft de Marchi, als wir in einen Feldweg einbiegen und zu einem etwas heruntergekommenen Gutshaus holpern, vor dem ein monströser Bagger und ein paar kleine Autos stehen. Als wir aussteigen, tritt eine kleine Gruppe Menschen aus der Tür, um uns zu begrüßen; de Marchis Frau Marta, die wir auch schon gut kennen, ein ziemlich stämmiger junger Kerl, der uns als ihr Sohn Luca vorgestellt wird, und ein großer, gutgepolsterter Typ mit Bart und Schweizer Akzent, dessen Name Christoph Künzli ist. Wir packen alle für ein improvisiertes Mittagessen mit an, ein Tisch wird spontan aus dem Haus in den Hof geholt, weil endlich die Sonne durchgekommen ist. De Marchi schneidet Salami und packt dann Flaschen mit 2002 Weinen von Isole e Olena aus.

»Bevor sie den Wein überhaupt probiert hatten, haben mir die Gambero-Rosso-Leute gesagt, ich hätte 2002 wegen des schlechten Jahrgangs gar keinen Cepparello machen sollen!«, sagt er und gießt den Wein in Plastikbecher, weil keiner daran gedacht hat, Gläser mitzubringen. Aber selbst unter diesen Bedingungen schmeckt der Wein richtig gut, mächtig, aber doch anmutig, da sind Ursula, Künzli und ich uns einig.

»Ja, wir haben in den letzten Jahren wirklich Fortschritte gemacht«, stimmt de Marchi zu. »Die Weine sind viel weicher und eleganter als früher.«

Das ist ziemlich revolutionär; die meisten Winzer waren zur gleichen Zeit besessen davon, in ihren Weinen soviel Kraft und so konzentrierte Aromen unterzubringen wie nur irgend möglich, teilweise mit desaströsen Folgen für die Harmonie oder Verträglichkeit des Endprodukts. Der Monte Rosa ist immer noch in Nebel gehüllt, aber die Reben vor dem Haus, von denen die meisten bereits abgeerntet sind, leuchten in herbstlichem Gold. Luca de Marchi verabschiedet sich mit einem »Ciao«, er hat Arbeit, wir werden ihn später wiedersehen.

Künzli taut allmählich auf und erzählt, er sei zwar im Hauptberuf Weinhändler, habe aber 1998 begonnen, in der Appellation Boca, nicht weit von hier entfernt, Weinberge zu kaufen. Er fing mit einem halben Hektar an, und inzwischen habe er sechs. Es sei nicht einfach gewesen, das zu erreichen.

»Um ein paar historische Weinberge neu anzulegen, mussten wir bis zu 30 Meter hohe Bäume fällen!«, erzählt er. Das erinnert mich an Klaus Zimmerling in Dresden/Sachsen, der beinahe zeitgleich genau dasselbe getan hat. Es ist ein eigenartiger Vergleich, dort sind diese Weinberge unter den Kommunisten verschwunden, während die historischen Weinberge hier im Nord-Piemont dem Kapitalismus zum Opfer fielen. Zuerst scheiterte der Kommunismus, dann wanderte die Textilindustrie nach China und Rumänien ab.

De Marchi unterbricht uns, wir müssen jetzt los, wir haben viel vor. Erster Halt soll im Ort Lessona sein, nach dem diese Appellation benannt ist.

»Als ich Kind war, waren das hier alles Weinberge«, erklärt unser Gastgeber im Auto. Künzli folgt uns in seinem Wagen. Jetzt gibt es nur Steppe zwischen den wenigen Häusern. »1969 und '70 waren die letzten Jahrgänge, die wir erzeugt haben, und 1971 haben auch wir unsere Weinberge gerodet«, sagt er schuldbewusst, obgleich er keinen Einfluss auf diese Entscheidung hatte. Wir fahren an jungen Reben vorbei, die vor kurzem an einem steilen Hang auf Terrassen gepflanzt worden sind, die so schmal sind, das jeweils nur eine Rebreihe darauf Platz hat. »Das ist einer unserer neu angelegten Weinberge, bis vor zwei Jahren war hier Wald.« Das klingt nach Freeclimbing!

Es sieht aus, als seien Hangausrichtung und Sonnenstrahlung grandios, als könnten hier *wilde Bergweine* wachsen. Ein paar Kurven weiter kommen wir an einem noch steileren Stück vorbei. »Das würden wir gern neu anpflanzen, aber …« Der Hang ist mit dichtem Wald bewachsen, einem wahren Dschungel. Schließlich erreichen wir einen kleinen Ort oben auf einem der Berge. Unsere Autos passen gerade so durch die engen mittelalterlichen Gassen. Nachdem wir einen hohen steinernen Torbogen durchfahren haben, erreichen wir die Nummer 10 der Via Felice Sperino und parken zwischen alten Gemäuern in dem kleinen Hof.

»Willkommen in der Villa Sperino!«, ruft de Marchi.

Wir folgen ihm in eines der Gebäude. »Es ist wunderbar, die alten Keller wieder mit neuem Leben erfüllt zu sehen. Wir haben die

Produktionsabläufe genauso angelegt, wie es im 19. Jahrhundert war, aber unter Zuhilfenahme von ein bisschen moderner Technik.« Er zeigt uns, wie die Trauben in Plastikkisten auf einem Förderband in den ersten Stock transportiert werden, dort in eine Traubenmühle fallen und entrappt werden und von dort wiederum per Schwerkraft in einen der oben offenen hölzernen Gärbehälter gelangen, die im Erdgeschoss stehen und beinahe bis an die Decke reichen. Der Gärkeller mit seinen in gelben Ziegelsteinen gemauerten Böden und Wänden ist ganz klassische Keller-Architektur des 19. Jahrhunderts, während die nagelneue Kellertechnik im Licht von Halogen-Leuchten erstrahlt, die auch in ein angesagtes Restaurant gut passen würden. Doch dies ist keine schicke Bühne für modebewusste Städter. Die Atmosphäre gleicht eher der eines Tempels, der todesverachtenden Wandlung der Trauben in Wein gewidmet. Hier müssen sie sterben, um zu neuem Leben erweckt zu werden; es ist ein Opferritual, das sich vor unseren Augen abspielt.

Luca balanciert ziemlich gewagt ganz oben auf einer Leiter, die an einem der Gärtanks lehnt, und bedient einen mit Druckluft angetriebenen Stößel, der sich auf und ab bewegt und dabei den »Hut« aus Traubenschalen in den gärenden Wein drückt, um Geschmack und Farbe aus ihnen zu lösen. Der Kompressor gibt ein freundliches, klopfendes Geräusch von sich, das mich an das verführerische Schnurren einer Harley-Davidson erinnert und daran, dass all das eine unterschwellige sexuelle Seite hat, die man wahrscheinlich nur nachvollziehen kann, wenn man diese Situation selbst aktiv erlebt hat. Luca reicht uns einen kleinen Plastikmessbecher mit gärendem Wein hinunter: »Nebbiolo aus Valsecca.« Der Wein strotzt förmlich vor Aromen und ungezähmter Lebendigkeit, den dichten Beerennoten steht eine nahezu übernatürliche Frische gegenüber. Das sind die ersten Schreie der als Wein neugeborenen Trauben!

»Es ist Zeit für eine richtige Verkostung«, sagt de Marchi. »Gehen wir nach oben, da ist es ruhiger.«

Wenig später sitzen wir in einer chaotischen alten Küche um einen kleinen Tisch, auf dessen karierter Decke lediglich zwei bauchige Flaschen mit Rotwein und ein paar Probiergläser stehen. An der Wand aufgereiht sind drei Herde, von denen aber keiner aussieht, als sei er funktionstüchtig; ein Eindruck, der durch eine nagelneue Mikrowelle unterstrichen wird.

»Kampieren im Weinkeller«, amüsiert sich Ursula über Lucas improvisierten Haushalt.

»Wir beginnen mit dem 2003 Coste della Sesia, unserem Zweitwein, der im September 2005 als erstes in den Verkauf kommen wird«, sagt de Marchi. Der Wein ist ausgesprochen duftig, die roten Kirschen zeigen beinahe dieselbe Lebhaftigkeit wie die Beeren in dem gärenden Wein vorhin. Schlank und voller Energie ist es ein extremer Gegensatz zu den gewichtigen, festen Nebbiolo-Weinen des Süd-Piemonts. Im Nachhall macht sich eine salzige Frische bemerkbar, die ich so noch in keinem anderen Wein erlebt habe. »Jetzt der 2003 Lessona«, kündigt de Marchi die nächste Probe an und schenkt mit erwartungsvoller Miene das Spitzengewächs des neuen-alten Weinguts ein. Schlagartig wird mir klar, warum er die Familienweinberge neu angelegt und fünf Jahre harter Arbeit investiert hat, um an diesen Punkt zu gelangen. Der Duft ist der dunkler Blüten, *Les Fleurs du Mal,* und ich kann zwar geschmacklich erkennen, dass sich hier eine beträchtliche herbe Kraft verbirgt wie der unsichtbare Teil eines Eisbergs unter Wasser. Aber der Gesamteindruck ist vor allem bestimmt von einer wunderbaren Geschmeidigkeit und Zartheit. Das ist das Geschmackserlebnis eines großen Barolos oder Barbarescos auf den Kopf gestellt! Es folgt eine Welle von Salzigkeit, die mich mit sich reißt – eine vollkommen neue Nebbiolo-Welt, vielleicht sogar eine neue Rotwein-Welt!

Ich könnte mich ewig mit diesen beiden Weinen beschäftigen, aber Künzli drängt zum Aufbruch, weil er uns unbedingt seine Weinberge zeigen möchte, bevor es dunkel wird. Also geht es weiter, dieses Mal mit Künzli vorneweg. Die Straße führt am Hang entlang in östliche Richtung, kurvt an der Meeresküste aus vormenschlichen Zeiten entlang, die sich inzwischen ans andere Ende der Po-Ebene verlagert hat. Die Sonne taucht kurz im Nebel auf, verschwindet aber gleich wieder, in Kürze wird sie sich ganz verabschieden. Wetter und Weine könnten kaum unterschiedlicher sein zu dem, was wir letzten Juli in Südtirol erlebt haben, obwohl das Gebiet auch auf der Südseite der Alpen liegt. Statt vereinzelter Flecken von Reben wie in Lessona umgeben uns plötzlich ganze Weinberge, und ein Schild verkündet, dass wir Gattinara erreicht haben, die bekannteste Appellation im Nord-Piemont.

»Das ist die größte Appellation hier«, bemerkt de Marchi. »Sie umfasst beinahe 200 Hektar; das ist ungefähr so groß wie ein einziges größeres Chianti-Weingut!«

Wir fahren durch den Ort, überqueren den Fluß Sesia, in dessen breitem steinigen Bett Wasser vom Monte Rosa ins Tal fließt. »Die *Wiedergeburt* von Boca!«, ruft de Marchi, als die Straße durch dichten Wald an steilen Hängen vorbei langsam ansteigt. »*Alles* hier hat mit Christoph begonnen!«

Und da sind wie in großen Lichtungen die Weinberge, größtenteils so jung, dass sie noch keinen Ertrag bringen. Künzli hält neben einem der Weinberge an, wir parken dahinter und steigen aus.

»Unsere Weinberge liegen sämtlich in dem Naturschutzgebiet des Parco Fenera, und die Behörden haben uns wirklich unterstützt«, erzählt Künzli. »Auf allen diesen Hängen gab es vor 50 Jahren Weinberge. Unsere Reben wachsen 400 bis 500 Meter über dem Meeresspiegel, der Boden ist von Porphyr bestimmt, sehr steinig und extrem sauer. Von dieser einen Hektar großen Parzelle hier unter der Straße bekommen wir um die 2000 Flaschen im Jahr.«

So wie er das sagt, klingt es wie eine bedeutende Menge. Aber eigentlich ist es nicht einmal eine halbe Flasche pro Rebe. Das ist ein derart niedriger Ertrag, dass er nur gerechtfertigt ist, wenn der Wein fantastisch schmeckt und sich zu einem fantastischen Preis verkaufen lässt. Und das sind zwei schwerwiegende Voraussetzungen für ein derart unbekanntes Gebiet!

Noch mehr Kurverei über noch holprigere Straßen durch Wald und Berge, und dann sind wir in einem Tal mit einer bedeutenden Menge an gelbleuchtenden Reben, die in derart steinigem Boden wachsen, dass es so gut wie keine Gräser oder Unkraut zwischen ihnen gibt.

»Das ist Le Piane, das Herz meines Weinguts, nach dem es auch benannt ist«, erklärt Künzli. Er zeigt uns einen schlichten, klassischen Pavillon, den der durch La Mole, das bizarre Wahrzeichen von Turin, berühmt gewordene Architekt Romagnono Sesia einst als Sommerhaus für eine in der Gegend ansässige wohlhabende Familie entworfen hat. »Ich habe das Häuschen zusammen mit den Weinbergen von einem sehr begabten Winzer namens Antonio Cerri gekauft, der Bocas Namen am Leben erhalten hat. Er war aber nur hier in der Gegend bekannt.«

»Vor einem Jahrhundert waren die Weine aus dem Nord-Piemont in Mailand, Turin und darüber hinaus sehr gesucht«, fügt de Marchi hinzu, »was wir hier betreiben, ist Wein-*Archäologie.*«

Es ist wirklich die versunkene Welt des italienischen Weins, die sie wieder entdecken. Diese Formulierung stammt von meinem Fotografen-Freund Vuk-Dieter Karadžić. Er hat damit die *äußere Erscheinung* der Langhe unten im Süden beschrieben, aber eigentlich passt sie viel besser zum Wesen dieses Ortes.

Die Sonne ist aufgedunsen und rötlich hinter den Baumspitzen untergegangen. Wir haben es gerade noch geschafft, die Reben von Le Piane zu sehen! Jetzt sind wir natürlich mehr als gespannt auf die Weine. Also wieder ins Auto und auf ins wenig bemerkenswerte kleine Örtchen Boca. In der Via P. Cerri biegen wir in eine Auffahrt ein und halten vor ein paar ländlichen Gebäuden aus roten Ziegelsteinen. Nur der neugelegte Boden aus unregelmäßigen Porphyrsteinen und eine neue Korbpresse vor der Kellertür deuten an, dass sich hier seit Antonio Cerris Zeiten überhaupt etwas verändert hat.

Wir folgen Künzli in den Keller, in dem die Luft schwer von fruchtig-heftigen Gäraromen ist, dann eine Treppe hinauf zu einer ungewöhnlichen Dachterrasse, eigentlich eher eine offene Scheune, in der ein langer Tisch für eine Weinverkostung vorbereitet ist. Normalerweise weigere ich mich, unter solch ungewöhnlichen Bedingungen zu verkosten, aber die Luft ist eher frisch als kalt, es weht kein Wind, der die Aromen aus dem Glas fegen könnte, und ein Scheinwerfer spendet ausreichend Licht.

»Ich möchte mit euch alle Jahrgänge verkosten, die ich bis jetzt in Boca gemacht habe«, sagt Künzli und bringt fünf bauchige Flaschen zum Tisch. »Es sind alles Verschnitte von Nebbiolo mit einer kleinen Menge Vespolino.« Zeit für ein erneutes Eintauchen in eine ungewohnte Geschmackswelt.

Erst zwei der Flaschen sind etikettiert und das zeigt, wie neu das Phänomen Le Piane ist. Wir verkosten einen Wein nach dem anderen, vom jüngsten – 2003, '02 und '01 sind Fassproben, erklärt Künzli – bis zum ältesten, 2000 und 1999. Trotz der ausgeprägten Unterschiede in Reife und Jahrgangstypus ist allen Weinen die duftige Frucht gemeinsam, doch solche Lakritz-, Teer- und Lederaromen findet man nicht in kitschigen *Nutella-Weinen*. Diese Weine hier schmecken zugleich vollkommen geschmeidig und ausgesprochen fest, als streiche man mit der Hand über altmodischen, schweren Samt – und doch ist nichts an ihnen wirklich schwer! Keine Frage, ihre Säure ist fordernd, wirkt aber eher prickelnd frisch als scharf. Vor allem kommt in allen fünf die besondere Reinheit des Lichts der Alpen zum Ausdruck.

»Gewöhnlicherweise kommen wir auf 12,5%vol natürlichen Alkohol, im Gegensatz zu mindestens einem Prozent mehr im Süd-Piemont«, bemerkt Künzli, und das trägt zweifellos auch dazu bei, dass diese Weine für einen *Nutella-Wein* gewöhnten Gaumen eine echte Herausforderung darstellen.

»Entweder/oder«, sagt Ursula entschieden. »Sie schmecken so extrem, wie der Boden in Le Piane aussieht!«

Wir sind tatsächlich auf eine neue Welt des Weingeschmacks gestoßen; nichts, was wir im Süden des Piemonts oder sonst irgendwo südlich von hier in Italien verkostet haben, hat uns darauf vorbereitet. Alles ändert sich, auch unsere Vorstellungen.

Die neuen Weine der Tropen:
Abenteuer Asien

26. Januar 2004 Wo und wann habe ich je einen solchen Himmel gesehen? Noch nie! Ich habe das Gefühl, im Inneren einer vollreifen Aprikose zu stehen und durch ihre leuchtende Haut auf die Welt hinauszublicken. Von dem Strand aus, auf dem ich stehe, blicke ich übers Meer, wo die Sonne hinter einer Felseninsel versinkt. Die Brandung ist so ruhig, dass ihr rhythmisches Geräusch mich in Trance versetzt. Die Komposition erinnert mich an bestimmte chinesische Gemälde, aber alle Farben sind derart tropisch, auch die Gerüche …

Buuuuuuurrrrrrrppp! – Ein Geräusch wie ein lautes, besoffenes Rülpsen weckt mich abrupt aus der Träumerei auf, der ich mich gerade hingeben wollte. Ich blicke in die Richtung, aus der es kam, und sehe ein Wesen mit ungesund wirkender dunkelroter Haut, das sich wenige Meter von mir entfernt im Sand suhlt. Nein, es sind sogar zwei, ein Pärchen. Das Weibchen ruft nach dem Männchen und – habe ich mich wirklich nicht verhört? – er antwortet ihr – zweifellos im vertrauten Dialekt. Es sind *Homo sapiens*, Zugvögel aus der nördlichen Hemisphäre, deren Heimat wohl Berlin ist. Ich reise auf der Suche nach der wilden Weinwelt um die halbe Welt und treffe meine Nachbarn! Wenn ich ehrlich bin, ist ein Grund, warum ich diesen verrückten Beruf gewählt habe, dieser spießbürgerlichen Welt zu entfliehen.

Auf meinem Reiseprogramm stehen die neuen Weingüter Thailands, und ich bin am beliebten Ziel dieser Zugvögel gelandet. Jetzt verstehe ich, warum es eine offizielle Entschuldigung für den Umstand gab, dass ich in einem Touristenhotel untergebracht bin. »Es ist nur für eine Nacht … aus praktischen Gründen«, meine thailän-

dischen Reisebegleiter würden mir lieber etwas anderes zur Begrüßung zeigen – und ich wäre lieber nicht noch einer dieser Zugvogel
aus dem Norden.

Gestern bin ich in Bangkok gelandet, an einem Abend, der sich
als »der schönste Abend des Jahres« herausstellte, zumindest laut
Kurt Wachtveitl oder »Mr. Kurt«, wie der Direktor des »Mandarin
Oriental Hotels« hier auch genannt wird. Da er seit 1967 das Hotel
hier leitet, sollte er das wohl beurteilen können. Ich habe ihn im
Restaurant »Sala Rim Naam« des »Oriental« kennen gelernt, wo ich
mit meinem offiziellen Betreuer, Vithaya Silatrakoon von der Han-
delskommission der Königlich Thailändischen Botschaft in Berlin,
und Kim Wachtveitl, Director of Business Development bei der
Siam Winery und Mr. Kurts Sohn, beim Abendessen saß. Wir
saßen auf der Terrasse vor dem Restaurant am Ufer des Chao
Phraya-Flusses, ohne irgendeine Art von Dach oder Schirm über
den Köpfen – etwas, das, wie Vithaya höflich erklärte, Thailänder
normalerweise nie täten. Die stilistische Mischung der traditionellen Bauweise des Restaurants mit der alten und neuen westlichen
Architektur der Hauptgebäude des Hotels am gegenüberliegenden
Ufer, das internationale Publikum um uns und der dichte Verkehr
von Booten auf dem Wasser, von denen einige mit tiefgezogenen
Dächern wie buddhistische Tempel wirkten, andere mit Pepsi-Wer-
bung bestückt waren, schien mir wie ein Sinnbild für die fröhlich-
schizophrene Persönlichkeit der Stadt.

Das Abendessen wurde mit der ganzen entspannten Anmut serviert, die der Weltreisende heutzutage klischeeartig in diesen Breitengraden erwartet, trotzdem bestätigten mir meine Gastgeber, das
Essen sei authentisch thailändisch. Gleich als wir uns setzten, hatte
ich ihnen meinen Entschluss mitgeteilt, genau das zu essen, was sie
selbst unabhängig von meiner Anwesenheit essen würden, und sie
hatten mich beim Wort genommen. Das erste Gericht, Plar Gung,
ein warmer Garnelensalat, machte mich mit einer mir zuvor unvor-
stellbaren Intensität an Schärfe bekannt, war aber trotz aller Würze

nicht brutal, sondern vielmehr geschmacklich subtil, mit einem Hauch von Süße, der das Feuer der Chilischoten wunderbar ausglich. Dann folgte Tom Yam Gung, die scharfsaure Garnelensuppe, die, wie sie mir sagten, gewissermaßen das Nationalgericht Thailands sei, darauf Gaeng Par, ein Rindfleischgericht von kompromisslos intensiver Schärfe, mit thailändischen Auberginen verschiedener Art. Nur ein Entengericht, dessen Namen aufzuschreiben ich vergessen habe, enthielt eine kleine Menge an Kokosmilch, oder vielmehr Kokossahne. Abgesehen davon unterschied sich der Abend von den Erwartungen eines typischen westlichen Touristen durch die Auswahl an Weinen der SIAM WINERY, dem größten Weinproduzenten Südostasiens, die Kim für mich zum Verkosten mitgebracht hatte.

Kim ist ein recht kleiner schlanker Kerl mit kleinen runden Brillengläsern in dem schmalen, honigfarbenen Gesicht. Ohne die Kulisse der Stadt Bangkok wäre ich nie auf seine Nationalität gekommen. In der Tat ist er deutsch-thailändisch und wurde zugleich als Katholik und Buddhist erzogen.

»Das ist der Weißwein, den wir aus der Sorte Malaga Blanc machen«, legte er mit sagenhafter Geschwindigkeit los, während er den ersten Wein einschenkte. »Sie ist vor Jahrhunderten aus Palette in der Provence hierher gekommen und wird immer noch hauptsächlich für Tafeltrauben angebaut. Die Marke auf dem Etikett ist CHÂTEMP und als Jahrgang ist 2542 angegeben, nach dem buddhistischen Kalender, was nach dem westlichen Kalender 1999 ist, obwohl der tatsächliche Jahrgang des Weines 2002 ist. Diese Ungenauigkeiten habe ich sofort beseitigt, als ich bei der SIAM WINERY angefangen habe.«

Dass wir im Jahr 2547 sind, überrascht mich weniger als die Tatsache, dass es hier schon so lange Reben gibt. Der erste thailändische Wein aus Trauben ist erst 2538, bzw. 1995 entstanden, ein CHENIN BLANC von CHÂTEAU DE LOEI, im oberen Nordosten des Landes nahe der Grenze mit Laos. Der Anbau von Reben ist nichts

Neues in Thailand, das Weinmachen aber wohl. Daher vielleicht das Durcheinander bei Siam Winery, als Kim dort anfing.

Es war ein späterer Jahrgang des Chenin Blanc von Château de Loei, vor 18 Monaten von Renate Frank, einer Kollegin in Hamburg, blind eingeschenkt, der mich davon überzeugte, dass ich hierher kommen müsste. Ich wollte herausfinden, wie es möglich ist, in einem Monsunklima wie in Thailand Weine zu erzeugen, die so frisch und duftig schmecken. Obwohl es mich auch faszinieren würde, die neue Weinindustrie Chinas zu erforschen, erschien es mir doch noch viel außergewöhnlicher, dass in Thailand zwischen dem 12. und 18. nördlichen Breitengrad gute Weine möglich waren, im Vergleich mit dem 35. und 38. nördlichen Breitengrad, wo der größte Teil der neuen Weinberge Chinas liegt. Hier in Thailand bin ich viel südlicher als der 30. Breitengrad, der traditionell als äquatoriale Grenze des Qualitätsweinbaus gilt. Das ist ein wahres Wein-Abenteuer! War dieser Weißwein von Château de Loei einfach nur ein glücklicher Zufall gewesen, oder lassen sich solche Qualitätsweine hier regelmäßig erzeugen? Und wenn ja, wie? Angesichts der Tatsache, dass in immer mehr tropischen Ländern mit dem Weinbau experimentiert wird, drängen sich auch diese Fragen immer mehr auf.

Kim goss den 2001 Monsoon Valley Rotwein in ein neues Glas und stellte es bedachtsam neben jenes mit dem Weißwein. »Das ist die neue Marke mit dem neuen Etikett, und der Jahrgang ist natürlich korrekt«, erklärte er selbstbewusst. »Er stammt größtenteils aus der Rebsorte Pok Dum mit ein bisschen Shiraz.« Es war Zeit für mich zu verkosten und hinter die Geheimnisse des tropischen Weinbaus zu kommen.

Nicht nur Touristen fällt es auf, dass Dinge in einer anderen Umgebung, einem anderen Klima und einer anderen Kultur auch anders schmecken. Für Weinjournalisten trifft das ganz genauso zu. Das erste Gericht hatte meinen Gaumen mit einem Schlag vollständig durcheinander gebracht, sozusagen seines herkömmlichen

Rahmens an Geschmacksreferenzen enthoben, und ich fragte mich, ob ich diese Weine überhaupt in irgendeiner Weise würde verstehen können. Beide schmeckten jedoch frisch, mit lebendigen Fruchtaromen, auch wenn ich die nicht gleich identifizieren konnte. Es war auffällig, wie der Weißwein allein verkostet einfach, fast belanglos ausfiel, aber dann mit dem Essen getrunken wahrhaft aufblühte bzw. wesentlich frischer und saftiger schmeckte. Solch eine extreme Veränderung habe ich ganz selten erlebt. Der Rotwein passte ebenfalls überraschend gut zum Essen – ich hatte eher eine schlimme Geschmackskollision befürchtet.

»Hier ist der letzte Wein des Abends, der MONSOON VALLEY SHI-RAZ«, fuhr Kim fort, während er mir einen wesentlich dunkleren Rotwein einschenkte. »Die Trauben sind aus dem Gebiet um Pak Chong.«

Dieser Wein duftete nach Brombeeren. Sie strömten mir förmlich aus dem Glas entgegen. Hätte ich nicht gewusst, dass er aus Thailand kam, hätte ich auf Australien getippt. Plötzlich schien ich mich auf vertrautem Geschmacksterritorium zu bewegen, und das war ein wirklich bizarres Gefühl. Oder gewöhnte sich mein Gaumen an diese fremde Geschmackswelt, pendelte sich nach dem anfänglichen Schock des Kulturwechsels wieder ein? Wenn ich das nur wüsste …

Eine Stunde nach Sonnenuntergang steige ich aus dem Minibus, mit Vithaya und zwei weiteren Betreuern von der Abteilung zur Exportförderung (DEP) des Handelsministeriums: einer höchst dynamischen, selbstbewussten jungen Frau mit einem höchst aktiven Mobiltelefon aus dem nagelneuen Hauptquartier des Ministeriums am Rande Bangkoks und einer älteren, etwas entspannteren Dame aus dem hiesigen Büro des Ministeriums in Chantaburi. Wir sind wieder bei der B.J. GARDEN WINERY, wo ich bereits nachmittags herumgeführt worden bin. Als wir gegen 15 Uhr ankamen, war ich baff, dass die Kellerei in einer Plantage mir unbekannter Obstbäume lag. Nicht, dass ich Weinberge erwartet hatte, eine Notiz in meinem Programm wies darauf hin, dass »Kräuterweine« zu verkosten waren. In Verbindung mit dem Namen der Kellerei hatte ich innerlich einen Kräutergarten vor mir gesehen.

Um 10 Uhr, oben im zehnten Stock des Hauptquartiers des Ministeriums in den Büros der DEP, wo es nach frischer Farbe roch, war ich von dem gut gelaunten stellvertretenden Director General empfangen worden. Er ähnelte einem dieser lächelnden Buddhas, wie man sie zu Hause in Asia-Läden findet, war aber in einen Anzug westlicher Art gekleidet und starrte mich durch dicke Brillengläser in einem Plastikgestell an.

»Sie müssen eine Menge Weine verkosten und sich betrinken«, sagte er mir mit großem Nachdruck, und nachher würde ich ihm sagen müssen, »aus welchen Früchten wir Ihrer Meinung nach Wein machen können«.

Alle Anwesenden brachen daraufhin sofort in schallendes Gelächter aus, aber es klang gezwungen – der große Häuptling hatte einen Witz erzählt, die Indianer hatten zu lachen. Vor meinem inneren Auge sah ich eine lange Reihe merkwürdiger Getränke, vergoren aus dem Saft sonderbarer Früchte. Ich begann, mir Sorgen um meine Verdauungsorgane zu machen.

Die Kombination von Jet-Lag, Reisekrankheit und Hitze hatte zusammen mit der Angst vor merkwürdigen Getränken dazu geführt, dass ich heute Nachmittag bei der Verkostung nur wenig Eindrücke gewonnen habe. Deshalb bin ich froh über diese zweite Chance, die Weine zum Abendessen zu erleben. Am Nachmittag waren mir vor allem die tadellose Sauberkeit und extreme Ordentlichkeit aufgefallen, die in den Hallen der Kellerei herrschten. Die Direktorin, Thuanjit Wanachaikiat, eine freundliche und ruhige Dame mittleren Alters in einem schwarzen Hosenanzug mit aufgestickten roten Rosen an den Manschetten und Aufschlägen, hatte mich dem thailändischen Kellermeister vorgestellt, einem diplomierten Lebensmittelwissenschaftler in weißem Laborkittel und weißer Kappe. Er schien wahrhaftig beseelt von »der starken Absicht, guten Wein zu erzeugen«, wie es im »Mission Statement«, der Firmenphilosophie, hieß, als handle es sich um eine religiöse Pflicht. Seine Entschiedenheit zerstreute jegliche Zweifel, die ich gegenüber Thuanjits Behauptung hegte, der Gründung der Firma und dem Bau dieser Kellerei 2001 seien ganze fünf Jahre an Experimenten vorausgegangen. Die Kühlung des gesamten Komplexes auf Kellertemperatur sowie des »cold-room« auf unter null Grad muss in diesem Klima ein Heidengeld kosten; das hier ist die kühlste Zeit des Jahres, und doch herrschen jetzt am Nachmittag über 30°C! Es ist klar, dass hinter diesem Unternehmen Geld steckt, aber der Perfektionismus ist auffallender als die Investitionen.

In dem eher geschmacklosen Empfangsbereich – was ist es nur, das mich hier an ein Ferienlager erinnert? – werden wir von Thuanjit und von Siriporn Sommana begrüßt, der jungen Export- und Marketing-Managerin, die nahezu perfektes Amerikanisch spricht. Wir werden in den klimatisierten Speisesaal geführt, wo uns noch ein weiterer Thailänder erwartet. Auf dem Tisch stehen eine Reihe von Weinflaschen, und der erste Wein wird eingeschenkt. Der 2002 Château de Klaeng Mamoa Red Wine ist von der fruchtbetonten, erfrischenden Art eines (leider viel zu seltenen) guten Beaujolais. Ich muss zugeben, dass Schocks, wie der am Strand vor einer Stunde, ebenso wie lange Autofahrten bei Hitze, wie die von Bangkok heute morgen, meinen Durst auf fruchtbetonte, erfrischende Weine immer erheblich steigern. Siriporn schenkt mir nach und stellt die Flasche vor mir auf den Tisch. Ich schaue mir das Etikett genauer an, es zeigt eine lose Traube kirschfarbener Beeren, die nicht einmal entfernt an Weintrauben erinnern. Auf dem Rückenetikett wird der Wein als »großartiger hiesiger Wein aus Biofrüchten durch natürliche Methoden« beschrieben, aber das sagt mir nicht, um was es sich in der Flasche wirklich handelt.

»Entschuldigung«, sage ich und versuche einen höflichen und interessierten Ton zu treffen, ohne skeptisch oder gar verängstigt zu wirken, »aus welchen Früchten ist dieser Wein?« Der sehr ernst

71

wirkende Thailänder zu meiner Rechten stellt sich mir als Dr. Suparp Artjariyasripong vor, Direktor der biotechnologischen Abteilung am thailändischen Institut für wissenschaftliche und technologische Forschung, und ich bin froh, so vorsichtig gefragt zu haben.

»Ich denke, dass man Mamoa als einheimische Dschungeltrauben bezeichnen könnte«, erklärt er nach einem Moment des Nachdenkens. Der Witz des stellvertretenden Director General der DEP nimmt allmählich erschreckend realistische Züge an! Habe ich wirklich so wenig Selbstkontrolle, so wenig Respekt vor meinen Verdauungsorganen?

Vielleicht aus Sorge, dass ich bereits vor dem Ende der »Verkostung« betrunken sein könnte, bringt Siriporn neue Gläser und gießt den 2001 Château de Klaeng Herbal Red Wine ein, dessen bebildertes Etikett verkündet, dass er aus Mangostanen gemacht wird. Es kann nicht viele westliche Menschen geben, die dieser tropischen Frucht begegnen und nicht sofort der aromatischen Süße des saftigen weißen Fleisches unter der dicken ledrigen Schale verfallen. »Mmmmmmmmmmmm«, war jedenfalls meine Reaktion angesichts der ersten Mangostan vor vier Jahren in Australien. Deshalb ist es ein ziemlicher Schock, als sich der Wein vor mir als bräunlichrot entpuppt, mit intensivem balsamisch-medizinalem Duft, und dann fest und nahezu adstringierend trocken schmeckt. Eigentlich erinnert er mich an einen altmodischen Barolo aus dem Piemont/Italien!

»Wie entsteht dieser Geschmack aus Mangostanen?«, frage ich Dr. Suparp vorsichtig und bemühe mich wiederum um einen positiven Ton.

»Oh, der Wein wird mit den Schalen vergoren, wie alle Rotweine«, antwortet er ganz sachlich.

Kein Wunder, dass er so trocken schmeckt, wenn der Saft mit *diesen* Schalen vergoren wurde! Nach einem Glas beginne ich mich jedoch mit dem Wein anzufreunden, mit jedem Schluck schmeckt er weniger adstringierend. Mein Gaumen ist wieder dabei, sich neu einzupendeln.

Kellner füllen den Tisch mit Schüsseln, dann spaziert ein älterer thailändischer Herr herein, in weißen Hosen, kurzärmeligem Hemd und einer großen Sonnenbrille, der wirkt, als ob ihm der ganze Laden gehöre. Er setzt sich und nickt dabei nur kurz grüßend in die Runde. Das macht ihn auffällig – in den 36 Stunden seit meiner Ankunft ist mir bereits klar geworden, dass der rituelle thailändische Gruß, der Wai (und der Rap Wai, die Antwort darauf), bei dem man beide Handflächen vor dem Mund zusammenführt und sich gleichzeitig verbeugt, mehr ist als nur soziale Geste. Für Buddhisten (und mit Ausnahme des muslimischen äußersten Südens sind fast alle Thais Buddhisten) stellt der Wai symbolisch das Opfer einer »bua toom« oder Lotusknospe dar, was wiederum die immer vorhandene Möglichkeit der Erleuchtung symbolisiert. Merkwürdigerweise scheint das Verhalten des älteren Herrn niemanden hier groß zu stören. Er sieht genauso aus, wie ich mir einen südostasiatischen Drogenbaron vorstelle – aber das ist extrem unwahrscheinlich angesichts der Härte, mit der die gegenwärtige thailändische Regierung von Premierminister Thaksin Shinawatra gegen den Drogenhandel vorgeht.

Bei der Speisenauswahl haben meine Gastgeber wiederum meinem Wunsch entsprochen, das Gleiche zu essen wie sie selbst, und manche der Gerichte sind wirklich extrem scharf. Doch damit kann ich umgehen, während die bitteren Melonen eine echte Herausforderung darstellen. Trotz des Trainings mit Espresso und Radicchio ist die Toleranzschwelle für Bitternis im Westen niedrig. Ich sage mir, dass der erste Bissen in so einem Fall wegen des Schockeffekts immer am schlimmsten ist, und stecke mir ein zweites Stück in den Mund. Aber die winzigen knubbligen grünen Melonen schmecken immer noch gnadenlos bitter.

Glücklicherweise wird der nächste Wein eingeschenkt, und ich erkenne am Etikett, dass es sich um einen weiteren HERBAL RED

WINE handelt. Dieses Mal prangt auf dem Etikett eine Zeichnung, die wie eine mythologische Verführungsszene wirkt. Der 2002 CHÂTEAU DE KLAENG KRA CHAI DUM ist ein nahezu undurchsichtiger, ins Violette tendierender Rotwein.

»Dieser Wein wird aus Kra-Chai-Dum-Wurzeln gewonnen, die wir auch *Thailändischen schwarzen Ginseng* nennen«, erklärt Dr. Suparp. Aber wenn der Wein aus Wurzeln gemacht ist, *woher* kommt dann diese enorme Farbe? Doch meine Gastgeber wollen nicht über den Ursprung der Farbe sprechen, sondern über die angeblichen gesundheitlichen Vorzüge ihrer Weine. Werbematerial wird mir zugeschoben, das erklärt, Mamao stecke voller Protein, Fett, Kohlenhydrate, Kalzium, Eisen, Vitamine B1, B2 und E sowie 18 verschiedene Aminosäuren. Mangostane enthalten ebenfalls diese ganzen Kohlenhydrate, Phosphor und Kalzium sowie Eisen, B1 und B2 und wirken außerdem als Antioxidant; alle freien Radikale in mir sollten also inzwischen gründlich k.o. sein.

»Und Kra Chai Dum?«, frage ich, weil wir dadurch schließlich auf dieses Thema gekommen sind. Sie kichern alle, sagen aber nichts. Da ich mit dieser direkten Methode anscheinend nicht weiter komme, blättere ich durch das Informationsmaterial vor mir. »Besonders für Männer … kann es die sexuelle Begierde steigern«, lese ich darin.

»Sie sollten das als gesunde Alternative zu Viagra vermarkten!«, sage ich mit großer Begeisterung, ernte aber nur ein kurzes prüdes Gekicher. Ich habe es als ernsthafte Marketing-Idee gemeint, eine Möglichkeit, in die westlichen Märkte vorzustoßen, aber die Buddhisten um mich herum haben das nicht verstanden.

In meinem ziemlich wackeligen Zustand heute Nachmittag habe ich Thuanjit und Siriporn vollgequatscht, dass für mich der wahre Test für einen Wein nicht darin bestehe, wie ein Schluck von ihm schmeckt, sondern wie man sich nach mehreren Gläsern fühlt, oder sogar einer ganzen Flasche. Jetzt ist nicht nur mein Glas voll, sondern die beinahe volle Flasche steht daneben auf dem Tisch, und alle blicken erwartungsvoll in meine Richtung. Mir scheint, als hinge ein großes Schild um den Hals dieser Flasche KRA CHAI DUM, das »Trink mich« befiehlt, und niemand anderes als ich selbst hat es dort hingehängt. Das bedeutet, dass ich wirklich keine andere Wahl habe, als eine gewisse Menge dieses angeblich erregenden Weines zu konsumieren. Der Duft ist seltsam, erinnert mich an italienische Kräuterbitter, jedoch ohne deren Süße, und ein erster winziger Schluck sagt mir, dass der Geschmack zugleich intensiv bitter und süßwurzelig ist. Ich kann mich nicht erinnern, je irgendetwas begegnet zu sein, das dem Wein vor mir auch nur im entferntesten geähnelt hätte, und es wäre ein Leichtes, diesen Geschmack einfach rundheraus als bizarr abzutun, aber das wäre hoffnungslos fremdenunfreundlich und höchst eurozentrisch. Ich bemühe mich sehr, eine halbwegs professionelle Haltung zu bewahren, und nehme einen größeren Schluck. Der Geschmack ist wirklich wahnsinnig konzentriert, die Eigenschaft, nach der die meisten Weinkritiker unserer Zeit in modernen Weinen bemühter suchen als nach allem anderen. Aber sie suchen nie nach einem Geschmack, der in diese Richtung geht!

Mit einiger Anstrengung leere ich das Glas und entscheide, nichts zu sagen, bis ich gefragt werde. Sie sehen mir doch todsicher an, dass ich nicht gerade im siebenten Himmel schwebe? Zu meinem Entsetzen füllt Siriporn mein Glas aufs Neue. Selber schuld, sie haben gesehen, wie ich ein zweites Stück bittere Melone gegessen habe, obwohl sie mir nicht geschmeckt hat! Sie haben sich nur nach mir gerichtet – ich habe mich selbst in diese Viagra-Ecke geboxt. So wie sie mich alle erwartungsvoll anschauen, bin ich sicher, dass sie sich fragen, ob ich schon einen Steifen habe. Nervös greife ich zum Glas und nehme noch einen großen Schluck. Wird irgendetwas geschehen? Das Selbstbewusstsein, mit dem dieser Wein erzeugt worden ist, der Lichtjahre entfernt vom westlichen Rahmen an Geschmacksreferenzen liegt, dennoch aber allen unseren technischen Erwartungen an Wein entspricht, ist höchst beeindruckend.

So etwas habe ich überhaupt nicht erwartet. Das ändert aber nicht das Geringste daran, dass ich einfach nichts mehr von diesem Wein trinken möchte und bis jetzt nicht die kleinste Regung bei meinem alten Freund da unten verspüre.

Da steht der Mann mit der Sonnenbrille auf und geht weg. Er bricht eine Art Zauber, der über dem Tisch lag, und ich scheine nach zwei Gläsern Kra Chai Dum endlich aus dem Schneider zu sein. Vithaya wirft mir einen Blick zu, der zweifelsfrei bedeutet, es sei höchste Zeit, ins Hotel zurückzufahren. Als wir in der Lobby stehen und auf unseren Fahrer warten, bemerke ich zwei große Farbfotos an der Wand; auf einem ein junger Thailänder mit dunklem Haar in einer makellosen weißen Militäruniform, während das andere einen meditierenden buddhistischen Mönch mit kahlgeschorenem Kopf zeigt.

»Wer ist das?«, frage ich Vithaya.

»Der Mann in der Uniform ist der Besitzer, Thuanjits Vater, der zum Abendessen dazukam, und der andere ist der König von Thailand, Bhumibol Adulyadej als junger Mann«, antwortet er.

Ich habe überhaupt nichts über tropischen Weinbau herausgefunden, aber alles wird immer sonderbarer und sonderbarer!

27. Januar 2004 Zu meiner Erleichterung ist mein alter Freund die ganze Nacht schlaff geblieben und auch heute Morgen bin ich ein Schlappschwanz. Vielleicht funktioniert Kra Chai Dum nur bei Männern mit asiatischen Genen? Oder habe ich einfach insgesamt zuviel Obst- und Kräuterwein konsumiert, so dass der Alkohol die Wirkung des Kra Chai Dum aufgehoben hat? Wie auch immer, wir sitzen wieder im Minibus und jagen bei strahlendem Sonnenschein durch nahezu flaches Land zu unserem nächsten Termin in der Gegend von Pak Chong, wo die Trauben für den Shiraz der Siam Winery herkamen.

Aus westlicher Sicht fährt der Fahrer verdammt flott. Ich bin zwar überzeugter Atheist, aber der Anblick des goldenen Mini-

Buddhas, der in einem durchsichtigen Plastikkästchen vom Rückspiegel baumelt, strahlt auch für mich irgendwie Sicherheit aus. Wir kommen durch ein Dorf, in dem wie in den vorhergehenden Dörfern überall gelbe Flaggen mit einem radförmigen Symbol hängen. Auch hier ist mitten im Dorf ein riesiges Porträt des Königs von Thailand ausgestellt, offensichtlich mit Stolz. Die Flaggen sind jedoch nicht die offizielle Staatsflagge des Landes, und ich frage Vithaya auf Deutsch nach ihrer Bedeutung. Sein Englisch ist nicht gut, deshalb läuft unsere ganze Verständigung auf Deutsch.

»Das ist die buddhistische Flagge, das Rad ist das Symbol für das buddhistische Dharma oder Gesetz«, entgegnet er und macht dabei eine Geste mit der Hand, die ein Rotieren andeutet, »Geburt, Leben, Tod, und wiederum Geburt ... Leiden.«

Ich frage mich, ob er wirklich jetzt und hier mit mir darüber sprechen will.

»Wie hat sich die Tourismusbranche in Thailand entwickelt?«, frage ich deshalb in einem sachlichen Ton.

»Sie ist langsam und stetig über viele Jahre gewachsen, nicht nur wegen praktischer Dinge, etwa weil Hotels gebaut werden müssen, sondern auch wegen der Entschlossenheit der Thailänder, sich nur langsam zu verändern«, antwortet er.

Ich entscheide, den Sextourismus gar nicht erst zu erwähnen, nicht zuletzt, weil die Sexindustrie Thailands eigentlich viel älter ist als der Tourismus, aber glücklicherweise ist Vithaya jetzt ganz in seinem Element.

»Letztes Jahr sind über 100 000 deutsche Touristen nach Thailand gekommen, nur aus Großbritannien kommen mehr«, berichtet er stolz. »Sie teilen sich in zwei Gruppen, die älteren, die am Strand liegen wollen und oft mehrere Wochen bleiben, und die jüngeren, die den Norden sehen wollen. Sie begegnen sich kaum.«

Zu welcher dieser Gruppen, wenn überhaupt, gehören die Leute, die die neuen Weine Thailands trinken?

Ziemlich plötzlich sind wir jetzt am Fuß eines waldbewachsenen großen Berges angelangt, den ich wegen meines Gesprächs mit Vithaya vorher gar nicht bemerkt habe. Es gibt ein Tor, und wir halten an, um den Eintritt für den »Khao Yai National Park« zu bezahlen, wie auf einem großen Schild steht.

»Khao Yai bedeutet auf Thailändisch großer Berg«, erklärt Vithaya. Ab jetzt steigt die Straße steil an und innerhalb von wenigen Minuten schlängeln wir uns durch dichten Dschungel. »Das letzte Mal war ich vor beinahe 40 Jahren hier«, fügt er hinzu und lacht leise vor sich hin. »Ich war 15, in einem Bus mit anderen Jungs meines Alters, und wir waren alle betrunken.« War das Singha Bier oder irgendein anderes hiesiges Gebräu, wesentlich primitiver als alles, was ich bisher probiert habe? Ich entscheide, nicht nachzufragen. Vor uns auf der Straße liegen große Kotfladen, die ganz frisch aussehen, was bei dieser Hitze heißt, dass sie nur wenige Minuten alt sind.

»Gibt es hier wilde Tiere?«, frage ich etwas naiv.

»Alle möglichen«, sagt Vithaya, und als wir um eine Ecke biegen, liegt wieder ein ganzer Haufen Scheiße auf der Straße. »Jede Menge Elefanten!«

Als wir oben am Gipfel sind und der Fahrer einige Gänge hinaufschaltet, kommen wir an einer Lichtung vorbei, wo ein Schild warnt:

BEWARE TIGER ZONE
Vorsicht Tiger

Wir sind nur zwei Autostunden nordöstlich von Bangkok! Dann fahren wir die nördliche Seite des großen Berges hinunter und bewegen uns plötzlich durch weniger dichte Vegetation, gewaltige Bäume mit großen hängenden Blättern, die in niedrigem, bräunlichem Gebüsch stehen. »Teakbäume«, erklärt Vithaya. Gestern habe ich meine ersten Gummibaumplantagen gesehen, und Vithaya hat erzählt, dass das für Thailand einer der wichtigsten Exportartikel ist, viel wichtiger als all die Kokosmilch in Büchsen und der frische Koriander zu Hause in den Regalen der Asia-Läden.

Als wir am Berghang hinunterkurven, tauchen helle, zerklüftete nackte Felsen auf. Die Landschaft erinnert mich an die felsigeren Ecken des Languedoc im Süden Frankreichs, wie etwa Pic St.-Loup und die Montagne d'Alaric. Oder projiziere ich hier etwas in das Bild, das mich umgibt? Da, am Fuße eines der Felsen stehen vollkommen blattlose Bäume mit riesigen flammenfarbenen Blüten hoch oben in den Ästen. So etwas habe ich im Languedoc nie gesehen!

Der Fahrer bremst, um zwei Schilder lesen zu können, die an der Seite der Landstraße stehen, deren kurvigem Verlauf entlang der grünen Talsohle wir folgen:

GRANMONTE VINEYARD
PB VALLEY KHAO YAI WINERY

Zusammen mit der SIAM WINERY sind das drei Weinproduzenten in Pak Chong; ein Weinanbau*gebiet*! Wir biegen nach links ab, und dort, ein wenig entfernt zu unserer Linken, sind plötzlich Weinberge, die Reben in ordentlichen Reihen genauso wie in Deutschland, oder wo auch immer in den alten und neuen Weinwelten. Wir nähern uns Kellereigebäuden mittleren Ausmaßes und moderner Machart, wie sie heutzutage überall von Südfrankreich bis nach Australien üblich sind. Davor stehen zwei junge Thailänder in Stoffhosen und kurzärmeligen Hemden. Als wir aussteigen, stellt sich der kleinere von beiden mir als Prayut Piangbunta vor, Kellermeister und Manager. Auf der Karte, die mir der andere gibt, steht, dass er der Verkaufsleiter ist. Prayut sagt, es sei Mittagszeit, und wir sollten uns beim Essen über das Weingut unterhalten. Meine Betreuer und ich folgen den beiden einige 100 Meter eine kleine Anhöhe hinauf zu einem einstöckigen aus Stein gebauten Haus.

»Wir haben insgesamt 80 Hektar Weinberge, von denen 20 Hektar für Tafeltrauben sind«, erklärt mir Prayut am Essenstisch auf der Terrasse des Gästehauses, von wo man einen Panorama-Blick über die Weinberge und das Tal hat. Es ist von tropischen Bäumen umgeben, auf deren Ästen massenhaft Geweihfarne wachsen. Können Weintrauben hier wirklich reifen, oder verbrennen sie?

»Wir ernten die Weintrauben gegen Ende Februar und im März, am Ende der kühlen Jahreszeit, nachdem wir die Reben im Oktober am Anfang der kühlen Jahreszeit stark zurückgeschnitten haben«, fährt er fort. »Das Zurückschneiden zwingt die Reben zu einer kurzen Ruhephase, nach der sie wieder ausschlagen.«

Da ist es! Wenn es stimmt, was er mir erzählt, ist das das Geheimnis des tropischen Weinbaus. Monsun-Klimazonen haben drei Jahreszeiten und wenn man einen gesamten Vegetationszyklus der Rebe in die kühle und trockene Zeit packt, wachsen und reifen die Trauben bei Temperaturen, die gar nicht so extrem sind, wie man angesichts der Nähe zum Äquator annehmen möchte. 48 Stunden nach meiner Ankunft in Thailand habe ich das Rätsel gelöst – oder?

Was der freundliche, dabei aber sehr konzentrierte und präzise junge Mann neben mir da gerade vorgebracht hat, ist eine Theorie, die sowohl hier als auch an anderen Orten bewiesen werden muss – um zu zeigen, dass sie wirklich so etwas wie allgemeine Gültigkeit besitzt. Nach den herkömmlichen Grundsätzen des Qualitätsweinbaus klingt Oktober bis Februar zu kurz für die Entwicklung angenehm reifer Traubenaromen – und ich habe eher grässlich überreife Aromen erwartet! Außerdem haben wir Winter, schließlich sind wir noch in der nördlichen Hemisphäre. Das klingt alles ziemlich unwahrscheinlich und abstrus für jemanden, der wie ich mit dieser herkömmlichen Vorstellung des Weins aufgewachsen ist. Wie kann *Vitis vinifera*, die Wein-Rebe, die an grundlegend andere Bedingungen gewöhnt ist, sich an dieses Klima anpassen, das den herkömmlichen Weinbau-Zyklus auf den Kopf stellt?

Es dauert nicht lange, bis ich aus Prayat herausgebracht habe, dass dieses Unternehmen das Baby von Dr. Piya Bhiromhakdi ist, Ex-Präsident der Boonrawd bzw. Singha Brauerei. Mein Gastgeber neben mir sollte ursprünglich Brauereitechnik in München studieren, um dann in der Brauerei zu arbeiten. Dann boomte die thailändische Wirtschaft Anfang der 1990er und wohlhabende Thailänder begannen, Wein zu trinken, vor allem französischen. Der Besitzer dachte daraufhin ernsthaft über den Weinbau nach und flog zwei französische Berater ein, die einige Tage auf dem Anwesen verbrachten und dann verkündeten, Weinbau sei undenkbar, da hier auch Korn wachse. Dann wurde ein anderer Berater beauftragt, der Deutsche Wolfgang Schaefer, der bereits die Grundlagen für den Weinbau in Tansania geschaffen hatte. Er pflanzte 1992 die ersten Reben, eine experimentelle Anlage mit je einer Reihe von 50 verschiedenen Rebsorten, um überhaupt herauszufinden, was in diesem Klima wachsen kann und was einen guten Wein ergibt. Nach der Verkostung der in Korbflaschen ausgebauten Versuchsweine entschieden sie sich für Chenin Blanc mit etwas French Colombard für trockene Weißweine und Syrah bzw. Shiraz mit etwas Tempranillo für die Roten. Prayut wurde statt nach Bayern zum Bier für drei Jahre nach Württemberg auf die Weinbauschule in Weinsberg geschickt und kam Ende 1997 zurück, wenige Monate vor der ersten kommerziellen Lese Anfang 1998. Die ersten Jahre wurde er von einem zweiten deutschen Experten unterstützt, Hans-Peter Hoehnen.

Doch das alles war von meiner Seite nur dazu gedacht, ihn ein bisschen auftauen zu lassen. Jetzt beginne ich mich an die Frage heranzutasten, ob und wie diese Weingeschichte hier wirklich funktionieren kann.

»Klar, hier ist es subtropisch«, sagt er mit vollkommener Offenheit, »aber es ist ziemlich trocken. Seit dem Rebschnitt am 9. Oktober haben wir ganze zehn Millimeter Regen gehabt, und es ist immer windig, was Pilzinfektionen vorbeugt. Das ist nämlich unser größtes Problem.«

In der Luft hängt ein Dunst, der das Blau des Himmels deutlich dämpft und nach meiner Erfahrung wie ganz schön hohe Luftfeuchtigkeit aussieht, was wiederum ein ideales Umfeld für *Pero-*

nospora bietet, den auch »Falscher Mehltau« genannten Pilz. Habe ich Recht? Er nickt und deutet damit an, dass ich den Feind, dessen Name und Bild auf dem Fahndungsposter in Prayuts Büro stehen, korrekt identifiziert habe. Und wie ist es mit den Temperaturen?

»Heute ist es ziemlich typisch für diese Zeit, wenn die Trauben heranreifen, 30°Celsius oder eine Idee darüber während des Tages, aber nur 20° oder leicht darunter während der Nacht«, führt er weiter aus. »Ich war im Barossa Valley während der Zeit der Traubenreife und das Klima war ziemlich ähnlich wie hier.«

Barossa Valley im Süden Australiens ist das berühmteste Anbaugebiet für Rotweine aus der Rebsorte Shiraz des Kontinents; zweifellos war Prayut dort auf Erkundungsmission. Ich versuche den Eindruck zu erwecken, als sei mir dies alles total vertraut, und frage ihn nach dem analytischen Profil der Trauben und Weine. Seine Antworten sind wiederum vollkommen direkt und offen.

»Diese Zahlen klingen sehr un-exotisch«, bemerke ich. »Das Exotische hier ist die Zeitspanne von lediglich 140 Tagen zwischen Rebschnitt und Lese. Wir könnten zweimal pro Jahr lesen. Aber das haben wir wieder aufgegeben, das Ergebnis war nicht gut.«

Zweimal Traubenlese im Jahr – hört sich für mich wesentlich exotischer an als die 140-Tage-Zahl! Doch es ist Zeit für eine Tour, und wir laufen den Hang wieder hinunter und klettern alle in den Minibus. Jetzt bin ich wirklich ganz zappelig vor Spannung. Hat das Klima vertraute Rebsorten hier in eine exotische Pflanzenwelt verwandelt, wie ich sie auf der südlichen Seite von Khao Yai gesehen habe? Durch die Autoscheiben ist das nicht so einfach zu beantworten, aber dann bedeutet Prayut unserem Fahrer anzuhalten, und wir steigen aus, um die Reben genauer in Augenschein zu nehmen.

»Das ist eine unserer besten Shiraz-Parzellen«, erklärt er, während wir den Hang zwischen den Reihen hinunterlaufen – und die Reben sehen auf spektakuläre Weise normal aus, genauso wie in jungen Weinbergen im Languedoc oder Barossa Valley. Das Blattwerk wirkt auffallend kultiviert und gleichmäßig, nicht im Geringsten dschungelartig oder außer Kontrolle. Es gibt keinerlei Anzeichen für irgendwelches Ungeziefer oder Pilzinfektionen, und die Trauben sind zwar noch grün, aber weder riesig noch winzig. Kurz gesagt, diese Sorte scheint keinerlei Anpassungsprobleme an das fremde Klima oder den außergewöhnlichen Wachstumszyklus zu haben, der sich daraus ergibt. Außerdem sind die Reben in dieser Parzelle offensichtlich tadellos gepflegt. Das Licht ist zwar sehr intensiv und die Hitze durch die Feuchtigkeit beträchtlich, aber im Hochsommer kann beides sowohl in Südfrankreich als auch in Südaustralien noch brutaler sein.

Nachdem wir an einer Reihe von anderen Shiraz-Parzellen vorbeigefahren sind, halten wir an einer, bei der die Pfähle am Ende jeder Reihe ein kleines Schild tragen.

»Das ist der ursprüngliche Versuchsweinberg mit den 50 Rebsorten«, sagt Prayut und klingt dabei ein wenig sentimental; es ist auch die Grundlage seiner Arbeit hier. Auf den Schildern stehen die Namen der Rebsorte in der jeweiligen Reihe. Manche davon wirken wie Bonsais, andere eher wie Mutanten. Ihre Identität ist nicht zu erkennen, bis ich das Schild am Ende der Reihe lese. In den Anfängen vor etwa zehn Jahren bewegte sich das Team hier wirklich auf unbekanntem Terrain. Bei der Besichtigung der Kellerei und der Verkostung, die jetzt auf dem Programm stehen, wird sich herausstellen, ob es fündig geworden ist.

Wir laufen durch ein ausgedehntes Foyer mit geschliffenem Granitboden, einen kleinen Vortragsraum mit Holzbänken, dann ein Labor und kommen schließlich in die eigentliche Kellerei.

»Wenn wir die Trauben ernten, liegt die Temperatur meist bei 28 bis 30 °C, deshalb müssen wir den Most unbedingt kühlen, um eine unkontrollierte Gärung zu verhindern«, erklärt Prayut. Es ist dieselbe Problematik wie in Südfrankreich, Südaustralien und anderen warmen Weinanbaugebieten, und die technische Ausrüstung, um damit fertig zu werden, ist auch dieselbe. Die verschiedenen Arten von Gärtanks für Rot- und Weißwein – große vertikale Säulen aus

Edelstahlblech – sind mir gleichermaßen vertraut wie auch die Kelter – ein großes horizontales Edelstahlrohr. Es ist einfach noch eine dieser zahllosen, der Qualitätsweinbereitung geweihten High-Tech-Kathedralen, die man heutzutage überall auf *Planet Wein* findet.

»Wie wäre es mit ein paar Weinen direkt aus dem Tank?«, schlägt Prayut enthusiastisch vor, und ich mache innerlich einen richtigen Luftsprung, so glücklich bin ich über diese Gelegenheit, das Rohprodukt zu verkosten. So komme ich an die Quelle des Weingeschmacks. Prayut greift sich ein paar Gläser, wir gehen hinüber zu einer der Edelstahlsäulen, und er lässt mit Hilfe eines kleinen Schlüssels eine Probe aus einem Hahn an der Seite des Tanks herauslaufen. 2003 CHENIN BLANC, sagt er und reicht mir ein Glas. Der Duft ist wunderbar lebendig und klar – Äpfel und Birnen – und dadurch ansprechend und charmant.

»Ich würde es genau so abfüllen«, platze ich heraus. Er hat schon die nächste Weißweinprobe aus einem anderen Tank gezogen und gibt sie mir: FRENCH COLOMBARD. Der Wein hat nicht viel Aroma, wirkt aber äußerst frisch und säurebetont; das Gegenteil von dem, was ich von einem Weißwein aus diesem Klima erwarten würde.

»Normalerweise geben wir ein wenig davon zum CHENIN BLANC dazu, um ihn frischer schmecken zu lassen«, erklärt er, »und ein Teil des Weins wird im Eichenfass ausgebaut, weil der thailändische Markt Weißweine mit einem Eichenton erwartet. Wir werden aber dieses Jahr einen Chenin Blanc ohne Eiche erzeugen.«

Darauf bin ich gespannt.

»2003 SHIRAZ, der in Kürze in kleine neue Eichenfässer wandern wird«, geht es weiter, mit einem Glas, das ungefähr zu einem Drittel mit tieffarbigem, violett-rubinrotem Wein gefüllt ist. Er ist noch embryonal, strotzt aber bereits im Duft vor Brombeeren und Blaubeeren. Nichts daran ist überreif, noch viel weniger übertrieben oder bizarr. Wir gehen in den nächsten Raum, wo rotweinbefleckte Barriquefässer aus Eichenholz aufgestapelt sind und zwischen den Fassreihen ein kleiner Tisch mit vier Flaschen steht.

»Das sind sämtliche Shiraz-Jahrgänge, die wir bis jetzt abgefüllt haben«, erklärt mir Prayut. »Die kleine Flasche ist der erste Jahrgang: 1998 SHIRAZ.« Es ist ein einfacher, fruchtbetonter Wein, der ein bisschen grün, aber nicht aggressiv wirkt. Der 1999 SHIRAZ ist deutlich besser, mit mehr Substanz und einer angenehmen Frische, doch das Pflaumenaroma ist ein wenig aufdringlich. Schließlich verkoste ich den 2000 SHIRAZ – und da ist die Rauchnote und animalische Anziehungskraft, die für mich das Wesen dieser Sorte darstellt, zusammen mit einer gewissen Kraft, die weder übermächtig noch hitzig ist. Der Wein hat ganz im Gegenteil eine kühle Note, die ich als *Gebirgsfrische* einordne – hohes Lob!

All das passt zu dem, was ich in der Shiraz-Parzelle gesehen habe, scheint wie das logische Ergebnis aus einer gesunden, gut angepassten und gut gepflegten Rebe. Prayut hat also wirklich bewiesen, dass seine Theorie hier ihre Gültigkeit hat. Wie gut ist der 2000 SHIRAZ tatsächlich? Um zu entscheiden, ob er etwas Besonderes ist oder einfach nur gut gemacht, muss ich ihn zu Hause erleben, in der Umgebung, in der ich Weine aus der ganzen Welt verkoste und trinke. Er muss in diesem internationalen Kontext mithalten, um als etwas Besonderes zu zählen. Unzählige Touristen fallen jedes Jahr den Verlockungen des Urlaubsweins zum Opfer; auch mir könnte das passieren, es ist schließlich sehr schön hier.

Meine Tour endet im Shop des Weinguts, der mit T-Shirts und anderen Souvenirs stark an Kalifornien erinnert. Es überrascht mich, hier nur thailändische Kunden zu sehen. Vielleicht ist diese Weinbranche in ihren Kinderschuhen gar nicht auf europäische Touristen ausgerichtet? Vielleicht ist sie so thailändisch wie das Geld hinter diesem Projekt und die Menschen, die daran arbeiten?

28. Januar 2004   Nach unserer Rückkehr nach Bangkok gestern gegen 18 Uhr war ich eigentlich entschlossen, am Abend die unzähligen kleinen fahrbaren Imbissstände zu erkunden, die entlang der nächsten Hauptstraße stehen. Als ich auf mein Zimmer kam, sah ich eine dicke graue Smogschicht, die wie Schlamm über der Innenstadt lag. Das rote Leuchten der untergehenden Sonne schien dadurch wie eine riesige verwelkte Lotusblüte. Starrsinnig übersah ich dieses schlechte Omen und ging in dieser dicken Suppe eine Runde joggen. Nur wenige Minuten später musste ich zurück auf mein Zimmer rennen und war eine kurze, aber heftige Zeit lang auf der Lokusschüssel gefesselt. War es einer der Weine, die ich getrunken, oder irgendetwas, das ich gegessen hatte? Wahrscheinlich war es nur meine Nussallergie.

Als ich heute morgen mit Vithaya aus dem Flughafengebäude in Chiang Mai trat, war es wunderbar, die ersten Atemzüge voll kühler, sauberer Luft in den Lungen zu spüren und auf die nebelverhangenen Berge zu schauen. Nun ziehen Reihen von zwei-, drei- und vierstöckigen Häusern mit Ziegeldächern, Bananenbäume hinter Gartenmauern, Restaurants am Straßenrand, vor denen ganze Riegen von Mopeds und Motorrädern geparkt sind, an uns vorbei. Vereinzelte Rikschas und Schwärme von dreirädrigen Tuk-Tuks winden sich zwischen Autos und Pick-ups hindurch. Der König von Thailand blickt von einem Foto, das beinahe so hoch ist wie die modernistische Fassade des »Sheraton-Hotels«, an der es hängt. Wir passieren mit unserem Minibus einen Rest der uralten Stadtmauer aus roten Backsteinen, daneben einen Wassergraben und überall Reklametafeln. Auf einem riesigen Bauschild für einen neuen Wohnkomplex erkenne ich ein nicht-thailändisches Wort: »contemporary«. Hier sieht es kaum wie nach einem modernen Weinanbaugebiet aus, aber ich fühle mich sofort wohl. Und obgleich die hiesige Betreuerin vom Büro der DEP in Chiang Mai, Suppara Seakacharn, nicht gerade extrovertiert ist, wirkt sie doch so offen, dass ich sicher bin, einiges von ihr über die thailändische Kultur in Erfahrung bringen zu können.

»Chiang Mai wurde 1296 als Hauptstadt des Königreichs Lanna gegründet. In der nach der Stadt benannten Provinz gibt es 1500 buddhistische Tempel, so genannte Wat«, erzählt sie mir.

Erster Halt ist Wat Chedi Luang, ein großes Gelände, das von zwei hintereinander stehenden Tempeln dominiert wird. Der hintere ist verfallen und offensichtlich sehr alt, der vordere wesentlich jüngeren Datums und nach den gelbgewandeten Mönchen und weltlichen Thais zu urteilen, die durch den türlosen Eingang ein- und ausgehen, viel besucht. Im Inneren verbreitet eine Reihe goldener Buddhas unterschiedlicher Größe trotz des Lärms, der von außen eindringt, eine einhüllende Stille. Eine Gruppe von Mönchen sitzt auf dem Boden in einer Ecke beim Mittagessen, während ein paar junge Menschen aus der westlichen Welt im Schneidersitz meditieren. Ich fühle mich weder zu den einen noch zu den anderen hingezogen.

Der verfallene Tempel, ein pyramidenförmiger verwitterter Haufen von roten Backsteinen, sieht tatsächlich aus, als könnte er über 700 Jahre alt sein. Nachdem ich ihn eine Weile angestarrt habe, fällt mir auf, dass der schmale Graben, der ihn umgibt, von einem hüfthohen weiß angestrichenen Geländer umgeben ist, an dem viele mit einem thailändischen Text beschriebene kleine Holzschilder hängen. Ich vermute, dass sie irgendetwas wie »Zutritt verboten« bedeuten, doch dann sehe ich eines in Englisch:

EVERY MAN HAS HIS FAULT
Jeder Mensch hat seine Fehler

Als wir im »Hong tauw Inn« beim Mittagessen sitzen, einem gemütlichen alten Restaurant mit einem Haufen von Wanduhren aus dem 19. Jahrhundert in unverkennbar europäischem Design, frage ich mich, was mein Fehler ist. Die scharfe Wurst, eine hiesige Spezialität, ist das Letzte, was ich hier erwartet habe, und der feine, an Spinat erinnernde Geschmack der vollkommen un-bitteren Triebe der bitteren Melonen sind eine ebenso große Überraschung. Ich genieße das alles ohne ein Wort, während meine Betreuer sich auf thailändisch unterhalten, dann fällt mir die Antwort plötzlich ein, wie eine Frucht, die heranreift, bis sie so schwer wird, dass sie vom Baum fällt: Ich möchte über besonderes Wissen verfügen und dadurch Lob und Anerkennung gewinnen. Auf einmal habe ich einen bitteren Geschmack im Mund, und es ist meine eigene Eitelkeit.

Meine Gastgeber erheben sich von den Stühlen, unterbrechen meine Gedanken, und wir machen uns in unserem Minibus auf den Weg durch die Stadt. Suppara erzählt mir, dass so viel Verkehr ist, weil heute der Tag der Abschlussfeiern an der Universität in Chiang Mai ist, der viertgrößten Thailands. Am Straßenrand erkenne ich Grüppchen von Studenten in schwarzen Talaren und Doktorhüten, die Familien drumherum im Sonntagsstaat westlichen Stils. Dann kommen wir an einem modernen Komplex vorbei, der sich als das Gefängnis von Chiang Mai entpuppt, und einer nagelneuen Ansammlung von Wohnhäusern, die gleichermaßen die Beschreibung »contemporary« verdienen. Dahinter tauchen flüchtig erneut die Berge aus dem Nebel auf, um gleich wieder zu grauer Dunkelheit zu werden. Was wohl da oben sein mag, frage ich mich – Weinberge? –, aber da rollen wir durch das Eingangstor einer Anlage, die wie eine kleine Fabrik aussieht.

»Chiang Mai Winery«, verkündet Suppara sehr sachlich, und wir steigen aus, gerade als die Sonne durch den Nebel dringt und die Temperatur sofort spürbar ansteigen lässt.

Drinnen werden wir von einem kleinen Empfangskomitee begrüßt. Es besteht aus einem Herrn mittleren Alters in einem Sportjackett westlichen Stils, der mir stumm eine Karte mit thailändischem Text und dem Wort »Manager« überreicht, einer wesentlich jüngeren Frau in einem weißen Kittel, die sich mir auf Englisch als Kellertechnikerin vorstellt, sowie einem sehr ernst dreinblickenden Brillenträger, der sich mit mir auf Deutsch als Dr. Pornchai Lueang-a-Papong bekannt macht, von der landwirtschaftlichen Fakultät der Universität von Chiang Mai.

»Ich habe in Braunschweig an der Universität studiert!«, sagt er mit unverhohlenem Stolz. Dann besichtigen wir eine weitere makellose, ordentliche Kellerei, in der der Most aus »verschiedenen Früchten« extrahiert, vergoren, geklärt und abgefüllt wird. Die Gärung findet bei 8°C statt, die Reife bei 3 bis 10°C. Sie haben also auch eine heftige Stromrechnung? Alle nicken mit einem etwas matten Lächeln. Der Verkostungsraum könnte beinahe als der eines toskanischen Weinguts durchgehen, gäbe es nicht diese Poster an den Wänden, die für MAE PING LYCHEEWEIN werben und mich an Werbematerial der großen australischen Weinfirma ROSEMOUNT erinnern – alles zusammen leicht verwirrend. Was erwartet meinen Verdauungstrakt und meine Sexualorgane hier?

»Der 2002 MAE PING MAKIANG wird aus den Beeren eines Baumes gemacht, der eigentlich wegen seines Holzes angepflanzt wird, *Cleistocalyx nervosum*«, erklärt Dr. Ponchai, während ein blassroter Wein für mich eingeschenkt wird. Die Kellertechnikerin stellt einen Teller mit gefrorenen Beeren vor mir auf den Tisch, das seien Makiang. Violett, etwa so groß wie Himbeeren, mit glatter Haut und länglich in der Form. Nach dem süßlichen Duft überrascht mich der Geschmack des Weins: frisch, leicht, trocken. Er reißt mich nicht gerade vom Hocker, aber für einen Baum, der normalerweise wegen der Bretter für »contemporary« Häuser angebaut wird, ist er ziemlich gut und überhaupt nicht sonderbar. Dr. Ponchai ergeht sich nun in Ausführungen über das Trainingsprogramm für die Obstbauern, zu dessen Ergebnis der Wein vor mir gehört, und das bereits von 1500 hiesigen Bauern absolviert worden ist. Das Ziel besteht darin, ihr Bewusstsein für den optimalen Reifezeitpunkt zu schärfen, damit sie genau dann ernten. »Die Kellerei verarbeitet nur Makiang-Früchte, die von selbst vom Baum gefallen sind, weil sie vollreif sind«, sagt er – Schwerkraftpflücken.

»Der nächste Wein ist der 2002 MAE PING LYCHEE«, fährt Dr. Ponchai fort. Der Weißwein in meinem Glas duftet *exakt* wie ein guter trockener Wein modernen Stils aus der Rebsorte Gewürztraminer: wie eine perfekte gelbe Rose. Er schmeckt geschmeidig und saftig, da ist kein Hauch von den kitschigen *Dosen*lycheetönen, die einem das Vergnügen an Weinen dieser Rebsorte so oft verderben. Vielleicht liegt es daran, dass ich seit meiner Reise nach Südtirol im Juli 2002 Gewürztraminer heiß und innig liebe – ich finde sofort Zugang zu dem Wein hier, weil ich etwas darin wiedererkenne, oder meine, etwas wiederzuerkennen. Der Wein ist zweifellos gut, aber ist er so überzeugend, dass ich ihn zu Hause in Berlin trinken würde? Es verwirrt die Gruppe um mich herum sichtlich, wie ich Seite um Seite in meinem Notizbuch mit meinen Beobachtungen fülle, aber dieses Erlebnis lässt sich schließlich nicht einfach so in Berlin wiederholen. Was ein bisschen verrückt ist, weil dieser Wein dort in thailändischen Restaurants zu einem anständigen Preis sicher gut laufen würde. Er ist so eingängig und schmeckt gleichzeitig so unverkennbar exotisch.

Jetzt müht der Doktor sich mit etwas ab, das wie ein kleines Joghurtglas aussieht. Endlich gelingt es ihm, den Deckel aufzuschrauben, und er gießt mir daraus einen dunklen Rotwein ein. Ich habe eine schreckliche Vorahnung. Das Etikett auf dem 75-ml-Glas sagt mir, dass hier lediglich zwei Prozent Alkohol im Spiel sind, und dann, wahrhaftig: daneben stehen die Worte KRA CHAI DUM. Mir läuft es kalt den Rücken hinunter.

»Wir nennen das *schwarze Fingerwurzel*«, sagt er mit dem gleichen Ernst, mit dem er vorher den lateinischen Namen des Baumes erwähnt hat, »und es wird mit Honig gesüßt.« Die Süße mildert zweifellos den dominanten bitterwurzeligen Geschmack, aber schließlich ist das Ergebnis doch intensiv bitter-süß. Es erinnert mich ein wenig an meine verrückte und verdorbene Ex-Freundin Dee Dee Lite, aber selbst mit diesen Erinnerungen rührt sich nichts in meiner Hose. Ein Stück unverarbeitete »Fingerwurzel« wird mir gezeigt, und da klärt sich das Geheimnis der tiefroten Farbe des Elixirs: das Innere der Wurzel ist ähnlich tiefviolettrot wie Rote Bete!

Ich fühle mich ein bisschen benommen, als wir gehen – ist es die Hitze oder der KRA CHAI DUM? –, und nicke nur abwesend zu Supparas Vorschlag, eine thailändische Schirmfabrik zu besuchen. Wir fahren eine touristische Einkaufsstraße entlang, wo viele Geschäfte außen stolz auf »ISO 9002« verweisen. Es ist eine mir bereits vertraute Form der thailändischen Besessenheit von internationalen Standards. An einem Laden steht sogar »Weltgrößter Juwelierladen«. Alle Arten von Handwerkskunst von Thai Silk bis zu geschnitztem Holz werden angeboten. Dann biegen wir ab und halten auf einem Parkplatz.

Hinter der Kasse bei Thawin Umbrellas liest ein pummeliger Thailänder in buntem Hawaii-Hemd ein abgegriffenes amerikanisches Taschenbuch mit dem Titel »The First Billion«, die erste Milliarde. Er stellt sich in fließendem Verkäufer-Englisch als der Besitzer vor. Ganz offensichtlich gehört er zu der stetig wachsenden Gruppe von umtriebigen Unternehmern des Landes. Bezöge sich der Buchtitel auf Baht, die thailändische Währung, von der man gegenwärtig beinahe 40 braucht, um einen einzigen amerikanischen Dollar zu kaufen, dann hätte er – angesichts der Reihe von Bussen, die draußen unter einer grünen Markise parken, und der zahllosen Touristen, die sich zwischen den vollgepackten Regalen dieses teuren Geschäfts drängeln – bereits einen guten Schritt in diese Richtung getan.

Die Fabrik liegt hinter dem Geschäft und ist wie ein Kreuzgang in einem Kloster angelegt. Die Arbeiter sitzen im Schneidersitz in Reihen unter den Ziegeldächern. Ihre Bewegungen sind geübt und fließend, aber ich fühle mich, als sei ich in einem seltsamen Zirkus gelandet, sie die durch Reifen springenden Tiere und ich der voyeuristische Imperialist. In meinem Kopf beginnt sich alles ein wenig zu drehen. Hinten in dem »Kloster« ist der »weltgrößte Schirm« ausgestellt, mit einem Foto daneben von Prinzessin Diana, die ihn 1988 besichtigt hat. Ich will sofort aus dieser Milliarden-Baht-Geschichte raus!

»Was möchten Sie jetzt machen?«, fragt mich Vithaya. Es ist eine gute Frage. Chaing Mai bietet Abenteuer-Touristen eine ganze

Menge – vom Elefantenreiten bis »Jungle Bungy Jump« und »White Water Rafting«. Was soll der Abenteuer-Tourist Stuart Pigott zum Teufel tun?

»Wie wäre es mit einem berühmten Tempel?«, fragt Suppara, als wir wieder am Minibus sind. Ich stoße einen Seufzer der Erleichterung aus, und wir fahren sofort los.

Zwanzig Minuten später, nach viel Kurverei bergauf durch Wald und Nebel, lässt uns der Fahrer neben einem Schild aussteigen, das »Doi Suthep National Park« verkündet. Von der Straße geht es eine mächtige Treppe weiter den Berg hinauf zu einem Tempel, der sich hinter hohen Kiefern verbirgt. Obwohl die Sonne es endlich durch den Nebel geschafft hat und sich weite Blicke über das Tal unten auftun, scheint die Stadt plötzlich weit entfernt. Vithaya fragt, ob ich die Zahnradbahn hoch zum Wat Doi Suthep nehmen möchte.

»Nein, lieber die Treppe«, entgegne ich zu seiner Verblüffung.

»Die Naga-Treppe hat 306 Stufen«, gibt Suppara zu bedenken.

Na und? Ich bin heute Morgen nicht gejoggt, das hier ist eine gute Gelegenheit, um mir nach Flugzeug und Bus ein bisschen Bewegung zu verschaffen. Das Geländer hat die Form von »Naga«, drachenartigen Seeschlangen, deren Kurven mich immer weiter hinaufgeleiten. Während wir die Stufen hinaufsteigen, erzählt mir Suppara, dass der Wat Doi Suthep von König Kuena von Lanna 1916 gegründet wurde, also 1373 unserer Zeitrechnung. Das heißt, er ist über vier Jahrhunderte älter als alles in Bangkok.

Als wir den Tempelkomplex betreten, funkeln vergoldete Spitzdächer vor dem Hintergrund des inzwischen azurblauen Himmels. Es ist eine vollkommen andere Stimmung als in einer europäischen Kathedrale. Hier umringen junge, trendige Thailänder in Sonnenbrille, Jeans und Turnschuhen voller Begeisterung die vielen Gebetsglocken, und kleine Kinder rennen aufgeregt herum. Ich folge Suppara am Buddhismus-Informationszentrum vorbei durch den äußeren Hof, während Vithaya irgendwo anders hin verschwindet – vielleicht in den inneren Teil zum Beten? Auf der anderen Seite bietet sich uns ein wunderbarer Blick auf Chiang Mai, das tausend Meter unter uns malerisch im Tal ausgebreitet liegt. Ich stecke meine Digitalkamera weg, dieses Panorama lässt sich so einfach nicht abbilden, wie auch die Schönheit, die mich hier oben umgibt. Dann packe ich auch mein Notizbuch ein. Seit dem Moment, als wir den Tempel betreten haben, ist mir kein einziges Wort eingefallen. Die Weine heute Nachmittag waren viel einfacher zu beschreiben.

Suppara nimmt mich sachte am Arm, was aus irgendeinem Grund hier weder komisch noch anzüglich wirkt. Sie führt mich zu einer Wand mit abgenutzten Schließfächern, und als sie ihre Schuhe auszieht, folge ich ihrem Beispiel, ohne ein Wort zu sagen. Sie schließt meine Schuhe zusammen mit ihren ein, und wir gehen ein paar Stufen hinauf zum inneren Hof. Als wir ihn betreten, bleibe ich beim Anblick des goldenen Chedi, einer 25 Meter hohen Stufenpyramide, gekrönt von einer schmalen goldenen »Spitze«, wie angewurzelt stehen. Für einen langen Moment bin ich ganz von wortlosem Staunen gefangen genommen. Trotz der vielen Menschen ist die Atmosphäre hier von ehrfurchtsvoller Andacht bestimmt. Suppara ist plötzlich wieder neben mir und drückt mir etwas in die rechte Hand, was auf den ersten Blick wie ein stacheliger Strauß getrockneter Blumen erscheint. Tatsächlich handelt es sich aber um drei dicke Räucherstäbchen, zwei kleine gelbe Kerzen und eine einzelne Lotusknospe. Sie selbst hält ein identisches Bündel in ihrer rechten Hand. Wohin führen mich die Weine Thailands?

Der Lärm ist inzwischen zu einem entfernten Murmeln geworden, als befänden wir uns in einem anderen Raum. Ich folge Suppara hinüber zu den thailändischen Pilgern, die betend in Reihen am Fuß des Chedi knien. Auch sie geht auf die Knie, und nach kurzem Zögern folge ich ihrem Beispiel, lege meine Tasche zwischen meine Oberschenkel. Ich sehe, wie sie und die anderen knienden Thailänder ihre Kerzen an denen entzünden, die vor uns auf einem Metallgestell aufgereiht sind, und sie dann zwischen die flackernde Fülle stellen, und mache es ebenso. Dann zünde ich wie sie meine

Räucherstäbchen an den Kerzen an und halte sie zusammen mit der Lotusknospe zwischen meinen Handflächen. Wie sie schließe ich dann die Augen. Was denken sie, die Buddhisten um mich herum, deren Beispiel ich so ungeniert folge? Dann, wie reife Früchte von einem Baum, eine nach der anderen, fallen mir Namen ein: Ursula, meine Frau, braucht innere Ruhe; Sheila, meine Mutter, braucht Gesellschaft; Kurt, mein Kollege, braucht geistige Leichtigkeit; Birgit, meine an Brustkrebs erkrankte Freundin, braucht Hoffnung; Anja, meine Freundin, die um ihren Mann trauert, braucht Mitgefühl …

Ich greife nach meiner Tasche und stehe auf. Was habe ich getan? Ich drehe mich um und sehe eine gläserne Sammelkiste, auf der ein großes offenes Buch liegt. Ich ziehe einen Geldschein aus der Tasche und stopfe ihn in die Kiste. Ins Buch schreibe ich in die Spalten »Name« und »Amount«: »Einer von vielen« und »Nicht genug«.

»Sind Sie Buddhist?«, fragt mich Suppara, als wir zusammen zu den Schließfächern gehen, um unsere Schuhe zu holen.

»Keine Religion«, entgegne ich trocken, und sie sieht noch perplexer aus als in dem Moment, als ich die 306 Stufen hinaufsteigen wollte. An deren Fuß hält uns bewaffnete Militärpolizei hinter einer Absperrung zurück, während eine Wagenkolonne den Berg hinauffährt.

»Die thailändische Prinzessin«, sagt Vithaya ehrfürchtig, als ein schwarzer Mercedes vorbeikommt. Ich kann durch die dunklen Fensterscheiben nichts erkennen.

29. Januar 2547 Es ist 10 Uhr morgens, und unser Minibus rast auf dem Highway 118 von Chiang Mai Richtung Norden. Ich bin hierher auf der Suche nach der wilden Weinwelt des 21. Jahrhunderts gekommen, und die habe ich zweifellos gefunden. Obgleich es ganz anders ist, als ich es mir vorgestellt habe. Ich meine nicht die Landschaften, Orte, Städte und Tempel Thailands – diese entsprechen ziemlich genau meinen Erwartungen. Nein, es ist die verblüffende Entdeckung, dass es möglich ist, aus Früchten wie Lychees oder Mangostanen Wein zu machen, der schmeckt, als sei er aus Trauben entstanden, ja sogar aus »sonderbaren« Früchten, von denen ich nie zuvor gehört habe, wie Mamoa und Makiang. Sie schmecken vielleicht nicht wie großartige Traubenweine, aber die Thailänder haben schließlich auch gerade erst mit dem Weinmachen begonnen, und hinter jedem einzelnen der großen Weine der Welt verbirgt sich eine lange Geschichte. Die Weine des einzigen Traubenweinproduzenten, den ich hier bis jetzt besucht habe, haben außerdem bemerkenswert konventionell im positiven Sinne des Wortes geschmeckt, anstatt merkwürdig »tropisch« im negativen. Einer dieser Weine ist vielleicht sogar *toller Stoff.* In seiner Gesamtheit ist das viel mehr, als ich mir erhofft hatte.

Der technische Perfektionismus und der Geschäftssinn der Thailänder sind zweifellos Teil der Erklärung, wie all das möglich ist, aber die Wurzeln dafür müssen irgendwo in der Kultur und Geschichte des Landes liegen, weit über das Streben nach zertifiziertem ISO-Status hinaus, um international akzeptiert zu werden und die Exportzahlen zu steigern. Bei Letzterem ist Thailand sehr erfolgreich, wenn ich die Statistiken betrachte, die ich bei meinem Besuch bei der DEP bekommen habe: 2003 stellte der Export 71,5 Prozent des Bruttosozialprodukts dar, nämlich 127,7 Milliarden US-Dollar, während er ein Jahr zuvor noch bei 66,3 Prozent bzw. 123 Milliarden US-Dollar lag. Ich packe die Blätter mit den Zahlen wieder in meine Tasche und starre abwesend auf die Reisfelder, die draußen vorbeifliegen. Der Nachmittag gestern im Wat Doi Suthep geht mir noch im Kopf herum. Was zum Teufel ist dort geschehen?

Wir fahren durch das grüne Tal des Lao-Flusses, einem Nebenfluss des mächtigen Mekong. Die Vegetation ist unglaublich grün, der Himmel beinahe übernatürlich blau. Wenn es überhaupt möglich ist, in Thailand Qualitätsweine aus Trauben zu machen, dann wäre das nach den konventionellen westlichen Weinbau-Vorstellungen hier oben im äußersten Norden. Theoretisch sollten die

Berge, an denen wir gerade vorbeigekommen sind, die besten Erfolgschancen bieten, weil es dort kühler ist. Doch habe ich nur dichten Dschungel und ein paar Stände am Straßenrand gesehen, die blühende Orchideen und Kaffee verkauften. Weinberge waren nirgendwo zu erkennen. Vielleicht hat das mit dem Nebel zu tun, der für Weinanbau zweifelsohne problematisch wäre. Abgesehen von ein paar Lastwagen bestand der Verkehr aus Bussen voller junger Backpacker, die auf dem Weg nach Chiang Rai und dem Goldenen Dreieck waren, wo die Grenzen von Thailand, Laos und Myanmar aufeinanderstoßen. Ich vermute, dass sie eher an anderen Drogen als an Alkohol interessiert sind. Laut meinem Programm nähern wir uns jetzt jedoch der CHIANG RAI WINERY, und so langsam denke ich, dass diese ganze konventionelle Theorie über weinbaugeeignete Klimazonen vollkommener Blödsinn ist.

Wir biegen vom Highway 118 ab auf eine schmale Straße, die zwischen Reihen von ordentlichen, gepflegten Holzhäusern hindurchführt, wieder an Reisfeldern vorbei, über einen kleinen Fluss und durch Obstplantagen, dann durch ein altes Tor, wo wir den Bus abstellen und zu Fuß weitergehen. An einer wackeligen Holzbrücke überqueren wir einen Bewässerungskanal und gelangen schließlich zu zwei nicht sehr großen, aber kunstvoll mit Schnitzereien verzierten Holzhäusern. Nur Augenblicke später taucht ein hochgewachsener, schlanker, intellektuell wirkender Thailänder auf und stellt sich als Dr. Somchai Jomduang vor, Lebensmitteltechnologe an der Universität in Chiang Mai. Doktoren, Doktoren zuhauf! Er schlägt vor, dass wir unter einer Markise Platz nehmen, und beginnt, seine Geschichte zu erzählen.

»Wir machen nur aus thailändischen Früchten und Kräutern Wein, nicht aus Trauben«, beginnt der Doktor. Gibt es überhaupt Trauben in diesem Teil des Landes? Er schüttelt den Kopf und hämmert damit unbewusst einen weiteren langen Nagel in den Sargdeckel der konventionellen Weinbau-Vorstellungen: Das bedeutet nämlich, dass die Reben alle weiter im *Süden* wachsen. Der alten

Weinbautheorie zufolge aber herrschen dort schlechtere Bedingungen, weil es theoretisch wärmer sein muss. Obstplantagen gibt es hier seit 13 Jahren, die Weinerzeugung kam erst später, um die Rentabilität zu steigern.

»Damals wurde ich hier Berater, es ist mein Wochenendjob«, erklärt Dr. Somchai. »Die erste kommerzielle Produktion war 1999.«

Während sich Vithaya und der Doktor über irgendetwas auf Thailändisch unterhalten, fällt mir ein gerahmtes Foto des Königs und der Prinzessin von Thailand ins Auge, das neben der Tür hängt. Jetzt weiß ich, wie sie aussieht: intelligent, ernsthaft, aber auch irgendwie sehr sympathisch.

Dr. Somchai verschwindet, kommt mit einer Hand voll Weinflaschen und Gläsern wieder und stellt alles auf dem Tisch vor uns auf. Etwas an der Art, wie er dies tut, strahlt Professionalität aus, außerdem sind seine präzisen, gemächlichen Bewegungen sehr unwestlich. Er schenkt den ersten Wein ein, und als ich auf dem Etikett sehe, dass es 2002 La Santé Lychee ist, sinkt mir das Herz. Wird das hier eine reine Wiederholung von gestern Nachmittag? Aber sobald ich am Glas rieche, wird klar, dass es ein ganz anderer Wein ist als der Lychee der Chiang Mai Winery. Er hat einen gewissen Schärfekick wie ein thailändisches Gericht und ist viel subtiler und deutlich voller. Mit seinem Spiel von Fruchtaromen und Würze lässt er das, was ich gestern verkostet habe, im Vergleich etwas einfach erscheinen; er ist zugleich *weiniger* und *spannender*. Dass ich ihn nicht in wenigen Worten erfassen kann, ist ein sehr positives Zeichen. Ein anderer Doktor, andere Ideen, so wie unterschiedliche Trauben-Weinmacher jeder ihre ganz eigenen Ideen haben – was natürlich einen Einfluss auf den fertigen Wein hat, auch wenn es oft schwierig ist, das in einem direkten kausalen Zusammenhang zu erkennen.

Der zweite Wein fließt ins Glas, 2001 La Santé Santol. Dr. Somchai bemerkt meinen etwas verwirrten Blick und erklärt, dass es sich bei Santol um die Früchte von *Sandoricum koetijpe* handelt.

Er holt einen Ordner mit genauen Informationen über das Unternehmen, in dem es ein Bild von einer runden, gelben Santol-Frucht auf einer Waage gibt, die ein gutes Kilo wiegt. Die kupfergoldene Farbe des Weins ist ebenfalls anders als alles, was ich bis jetzt gesehen habe. Der Geschmack erinnert ein wenig an Bitter-Orangen, aber das ist wirklich nur der Anfang einer Beschreibung. Der Wein schmeckt kräftiger und trockener, als ich erwartet habe, mit einer gewissen Adstringenz, die mich wiederum an die weiße Haut der Orangen erinnert. Es ist tatsächlich eine neue Geschmackswelt, in der ich mich hier befinde!

Dr. Somchai sagt, der nächste Wein, der 2002 La Santé Doh sei aus den Blättern von Doh Mai Rue Lom gemacht, oder *Elephantobus scaber*, und weil die keinen Zucker enthalten, wird Honig hinzugefügt. Ein Wein aus etwas, das *keinen Zucker* enthält – und mein erster echter Kräuterwein noch dazu. Wie sieht diese Pflanze aus? »Da ist eine«, antwortet er und zeigt auf etwas direkt neben der Hauswand, das aussieht wie eine Primel.

Jetzt bin ich im Wein-Niemandsland. Mit dem Glas Wein vor mir zurück nach Berlin an unseren Küchentisch gebeamt, würde ich auf die Frage, um was es sich handelt, selbstverständlich sagen: »Sieht aus wie ein trockener Weißwein« – aber Duft und Geschmack zu beschreiben ist viel schwieriger. Es ist eine tolle Balance zwischen herben Komponenten, die deutlich kräutrigen Ursprungs sind, mit anderen, sanfteren Noten, die sicher vom Honig kommen. Aus der westlichen Sicht *kann* solch ein Wein aus Blättern und Honig einfach nicht so gut schmecken wie ein gut gemachter Wein aus Trauben – aber genau das tut er.

Als die nächste Flasche geöffnet wird und ich das Etikett sehe, wünsche ich, ich könnte mich tatsächlich direkt nach Berlin zurückbeamen – diese verdammten Wurzeln verfolgen mich! Es scheint, als sei irgendein Geist fest entschlossen, für etwas Langes, Hartes und *Gesundes* in meinen Hosen zu sorgen. Obgleich auf dem Etikett La Santé Kra-Shy steht, handelt es sich dabei ganz offensichtlich nur um eine andere Schreibweise für Kra Chai Dum.

»Manche nennen dies thailändischen schwarzen Ginseng, ich ziehe schwarzer Ingwer vor«, bemerkt der Lebensmitteltechnologe. »Der botanische Name lautet *Kaempferia parviflora*.«

Vithaya beobachtet mich erwartungsvoll, als ich nach dem Glas greife, doch überraschenderweise bricht nicht die erwartete sonderbare bitter-wurzelige Welle über mich herein, die ich inzwischen – leider – gut kenne. Nein, in diesem Fall hat der schwarze Wurzel-Wein sogar etwas angenehm *Fruchtiges*. Dr. Somchai scheint ein großartiges Gefühl für geschmackliche Harmonie zu haben. Ich nehme an, dass keiner dieser Weine knochentrocken ist, und doch drängt sich bei keinem der Gedanke an Süße auf. Ich erkundige mich danach, und ohne nachzudenken entgegnet er sofort und voller Überzeugung: »Wir möchten, dass alle Weine ausgewogen schmecken, dass man sie einfach trinken möchte, anstatt zu sagen, oh, das sind ja nur Kräuter oder Wurzeln!«

»Trinken Sie auch Weine aus Trauben?«, frage ich, entschlossen herauszufinden, wie er dieses erstaunliche Talent entwickelt hat.

»Ich probiere sie«, entgegnet er nachdenklich, »aber ich bin kein großer Trinker. Ich verkoste, und dann kann ich Wein machen.« Er scheint also seine Inspirationen ganz eindeutig aus derselben Quelle zu beziehen wie die meisten Weinmacher, die mit Trauben arbeiten: aus den spannendsten Weinen, die andere in anderen Gebieten gemacht haben.

»Jetzt der Letzte«, bringt er uns wieder zurück zu den Weinen auf dem Tisch. »Thai Tokay, ein süßer Wein, den wir aus Doh, Aloe Vera und Santol machen.« Der Name bezieht sich auf den alten Dessertwein aus Ungarn, der gegenwärtig eine Renaissance erfährt: Tokaji. Neue Weine, die ihren Namen von seit langem etablierten Gewächsen abkupfern, sind meist ebenso wenig ernst zu nehmen wie Hochstapler, die das Name-Dropping nicht sein lassen können. Dieser blasse Weißwein aber ist der ausdrucksvollste der Reihe, mit einer frischen zitrusartigen Säure, die von kräutrigen Noten und einem feinen Honigton ausgeglichen wird. Er ist kein bisschen zu süß, sondern genau auf den goldenen Punkt ausbalanciert, wo alle Geschmackselemente zusammenkommen und ein Ganzes ergeben, das wesentlich größer ist als ihre einfache Summe. Es ist ein großartiger Wein und etwas ganz Eigenständiges, Neues – er verdient einen eigenen Namen, der das auch vermittelt.

Dr. Somchai möchte mir seinen Versuchskeller zeigen, bevor wir uns im Minibus Richtung Goldenes Dreieck aufmachen, und während wir durch die Produktionsräume dorthin laufen, erklärt er mir seine Arbeitsweise. Etwas davon habe ich bei keiner der anderen Kellereien gehört, die wir bis jetzt besucht haben: Er lässt nämlich das Mark der Früchte vor dem Vergären in dem Most einige Stunden lang ziehen. Ich nehme an, dass das wie bei Wein aus Trauben einen großen geschmacklichen Unterschied macht, manchmal positiv, manchmal negativ. Unter diesen klimatischen Bedingungen ist es zweifellos riskant, da es potenziell den Mikroben Tür und Tor öffnet. Die Temperaturen müssen streng unter Kontrolle gehalten werden und die Hygiene perfekt sein, damit nicht alles einen wilden mikrobiologischen Ringelreihen tanzt. Den bemerkt man nämlich im Zweifelsfall erst, wenn es bereits zu spät ist, und die Angst vor diesem Risiko ist sicher der Grund dafür, warum andere Kellermeister davor zurückschrecken.

Wir folgen dem Doktor in einen Raum bescheidenen Ausmaßes, der keine Fenster hat, sondern Regale an allen Wänden. In ihnen stehen dicht an dicht bauchige Korbflaschen mit Flüssigkeiten in vielen farblichen Variationen von gelb und rot.

»Mindestens 95 Prozent, manchmal 100 Prozent der Ideen, die ich hier ausprobiere, muss ich wieder verwerfen«, kommentiert er mit umwerfender Unbekümmertheit. Eine Erfolgsquote von null bis fünf Prozent, und für ihn ist das lediglich Anlass für das nächste Experiment! Ich bin sprachlos – das lässt die Neue und Alte Welt des Weins plötzlich schrecklich einfallslos erscheinen. In einigen

Ecken Frankreichs habe ich manchmal den Eindruck, dass diese Art des Experimentierens aus der Sicht der Winzer eine furchtbare Phase war, die vor mindestens 600 Jahren zu Ende ging …

Inzwischen ist es mitten am Nachmittag, und nach einer sanfthügeligen, ländlichen Gegend mit Tabak-, Mais- und Bananenfeldern sowie Obstplantagen sind wir gerade durch die ummauerte Altstadt von Chiang Saen unweit des Goldenen Dreiecks gefahren. Bis jetzt habe ich keine einzige Mohnblüte gesehen. Nirgends finden sich Hinweise auf das düstere Drogen-Kapitel des Grenzgebietes. Es gibt hier jede Menge Wasser, und viele der Holzhäuser stehen auf Pfählen. Sie sehen nicht nur gepflegt aus, das ganze Gebiet ist von einer Aura rechtmäßigen Wohlstands umgeben. Ein Straßenschild, das den Weg zum »Opium Museum« weist, bestätigt nur noch den Eindruck, dass diese Droge hier Geschichte ist.

Der Anbau von Opium ist seit 1959 in Thailand gesetzlich verboten, aber die Armee hat es erst im Laufe der 1980er Jahre geschafft, ihn weitgehend auszumerzen. Während des letzten Jahres hat die Dritte Armee exakt ein Rai (6,25 Rai sind ein Hektar) Opium-Mohn hier gefunden und vernichtet. Heute ist Afghanistan mit weitem Abstand das Hauptanbauland für Opium.

Plötzlich endet die Straße an einer großen Querstraße, und direkt vor uns liegt der Mekong, eine breite Silberschlange von Wasser, die sich unglaublich schnell in Richtung Pnom Penh und Saigon bewegt. Als ich zur Reise nach Thailand aufgebrochen bin, hatte ich keine Ahnung, dass ich dieser Legende aus meiner Jugend leibhaftig begegnen würde. Der Mekong gleicht keinem anderen Fluss, den ich je zuvor gesehen habe.

»Der Fluss ist die wichtigste Handelsroute nach Südchina«, erklärt Vithaya.

Ich habe auch nie zuvor über die Verbindung stromaufwärts nachgedacht, ein Zeichen, wie extrem sich die Welt verändert hat, seit ich Teenager war. Wie Marshall McLuhan oft genug gesagt hat: »Was wir normalerweise sehen … ist das, was im *Rückspiegel* auftaucht … ist eigentlich die Vergangenheit.« Durch die Windschutzscheibe des Weins bemühe ich mich, mehr von der Welt der Gegenwart zu erkennen.

Wir fahren durch einen Markt am Flussufer, der sehr touristisch aussieht, passieren dann eine ganze Reihe von Wechselstuben, biegen danach scharf nach links ab eine steile Anhöhe hinauf, an einer Gruppe von kleinen Tempelgebäuden vorbei zu einem Parkplatz.

»Das ist der beste Aussichtspunkt über das Goldene Dreieck«, sagt Suppara, als wir aussteigen. Und der Blick über den Zusammenfluss des Mae Ruak und des Mekong ist noch großartiger durch den Umstand, dass wir anscheinend die einzigen sind, die ihn genießen. »Das große Gebäude mit dem roten Ziegeldach ist in Myanmar. Es ist das ›Golden Triangle Paradise‹, ein Kasino«, erklärt mir Suppara. »In Thailand sind Kasinos nicht erlaubt.«

Nachdem ich das Panorama in mich aufgesogen habe, drehe ich mich um und sehe, dass hinter uns eine Reihe von Buden stehen, die Goldene-Dreieck-T-Shirts in allen erdenklichen Farben verkaufen.

»Hey Honey!«, ruft eine wohlbeleibte Amerikanerin unbestimmten Alters ihrem ebenfalls sehr fülligen Partner zu und hält ihm ein blaues Polo-Shirt entgegen. »Das ist genau das Richtige für dich!«

Das Goldene Dreieck ist heute nicht nur clean, es verwandelt sich auch in ein bedeutendes Touristenziel. Es würde mich nicht wundern, wenn die Polo-Shirts und die Souvenir-Opiumpfeifen in Südchina hergestellt werden, weil die Arbeitskräfte dort billiger sind. Wer weiß, vielleicht ist die gesamte Souvenirproduktion der Welt in den letzten Jahren dorthin verlagert worden?

Ich frage Suppara nach dem Tempel, weil ich in einem Führer gelesen habe, dass das Wat Phra Phu Khao zu den ältesten Thailands gehören soll. In dieser Ecke des Landes ist der erste Vorläufer zum modernen Thailand von den aus Südchina stammenden Thais gegründet worden.

»Ja«, sagt sie, »das ist der hier«, und zeigt auf die bewaldete Spitze des Hügels, wo der rötliche Schimmer alter Backsteine zwischen Bäumen und Bambus erkennbar ist. Wir gehen die Stufen hinauf, und meine beiden Betreuer verschwinden zum Beten in dem neuen Tempel, der auf den Ruinen aus dem 14. Jahrhundert errichtet worden ist. Trotz des Geräusches der Motorboote in der Ferne, die den Mekong hinauf und hinunter tuckern, herrscht hier oben dieselbe Art von Andacht, die ich gestern Nachmittag im Wat Doi Suthep empfunden habe. Unter mir sehe ich ein winziges Haus aus roten Backsteinen, auf dessen Terrasse ein buddhistischer Mönch im Schneidersitz meditiert. Ein anderer steht bewegungslos im Bambus daneben, als habe jemand die Zeit angehalten. Unvermittelt dringt aus dem Tempel ein Geräusch, als schüttele jemand eine Maracá-Rassel. Es ist ein unerwartet aggressives Geräusch, vollkommen im Missklang mit der friedlichen Szene, und lässt mich sofort an physischen Schmerz denken. Meine Betreuer tauchen wieder auf, und als wir die Stufen hinuntergehen, frage ich Suppara nach der Bedeutung des Rasselns.

»Was kommen wird, Schicksal«, antwortet sie. Am Fuß der Stufen liegt ein zweiter kleiner Tempel, in den sie hineingehen. Ich folge ihnen mit einigem Abstand, darauf bedacht, sie nicht zu stören, und als sich meine Augen an die plötzliche Dunkelheit gewöhnt haben, sehe ich, wie sie sich vor einem riesigen goldenen Buddha hinknien und drei Mal mit den Händen in Wai-Haltung vor der Stirn tief verbeugen – das Gramp. Ich setze mich in eine Ecke, und obgleich ich mich ihrer Andacht nicht richtig verbunden fühle, schmelze ich ein wenig wie eine Wachsfigur, die zu nah am Feuer steht.

Als wir wieder ins Tageslicht hinaustreten, kneife ich wegen der Helligkeit die Augen zusammen und stoße beinahe frontal mit einem jungen Mönch zusammen. Der nimmt mich jedoch gar nicht wahr, sondern starrt durch mich hindurch, mit einem Ausdruck der absoluten Leere im runden Gesicht. Stünden wir in den Straßen irgendeiner Stadt – Bangkok, Berlin, wo auch immer – hätte ich auf Drogen getippt, aber in seinem Blick erkenne ich etwas anderes. Derselbe Nicht-Ausdruck lag auf dem Gesicht des Königs von Thailand, auf dem Foto, das in der B. J. Garden Winery hing und ihn als buddhistischen Mönch zeigte. Der einzige Unterschied ist der Grad der Leere, bei dem Mönch gerade eben war er noch extremer. Es schien, als habe er seine frühere Beschäftigung, seinen Namen vergessen, sein Geschlecht, alles.

30. Januar 2547 Überall um mich herum stehen Mango- und Bananenbäume voller reifender Früchte, hier und dort am Straßenrand kleine Häuser aus Holz und Bambus, aus deren Schornsteinen Rauch senkrecht aufsteigt. Einige 100 Meter weiter bilden eine Reihe von großen Kokosnusspalmen, die vom Dunst zur Silhouette reduziert werden, den Horizont. Der Effekt von über 90 Prozent Luftfeuchtigkeit bei 35°C in einer völlig flachen Landschaft. Das einzige, was jetzt noch fehlt, um daraus eine potenzielle Szene aus »Apocalypse Now« zu machen, ist das »Whu-whu-whu« nahender Kampfhubschrauber. Nichts hier lässt mich auch nur entfernt an Wein denken, und doch bin ich im Chao Phraya Delta, ganze 60 Kilometer südwestlich von Bangkok, um die »Schwimmenden Weingärten« der Siam Winery zu inspizieren. Auf dem Weg zur Siam Winery haben sich überschwemmte Felder für die Salzgewinnung mit Schwerindustrie wie Thai Union Feedmill Co. Ltd., Siam Ferro Industry-SSP Group und Pholvas Plastic Packaging Co abgewechselt. Die Winery ist von Khun Chalerm Yoovidhya gegründet worden, dem ursprünglichen Erfinder des Energydrinks »Red Bull«, um Wein-Cooler der 1986 lancierten Marke »Spy« zu produzieren. Von den blitzenden, neuen Gebäuden sind wir zu dieser verrückten Tour aufgebrochen. Weinberge hier? Unmöglich. In einem tropischen Flussdelta, wo das Land nur fünf Meter über dem Meeresspiegel liegt? Völlig absurd!

Und doch, da vor uns sind *Reben*. An Pergolen gezogen stehen sie auf langen schmalen Inseln nackter Erde, jeweils drei Reihen, umgeben von schlammigem, braungrauem Wasser. Es ist die typische Farbe der Teiche, Seen und Gräben Thailands. In der Erde erkenne ich von der Sonne ausgebleichte weiße Muschelschalen. Der Gesamteindruck ist der einer bizarren Mischung aus Reisfeld und herkömmlichem Weinberg. So ziemlich jeder Weinproduzent aus einem etablierten Anbaugebiet würde die Szene vor mir als Rezept für »Apocalypse Now« in Weinform deuten, jene, die ihre Reben regelmäßig bewässern, eingeschlossen. Ganz abgesehen davon, wie man Reben, die in derart unmittelbarem Kontakt mit derart viel Wasser stehen, dazu bewegen soll, Trauben hervorzubringen, die sich zum Weinmachen eignen – wie verhindert man, dass Trauben und Reben von der Fäulnis förmlich aufgefressen werden?

»In dieser Gegend gibt es 4000 Hektar solcher Weingärten, der größte Teil davon ist für Tafeltrauben«, sagt Kim Wachtveitl. Dann springt er geübt von der Straße auf eine der Inseln und bedeutet mir, es ihm gleichzutun. Von den Reben hängen grüngelbe Trauben, die vollkommen fäulnisfrei sind – Malaga Blanc. Ich probiere ein paar Beeren. Sie schmecken ein bisschen neutral, aber in keiner Weise sauer oder bizarr. Vor einer Stunde habe ich in der Siam Winery die Monsoon Valley Weine zum zweiten Mal probiert, in einem riesigen, blitzenden Verkostungsraum mit der anonymen Atmosphäre eines Privatjet-Verkaufsraums.

Der rote Monsoon Valley fiel wieder mit seiner medizinalkräutrigen Note und dem angenehm herben Nachhall auf. Da ließ sich echter Charakter erkennen, und bevor ich mich versah, war ich tief im Gespräch mit Kim auf Englisch, und wir diskutierten, wie man das noch deutlicher hervorbringen könnte. Doch hatte ich auf einmal das Gefühl, dass irgendetwas nicht stimmte, meine Stimme verlor sich mitten im Satz, und ich sah mich um. Da stand Vithaya, das Gesicht auf einmal aschgrau mit Ausnahme einiger unregelmäßiger roter Flecken auf den Wangen, die Augen auf etwas weit Entferntes in seinem Inneren gerichtet. Unbeabsichtigt hatte ich ihn ausgeschlossen, weil sein Englisch unserem schnellen Dialog nicht folgen konnte, und er hatte buchstäblich das *Gesicht verloren*. Zweifellos wurde von ihm ein Bericht gegenüber Vorgesetzten beim Ministerium erwartet, über alles, was während meiner Besuche bei den Weinproduzenten geschah, und das hatten wir gerade unmöglich gemacht, weil er nicht mitbekommen konnte, über was wir geredet hatten. Ich fühlte mich plötzlich total erledigt, nicht zuletzt weil mir klar war, dass sich dieser Schaden nicht beheben lassen würde, wie es bei einem Fauxpas westlicher Art oft möglich ist. Deshalb stimmte ich eifrig zu, als Kim eine Tour zu den Weingärten vorschlug, das würde zumindest von meinem dummen Fehler ablenken.

Die ehrgeizige junge Weinbergsverwalterin und der Assistant Winemaker, den Kim eingestellt hat, weil er die SIAM WINERY auf ein neues Qualitätsniveau bringen will, sind zu uns gestoßen und erklären mir die speziellen Probleme des hiesigen Weinbaus. »Die Bauern gehen einfach nicht mit den Erträgen herunter. Sie spritzen zuviel und lesen zu früh, um die Menge nicht aufs Spiel zu setzen«, und »sie müssen früher mit der Bewässerung aufhören«, lautet der Refrain ihrer Klagen über die Traubenlieferanten. Die Gegebenheiten für den Weinbau hier könnten kaum ungewöhnlicher sein, aber diese Klagen habe ich von Weinmachern überall auf *Planet Wein* gehört, die mit zugekauften Trauben arbeiten, es klingt alles mehr als vertraut. Manche Dinge sind einzigartig, andere wiederum sind weltweit die Gleichen.

31. Januar 2547 Vithaya und die regionalen Betreuer von der DEP waren wunderbare Gastgeber, haben alle meine Fragen ernst genommen und oft weit mehr als ihre Pflicht getan, wenn ich Interesse an der thailändischen Kultur zeigte. Es gab nur einen Moment, in dem ein thailändischer Beamter sich weigerte, mir behilflich zu sein: als eine Dame bei der thailändischen Botschaft in Berlin CHÂTEAU DE LOEI weder in mein Programm aufnehmen, noch dort einen Termin arrangieren oder mir überhaupt nur eine E-Mail-Adresse des Weingutes geben wollte. Es war eine charakteristische ostasiatische Weigerung, ausgesprochen höflich, bei der nicht einmal ein »Nein« in den Mund genommen wurde. Ich akzeptierte vordergründig diese Haltung, doch gelang es mir, direkten Kontakt mit CHÂTEAU DE LOEI aufzunehmen, und ich kaufte mir ihren Anweisungen zufolge ein Flugticket für die Strecke Bangkok-Phitsanulok-Bangkok. Um Vithaya und die anderen vom Ministerium nicht wieder in eine peinliche Situation zu bringen, sagte ich ihnen, dass ich beschlossen hätte, am Ende meiner *offiziellen* Thailand-Tour noch einige Tage allein am Strand zu verbringen. Dagegen konnten sie kaum etwas einwenden, und niemand verlor das Gesicht; denn einen Thailänder nochmals in dieser Weise zu verletzen, das wollte ich unbedingt vermeiden.

Als ich mich im Flugzeug nach Phitsanulok auf meinen Platz setze, stellt sich mir ein großer silberhaariger Australier mit großer Brille und einer melodischen Stimme vor: »Dorham Mann, ich glaube, wir haben dasselbe Ziel.« Er erklärt, er sei Winzer im Swan Valley in Westaustralien, daneben aber auch Berater bei CHÂTEAU DE LOEI. »Das ist mein zehnter Besuch dort seit 2001, aber ich bin *nicht* der Kellermeister, die Jungs machen den Wein. Sie sind äußerst gewissenhaft und fleißig.«

Dorhams Vater, Jack Mann, ist eine australische Weinlegende. Er hat den revolutionären HOUGHTON'S WHITE BURGUNDY geschaffen, erster Jahrgang 1937. Das war einer der ersten erfolgreichen australischen trockenen Weißweine, und er wurde ursprünglich aus Chenin Blanc-Trauben gemacht. Deshalb erscheint es mehr als passend, dass sein Sohn einen anderen Produzenten dieser alles andere als angesagten Rebsorte berät. Dorham selbst ist auch eine kleine Legende, weil er 1967/68 in Forest Hill die ersten Weinberge im Great Southern-Gebiet in Westaustralien angelegt hat. Bis 1975 hat er die Weine aus diesen Reben selbst gemacht und damit haufenweise Goldmedaillen bei Weinshows in ganz Australien gewonnen. Das ist ausreichend Qualifikation, um einem weiteren Pionier in einem gewagten neuen Anbaugebiet mit null Erfahrungswerten zur Seite zu stehen; seine Rolle bei CHÂTEAU DE LOEI ist aber nicht die des *Flying Winemaker*, sondern desjenigen, der kreative Anregungen gibt und in technischen Fragen berät.

»Als die Reben jung waren, waren die Erträge gut, aber dann gingen sie zurück, bis 72 Hektar Reben schließlich nur noch 25 Tonnen Trauben produzierten. Dann wurde ich eingeschaltet«, erzählt nun mein Nachbar, und es scheint der Beginn eines In-Flight-Vortrags. Dagegen habe ich allerdings nicht das Geringste, schließlich werde ich so mit der Art von hochkarätiger Information gefüttert, die ein *Gonzo-Weinjournalist* braucht, um den Dingen auf den Grund zu gehen. Das Einzige, was ich wahrscheinlich nicht erfahren werde, ist die Insidergeschichte über die thailändische Politik, die mich zu einem Täuschungsmanöver zwingt, um überhaupt nach Loei zu kommen.

»Der erste Schritt bestand darin, die Reben drastisch zurückzuschneiden«, fährt er fort, anscheinend ohne zwischen den Sätzen überhaupt Luft zu holen. »Sie hatten Angst, die Reben würden *eingehen*, aber 2002 ernteten sie 150 Tonnen, 2003 waren es 410 Tonnen, und dieses Jahr wird es noch mehr sein.« In seiner Stimme schwingt unverhohlener Stolz mit, aber er scheint sie auch wahrhaftig vor einer Katastrophe bewahrt zu haben. »Natürlich war ich ziemlich voreingenommen, wie Weine aus Trauben, die in diesem Klima gewachsen sind, schmecken würden. Ich dachte, sie würden weder Farbe, noch Duft oder Fruchtaromen haben, aber so ist es nicht, wie Sie ja bereits wissen.« Er ist offensichtlich gut über mich instruiert worden. Hoffentlich ist das Ministerium weniger gut über meine Reise informiert.

Am Flughafen von Phitsanulok werden wir von einem Fahrer im Allradjeep erwartet, der mit Dorham freundliches Geplänkel austauscht. Dann sind wir auch schon auf der Straße, erst durch das belebte Phitsanulok, dann vorbei an Reisfeldern links und rechts, manche abgeerntet, andere gerade erst gepflanzt. Es geht mehrere 100 Meter hinauf, zu einer gewellten Hochebene mit savannenartiger Vegetation. Einzelne große Bäume ragen aus der Weite an sonnenverbranntem niedrigen Gebüsch hervor. Wir haben noch beinahe zwei Stunden Fahrt vor uns, deshalb spreche ich das Thema australischer Wein an. Ich nehme an, dass er keine Schwierigkeiten haben wird, damit die verbleibende Zeit zu füllen.

»Das Problem mit dem australischen Show-System ist, dass die *Schlachtschiffe* in den letzten Jahren alle Medaillen abgesahnt haben«, entgegnet er.

»Schlachtschiffe« gefällt mir, es ist eine gute Beschreibung für die Art von mächtigen, donnernden australischen Rotweinen, die mir überhaupt nicht gefallen. Es sind Weine, bei denen die Trauben lediglich eine Art Leinwand bilden, auf die der Kellermeister mit Hilfe von modernster Technik und einigen Zusätzen, von denen der Weintrinker nie etwas erfährt, sein Bild malt.

»Es gibt keinen Zauberstab, den ein Kellermeister über zweitklassige Trauben schwingen könnte. Letzten Endes geht es darum, erstklassige Trauben zu erzeugen, dann ist das Weinmachen einfach, und man braucht keine Eiche, obgleich ich kein Problem mit ein bisschen Eichen-Geschmack habe«, erzählt mein Nachbar weiter. Es ist seltsam, dass dieser Mann, der von der anderen Seite der Erde stammt, eine Generation älter als ich ist und noch dazu ein militanter Traditionalist, Dinge von sich gibt, die auch der *Gonzo-Weinjournalist* neben ihm hätte sagen können. Das Große Rad des Weins dreht sich und kommt zurück an den Punkt, wo es vor langer Zeit her stand. Dass dies auf einem fremden Weinkontinent geschieht, sagt eine Menge über die grundlegenden Veränderungen aus, die auf *Planet Wein* gegenwärtig stattfinden; er wird wirklich durch und durch global statt eurozentrisch oder vom kulturellen Imperialismus amerikanischer, australischer oder welcher Art auch immer bestimmt.

»Natürlich, wenn man eine Pflanze außerhalb ihrer natürlichen klimatischen Umgebung anbaut, ändert sich das ganze Spiel, und man muss seine Anbaumethoden an die neuen Bedingungen anpassen«, sinniert Dorham. Wie steht es jedoch mit der nötigen kulturellen Anpassung, um das Endprodukt der alkoholischen Gärung aus der Traube zu konsumieren? Nach wie vor ist mir nicht im Geringsten klar, wie das in einer buddhistischen Gesellschaft möglich ist. Lehnte Buddha nicht jede Art des Rausches ab?

Wir passieren einen kleinen Ort mit Holzhäusern, die meisten von ihnen auf Pfählen, die ein ganzes Stockwerk hoch sind. In vielen Fällen ist der Raum unter dem Haus jedoch vor kurzem ummauert worden, um mehr Wohnraum zu gewinnen. Überall sind frische Farbe und Renovierungsarbeiten zu erkennen. Es gibt keine der im Westen üblichen Anzeichen für einen wirtschaftlichen Aufschwung, aber es geht Thailands ärmster Region offensichtlich besser als noch vor ein paar Jahren. Kurz hinter dem Ort biegen wir rechts ab, durch ein riesiges Eingangstor, das aus himmelblau gestrichenen Stahlrohrleitungen im Science-Fiction-Look gestaltet ist. Es folgt ein kleineres Tor, neben dem auf einem kleinen Betonsockel, umgeben von Rosen, eine Plastik thront, die wie eine wilde Mischung aus Freiheitsstatue und Bacchus aussieht. Endlich angekommen!

Wir halten vor einer großen Wellblechhalle, ganz offensichtlich die Kellerei, und werden von einer zierlichen Thailänderin mittleren Alters in Mountainbike-Kleidung und Sonnenbrille begrüßt.

»Oraem Terdpravat«, sagt sie und gibt mir mit einer graziösen Bewegung die Hand. »Das Weingut wurde von meinem Vater gegründet, Dr. Chaijudh Karnasuta. Seit er einen Schlaganfall hatte, bin ich General Manager. Wir produzieren nicht nur Wein, sondern auch eine breite Palette von Früchten, Gemüse, Salat, Blumen, und wenn die Bäume älter sind, in mindestens 30 Jahren, werden wir auch Teakholz haben.« So betrachtet ist sie nicht nur Winzerin, sondern auch Landwirtin.

Weil sie gerade auf dem Mountainbike zu einer Inspektionstour vor dem Sonnenuntergang aufbrechen will, schlägt sie vor, dass ich mein Zimmer beziehe und mich vor dem gemeinsamen Abendessen ausruhe. Ich stimme ihr dankbar zu. Ich muss den ganzen Staub und den Schweiß von der Haut kriegen.

Mein *Zimmer* entpuppt sich als Bungalow im »Rungyen Resort«, das auch zu Château de Loei gehört. Er liegt neben einem kleinen See in einem schmalen Tal mit üppiger tropischer Vegetation, ein auffallender Kontrast zu dem sonst allgemein kargen, trockenen Braun der Umgebung. Als ich die Tür öffne, schießt innen ein großer Gecko die Wand hinauf ins Dach. Hier oben, nahe der Grenze zu Laos, habe ich einen der abgelegensten Orte auf *Planet Wein* erreicht.

1. Februar 2547   Oraem hat heute morgen bei der Tour durch die Weinberge sofort das Kommando übernommen, was vom ganzen Team prompt akzeptiert wurde. Die »Jungs« – der etwas ältere und selbstsichere Nattawat Limwatcharakorn und der nahezu lächerlich jung wirkende, ruhigere Sirkopokanun Mingmuang – sehen in Dorham eine Art Vaterfigur. Um ihn zu verstehen, bemühen sie sich in Englisch, und um seinen Respekt zu erlangen, schreiben sie fast alles, was er sagt, in Schulheften mit. Doch aus der Achtung, die sie ihrer Chefin gegenüber an den Tag legen, wird deutlich, dass sie noch wichtiger für sie ist als Dorham. Der Australier ist heute auch in allem, was er sagt, wesentlich vorsichtiger als gestern.

»Man kann die theoretischen Grundlagen des Weinbaus und wie Wein in Frankreich, Australien oder wo auch immer gemacht wird, lernen«, sagt Oraem in perfektem Wein-Englisch, »aber die Bedingungen hier auf dem 600 bis 750 Meter über dem Meeresspiegel gelegenen Plateau von Phu Rua sind vollkommen anders, da mussten wir improvisieren. Hier dauert die trockene Jahreszeit länger als irgendwo sonst im Land, über 150 Tage, und es ist der einzige Ort in Thailand mit gelegentlichem Frost. Wir haben acht Jahre gebraucht, um auf die richtigen Methoden zu kommen.« Ohne einen

Grund dafür nennen zu können, bin ich überzeugt, dass diese Bescheidenheit etwas mit dem Buddhismus zu tun hat; es ist das *Sich-auf-den-Boden-Werfen* vor der erlebten Wirklichkeit, statt dem *Kniefall* vor vorurteilsbeladenen Theorien, wie er so häufig im Westen praktiziert wird.

Die Sonne ist angenehm warm. Wir stehen in einer Parzelle mit Shirazreben, die aussieht wie ein gut gepflegter Weinberg am Mittelmeer oder in Australien. Die Trauben beginnen gerade, sich richtig zu verfärben und so anzudeuten, dass aus ihnen definitiv Rotwein werden wird.

»Der Ertrag ist ein wenig höher als ideal«, kommentiert Dorham nachdenklich. »Diese Reben sind erst im dritten Jahr, noch ganz jung, aber die Trauben sehen wirklich gut aus.«

Er pflückt ein paar Beeren von einer Traube und steckt sie in den Mund, um zu testen, ob sie ebenso gut schmecken, wie sie aussehen. Alle folgen seinem Beispiel, und ich bin überrascht, denn obwohl es bis zur Lese sicher noch ein paar Wochen dauert, sind sie schon erstaunlich süß und reif, ohne jegliche grünen unreifen Aromen.

»Sie sind *fleischig*!«, ruft er begeistert aus. »So muss Syrah schmecken.«

Ich frage nach der auffallenden Breite der Zeilenabstände. »Wir müssen das tun, um die Wuchskraft der Reben zu fördern«, antwortet Oraem. »Das war unser Problem, die Reben sind nicht stark genug gewachsen.« Nach dieser Parzelle zu urteilen, ist es erfolgreich gelöst worden, aber ich muss mehr von den Weinbergen sehen, um sicher sein zu können, dass es sich nicht um eine Ausnahme handelt.

Wir steigen wieder in den Toyota-Allradjeep und fahren los, um die Chenin Blanc-Reben zu begutachten, Grundlage meines ersten Eindrucks vom thailändischen Wein und erfolgreichem tropischen Weinbau – 18 Monate her in Hamburg.

»Der Rebschnitt ist hier letzten Oktober mit zwei Wochen Abstand vorgenommen worden«, erklärt Oraem, als wir zwischen zwei Parzellen aussteigen. Beide wirken wiederum tadellos gepflegt, aber es gibt einen deutlichen Unterschied sowohl im Aussehen als auch im Geschmack der Trauben. Die früher geschnittenen sind bereits blassgold mit braunen Pünktchen und schmecken supersüß und aromatisch.

»Die könnten beinahe schon gelesen werden!«, ruft Dorham hingerissen, und auf dem bis zu diesem Punkt eher nachdenklich wirkenden Gesicht von Weinbergsverwalter Suwannapong Thongplen breitet sich ein Lächeln aus.

»Wenn überhaupt, wird der Wein höchstens eine geringe Weinsäurekorrektur brauchen.« Es stellt sich heraus, dass das der einzige Zusatz ist, den der Traditionalismus des Australiers und der Purismus der Thailänder zulässt. Die Trauben in der benachbarten Parzelle sehen noch grünlich aus, schmecken sauer und brauchen noch ein paar Wochen bis zur Lese. Die absichtliche Verzögerung des Rebschnitts verhindert, dass die gesamte Ernte von 60 Hektar zur gleichen Zeit den optimalen Reifepunkt erreicht. Es wäre unmöglich, alles gleichzeitig in nur wenigen Tagen zu lesen und zu verarbeiten. Es kann keinen Zweifel geben, dass das Team ein Stadium erreicht hat, bei dem sie sorgfältig auf das Klima abgestimmte Anbaumethoden noch weiter *verfeinern*. Das ist die andere Seite der Gleichung. Einmal mehr frage ich mich, bis zu welchem Grad sich die Thailänder an das Weintrinken gewöhnen können.

»Das Wetter kann man nicht kaufen, aber man kann den Boden bearbeiten und die Reben dadurch beeinflussen«, bemerkt Oraem, als wir den Feldweg zurück zur Kellerei entlangholpern, die in einiger Entfernung zwischen den sanften, rebbedeckten Hängen vor uns zu erkennen ist. Die Landschaft hat nichts Dramatisches, aber in ihrer Weite ist sie schön. Hätte man mich gekidnappt, betäubt und ohne mein Wissen hierher gebracht, wäre ich sicher vollkommen ratlos, auf welchem Fleck der Erde ich mich befände. Der Gedanke stammt aus einer englischen Fernsehserie von 1967 »The Prisoner«, in der Patrick McGoohan einen Geheimdienstler spielt, dem das widerfährt. Er landet an einem merkwürdigen Ort, der aber wiederum ganz anders als hier aussieht.

»Vielleicht würden Sie annehmen, in Südfrankreich zu sein?«, sagt Oraem auf meine Überlegungen, und in diesem Moment erinnere ich mich an eine bestimmte Fahrt über eine bergige Hochebene im Languedoc.

Als wir wieder bei der Kellerei ankommen, überlässt sie mich Dorham und den Jungs. Wir gehen in die riesige Halle, in der eine bunte Mischung an kellertechnischer Ausrüstung mit offensichtlichem Stolz zur Schau gestellt ist, importiert und einheimisch, von der Stange und improvisiert. Der Sortiertisch für die Trauben ist eine Eigenkonstruktion, während die pneumatische Presse aus der Schweiz hierher transportiert worden ist. Den Ursprung der zahlreichen Edelstahltanks kann ich nicht erkennen, da sie von einer improvisierten Isolierung umhüllt sind. Das Trio führt mich in das Büro des Kellereidirektors, einen kleinen Raum mit weißen Wänden und zwei kleinen Fenstern neben der Tür. Als ich wie gebeten Platz nehme, bemerke ich eine Buddha-Figur, die auf einem kleinen Regal steht. Das erinnert mich daran, dass nichts von dem um mich herum irgendetwas mit dem Blut Christi zu tun hat. Probiergläser tauchen auf, die Jungs holen ihre Schulhefte raus, und wir machen uns an unsere unchristliche Arbeit.

Der 2003 Chenin Blanc Extra Dry ist wahrhaftig knochentrocken, mit wunderbaren Aromen, die an reife Äpfel und Birnen erinnern. Für einen jungen Wein aus dieser Rebsorte ist er außergewöhnlich saftig und von einer Frische, die »Trink mich« ruft. Kurz gesagt, dem Wein mögen vielleicht die feinen Schattierungen und die Spannung zu wahrer Größe fehlen, aber er ruht ganz in sich. Die Harmonie der einzelnen Komponenten ist vollkommen überzeugend, und ich wäre nie darauf gekommen, dass Traditionalist und Puristen sich auch hier auf eine kleine Korrektur der Weinsäure geeinigt haben. Der 2003 Syrah gefällt mir genauso gut mit seinen leuchtenden Beerenaromen – er duftet wie eine Schüssel »Fruits Rouges« – und trotz einer leicht rustikalen Note endet er so saftig, dass er sich auch gut trinkt. Der halbtrockene CHENIN und ein SYRAH ROSÉ kommen nicht ganz an dieses Paar heran, liegen aber nicht weit dahinter.

»Jetzt müssen Sie den 2003 SYRAH RESERVE aus dem Fass verkosten«, sagt der liebenswürdige Australier, und wir gehen wieder in die Halle, Probiergläser in der Hand.

Es geht eine breite Treppe hinunter in einen weitläufigen Betonbunker von einem Raum, wo abgefüllter Wein in großen Stapeln gelagert ist, und von dort in eine enge Betonkammer, in der einige Eichenfässer aufgereiht sind. Die Jungs ziehen eine Probe aus einem davon mit einer langen Pipette, deren Gebrauch sie offensichtlich geprobt haben, da das Ganze wie ein kleiner Tanz wirkt. Der Wein hat viel mehr Kraft als die normale Abfüllung und eine Fleischigkeit, die mich an Dorhams Kommentar im Weinberg erinnert. Und da ist noch etwas anderes, das ich nicht so richtig identifizieren kann, der Wein hat eine wirklich geheimnisvolle Seite. Ich muss ihn nochmals verkosten …

Das Abendessen ist heute viel lustiger als gestern, weil wir uns alle besser kennen und die Jungs sich Oraem, Dorham und mir angeschlossen haben. Die Flasche 2001 CYGNE BLANC, ein Schaumwein aus seinen eigenen Weinbergen, den Dorham mitgebracht und zum Aperitif eingeschenkt hat, hilft auch.

»Er ist eigentlich aus einer weißen Cabernet-Sauvignon-Traube, die ich als Sämling selektiert habe«, erklärt er, den Namen habe er gewählt, weil ihm die australischen Behörden nicht gestatten, Cabernet Blanc aufs Etikett zu schreiben, obgleich das die zutreffendste Beschreibung wäre. Der weiße Schwan wirkt entschieden, aber doch elegant, und hilft mir dabei, den hangar-artigen Raum zu vergessen, in dem wir sitzen und über dem, in Form von offiziellen Porträtfotos, der König, die Prinzessin und die Königin von Thailand präsidieren.

Der frische, aber geschmacksneutrale Salat vor uns kommt aus den *aeroponic* Gewächshäusern des Guts oben auf dem höchsten Punkt des Geländes. Oraem hat mir diese faszinierend-erschreckende Anbauweise, die komplett auf Erde oder Bodenersatz verzichtet, erklärt. Die Wurzeln hängen einfach in der Luft, wo sie in regelmäßigen Abständen mit einer Wasser-Nährstoff-Lösung gespritzt werden. Unter anderen zählt eine große amerikanische Fast-Food-Kette zu ihren Kunden. Diese Anbauweise stellt einen gigantischen Kontrast zur Weinbau-Philosophie des Gutes dar. Wenigstens sehe ich das als westlicher Beobachter so, Oraem hingegen stört sich daran überhaupt nicht.

Das einzige der vielen lokalen Gerichte, das heute Abend nicht zu den Weinen passt, ist die wunderbar aromatische Loei-Ananas; sie ist einfach zu süß für die trockenen Weine. Nachdem die Ananas serviert worden ist, dankt mir Oraem mit ausgesuchter Höflichkeit für mein Kommen, teilt mir mit, dass der Fahrer mich morgen früh um vier Uhr abholen und zum Flughafen nach Phitsanulok fahren wird, und verschwindet dann. Auf dem Tisch stehen noch die Flaschen von unserer Verkostung am Nachmittag und mit Dorhams Hilfe vernichte ich einen guten Teil ihres Inhalts.

»Haben Sie das gesehen?«, flüstert Dorham mir plötzlich aufgeregt zu. »Die Jungs haben sich selber Wein nachgeschenkt. Sie *trinken* wirklich!«

Ganz offensichtlich ein absolutes Novum. Vielleicht ist es mein Einfluss, aber wenn dem so ist, dann ist es ein unbewusster, unbeabsichtigter. So wie die Thailänder ihre Weinindustrie voll und ganz selbst finanzieren, leiten und kontrollieren – »Thai« bedeutet frei –, scheinen sie auch gleichermaßen nur die Dinge aus unserer Kultur zu übernehmen, die *sie* tatsächlich wollen. Langsam, aber sicher gehört Wein dazu.

2. Februar 2547   Pünktlich um vier Uhr landet mein Alukoffer mit einem lauten Knall hinten auf dem Toyota-Allradjeep, und ich bin plötzlich hell wach. Als wir aus der Hotelanlage herausfahren, zeigt das Außenthermometer des Wagens 23°C, doch als wir dann ins offene Land kommen, fällt die Temperatur rasch auf 17°C. Der erste Wert ist kein Problem für den Weinbau, aber der zweite ist zweifellos besser, weil so die natürlichen Aromen der Trauben bewahrt werden. Und genau diese zeichnen die Weine von CHÂTEAU DE LOEI gegenüber den anderen aus, die ich in den letzten Tagen verkostet habe.

Dieses Weingut hat in den acht Jahren, seitdem sie den ersten Traubenwein Thailands erzeugt haben, bewiesen, dass der Qualitätsweinbau so nahe am Äquator durchaus möglich ist, wenn man sich auf die besonderen Bedingungen hier einstellt. Allen thailändischen Weinmachern, die ich kennen gelernt habe, war sowohl diese Einstellung gemeinsam als auch ein Perfektionismus, der für Anfänger im *Großen Spiel des Weins* atemberaubend ist. Sie haben die 30.-bis-50.-Breitengrad-Weinbauregel als falsch entlarvt. Ich bin jetzt sicher, dass es sich bei ihr auch um ein Stück unbewussten westlichen Imperialismus handelt – eine Strategie, um gewisse Gruppen von Menschen daran zu hindern, an *unserem* Spiel teilzunehmen. Wein ist nicht das Einzige, das wir für einen Teil unserer Domäne halten, aber es ist zweifellos etwas, das wir aus dem Westen als unmöglich außerhalb unserem Kulturkreis betrachten.

Bei unserer Ankunft in Phitsanulok leuchtet der Himmel rosa im Morgengrauen und buddhistische Mönche, die Bettelschalen in der Hand, laufen barfüßig durch die Straßen. Vor nahezu jedem Haus steht jemand mit einer großen Essens-Schüssel und verteilt gut gefüllte Löffel an die vorbeiziehenden Mönche. Als der Fahrer mich am Flughafen absetzt, ist es 6 Uhr 30 und 27°C. Auch ich habe viel in meiner Schale zum Kauen und Verdauen.

12. Februar 2005   Beim Landeanflug kann ich durch das Fenster als erstes ein komplexes wellenförmiges Muster erkennen, das wie ein Mosaik aus unregelmäßig geformten, bräunlich grauen Flecken aussieht – von Fäden durchzogen, auf denen sich farbige Punkte mit unterschiedlicher Geschwindigkeit bewegen. Unter mir breitet sich einer der vielen Slums von Mumbai (der eigentliche Name von Bombay) aus. Die Slums waren auch das Erste, was den meisten unserer Freunde und Bekannten einfiel, als wir ihnen erzählten, wir würden nach Indien fahren. Jetzt geht es immer schneller nach unten, und die Konturen in der blendend hellen Morgensonne werden immer schärfer. Auch in den Köpfen der Freunde und Bekannten waren die Bilder, die dieses Land in ihnen hervorrief, ganz klar umrissen: Armut, Hunger, Ausbeutung, unmenschliche Lebensbedingungen, dazu Schmutz, Seuchen und unvorstellbares Leid. Einige erklärten, dass sei der Grund, warum sie grundsätzlich nicht, andere, dass sie nie wieder nach Indien fahren würden. Alle schreckten entsetzt vor dieser Wirklichkeit zurück, die jetzt direkt unter uns liegt.

Für unseren Freund aus Berlin, den Weißen Brahmanen, der neben meiner Frau und mir sitzt, trifft das ganz sicher nicht zu. Ich kann mir weder bei ihm noch bei seiner Frau vorstellen, dass sie etwas hier aus dem Konzept bringen könnte, weil die beiden seit über 20 Jahren regelmäßig nach Indien reisen. Er hat sich enorm viel Mühe gemacht, um den größten Teil unserer beinahe vierwöchigen Tour durch den Subkontinent zu organisieren, während ich nur unsere Besuche bei den Weingütern auf die Reihe bringen musste. Ich bin mir nicht sicher, ob wir uns ohne seine Unterstützung, Ratschläge und Gesellschaft auf diese gewagte Entdeckungsreise ins Unbekannte begeben hätten. Für mich gab es aber noch einen ganz anderen Grund, warum ich bis jetzt nicht nach Indien reisen wollte: Scham über die Taten meiner Landsleute während der Jahrhunderte, als mein Heimatland sich hier als Kolonialmacht aufspielte. Ich wollte Situationen aus dem Weg gehen, in denen ich vielleicht für das oft brutale und unentschuldbare Verhalten der Briten vor der indischen Unabhängigkeit 1947 verantwortlich gemacht werden würde.

Zwei Dinge bewegten mich schließlich dazu, doch zu fahren und das Risiko in Kauf zu nehmen, einer solch unbequemen Situation ausgesetzt zu sein. Zum einen war das der Umstand, wie die Weine, auf die ich in Thailand gestoßen war, so viele Weinleute in echtes Staunen versetzten. »Syrah... definitiv aus Frankreich«, hatte zum Beispiel Bruce Jack von FLAGSTONE WINERY in Südafrika mit dem Brustton der Überzeugung gesagt, nachdem er den 2000 SHIRAZ der P. B. VALLEY KHAO YAI WINERY blind probiert hatte. Er selbst erzeugt zwei Weine unterschiedlicher Stilrichtung aus dieser Rebsorte mit zwei Namen (Syrah/Shiraz) und ist ansonsten ein weltgewandter junger Weinmacher, der stolz darauf ist, mehr oder weniger alles mitzukriegen, was auf *Planet Wein* passiert. Sein Unterkiefer fiel dem Eisennickelkern der Erde ziemlich weit entgegen, als ich ihm das Etikett zeigte, wie auch anderen erfahrenen Weinprofis in derselben Situation. Zum anderen schenkte meine britische Kollegin Jancis Robinson meiner Frau und mir bei sich zu Hause in London einen Rotwein blind ein und fragte: »Taugt der was?« Wir waren uns einig, dass es sich um einen guten Wein aus der Sorte Cabernet Sauvignon handelte, und ich tippte auf einen der vielen neuen Weine aus Südfrankreich. Dann waren wir an der Reihe mit dem Unterkieferfallenlassen: dieser Cabernet Sauvignon kam von GROVER VINEYARDS nicht weit von Bangalore in Indien. Wenn das keine heiße Spur war!

Als wir aus dem Flughafengebäude treten und die Menge der wartenden Menschen nach unserem Fahrer absuchen, trifft mich die Hitze wie ein Schlag. Es muss hier mindestens 10°C wärmer sein als gestern Nachmittag in Delhi.

»Ich schätze, es sind gute vier Stunden bis nach Nashik, wenn wir je aus diesem Hexenkessel rauskommen!«, sagt der Weiße Brahmane leise zu uns, als wir den Fahrer schließlich gefunden haben. Der Verkehr in den Slums rund um den Flughafen bewegt sich mit lava-artiger Trägheit und bietet jede Menge Gelegenheit, alles gründlich zu studieren, was sich da auf der anderen Seite der Scheiben unseres Jeeps indischen Fabrikats abspielt. Auf uns wirkt es chaotisch, aber wir kommen auch aus einer Kultur, wo es verpönt ist, sich zum Schlafen einfach auf den Bürgersteig zu legen, und Kühe auf die Weide oder in den Stall gehören, wenn sie nicht gerade auf dem Weg zum Schlachthof sind. Hier legen sich Menschen hin, wo und wann es ihnen in den Sinn kommt, so wie Kühe mitten auf Fahrbahnen mit der Art von Nonchalance stehen, die sie in unseren Breitengraden nur auf Alpenwiesen zeigen. Die Kühe wissen ganz genau, dass der Verkehr pflichtbewusst um sie herumkurven wird, und die schlafenden Inder wirken ähnlich zuversichtlich, dass man sie nicht stören wird. Die Straße ist definitiv schmutzig, verstopft und laut … zumindest für westliche Augen und Ohren. Doch es gibt kein offensichtliches Zeichen für Seuchen oder eindeutige Armut, und wohin man auch blickt, herrscht unglaubliche Geschäftigkeit, Massen von Menschen sind hier unterwegs.

Nach dem, was ich neulich in bbcnews.com gelesen habe, liegen die Dinge drüben in Annabhau Sattenagar ganz anders, einem drei Hektar großen Slum im Nordwesten der Stadt. Er wurde von städtischen Bulldozern vor einigen Wochen abgerissen, so dass 12 000 Menschen obdachlos wurden, die dort in beinahe 3000 Hütten lebten – mit Elektrizität und Kabelfernsehanschluss! Das ist kein Einzelfall, sondern vielmehr die vorläufig letzte Aktion im Feldzug der städtischen Behörden gegen illegale Slums, der seit einigen Monaten andauert. Seit Dezember sind angeblich 67 000 ungenehmigte Gebäude in Mumbai eliminiert worden und Hunderttausende Menschen dadurch obdachlos geworden. Die Abrisstrupps werden von Militär begleitet, weil sie häufig angegriffen und ihre Fahrzeuge in Brand gesetzt werden. Dennoch scheinen die Behörden fest entschlossen, weitere 150 Hektar auf die gleiche Weise zu räumen, wie es bereits mit rund 50 Hektar geschehen ist. Es gehört zum größenwahnsinnigen Plan, Mumbai in ein indisches Singapur zu verwandeln. Bis jetzt hat er jedoch nur dazu geführt, die Zahlen der nichtsesshaften Bewohner Mumbais weiter in die Höhe zu treiben;

schätzungsweise eine Million Menschen leben auf der Straße, eine weitere Viertelmillion werden als Nomaden bezeichnet. Daneben gibt es andere »Slums« wie Dharavi, in dessen Wellblechhütten 600 000 Menschen leben, die zusammengefasst letztes Jahr nahezu eine Milliarde US-Dollar umgesetzt haben! Das passt kaum zu der westlichen Definition von Armut oder dem Bild, das unsere Freunde und Bekannten von Indien im Kopf haben.

Plötzlich entdeckt Ursula am Straßenrand einen Stand voller grüner Trauben. »Das habe ich in Indien noch nie gesehen«, der Weiße Brahmane ist verblüfft. Endlich erreichen wir eine breite Straße, die wie eine Autobahn aussieht – obgleich die Art und Weise, wie Autos, Laster und Busse unaufhörlich sich umeinander und von einer Spur in die andere schlängeln, äußerst gewöhnungsbedürftig ist. Die einzige Verkehrsregel, die hier zu gelten scheint, ist der Grundsatz, dass eine Straße zwei Fahrseiten hat, auf denen man sich in entgegengesetzten Richtungen fortbewegt. Ansonsten herrscht das Recht des Stärkeren.

Es ist ein heftiger Kontrast zu unserem ersten Tag in Indien. Das Delhi, das ich gestern gesehen habe, erschien mir wie eine Sammlung architektonischer Kronjuwelen, zurückgelassen von mogulischen und britischen Kaisern – perfekte Kulisse für Historienschmachtschinken aus Bollywood. Die Freundlichkeit der Inder, unabhängig von Varna, der indischen Bezeichnung für Kaste oder gesellschaftlichen Platz, war ebenso eine Überraschung wie ihre Vorliebe für Topfpflanzen oder die Raffiniertheit der Küche. Das Essen gestern Abend im »Dum-Pukht-Restaurant« im Untergeschoss des »Sheraton Hotels« war unvergesslich. Die Lammkeule, die in Rum mariniert und dann nach Lucknow-Art unter einer Teigkruste gebacken worden war, schmolz förmlich mit wunderbar subtilen Aromen auf der Zunge. Meine Zweifel an der indischen Küche, die auf Erlebnissen in britischen Curry Houses basierten, wurden von diesem kulinarischen Meisterwerk völlig zerstreut.

Auf dem Weg durch die Hotellobby ins Restaurant bot sich uns ein Blick auf die High Society der Stadt, die das Selbstbewusstsein derer ausstrahlten, die wissen, dass sie *es sind*. Auf dem Weg zurück in unser eigenes Hotel offenbarten sich uns die enormen Gegensätze dieses Landes. Aus dem Taxi heraus sahen wir eine Familie, die auf dem Bürgersteig lebte, dort über einem offenen Feuer in einem Eisentopf ihr Abendessen kochte. Gleich darauf eine riesige beleuchtete Reklametafel, die an einer der Hauptkreuzungen der Stadt für eine Karriere bei der Luftwaffe warb:

FACE THE CHALLENGE … BE AN AIR WARRIOR
Nimm die Herausforderung an, werde Luftkrieger

Indien ist seit 1998 Nuklearmacht – was genau bedeutet »Luftkrieger«? Hier an der Autobahn zwischen Mumbai und Nashik hängt eine ähnlich riesige Tafel. Sie prangt über einem Slum, dessen Hütten vor allem aus Wellblech bestehen, am Straßenrand stehen primitive Zelte:

ULTRA-TECH CEMENT, THE ENGINEER'S CHOICE
Ultra-Tech Zement, die Wahl des Ingenieurs

Bei näherer Betrachtung macht sie hier allerdings mehr Sinn, als man zuerst annehmen möchte. Mit »Ultra-Tech« werden Dämme und ähnliche Hoch- und Tiefbauträume verwirklicht. Einige davon sorgen bei Tausenden »normaler« Inder für Albträume, weil sie sie aus ihren Häusern vertreiben und schließlich in Slums wie diesem landen lassen.

Und dann liegt die Megalopolis hinter uns, um uns herum Felder. Die Straße ist schlagartig nur noch jeweils zweispurig, dann einspurig, was aber den allgemeinen Fahrstil nicht beeinträchtigt. Die verringerte Asphaltfläche steigert nur noch das kontinuierliche Gedrängel mit dem Vordermann, bis das Überholen zum offenen Kampf wird.

»Die meisten Fahrer in Indien sind Kshatriyas, Angehörige der Krieger-Varna«, sagt uns der Weiße Brahmane. Das leuchtet mir sofort ein, wenn ich beobachte, was um uns herum vor sich geht, als die Straße eine steilen Hang hinaufkurvt; wir arbeiten uns in den Dekhan hinauf, ein Hochplateau, das den größten Teil Südindiens umfasst. In die Kurve hinein zu beschleunigen, in der Kurve zu überholen oder ein bereits selbst im Überholen begriffenes Fahrzeug zu überholen, das scheint in diesem Straßenkampf, der sich vor unseren Augen abspielt, vollkommen legitim zu sein. Unser Fahrer bringt jetzt alle drei Taktiken zugleich zur Anwendung und – »*Scheiße*!«, fluche ich mit fest zusammengebissenen Zähnen – wir weichen gerade noch rechtzeitig vor einem uns entgegenkommenden Tanklaster aus … um anderthalb Zentimeter. Ursula sieht gespenstisch bleich aus, der Weiße Brahmane schüttelt nur sprachlos den Kopf. Es geht weiter hinauf. Ich habe nur noch Augen für die Straße vor uns, wage keinen Blick mehr zurück auf die spektakuläre Aussicht, die sich hinter uns auf das flache Land an der Küste auftut. Wir haben es jetzt beinahe geschafft, eine letzte Haarnadelkurve – unser Fahrer versucht es wieder mit dem gleichen Trick – »*Scheiße*!«, dieses Mal verpassen wir den Tanklaster um volle fünf Zentimeter. Es war eine beinahe identische Begegnung der dritten Art, aber den Fahrer kümmert das einen Scheißdreck.

Als wir endlich oben ankommen, beruhigt sich der Verkehr etwas. Wir stoßen alle drei einen Seufzer der Erleichterung aus und lehnen uns in unseren Sitzen zurück. Ich bin nass geschwitzt. Wo sind die Weinberge? Es gibt Reisfelder und ein Schild nach Nashik, dann die Randbezirke der Stadt, wo wir an einer Siemens-Fabrik vorbeikommen, die vielleicht für ein paar Arbeitslose zu Hause in Berlin gesorgt hat. Ochsenkarren und Fahrräder zwingen unseren Fahrer widerwilligst zu langsamem Dahinschleichen.

»Da, Reben!«, ruft Ursula. Der Weiße Brahmane starrt in großer Verwunderung. Ein Hinweisschild für Sula Vineyards taucht am Straßenrand auf. Wir biegen von der Hauptstraße links in üppig grüne Ländlichkeit ab, mit mehreren großen und kleinen Seen zwischen Hügeln – Wasser-Reservoirs? Wir schlängeln uns durch Felder, Obstplantagen und Weinberge.

»Wir sind am Ende der Welt!«, ruft schließlich der Weiße Brahmane aus, begeistert und fassungslos zugleich.

»Kommt auf die Perspektive an!«, entgegnet Ursula fröhlich.

»Na, das Ende der Weinwelt haben wir definitiv erreicht«, füge ich hinzu. Wir biegen in eine Auffahrt ein, fahren auf eine Gruppe von Häusern im spanischen Stil mit Ziegeldächern zu, oder ist das eher der *Spanish-Mission-Stil* wie in Kalifornien?

Nur wenige Minuten später sitzen wir auch schon auf der überdachten Terrasse des Gästehauses von SULA VINEYARDS. Jetzt ist es an mir, verwundert zu gucken, denn einen der beiden uns gegenübersitzenden Menschen habe ich vor zwei Jahren in Bordeaux kennen gelernt. Die aufgeweckte, drahtige Valérie Aigron hat dort für die Weinhandelsfirma Millésima gearbeitet. Neben ihr sitzt der General Manager von SULA, Pradeep Pachpatil, und auf dem Tisch vor ihnen steht eine Flasche 2004 SULA CHENIN BLANC. Der Weiße Brahmane nimmt widerstrebend einen Schluck aus seinem Weinglas und sieht plötzlich völlig überrascht aus: Der anspruchsvolle Weinkenner, der nicht erwartet hat, auf dem indischen Subkontinent überhaupt auf etwas Trinkbares zu stoßen, findet unseren allerersten indischen Wein höchst vergnüglich. Die an weiße Pfirsiche und Apfel erinnernden Aromen wirken frisch und direkt, ein Hauch von Traubensüße lässt sie so richtig mit der strahlenden Säure und der leichten Kohlensäure tanzen, alles zusammen eine wunderbar saftige Erfrischung. Mit dem Gedanken an Thailand erkundige ich mich, ob sie je Säure zusetzen müssen.

»Oh nein«, erwidert Valérie voller Überzeugung. »In der trockenen Jahreszeit haben wir tagsüber 25 bis 30°C, aber nachts geht es auf 6 bis 8°C runter. Das bewahrt die natürliche Säure.« Als ich meine warmen Bettsocken in den Koffer gepackt habe, dachte ich eher an den Himalaja … »Das Hauptproblem beim Weinbau in Indien ist Wasser«, höre ich Valérie weiter erklären, »weil es zwischen September, wenn wir die Reben zurückschneiden, und dem Monsun im Juni überhaupt nicht regnet.«

Grundsätzlich unterscheiden sich die klimatischen Bedingungen nicht so sehr von jenen in Thailand. Der Wein ist etwas süßer als der CHENIN BLANC von CHÂTEAU DE LOEI, ähnelt ihm aber in den Aromen und ausgeprägter Frische. Welchen ziehe ich vor? Ich nehme noch einen Schluck.

»Wann wurde SULA gegründet?«, fragt Ursula, die das frühe Aufstehen, zwei Stunden Flug und nahezu fünf Stunden Straßenkampf ganz offensichtlich besser verkraftet hat als ich.

»Wir haben die Weinberge 1996 und '97 gepflanzt, 1999 war die erste Lese und der erste Verkauf 2000«, erwidert Pachpatil mit der Exaktheit des Verwalters. »Seitdem sind unsere Absatzzahlen jährlich um 100 Prozent gestiegen.«

»Gibt es eine Grenze?«, setzt Ursula sofort nach.

»Irgendwo muss es aufhören«, gibt Pradeep Pachpatil mit einem breiten Lächeln zu.

»Und wer trinkt Wein in Indien?«, forscht sie weiter.

»Die jungen Leute«, erwidert er.

»Es gibt im Hinduismus kein Verbot, Wein zu trinken«, fügt Valérie hinzu. Allerdings hat mir der Weiße Brahmane bereits erklärt, dass es zwar in den Veden, den heiligen Texten des Hinduismus, kein solches explizites Verbot gibt, die Angehörigen der Brahmanen-Varna aber keinerlei Alkohol trinken dürfen.

»Über Vieles von dem, was in Indien getan wird, wird nicht gesprochen«, waren seine Worte gewesen, so dass die Situation sicher nicht so einfach ist, wie sie Valérie darstellt. »Es gibt oft eine erhebliche Diskrepanz zwischen dem, was sie sagen, und dem, was sie tatsächlich tun.« Das erinnert mich an Frankreich – und auch ein wenig an Deutschland.

Ein hochgewachsener schlanker junger Inder in Jeans, Stiefeln und einem kurzärmeligen buntkarierten Hemd tritt durch die offene Terrassentür.

»Ajoy Shaw, ich bin der Kellermeister«, stellt er sich mit ruhigem Selbstbewusstsein vor. Seine Augen hinter den runden Brillengläsern strahlen Freude an seiner Arbeit aus. »Sollen wir einen Rundgang machen?«, fragt er, und wir stimmen sofort zu. Die Kellerei erinnert mich wieder an Thailand, die gleiche Mischung an importierter und hiesiger Ausrüstung. Bei näherem Hinschauen erkenne ich aber doch Unterschiede. Die Kühlrohre, die hiesige Handwerker um die hohen zylindrischen Gärtanks aus Edelstahl geschweißt haben, ähneln dem Rüssel von Ganesha, dem Hindu-Gott mit dem Körper eines Menschen und dem Kopf eines Elefanten. Nebenan ist ein neues Kellereigebäude kurz vor der Fertigstellung, das aussieht, als sei es aus Kalifornien hergebeamt worden. Der Probiertresen ist ganz im 1960er-Retro-Look, und es überrascht mich nicht zu hören, dass der Entwurf dafür von einem Architekten aus San Francisco stammt. Aus dem Internet weiß ich, dass der Besitzer von SULA, der 37-jährige Rajeev Samant, an der Stanford University in Kalifornien Ingenieurwesen studiert und vor seiner Rückkehr nach Indien zwei Jahre für Oracle in San Francisco gearbeitet hat. Der stilistische Einfluss passt also ins Gesamtbild: *Hotel California!*

Unten im Keller zeigt uns Ajoy auch ein paar Holzfässer, erklärt aber, dass sie nur beim SHIRAZ RESERVE mit Holz arbeiten, und auch dann bleibt der Wein nur ein halbes Jahr im Holzfass, statt doppelt oder dreimal so lange, wie das anderswo auf *Planet Wein* der Fall ist.

»Schauen wir uns die Weinberge an«, sagt Ajoy, und wir folgen ihm die Auffahrt hinunter. Vor dem Kellereigebäude werden gerade Sauvignon-Blanc-Trauben von einer kleinen Gruppe einheimischer Arbeiter in eine pneumatische Kelter italienischer Herkunft geschaufelt.

»Was haben Sie gemacht, bevor Sie zu SULA kamen?«, frage ich

126

ihn, und beobachte aus dem Augenwinkel, wie sich unsere Schuhe schnell mit rötlichem Staub überziehen.

»BA Mikrobiologie, MA Mikrobiologie, alles an der Universität von Mumbai. Dann habe ich eine Doktorarbeit in Mikrobiologie angefangen, die ich abgebrochen habe, um zu SULA zu stoßen«, antwortet er ohne die geringste Spur von Bedauern in der Stimme. »Das hier ist Cabernet Sauvignon, dann kommt Zinfandel, und unten am Hangfuß steht Sauvignon Blanc.«

Das hört sich auch wie in Kalifornien an, und ich muss mir auf die Zunge beißen, um nicht herauszuplatzen: »Hey *Dude*, das ist ein verdammt *cooler* Weinberg!« Es könnte beinahe als kalifornisches Wein-Eden durchgehen, doch beim zweiten Blick fällt mir auf, dass diese Landschaft ganz eigen ist.

»In dieser Ecke hier ist der Weinbau eine neue Erscheinung, aber im Bundesstaat Maharashtra gibt es über 40 000 Hektar Reben, das sind 80 Prozent der indischen Gesamtanbaufläche. Das meiste davon ist für Tafeltrauben.« Das ist wirklich faszinierend, lässt aber immer noch die Frage offen, ob der CHENIN BLANC der einzige gelungene SULA-Wein ist – »Hey *Dude*, was ist mit den Weinen aus diesen anderen *funky* Trauben?«.

Nach einer dringend benötigten Ruhepause machen wir uns frisch und gehen um sieben wie angewiesen ins Esszimmer hinüber. Der Tisch ist fürs Abendessen gedeckt, aber es stehen auch Probiergläser und Spucknäpfe da, also werden wir wohl gleich herausfinden, ob hier aus mehr als einer Sorte schmackige Weine entstehen können. Bis jetzt bin ich mir noch nicht sicher, ob wir wirklich auf mehr gestoßen sind als eine potenzielle Touristenattraktion für wohlhabende Inder auf der Flucht vor dem Smog und den Slums von Mumbai. Sind wir in einem Freizeitpark oder doch bei den Pionieren eines dynamischen neuen Weinanbaugebiets?

Während wir darauf warten, dass irgendetwas geschieht, schauen wir uns im Raum um und entdecken eine ganze Menge Bilder von dem abwesenden Besitzer.

»Zweifellos ein Brahmane«, bemerkt unser Weißer Brahmane kritisch, »aber ein verwestlichter. Ich verstehe nicht, wie er ein Weingut führen kann, wenn er nicht trinken darf.« Ich entdecke ein Foto, das ihn mit einem Bruder oder Cousin zeigt, neben einem Mädchen aus dem Westen, das aber schmuckbehangen wie eine Hindu-Braut ist. Der ganzen Erscheinung nach aber wirkt sie auf mich wie eine reinrassige Lady der britischen Upperclass, und das deutet auf einen starken westlichen Einfluss hin. Doch Rajeev Samants Nicht-Anwesenheit, ohne einen Willkommensgruß oder eine Entschuldigung, ist sehr un-westlich. Als Ausländer gehören wir automatisch einer niederen Varna an.

Da tauchen Valérie und der lächelnde Ajoy mit Weinflaschen auf. Als wir uns setzen, erkundigen sie sich, ob wir uns gut ausgeruht haben. Ausgeruht und ein wenig hungrig fühle ich mich tatsächlich im idealen Zustand, um Wein zu verkosten, weil der Hunger Geruchs- und Geschmackssinn schärft und das Ausgeruhtsein die Konzentration fördert. Es ist Zeit für die fachliche Begutachtung der Weine von Sula Vineyards.

Ajoy schenkt den ersten Wein ein, den 2004 Sauvignon Blanc. Die Uhr ist also genau zwölf Monate zurückgedreht, hier haben wir das Endprodukt der entsprechenden Traubenpressung im Glas, die wir vorhin gesehen haben – nur vom letzten Jahr.

»Erinnert mich an die Steiermark«, sagt Ursula. »Der Wein hat dieselbe Art von grünvioletten Aromen wie der Sauvignon Blanc dort.«

Der Wein ist ganz trocken und ziemlich kräftig, schmeckt sehr klar und erfrischend, aber ein wenig einseitig.

»Wir haben einen Teil der Trauben für diesen Wein schon Ende Januar gelesen, aber er hat trotzdem beinahe 14%vol Alkohol«, bemerkt Ajoy. Um noch höhere Alkoholwerte zu vermeiden, lesen sie früher, auch wenn die Trauben noch nicht ganz vollreif sind. Im Gegensatz dazu schmeckte der Chenin Blanc, als seien die Trauben ganz und gar ausgereift, und er hatte lediglich 12%vol Alkohol.

Das veranlasst mich zu fragen, ob sie beim Sauvignon Blanc nicht bessere Ergebnisse mit späterem Lesen und somit reiferen Trauben erzielen würden? Aber um ehrlich zu sein, ist das ein Kritikpunkt, den ich bei vielen Sauvignon Blanc-Weinen aus Gebieten rund um den Erdball habe, seine ursprüngliche Heimat an der Loire eingeschlossen. Der Wein ist schon wirklich gut.

Da kommt ein Rosé. »2004 ZINFANDEL BLUSH«, sagt Ajoy dazu in der Weinsprache Kaliforniens, während er den Wein einer weiteren dieser *funky* Sorten einschenkt.

»Das riecht für mich wie Brot beim Backen«, sagt Ursula. Auch ich finde den Duft sehr hefig; keine Seltenheit bei Weinen, die unter Ausschluss von Sauerstoff ausgebaut werden wie in den gekühlten Ganesha-Edelstahltanks, die wir im Keller gesehen haben – reduktiver Ausbau lautet der technische Fachbegriff dafür. Der Weiße Brahmane rümpft leicht die Nase, und ich muss ihm zustimmen, dass der Wein *sehr* fruchtbetont, *sehr* erdbeerig ist, und das kleine bisschen Süße ihn nicht im gleichen Maße belebt, wie das beim CHENIN BLANC der Fall ist. Wir schütten unsere Gläser aus, so dass Ajoy den ersten Rotwein einschenken kann: »2004 CABERNET-SHIRAZ, eigentlich 60 Prozent Shiraz und 40 Prozent Cabernet Sauvignon … erst unser zweiter Rotweinjahrgang«, kommentiert Ajoy.

Angesichts dessen muss dieser minzigpfeffrige Duft als echte Leistung gelten, was die Stille rund um den Tisch zu bestätigen scheint. Der Wein ist trocken, recht kraftvoll und doch schlank, angenehm würzig; Welten entfernt von dem kitschigen roten Zeug, das auch in diesem Moment bei unzähligen Kellereien überall auf *Planet Wein* herausgepumpt wird. Es ist die gleiche Art Wein wie der reguläre Syrah bzw. Shiraz von CHÂTEAU DE LOEI; noch eine Parallele zu Thailand, die auf ein gemeinsames Schema in monsungeprägten Klimazonen zu deuten scheint. Wir sind jetzt sehr gespannt, und der Weiße Brahmane scheint die zweifelhafte Frömmigkeit des Besitzers vergessen zu haben.

»Jetzt kommt unser Reserve-Rotwein, der 2003 DINDORI SHI-

RAZ, der ein halbes Jahr in den Holzfässern lag, die Sie unten im Keller gesehen haben«, verkündet Ajoy. Wortlose Konzentration macht sich am Tisch breit, doch der junge Weinmacher wirkt weiterhin selbstsicher. Das ist genauso eine Leistung wie diese Weinqualität, wenn man bedenkt, dass er diesen Job erst seit so kurzer Zeit macht. Da ist eine florale Note in der Nase – eine Sommernacht in einem englischen Garten! – und viele Arten von schwarzen Beeren, dann nehme ich einen Schluck, und der Wein entpuppt sich als ziemlicher Softie.

»Könnten wir den 2004 probieren?«, platze ich heraus, ohne einen Gedanken an Etikette und Diplomatie zu verschwenden. Valérie wirft einen etwas nervösen Seitenblick auf Ajoy, aber zu meiner Erleichterung ist er ganz Zustimmung: »Der liegt noch im Fass, aber ich hole eine Probe.«

Nach einer Minute ist er wieder da, mit einem weißen Plastikmessbecher aus dem Labor. Der Wein darin ist noch dunkler in der Farbe als der 2003 in unseren Gläsern. Er zeigt ähnliche Aromen, ist aber in allen vier Dimensionen von Zeit und Raum mächtiger. Er füllt meinen Mund nicht nur vollständiger aus, sein zart-süßer Schatten hängt auch noch lange, nachdem ich ihn geschluckt habe, über meinem Gaumen. Das Einzige, was ihm zu wahrer Größe fehlt, ist ein wenig mehr Dichte, ansonsten, *Dude*, ist *das toller Stoff!*

13. Februar 2005 Es ist nicht einfach, auf den Betten traditioneller Machart hier bei SULA zu schlafen. Die Matratze ist nur wenig dicker als eine Decke und das hölzerne Bettgestell darunter würde in Deutschland eher als Tisch durchgehen. Der frühe Start ist deshalb ganz schön hart, aber sobald wir in der morgendlichen Rushhour durch Nashik fahren, um Valérie und Ajoy abzuholen, bin ich hellwach. Wir verpassen das heilige Baderitual an den Ghats, den Steintreppen, am Ufer des Godavari-Flusses, das vom »Lonely-Planet-Führer« als eine der Haupt-Touristenattraktionen in Nashik beschrieben wird. Aber das ist eine der guten Seiten dieser verrückten Art des Reisens. Als *Gonzo-Weinjournalist* geht man allen so genannten Attraktionen aus dem Weg und stößt auf alle möglichen anderen Dinge, die die Führer für viel zu »normal« erachten, um überhaupt von Interesse zu sein, die aber wichtige Bestandteile der Welt sind, die man erforscht. Ich weiß nicht, ob ich als Außenseiter diese andere Welt wirklich verstehen kann, aber ich kann *auf sie stoßen* und wahrnehmen, was das in mir bewirkt und auslöst. Es ist nicht gerade die leichte Tour, aber ich halte meine *Reaktionen* auf alles fest, auf das ich hier stoße.

»Es ist meine dritte Tour zu den Dindoris in vier Tagen«, sagt Ajoy strahlend. Er dankt mir für den Anlass, den ich ihm biete. Aber ich sollte ihm danken, weil er mich an einen Ort führt, an dem gegenwärtig kein Tourist interessiert ist. Unser Allradjeep bahnt sich seinen Weg zwischen Mopeds, Fahrrädern, dreirädrigen Taxis und vereinzelten Kühen.

»Das nenne ich *Vermeidungsfahren*«, sagt Valérie und klingt froh, dass sie gerade jetzt nicht hinter dem Steuer sitzt. »Das oberste Prinzip lautet, mit niemand zusammenzustoßen.« So ist das, wenn man Teil der Kultur ist, anstatt ein Außenseiter, der versucht hineinzuschauen.

Wir lassen Nashik schnell hinter uns und fahren durch offenes Land, das deutlich weniger grün ist als rund um die Weingutsgebäude und eigentlich meinen ursprünglichen Erwartungen, wie Indien aussehen würde, sehr nahe kommt.

Wir kommen an Kuh- und Wasserbüffelherden vorbei. Dann verkündet ein Schild am Straßenrand, dass wir Dindori erreicht haben, und Sekunden später sind wir auch schon mitten in einem wuseligen Markt. Die Hauptstraße des Ortes ist ungepflastert und der Verkehr ziemlich dicht, aber irgendwie bleiben die weißen indischen Anzüge der Bauern und ihre ebenfalls weißen Nehru-Kappen makellos sauber. Meine westlichen Antennen nehmen Stolz und Status in den leuchtenden Farben der gleichermaßen makellosen

Saris der Frauen wahr. Neben den vielen Marktständen haben andere Verkäufer einfach ein Tuch auf dem Boden ausgebreitet und dort ihre Waren aufgehäuft. Ein Berg Chilischoten – selbst vom Auto aus blendet die rote Farbe, und ich kann mir ihren Duft lebhaft vorstellen – schreit uns »Kauf mich« entgegen. Mittendrin ein Esel, der von niemandem beachtet durch die Menge spaziert. Scheinbar mühelos lenkt uns unser Fahrer ohne Zusammenstoß durch das bunte Treiben. Am nördlichen Rand von Dindori biegen wir links in eine sehr holprige Straße ein, die fast nur aus Schlaglöchern zu bestehen scheint. Als sie langsam ansteigt, bietet sich uns ein immer beeindruckenderer Blick über die Ebene, die wir gerade durchquert haben, und die Dindori-Berge, die wir jetzt hinauffahren.

»SULA hat hier Land gekauft wegen der *Infrastruktur*«, erklärt Ajoy, »weil es hier schon ein paar Weinberge gab und Wasser für die Bewässerung vorhanden ist.« Als wir jetzt bei einer kleinen Gruppe einstöckiger Häuser halten, erkenne ich, wie wichtig Wasser hier zu sein scheint. Die natürliche Vegetation auf den Kuppen der Hügel ist sehr niedrig und sehr braun – Welten entfernt von der blühenden Landschaft, in der SULA liegt. Ich fühle mich hier oben ein wenig an Halbwüstengebiete erinnert, die wir in Südafrika gesehen haben. Als wir aussteigen und uns umschauen, wirken die inselartigen Tafelberge in der dunstigen Ferne jedoch eher wie New Mexico oder Nevada. Es ist schwierig, nicht in solchen Vergleichen zu denken, und nur wenn man genügend davon zusammenpackt, addieren sie sich zu einer annähernd treffenden Beschreibung einer fremden Landschaft. Aber abgesehen davon steht es außer Zweifel, dass dies ein rauer und daher gewagter Ort für den Weinbau ist, selbst mit Infrastruktur. Und das ist genauso ein Zeichen für Ehrgeiz wie der 2004 DINDORI SHIRAZ gestern Abend.

Ein etwas älterer und gesetzt wirkender Mann mit rundem Gesicht und Schnurrbart stellt sich uns als Dr. Neeraj Agarwall vor, General Manager of Vineyard Operations, also Außenbetriebsleiter; ein Doktor der Botanik, der seit acht Jahren für diese Weinberge verantwortlich ist. Meine westlichen Antennen sagen mir, dass er einer anderen Varna als Ajoy angehören muss, von dem ich vermute, dass er als Brahmane geboren wurde, obgleich er gestern beim Abendessen beiläufig bemerkt hat, er gehöre »keiner Religion« an. Neeraj stürzt sich sofort in einen Vortrag, den ich lieber sitzend in einem bequemen Stuhl gehört hätte, als hier draußen im Schnellschritt, beim Versuch, einerseits mit ihm Schritt zu halten und anderseits in meinem Notizbuch alles festzuhalten, was er sagt: Die Hügel bestehen aus Basalt mit nur einem guten halben Meter Kiesboden darauf, der eher auf der sauren Seite ist. Sie bemühen sich, auf Chemikalien so weit wie möglich zu verzichten, aber gegen *Pernospera*, den falschen Mehltau, gibt es keine andere Lösung – wieder etwas, das mir aus Thailand vertraut ist. Sie müssen bewässern, sind aber sehr vorsichtig mit der Wasserzugabe. Abgesehen von der Erwähnung des Monsuns klingt es alles mehr oder weniger wie entsprechende Vorträge, die ich an wesentlich weniger exotischen Weinbauorten gehört habe.

»Wie heiß wird es während der warmen Jahreszeit?«, versuche ich seinen Redefluss zu unterbrechen.

»Oh, es geht einige Tage lang auf die 40°C zu, aber das ist im Juni, Monate nach der Traubenlese«, erwidert er und klingt plötzlich etwas defensiv. »Ich denke, wir brauchen noch drei Wochen, bevor auch die letzten roten Trauben die nötige Reife für die Lese erreicht haben«, fügt Ajoy unterstützend hinzu.

»Das ist ein Shiraz-Weinberg, der 1999 gepflanzt wurde«, sagt Neeraj und steht einen Moment still, was meinen Notizen gewaltig hilft. Der Boden hier ist ausgesprochen rot, sehr kiesig und macht überhaupt nicht den Eindruck, als könne er richtig Wasser speichern. Aber in ihrer Heimat an der nördlichen Rhône in Frankreich gedeiht diese Rebsorte bestens in ähnlich erbarmungslosen Schieferböden. Steinige Lagen scheinen das beste Mittel, um ihre genetisch vorprogrammierte Tendenz zu unkrautartiger Wuchskraft in Schach zu halten, so dass sie Trauben zur Reife bringt statt einen Dschungel entstehen zu lassen. Auch hier bestätigt sich das. Das Blattwerk steht in gesundem Verhältnis zu den Trauben, deren Beeren bereits alle dunkelrotblau verfärbt sind und ziemlich süß schmecken. Ajoy erwähnt, dass der 2004 DINDORI SHIRAZ RESERVE von gestern aus dieser Parzelle stammt, und das macht Sinn; die Reben sehen einfach gesund aus, weder übermäßig gestresst noch wuchernd.

Dann legt Neeraj wieder los mit dem Marschieren und dem Vortrag. Er erklärt, dass das Anwesen vorher zum Tata-Konzern gehörte – der größte Teil der indischen Lastwagen und Jeeps der Straßenkrieger stammt aus Tata-Produktion –, die hier die ersten Reben pflanzten, als die Maulbeerblätter, die sie zuvor für die Seidenindustrie erzeugten, sich als unrentabel erwiesen. SULA erwarb das Anwesen Anfang 2003 und beschäftigt heute 150 Arbeiter aus den umliegenden Dörfern für die Pflege der 60 Hektar Sauvignon-Blanc-, Shiraz- und Cabernet-Sauvignon-Reben, die jetzt hier wachsen. Jedes Team von Arbeitern untersteht einem Aufseher und ist einer bestimmten Parzelle zugeteilt, eine komplexe hierarchische Struktur, die Verantwortung verteilt und Ziele setzt, um sicherzustellen, dass das Richtige zum richtigen Zeitpunkt getan wird.

Das größte Problem besteht darin, dass hier seit drei Generationen Tafeltrauben angebaut werden, was eine ganz andere Art des Traubenanbaus ist. Es ist schwierig, den Arbeitern die Unterschiede zu vermitteln.

»Für Tafeltrauben sind bei weißen Sorten grüne Beeren das Ziel, aber für Wein sind diese Beeren untauglich, weil wir auf die reifen Aromen aus sind, die sich erst entwickeln, wenn die Beeren gelblich werden«, erklärt Neeraj. Damit sind wir bei den mühsamen Alltagsdetails der Bemühungen, Maharashtra in ein bedeutendes Weinbaugebiet zu verwandeln. Solche Gewohnheiten zu ändern könnte viel schwieriger sein, als indische Yuppies zum Weintrinken zu bewegen. Wir klettern alle wieder in die Jeeps, um den Teil des Anwesens anzuschauen, der gerade für die nächste Pflanzaktion Ende des Jahres vorbereitet wird.

»Zuerst pflügen wir, holen dabei die größeren Felsenbrocken heraus und legen Entwässerungsgräben für den Monsunregen an. Dann werden die Rohre für die Tröpfchenbewässerung gelegt und schließlich die Reben gepflanzt, die Pfähle und Drähte für die Erziehung der Reben kommen später«, höre ich, und es klingt wie ein reines ingenieurtechnisches Projekt, nur einen *Beton-Schritt* entfernt von dem Bau eines Damms oder einer Brücke. Das ist die wahre Infrastruktur des Weinbaus.

»Da oben«, sagt Neeraj und deutet mit der Hand auf ein ziemlich steiles Stück unter einer Hügelkuppe, das frisch gepflügt ist, »da oben werden wir mit Busch-Erziehung experimentieren, um steilere Lagen auch bepflanzen zu können.« Diese uralte Erziehungsmethode bedeutet genau das, was der Name sagt: Jede Rebe wächst für sich wie ein Busch, ohne Unterstützung von Pfählen oder Drähten. Wenn ich mir die Busch-Reben dazu denke, dann erinnert mich die Landschaft an die Weinberge von KANONKOP in Stellenbosch/Südafrika, wo mit die größten Rotweine jenes Landes wachsen. Doch selbst ohne dies – wenn ich überlege, wie mich der 2004 SHIRAZ RESERVE gestern beeindruckt hat, und dass sie erst damit angefangen haben, das Potenzial dieser Landschaft überhaupt zu erkunden, bin ich sicher, dass es nur eine Frage der Zeit ist, bis hier richtig *große Weine* entstehen werden. Mein Bauch sagt mir, dass das hier *großartige Weinberge* sind, was die grundlegende Voraussetzung für die Entstehung aller wahrhaft großen Weine ist. Dindori klingt auch gut, als habe es das Zeug, zu einem richtigen *Buzz Word* zu werden, das Menschen weit weg von Indien dazu bringen könnte, sich für die Weine des Landes zu begeistern.

Als wir zum nächsten Teil unserer Tour loslegen, gerät Neeraj immer mehr in Fahrt: »Es gibt neun Weingüter in der Gegend um Nashik, und alle meinen es ernst, mit Geld aus der Großindustrie von Mumbai dahinter. Diese Gegend wird ein *Weinbau-Hub* Indiens werden. In den nächsten zehn Jahren wird es ein enormes Wachstum und viele Veränderungen geben.« »Hub« ist Business-amerikanisch für ein bedeutendes Zentrum. Wir fahren zurück zu der Hauptstraße, und seine Worte klingen wie PR, aber wenig später sind wir wieder unten in der Ebene und plötzlich auf allen Seiten von Reben umgeben. Sicher, viel davon ist Thompson's Seedless für westliche Supermärkte, weil Maharastra die Januar/Februar-Lücke bedienen kann, in der kein anderes Land frische Trauben liefern kann. Aber zwischen den Parzellen mit den auf Pergolen gezogenen Tafeltrauben wachsen auch niedrigere, die ganz offensichtlich für die Weinerzeugung angebaut werden.

Und tatsächlich: Durch das Roden der Tafeltrauben und Neuanpflanzen für die Weinbereitung geeigneter Sorten könnte dieses Gebiet innerhalb von wenigen Jahren zu einer bedeutenden Weinregion umgewandelt werden. Aus jenen Weinbergen oben an den Dindori-Hügeln würden dann die Spitzenweine kommen, deren Image den einfacheren und günstigeren Weinen aus der Ebene zu einem Absatzmarkt verhelfen könnte. Es ist eine erprobte Marketingstrategie, die hier genauso funktionieren könnte wie in Chile, Argentinien, Australien, Südfrankreich und Italien. Auch dort kann das Thermometer bis auf 40°C klettern, und das ist *vor* der Lese.

»Incredible !ndia« lautet der Slogan der gegenwärtigen Werbekampagne des indischen Fremdenverkehrsamts, aber das hier ist ein unglaublicher Teil Indiens, den das kreative Team hinter der Kampagne wahrscheinlich noch nicht erlebt hat.

14. Februar 2005 Es ist früh am Morgen, und wir rasen eine breite Schnellstraße von Nashik südwärts nach Narayangaon, einmal mehr in einem indischen Jeep, dieses Mal mit Sudip Purkayastha, dem kleinen und reservierten Export-Manager von CHÂTEAU INDAGE. Wie ein wahrer Krieger nimmt es der Fahrer mit jedem

Fahrzeug auf, das unser Fortkommen behindert, und trägt den Sieg davon – bzw. überholt. Da sehe ich ein großes Schild:

DRIVING IS A
PLEASURE IF
SAFETY IS
A TREASURE
Wenn Sicherheit geschätzt wird,
ist das Autofahren ein Vergnügen.

Knappe drei Stunden, nachdem wir bei SULA losgefahren sind, entdecken wir zwischen Feldern mit Zwiebeln, Weizen und gelegentlichen Kokospalmen die ersten Reben. Nur zwei Tage, nachdem wir die ersten Weinberge Indiens gesehen haben, ist das schon nicht mehr so aufregend. Dann rollen wir durch das Tor von CHÂTEAU INDAGE, und einer der Gärtner, an denen wir vorbeikommen, trägt ein Christina Aguilera-T-Shirt. Eine palmenbestandene Allee führt zu einer Steinfassade, die wie der Turm auf dem Etikett von CHÂTEAU LATOUR, dem Premier Grand Cru Classé, in Bordeaux aussieht – zu monströsen Ausmaßen vergrößert, wie die Kulisse für einen aufwendigen Hollywoodfilm in den Weinbergen von Bordeaux mit Brad Pitt und Angelina Jolie als Wein-Baron und -Baronesse. Eigentlich sehen die Keller von CHÂTEAU LATOUR auch wie eine Filmkulisse aus, aber für einen französischen Historienfilm mit Gérard Dépardieu und Isabelle Huppert. Wen sonst?

Aber nein, vor der Fassade stehen zwei riesige Gummibäume – dieselbe Sorte wie die Exemplare, die einst spindeldürr an der Flurtreppe des Londoner Vororthauses, in dem ich aufwuchs, hinaufrankte. Eigentlich wäre das eine ideale Kulisse für einen Bollywood-Schinken!

Wir fahren um das Gebäude herum zur Rückseite des Anwesens und unser Gastgeber lädt uns ein, ihm zu folgen. Das Wetter gleicht einem perfekten Sommertag in Berlin! Wir gehen durch ein geräumiges zweistöckiges Haus, das, wie er uns erzählt, das erste Gästehaus des Anwesens war, in den 1980ern zusammen mit der »Latour« Kellerei gebaut. Es macht einen ziemlich heruntergekommenen Eindruck, überall sammelt sich der Staub, und auch der halb ausgetrocknete Swimmingpool unter den Bananenbäumen hinterm Haus hat schon bessere Tage gesehen. Ich fühle mich jetzt eher wie in der Kulisse für einen billigen Tropen-Horrorfilm. Dann stellt sich Sudip in eine Ecke der Terrasse, von der eine Reihe von Weinbergen sichtbar ist. Wir gehen zu ihm hinüber, und wie auf ein Stichwort fängt er an, die Geschichte von Château Indage vorzutragen: »Ton, Licht … und Action!«

Der Besitzer Shyan Chougule war ein einfacher Bauer, der nach Mumbai ging, sich in der Baubranche hocharbeitete und schließlich seine eigene Firma gründete, Indage. Er bekam einen großen Auftrag aus dem Ausland, für den er zweimal im Monat zu Besprechungen nach Paris fahren musste. In Pariser Restaurants lernte er die französischen Weine schätzen, und je mehr er sich dafür begeisterte, desto intensiver dachte er darüber nach, ob sich die Tafeltraubenproduktion in Maharashtra nicht umstellen ließe, um dort nach französischem Vorbild Wein zu erzeugen. Er engagierte einen französischen Berater, um das Gelände zu begutachten, und gründete dann 1982 dieses Unternehmen, bei dem es ursprünglich vor allem um Schaumwein ging. Französische Rebsorten wurden importiert und mit denen verglichen, die bereits im Anbau waren. Nach einer Reihe von indischen Weinmachern führt gegenwärtig ein junger Franzose im Keller Regie, den wir gleich kennen lernen werden. Also, *vive la France!*

»Hi, ich bin Frédéric Schermesser, der Kellermeister«, stellt sich uns ein schlanker junger Kerl mit kurzem dunklen Haar vor, der trotz des deutsch klingenden Namens mit starkem französischen Akzent spricht. »Ich komme aus dem Elsass und bin seit der Lese 2004 hier. Wir sind bereits seit drei Wochen am Lesen, vor allem für Schaumwein.«

Wir folgen ihm zum unauffälligen Eingang der Kellerei. Er erzählt, dass sie 1984 für die Produktion des OMAR KAYAM-Schaumweins, der in den Export ging, gebaut worden ist. OMAR KAYAM war meine erste Begegnung mit indischem Wein, in einem britischen Curry House 1987 oder '88. Der nach dem persischen Dichter und Mathematiker benannte Schaumwein war aufgrund seiner Exotik ein Erfolg. Er schmeckte auch nicht schlecht zum Tandoori Chicken; aber weiter dachte ich darüber damals nicht nach. Als wir durch die Kelterhalle gehen, wo im Moment nichts passiert, erklärt Sudip, dass, obwohl es damals in Indien keine Prohibition gab, die Kategorie »Wein« in bürokratischer Hinsicht aber einfach nicht existierte. »Auf der ersten Konzession, die wir erteilt bekamen, war das Wort ›Bier‹ mit der Hand ausgestrichen und durch ›Wein‹ ersetzt worden«, berichtet Frédéric Schermesser. Das Erstaunliche an dieser Geschichte angesichts der sonst üblichen Sturheit indischer Behörden ist der Pragmatismus des Bürokraten, der seinen Stift in einer unvorhergesehen Weise benutzte – Incredible !ndia.

Als wir durch eine Stahltür treten, verändert sich die Perspektive abrupt. Wir stehen im Gärkeller, auf einem Laufsteg hoch oben über den zirka 30 großen zylindrischen Edelstahltanks, auf deren Außenseite Wasser hinunterrinnt. Frédéric sagt, wir sollen die Temperatur fühlen: Das Wasser ist richtig kalt. Das verhindert, dass die Temperaturen während der Gärung zu sehr in die Höhe schießen und dadurch die Aromen verfliegen. Doch damit diese Maßnahme Sinn macht, muss es erst einmal Aromen geben, die zu bewahren sich lohnt. Theoretisch sollte das durch die kühlen Nächte hier gewährleistet sein, aber das Aromapotenzial von diversen Rebsorten ist sehr unterschiedlich, und die Tafeltrauben, die in den Weinbergen von Maharashtra vorherrschen, liegen ganz am unteren Ende der Aromenskala.

»Welche Rebsorten verwenden Sie für die Schaumweine?«, erkundigt sich Ursula daher.

»Etwas Chenin Blanc, etwas Ugni Blanc …«, sagt der junge El-
sässer und klingt dabei ausweichend, »Chardonnay, Pinot Noir …
letztes Jahr haben wir versucht, einen Rotwein aus Pinot Noir zu
machen, aber das war nicht so gelungen.«

Wir gehen eine Treppe hinunter ins Erdgeschoss, wo er uns
große Gitterboxen voller Schaumweinflaschen zeigt, die gerade die
zweite Gärung durchmachen, bei der aus Wein Schaumwein wird.
Ich denke darüber nach, ob ich ihn fragen soll, ob er schwach-aro-
matische Sorten wie Thompson's Seedless verwendet, aber Frédéric
spricht schon weiter: »Heutzutage erzeugen wir hier zwei Schaumweine, Omar Kayam ist … ich weiß nicht, ob ich das sagen soll …
mehr im Champagner-Stil und Ivy ist fruchtbetonter, eher wie ein
Crémant im Elsass.«

Wir haben also zumindest einen logischen Grund für seine An-
stellung hier herausgefunden. Wir laufen durch die Abfüllhalle, die
ziemlich düster und anonym wirkt und zu irgendeiner Art von Fabrik gehören könnte. Schilder an den Wänden versuchen die Arbeiter mit Weinkultur zu indoktrinieren:

WINE IS A LIVE PRODUCT
HANDLE IT WITH CARE

QUALITY IS THE KEY
TO SUCCESS

WINE IS THE MOST CIVILISED
THING IN THE WORLD
Wein ist ein lebendes Produkt. Behandle es mit Sorgfalt.
Qualität ist der Schlüssel zum Erfolg.
Wein ist die kultivierteste Sache der Welt.

Frédéric führt uns zurück zur Auffahrt und erklärt, es gebe drei Kellereien, jetzt möchte er uns unbedingt die modernste zeigen. Von
außen sieht die blechverkleidete Fabrikhalle sehr beliebig aus, aber
als wir hineingehen, ist das wie der Schritt von einem Jahrhundert

ins nächste – und ein ebenso deutlicher Unterschied in der Temperatur.

»Es gibt keine Klimaanlage, sondern sehr gute Isolierung«, sagt Frédéric. »Wenn es nötig ist, kühlen wir die Tanks.«

In der großen Halle steht so einiges an hochmoderner Kellerausrüstung herum, wie sie überall auf *Planet Wein* üblich ist, darunter eine große pneumatische Kelter, ein Wärmeaustauscher und ein Cross-Flow-Filter der Oberklasse.

»Probieren wir ein paar von meinen Weinen, ein paar 2004er!«, schlägt er vor, und wir stimmen eifrig zu. Probiergläser tauchen wie aus dem Nichts auf, und er zieht Proben eines noch trüben Weißweins aus einem der langen Reihe großer Edelstahltanks. »CHARDONNAY ... den wir unter der Marke CHANTILLY vertreiben. Mir war es wichtig, die frischen Aromen zu erhalten ... kein Wein wie im Burgund, aber ein schöner Wein.«

Das ist eine absolut treffende Beschreibung für einen angenehm lebendigen trockenen Weißwein, der glücklicherweise nicht vorgibt, aus der französischen Heimatregion der Rebsorte zu stammen.

»Jetzt der CHANTILLY CABERNET SAUVIGNON, der liegt noch drüben im Fass ...«, führt er uns zu einer Schiebetür, die sich auf einen Knopfdruck öffnet und den Blick auf einen langen Raum mit dunkelrot gestrichenen Metallwänden frei gibt, in dem kleine Weinfässer aufgereiht sind, schätzungsweise um die Hundert. Die Klimaanlage, die auf Hochtouren läuft, macht einen Lärm, als ob ein kleines Flugzeug vor dem Start warmlaufen würde.

»Dieser Wein war eine der besten Überraschungen, seitdem ich hier angefangen habe«, sagt Frédéric, während er mit einer langen Glaspipette eine Probe aus einem der Fässer zieht. Der Wein hat den für die Sorte charakteristischen Duft nach schwarzen Johannisbeeren und einen Touch Vanille vom Eichenfass. Er schmeckt ein wenig rustikal, jedoch frisch und ziemlich ausgewogen; kein CHÂTEAU LATOUR, aber ein angenehmer und harmonischer Wein, den ich gerne zum Abendessen trinken würde.

»Wer hätte das nach diesem Swimmingpool erwartet«, sagt Ursula, als wir einen kurzen Moment zu dritt zusammenstehen.

»Ja, wirklich erstaunlich!«, stimmt ihr der Weiße Brahmane zu und meint damit alles, was wir heute gesehen haben. Wir sind doch im richtigen *Wein-Film* gelandet.

Unsere allgemeine Begeisterung hat Sudips Stimmung grundlegend verwandelt. Bis jetzt ist er sehr sparsam mit Worten gewesen, nun wird er richtig aufgekratzt. Es ist Zeit zum Mittagessen im Restaurant des Weinguts, verkündet er, und wir schlagen unsere Zelte auf der Holzveranda vor einem kleinen Pavillon mit gläsernen Wänden auf, nicht weit von dem Tor, durch das wir vor einer guten Stunde gefahren sind. Frédéric beschließt, dass wir noch ein paar Weine verkosten sollten, bevor das Essen kommt, und sofort werden einige Flaschen Schaumwein gebracht.

»Es ist ein bisschen verwirrend, aber in Indien wird der OMAR KAYAM unter dem Namen MADAME DE POMPADOUR vertrieben«, erklärt Frédéric.

Ich kann mich nicht zurückhalten und funke dazwischen: »Wenn Sie das verwirrend nennen, dann finde ich es ziemlich verrückt, dass eine *hinduistische* Familie den ersten Wein, der in einem *hinduistischen* Land erzeugt wird, nach einem *muslimischen* Dichter benennt und dann in einem *christlichen* Land verkauft!«

Sudip lächelt und kichert. Madame de Pompadour ist dabei ein wesentlich weniger verrückter Name, wenn man bedenkt, dass Champagner erst zu ihrer Zeit zum Schaumwein wurde, und der Champagner ganz unverhohlen als Vorbild für diesen indischen Schaumwein dient. Wie Frédéric versprochen hat, schmeckt er wirklich champagnerartig, ist zugleich cremig und belebend, mit einer Toastnote und erfrischender Leichtigkeit. Er ist auch ein ganzes Stück besser als der OMAR KAYAM, an den ich mich von vor 18 Jahren erinnere – Fortschritt!

Es folgt IVY, der ganz Sudips Darstellung als »ein Produkt, das für junge Konsumenten gedacht ist« entspricht. Die helle Flasche und modernistische Ausstattung passen dazu. Ich drehe die Flasche, um das Rückenetikett zu lesen. Es teilt jungen hippen Indern mit:

IVY BRUT
Rebsorte: Chardonnay/Chenin Blanc
Stil: Neue Welt
Warum: Das Komplizierte entmystifizieren
Wo: Entscheidet jeder selbst
Wann: Ergibt sich von selbst
Essen: Hervorragender Aperitif, Gegrilltes, Käse
Wie: Gekühlt bei 4-6°C

Der Geschmack ist genau so, wie es das Etikett verheißt: fruchtbetont, hefig und bebend. Was mir nicht einleuchtet, ist, dass sie ihn zu Käse empfehlen, denn bis auf den Frischkäse, der in manchen warmen Gerichten verwendet wird, ist uns bis jetzt nichts begegnet, das unserer Vorstellung von Käse entsprochen hätte.

Die nächsten Weine, die trockenen weißen 2004 VIOGNIER und 2003 CHENIN-MUSCAT, sind leider alles andere als fruchtbetont und erfrischend. Das Problem ist einfach zu erkennen: Quasi jeder Wein, den wir aus der westlichen Welt als solchen bezeichnen, enthält eine kleine Menge Schwefeldioxid, um seine Frische zu bewahren, und wenn diese Menge zu gering ist, schmeckt der Wein einfach nicht frisch. Dann kann er sogar so oxidiert sein, dass er gar nicht mehr wie Wein schmeckt! Wahrscheinlich hat Frédéric optimistisch angenommen, er könne hier mit den gleichen niedrigen Schwefelmengen arbeiten wie zu Hause, dabei aber vergessen, dass das Klima weitaus heftiger ist. Wein braucht hier sicherlich mehr Schwefel als in Frankreich, um genauso lange genauso frisch zu schmecken. Ich muss zu Frédérics Verteidigung erwähnen, dass er sich vorhin im Keller zu seinen Grenzen bekannt hat: »Ich bin nicht hier, um ihnen beizubringen, was sie tun sollen. Ich bin hier um zu *lernen*, wie man in Indien gute Weine macht.«

Glücklicherweise hat der 2004 Sauvignon Blanc, den er nun einschenkt, dieses Problem nicht. Ganz im Gegenteil, aus dem Glas springt mir der Duft nach frischen grünen Paprikaschoten entgegen. Er schmeckt reif und lebendig.

Ursula ist begeistert: »Ich habe noch nie einen Sauvignon Blanc probiert, der so reif schmeckt und eine grüne Paprikanote hat … nein, es sind *grüne Chilischoten*!« Und das passt hierher, selbst wenn Chilischoten eigentlich erst im 17. Jahrhundert mit den Portugiesen nach Indien gekommen sind. Es ist wieder ein Wein, in dem alle grundlegenden Geschmackskomponenten auf eine Weise zusammenpassen, die sofort überzeugt, wie der Cabernet Sauvignon, den wir im Keller aus dem Fass verkostet haben, aber er ist eindeutig origineller. Verschiedene Menschen, die an diesem Unternehmen beteiligt sind, mögen französische Vorlieben und Ideen in ihren Köpfen haben, aber wenn alles funktioniert, dann schmecken die Weine vollkommen eigenständig mit einer eindeutig *indischen* Persönlichkeit.

Jetzt wird das Essen serviert, und noch vor dem ersten Bissen umhüllt uns eine wunderbare kaleidoskopische Gewürzwolke. Nachdem der erste Hunger gestillt ist, frage ich Frédéric, wo er sonst gearbeitet habe.

»Oh, für Michel Rolland in Bordeaux, bei Pine Ridge im Napa Valley, Kalifornien und einem Weingut nicht weit von Charlottesville in Virginia«, antwortet er. Die ersten zwei Stationen sind bei einem jungen, ehrgeizigen Franzosen leicht vorauszuahnen, aber die letzte ist alles andere als üblich.

»Was ist das größte Problem für Winzer in Virginia?«, frage ich aus Neugier auf eine Welt des Weins, die mir vollkommen unbekannt ist.

»Man weiß nie, wann der nächste Orkan kommt«, sagt er trocken. Das klingt schlimmer als der Monsun!

Dann erinnert uns Sudip daran, dass es noch eine lange Fahrt zu unserem Hotel in der Nähe des Flughafens von Mumbai ist und wir besser aufbrechen sollten. So raffen wir unsere Sachen zusammen und steigen ins Auto, für den letzten Abschnitt unserer 1000-Kilometer-Rundfahrt durch die Weinlandschaften von Maharashtra. Als wir eine Stunde später die Autobahn erreichen, die von Pune nach Mumbai führt, verfärbt sich die Sonne feuerrot, während sie senkrecht in den felsigen Horizont sinkt. Wein, Curry und Hitze lassen meine Gedanken wandern, und plötzlich sitze ich wieder am Mittagstisch gestern mit Valérie Aigron, vor einem Restaurant am Straßenrand nicht weit von Dindori …

»Wir Franzosen waren viel zu lange überzeugt, die besten Weine der Welt zu haben«, hatte sie unverblümt zugegeben, ohne dass ich überhaupt eine Frage in diese Richtung gestellt hatte. »Einfach weil wir Franzosen sind – und jetzt leiden wir unter den Folgen. Wir hätten uns viel früher den Tatsachen stellen sollen, dann hätten wir jetzt nicht diese ganzen Probleme.«

Durch die Jahre, in denen sie in Bordeaux gearbeitet hat, müssen ihr die Vermarktungsprobleme nur allzu vertraut sein, mit denen sich selbst viele gute französische Produzenten in den letzten Jahren konfrontiert sehen. Sowohl die Nachfrage als auch das Image der einfacheren französischen Weine wie etwa Standard-Bordeaux haben abgenommen, während viele der Weine gehobener Qualität durch überzogene Preise in traditionellen Absatzmärkten wie dem deutschen erheblich an Terrain verloren haben. Bis jetzt bestand die einzige Reaktion der Berufsverbände französischer Winzer auf diese problematische Situation darin, die Regierung um finanzielle Unterstützung anzugehen, aber ob das die Lösung ist?

»Definitiv nicht«, entgegnete Valérie, »und genauso wenig werden große Marken helfen, über die manche Funktionäre nachdenken.«

Ganz offensichtlich war sie bereits zu dem Schluss gekommen, dass die einzige Lösung der französischen Weinkrise darin liegt, den Schwächen vieler französischer Weine ins Auge zu blicken, weil es unabdingbare Voraussetzung dafür ist, bessere und erfolgreichere Weine zu machen.

Ein Ochsenkarren zuckelte auf der anderen Straßenseite vorbei. Es war merkwürdig, über die Zukunft des französischen Weins bei einem hervorragenden Lammgericht zu diskutieren, das auf absolut unfranzösische Art zubereitet war, in einer absolut unfranzösischen Umgebung. Aber welchen besseren Weg gibt es, um zu einer kritischen Distanz zu unserem heimischen Subkontinent Westeuropa zu gelangen?

»Ursula und ich sprechen seit einiger Zeit vom *neuen Frankreich*, um Weine zu beschreiben, die französische Traditionen auf zeitgenössische Weise neu interpretieren«, erzählte ich ihr daraufhin. »Es fing im Languedoc und Roussillon an, breitet sich aber auf viele andere Gebiete aus. Jemand wie Sie wäre ideal, um diese neuen französischen Weine zu promoten.«

Sie dachte einen Augenblick nach und sagte dann: »Aber das erfordert Geld.« Momentan scheint es in Frankreich keinen Unternehmergeist in dieser Richtung zu geben, nicht einmal eine schlüssige Vision davon, wie die Zukunft aussehen könnte – das Land ist immer noch zu sehr auf seine einstige Größe fixiert.

Für mich gibt es keinen Zweifel daran, dass Valérie und Frédéric zur Vorhut eines *neuen Frankreich* gehören, das sich noch viel grundlegender verändern wird, als wir erahnen können. Beide haben eine enorme physische und kulturelle Distanz zu ihrer Heimat gewagt, die es ihnen ermöglicht, die Schwäche der französischen Weine nüchtern und kritisch zu betrachten. Jene Franzosen, die über sie lachen, weil nach herkömmlichen Ansichten hier nie ein trinkbarer Wein entstehen kann, sind in einem nostalgischen, patriotischen Traum versunken, der immer weniger Weintrinker weltweit überzeugt. Es ist nicht zwangsläufig notwendig, nach Indien zu fahren, um sich dieser Situation bewusst zu werden. Ein vollständiges Eintauchen in die dynamische neue Weinkultur eines europäischen Nachbarlands wie etwa Spanien, Portugal, Süditalien,

Österreich oder Deutschland hätte den gleichen gedanklichen Neuansatz ermöglicht. Aber ein Achtstundenflug von Paris nach Mumbai ist zweifellos ein sehr effektives Mittel, um sich von einem überholten, doch sehr hartnäckigen Bild, das wir allzu leicht auf unseren Subkontinent projizieren, zu lösen.

Jetzt ist es dunkel, und das hydraartige Ballungsgebiet von Groß-Mumbai hat uns geschluckt. Die Autobahn endet abrupt. Die reguläre Straße, die an ihre Stelle tritt, wird durch endlos dahinziehende Bauarbeiten noch schmaler als sie ohnehin schon ist. An den Straßenrändern zieht ein sich fortwährend änderndes Muster von schattenartigen Gestalten, Wellblechhütten und den hängenden Umrissen der primitiven Zelte von Straßenbewohnern an uns vorbei. Wenn wir an einer Ampel halten, kommen gestikulierende Bettler an unser Auto, und ihre flehenden Gebärden wirken oft genauso ausgeklügelt und geübt wie religiöse Rituale.

Während unseres letzten Abendessens bei SULA erzählte uns Ajoy, dass die meisten der armen Inder eigentlich genug zu essen hätten; aber sie strebten nicht nach mehr, weil sie damit zufrieden seien. Wenn einen vor allem die nächste Reinkarnation beschäftigt, wie wichtig kann dann der Lebensstandard in diesem Leben sein?

Während der Kampagne zu den letzten Parlamentswahlen propagierte die BJP-Partei der Hindu-Suprematisten ein *Shining India*, bestehend aus jenen, die mehr oder weniger erfolgreich nach mehr strebten, nach einem »leuchtenden Indien«. Der Grund für die Niederlage der BJP ist einfach: Die neue Mittelklasse umfasst um die 250 der insgesamt gut 1100 Millionen Inder. Die arme Landbevölkerung mit 350 Millionen, zu denen noch die unzähligen Millionen Mitteloser in den Städten kommen, stimmte für die Kongresspartei und verhalf ihr damit zum Sieg. Die meisten der armen Bewohner Mumbais kommen aus den ländlichen Gebieten der Umgebung. Sie suchen nach einem besseren Leben als in ihren heimatlichen Dörfern; ein Vorgang, der sich in anderen indischen Städten wiederholt, und dem Prozess der Urbanisierung entspricht, der in Europa während der industriellen Revolution des 19. Jahrhunderts stattfand. Hier geschieht das alles nur viel schneller und in einer ganz anderen Größendimension.

Es ist inzwischen beinahe neun Uhr, und wir stecken im Megastau von Groß-Mumbai fest. Auf der anderen Straßenseite, in einem der Rolladen-Kabuffs, ist ein Geschäft namens »Citiwines«, und ich kann Weinflaschen in den Regalen erkennen. Nach fünf Stunden in der Enge des Jeeps schwitzen meine Beine und mein Hintern, und ich möchte mich am ganzen Körper kratzen, aber auf einmal werde ich ruhiger.

»Ich glaube, wir haben es beinahe geschafft«, sage ich und bin selbst überrascht, wie optimistisch ich klinge.

»Woher weißt du das?«, fragt Ursula skeptisch.

»Ein Gefühl«, entgegne ich.

»Hast du ein Flugzeug im Tiefflug gesehen?«, spöttelt der Weiße Brahmane.

»Nein, aber da ist der Mond«, sage ich und zeige auf die orangesilberne Scheibe, die tief unten am Himmel hängt – und wahrhaftig, genau daneben sehe ich unsere Rettung in Form eines großen beleuchteten Schilds:

WELCOME TO THE LEELA
AN ISLAND OF PEACE & TRANQUILLITY
Willkommen in Leela, einer Insel des Friedens und der Ruhe.

Dahinter steht ein hoch aufragendes internationales Hotel, aus dem Myriaden von Lichtstrahlen in die Dunkelheit fallen. Wir halten vor dem Eingang, und als ein stattlicher Portier mit Turban die Türen unseres Fahrzeugs öffnet, stolpern wir in die stickige, schwere nächtliche Luft. Unser Gepäck wird auf ein Wägelchen gestapelt, und mir fällt eines dieser Schilder mit weißen Plastikbuchstaben zum Aufstecken neben dem Eingang ins Auge:

TODAY'S FUNCTION
THE GRAND BALLROOM
WEDDING RECEPTION OF
VICKY & DISHA
Heutige Veranstaltung, Großer Ballsaal, Hochzeitsempfang,
Vicky & Disha

Wieder eine junge Britin, die einen möglicherweise verwestlichen Inder heiratet. Nach dem Einchecken und ausgedehntem Duschen treffen wir uns mit dem Weißen Brahmanen unten in »The Orchid Lounge« gleich neben der Lobby, sinken in die großen Sofas westlichen Stils und trinken Bier unter den Augen der bronzenen Figuren von Vishnu und Krishna, der bedeutendsten der 22 weltlichen Inkarnationen von Gott Vishnu. Um halb elf räumt einer der Angestellten die Vase mit pinkfarbenen Dendrobium-Orchideen von dem niedrigen Tisch vor uns ab und weist darauf hin, dass die Lounge jetzt schließe, die 6°-Bar nebenan aber weiterhin geöffnet sei. Das Bier hat uns nach der langen Fahrt regeneriert, und wir haben noch soviel von den Erlebnissen der letzten Tage im Kopf – kein Gedanke an ein Früh-ins-Bett-Gehen angesichts des frühen Fluges morgen: Auf ins 6°!

Die Glastür schwingt auf, und wir betreten einen funkelnden, modernistischen Tempel, der dem *Shining India* der erfolgreich Aufstrebenden gewidmet ist: über zwei Etagen zieht sich die verglaste Außenfassade, der auf verschiedenen Ebenen angelegte Innenraum ist mit unverzierter Holztäfelung und Parkettböden ausgestattet, Chromleuchten und kühle Designermöbel unterstützen das super-coole Ambiente der Bar. Die halbrunde Kuschelecke in dem oberen Teil ist in Bhagwan-Orange gehalten, und von dem kleinen runden Tisch im unteren Teil, an dem wir Platz nehmen, befinde ich mich in einer perfekten Position, um dort den Mädchen in westlicher Aufmachung unter den Rock gucken zu können. Die schmachtigen Klänge von Chris de Burghs »Lady in Red«

149

dringen aus den Lautsprechern, und ich meine mich erinnern zu können, dass Kelly Le Brock in dem gleichnamigen Film die ganze Welt unter ihren Rock schauen ließ. Ihre Unterhöschen waren auch rot.

Der Weiße Brahmane ist sprachlos, dass so ein Ort in Indien überhaupt existiert. »Lakshmi, die Göttin des Wohlstands, würde zu diesem Laden am besten passen«, sinniert er laut, nachdem er bemerkt hat, dass es hier keine Bronzegötter gibt. Dann sind wir alle sprachlos, als wir auf der Karte elf indische Weine im glasweisen Ausschank entdecken. Wir blicken uns um; der bunt gemischte Haufen von Gästen um uns hat ebenso viele Wein- wie Cocktail-, Bier- oder Whiskygläser vor sich stehen. Und das gilt gleichermaßen für coole Inder, Möchtegern-coole Inder und Ausländer. Aus reinen Recherchegründen bestellen wir drei verschiedene Weine von Château Indage.

Ist diese Bar typisch für Mumbai? Aus den Führern, die ich studiert habe, geht eindeutig hervor, dass es in Mumbai einen ganzen Haufen internationaler Hotels mit solchen Etablissements gibt. In Delhi ist mir bereits aufgefallen, dass erfolgreich aufstrebende Inder gerne in Luxushotels gehen, um zu essen und zu trinken, deshalb bin ich mir sicher, dass es auch in Mumbai eine ganze Reihe anderer Adressen geben muss, wo wir vermutlich auf ähnliche Szenen stoßen würden. Über die Jungen, Erfolgreichen, Trendbewussten und Kosmopolitischen findet der Wein seinen Weg in einen Teil der indischen Gesellschaft.

»Das sind meine Leute, urban, oberflächlich, nicht irgendein kosmischer Reisender des New Age, der auf ayurvedische Küche abfährt«, beschreibt der Erzähler in Sarnath Banjerees Comic-Roman »Corridor« die indische Gesellschaftsschicht, zu der er selbst zählt. Ich glaube, heute Nacht haben wir sie in dieser Bar getroffen. Unsere Bestellung kommt, und zu den Klängen der Foreigner »I've been Waiting for a Girl like You« erheben wir unsere Gläser und stoßen an auf – was sonst? – »Incredible !ndia«.

24. Februar 2005 Wir sitzen im Empfangsbereich des Taj Kuteeram und warten darauf, von einem Fahrer von GROVER VINEYARDS abgeholt zu werden. Gestern am späten Nachmittag, auf der scheinbar endlosen Fahrt hierher vom Flughafen von Bangalore, habe ich ernsthaft daran gezweifelt, ob wir unser Hotel jemals erreichen würden. Kaum hatten wir den Flughafen hinter uns gelassen, als Frau Weißer Brahmane durch die Windschutzscheibe deutete und unseren Fahrer mit Nachdruck fragte: »Ist das eine Moschee?« Sie bekam keine Antwort, aber wir waren bald nah genug, um zu erkennen, dass es sich um »Kemp Fort« handelte, einen Mega-Spielzeugladen, der wie eine Flachdach-Version eines Disneyland-Märchenschlosses aussah. Am Flughafen war mir von einer lächelnden jungen Frau in rotem Sari ein Gutschein für ein Gratisspielzeug von »Kemp Fort« in die Hand gedrückt worden. Der einzige Haken daran war, dass man ein Kind benötigte, um den Gutschein einzulösen. Ich überlegte kurz, ob ich mir für eine Stunde ein Kind mieten und direkt dahin fahren sollte, um herauszufinden, worum es sich bei diesem Spielzeug wirklich handelte, aber als ich das Ursula vorschlug, wurde mir sofort klar, dass die Recherche-Nummer hier nicht zog. Also bedeuteten wir dem Fahrer, direkt zu unserem Hotel zu fahren.

Nach »Kemp Fort« kam ein mächtiges, älteres Gebäude aus der Kolonialzeit, in einer parkartigen Anlage, die »Indische Organisation für Weltraumforschung«, gefolgt von etwas, das aussah wie eine Karikatur eines Mogulnpalasts, und sich als das »Leela Galleria«-Shoppingcenter entpuppte, dann ein Klotz aus geschliffenem schwarzen Granit und dunklem Glas: der »Diamanten-Distrikt« von Bangalore. Lag es an meinem schrägen Blick, dass mir dieses ganze schräge Zeug auffiel? Wir fuhren am »Institut für Zahnmedizin der Luftwaffe« vorbei, passierten eine ganze Reihe von Offiziersmessen und Depots der Luftwaffe, die »PR-Abteilung des Verteidigungsministeriums«, das »Zentrum für künstliche Intelligenz und Roboterwesen« und hinter einer langen weißen, stuckverzierten Mauer das »Tata Institut«. Die Stadt ist nicht nur der bedeutendste IT-*Hub* Indiens, sie beherbergt auch viele Regierungsinstitute, diverse NGO's bzw. regierungsunabhängige Organisationen sowie militärische Anlagen und Einrichtungen. Bangalore steht an der Spitze des erfolgreich aufstrebenden Indien. Eine augenscheinliche Tatsache, die aber die gewalttätigen Szenen anlässlich der Eröffnung der ersten Pizza-Hut-Filiale 1996 nicht verhindern konnte, die sich im darauffolgenden Jahr bei Kentucky Fried Chicken wiederholten. Es kann keine Zweifel daran geben, hier wird wirklich alles bis zum Äußersten getrieben, hier ist der *Hub of Hubs* des neuen Indien.

Vielleicht bin ich durch die lange Reise ein wenig abgedreht, aber was ich gerade gesehen habe, bestärkt mich in meiner Annahme, ein Teil des nuklearen Arsenals Indiens müsse hier lagern. Ein bedeutender Teil der Luftwaffe ist in Bangalore stationiert, und die Stadt liegt weit genug von Pakistan entfernt, so dass Bomber aufsteigen könnten, bevor pakistanische Geschosse ihrerseits die ganze Stadt in radioaktiven Schutt und Asche legen würden. Vielleicht ist das der ganz persönliche Nuklear-Alptraum eines Kindes des Kalten Krieges, aber die indische Schriftstellerin Arundhati Roy schrieb kürzlich über ihre Heimatstadt Delhi: »Wenn Nuklearwaffen existieren, dann ist Nuklearkrieg eine reale Möglichkeit. Und Delhi ist eines der Hauptziele.« Doch der *Hub of Hubs* steht sicher gleich nach Delhi auf der Liste von möglichen Zielen eines nuklearen Angriffs.

Als ich neulich in der Zeitschrift »India Today« ein Interview mit General Joginder Singh las, dem neuen Oberhaupt der indischen Armee, wurde mir klar, wie schlecht ich auf diesen Zustand fortwährender unterschwelliger Angst vorbereitet bin. Auf die Frage, wie zukünftige Kriege auf dem Subkontinent aussehen würden, schloss der sprachgewandte Sikh mit den Worten: »Ich glaube außerdem, dass wir, wenn die Zeit dafür kommt, nicht nach Punkten gewinnen werden, sondern durch einen K.o.-Schlag. Das ist

meine Philosophie.« Es klang erschreckend nach Nuklearphiloso-
phie. Ich fürchte, er hat sich überhaupt nicht mit den Auswirkungen der Atombomben von Hiroshima und Nagasaki auf die Zivil-
bewohner, bei denen 60 Jahre später das Leiden immer noch nicht
aufhört, beschäftigt. Viel eher scheinen seine militärischen Vorstellungen sich an den historischen Ereignissen wie dem legendären
Sieg des indischen Kaisers Ashoka in Kalinga 261 v. Chr., als seine
Truppen angeblich 100 000 feindliche Soldaten abgeschlachtet haben, zu orientieren.

Diese Einstellung ist jedoch nichts Außergewöhnliches hier, die
indischen Medien sind voll von Berichten über neue Raketensys-
teme und Jagdflieger, die Indien vielleicht bald seinem bereits
furchteinflößenden Arsenal hinzufügen könnte. Nur einige Intellektuelle wie Amartya Sen und Roy, denen Hiroshima und Nagasaki ebenso vertraut sind wie Ashokas Siege, teilen unsere westliche
Skepsis gegenüber solchem naivem Fetischismus für Waffensyste-
me der Oberklasse. Sollte ich die PR-Abteilung des Verteidigungsministeriums anrufen und fragen, ob sie mir eine Atombombe zeigen – aus reinen Recherchegründen? Nein, nein. Der
Wahnsinn dieser Stadt hat mich noch nicht so weit infiziert.

Die Straße führte über eine Überführung, von der wir einen
Wahnsinnsblick auf die untergehende Sonne hatten, über der wild
wuchernden Weite einer Stadt, die auf sechs Millionen Einwohner
gewachsen ist, seit Texas Instruments 1958 mit der Eröffnung einer
Niederlassung den Grundstein für den IT-Boom gelegt hat. Über
den flachen Bauten thronte eine schmale pyramidenartige Kon-
struktion in metallischem Blau, Rot und Cremefarben.

»Was ist das?«, erkundigte sich Frau Weißer Brahmane wieder
beim Fahrer.

Diesmal wusste er eine Antwort: »Neuer Kali-Tempel«, kam es
wie aus der Pistole geschossen.

»Wie alt ist er?«, hakte sie nach und klang erfreut über seine Bereitschaft, sie mit Informationen zu versorgen.

»Vor zwei Jahren fertig«, sagte er und klang erfreut über ihr Interesse an seinem Bangalore.

Ich starrte ungläubig auf dieses Zeichen von Wohlstand und Stolz des IT-Hubs, das es in seinen Ausmaßen mit jeglicher europäischen Kathedrale aufnehmen konnte, und war voller Bewunderung. Die schwarzhäutige Kali, üblicherweise mit weit ausgestreckter roter Zunge, einer Halskette aus abgeschlagenen Männerköpfen, einem Gürtel amputierter Hände und einem Schwert in einer ihrer zwei linken Hände dargestellt, verlangt von ihren Anhängern Blutopfer. Ich habe keine Zweifel, dass sie viele Jahrtausende alt ist, aber auf die Angehörigen des *neuen* und *alten* Indien übt sie gleichermaßen eine große Anziehungskraft aus.

In Kolkata – der indische Name für Kalkutta – war der Kalighat-Tempel bei unserem Besuch mit Gläubigen überfüllt gewesen. Während wir herumstanden und überlegten, ob wir einen Führer anheuern sollten, um die drei Stunden Wartezeit in der langen Schlange derer zu umgehen, die alle im Tempelinneren den Kali-Schrein sehen wollten, flog der kopflose Körper einer Ziege aus dem abgetrennten Bereich, in dem die rituellen Enthauptungen stattfinden, und landete blutbesudelt dicht neben unseren Füßen. Bis 1837 wurden der Göttin auch Menschen geopfert!

Dann fuhren wir an einem Metro-Großmarkt und an einer Reihe älterer Gebäude vorbei, über denen riesige Werbetafeln Seagram's Whisky und Bosch-Elektrowerkzeuge anpriesen. Beweise, dass Lakshmi auch viele Anhänger in Bangalore hat.

Nur wenige Minuten später lag Bangalore hinter uns. Müllberge waren neben der Straße aufgehäuft, manche davon brannten. Und hier sollte es ein Taj Hotel geben, und Weinberge? Das zu glauben fiel uns immer schwerer. Nach mehreren Zwischenstopps, um nach dem Weg zu fragen, landeten wir schließlich auf einer schmalen Straße, die ins Nichts zu führen schien, oder vielleicht zu einer geheimen militärischen Einrichtung. Der Weiße Brahmane entdeckte ein Schild in der Dämmerung:

FILM & TELEVISION TECHNOLOGY INSTITUTE
(WORLD BANK ASSISTED PROJECT)
Institut für Film & Fernsehtechnologie
Von der Weltbank unterstütztes Projekt

Das Einzige, das auf den dunklen Feldern zwischen den Obstbäumen zu erkennen war, war ein halb fertiges Pförtnerhäuschen aus Backsteinen. Die Termitenhügel am Straßenrand machten architektonisch wesentlich mehr her. War sich die Weltbank dieser Situation bewusst?

»Es ist unglaublich, diese Fahrt«, knurrte der Weiße Brahmane, und sprach damit aus, was wir alle dachten. Es half, wir fühlten uns etwas weniger verloren in den Weiten der äußeren Randbezirke des *Hubs*.

»Das ist keine Fahrt, sondern eine Expedition«, machte sich auch Ursula Luft.

Endlich stand das lang ersehnte Wort Kuteeram auf einem winzigen Schild, das noch dazu tief über dem Boden hing. Eine Stunde und 35 Minuten, nachdem wir vom Flughafen abgefahren waren, hatten wir es geschafft, es schien wie ein Gnadenakt seitens irgendeiner Göttin.

Trotz unserer Erschöpfung fiel uns die Exzentrizität unserer Unterkunft sofort auf. Die halbkreisförmige Auffahrt vor dem Eingang schien wie eine Neu-Interpretation von Stonehenge durch einen indischen Künstler. Drinnen wurde es noch bizarrer. Die gemauerten Pfeiler des zwei Stockwerke hohen, zum Garten hin offenen Restaurantbereichs waren merkwürdig verdreht, und trotz der Johnnie Walker-Sonnenschirme, die überall herumstanden, sagte man uns, was Alkohol anginge, sei die ganze Anlage trocken. Danach überraschte es uns überhaupt nicht, dass es auch keinen Swimmingpool gab, hier ist tatsächlich alles vollkommen trocken bis auf den kleinen Tümpel, in dem eine weiße Gänseschar – vermutlich die einzige auf dem Subkontinent – schwimmt!

Unser Zimmer scheint ganz und gar aus Granit zu sein, selbst die Decke besteht aus grob behauenen Steinplatten, von denen jede einzelne sicher mehrere Tonnen wiegt. Das ganze Anwesen wirkt *pseudo-primitiv*, wie eine Reminiszenz an die Ureinwohner Indiens. Es ist wenig bekannt, dass zur indischen Bevölkerung auch über 60 Millionen Ureinwohner gehören, mehr als ein Hundertfaches der australischen Aborigines.

»Ich habe gerade ›The Age of Kali‹ von William Dalrymple gelesen, du solltest mal einen Blick in die Einleitung werfen«, lautete Ursulas Kommentar gestern Abend mit einem nervösen Blick auf die Granitplatten direkt über dem Bett.

»Ich glaube, ich brauche einen Whisky«, war meine Antwort, während ich in meiner Tasche nach der Flasche 15 Year Old Laphroaig suchte – unserer vom Weißen Brahmanen dringend und berechtigterweise angeratenen Notreserve für solche Trockengebiete. Sie nickte zustimmend, und ich schenkte uns einen guten Schluck ein.

In der Einleitung erklärte Dalrymple, der Titel seines Buches beziehe sich auf die alte indische Kosmologie, die die Zeit in vier große Abschnitte einteilt, die *Yugs*. Tiefpunkt ist der *Kali Yug*, wenn die großen Götter Vishnu und Shiva schlafen und die Gebete ihrer Anhänger nicht hören. Ein Zitat aus dem *Vishnu Purana* aus dem siebten Jahrhundert, einem der heiligen Texte des Hinduismus, traf mich direkt ins Herz: »Die Könige des *Kali Yug* werden der Korruption hörig sein ... schnell aufsteigen und fallen. Besitz und Reichtum allein werden Rang verleihen ... Am Ende ... werden die Menschen des *Kali Yug* sich in die Spalten zwischen den Gebirgen flüchten, sie werden Lumpen tragen, und sie werden zu viele Kinder haben ... Zwietracht und Verfall werden immer weiter fortschreiten, bis sich die menschliche Rasse der Auslöschung nähert.«

Am Nachmittag hatte ich im Flugzeug in der Times of India gelesen, dass Indien drauf und dran sei, China in zirka 25 Jahren als

Land mit der weltweit größten Bevölkerungsdichte auf Rang zwei zu verweisen. Den *Puranas* zufolge ist der *Kali Yug* das letzte Zeitalter, bevor die Welt vom »Feuer tausender Sonnen« zerstört wird. Mir lief ein kalter Schauer den Rücken hinunter – Kali passte perfekt zum *Shining-Nuclear-India.*

Ich schenkte mir noch einen Whisky ein und las weiter. Dalrymple hatte zwar im Norden des Subkontinents viel entdeckt, um die Untergangsstimmung zu unterstützen, südlich der Ganges-Ebene aber andererseits auch viele Dinge, die gegen diese düsteren Prophezeiungen sprachen. Zu welchem Indien gehört die neue Weinindustrie des Landes? Für die Weißen Brahmanen gibt es keine Zweifel; sie ist Teil der großen Korruption – aber wo sind die Inder, die tatsächlich *vom Wein* korrumpiert worden sind? Das Schlimmste, was ich gesehen habe, waren ein paar urbane Weintrinker – zweifellos ein Symptom für gewisse Veränderungen in der Denkweise hier, Veränderungen aber, die als »korrupt« zu bezeichnen viel zu einfach wäre. Allgemein hat geistige Korruption eher ihre Ursache in der Besessenheit von Besitz und Reichtum, nicht im Genuss von Wein. Aber vielleicht ist das nur reines Wunschdenken meinerseits …

Ein indischer Jeep fährt vor. Der Fahrer sagt uns, dass wir von hier, 32 Kilometer südlich von Bangalore, ganz um die Stadt herumfahren müssen. Endlich wissen wir nach der gestrigen Irrfahrt, wo wir uns im Bezug auf den *Hub der Hubs* befinden. Eine halbe Stunde später sehen wir die ersten Weinberge; die Pfähle am Ende der Rebreihen sind aus dem gleichen Granit gehauen wie unser Hotelzimmer!

»Granit ist hier sehr billig«, entgegnet unser Fahrer, als ihn Frau Weißer Brahmane danach fragt. In der Ferne erkenne ich ein riesiges Betonsilo, und als wir nahe genug sind, um das Schild zu entziffern, das auf die Wand gemalt ist, habe ich ein Déjà-vu-Erlebnis:

BIRLA SUPER – BULK TERMINAL
PERHAPS THE BEST CEMENT IN THE COUNTRY
Birla super – Bulk Terminal. Vielleicht der beste Zement des Landes

An einer Kreuzung halten wir neben einem anderen Tata-Jeep, und zwei weitere dynamische Gestalten der indischen Weinindustrie steigen zu uns ein, von denen einer sich sofort als Abhay Kewadkar vorstellt, Vizepräsident und Kellermeister von Grover Vineyards. Er beginnt sofort, uns seine Geschichte zu erzählen, und die ist in der Tat dynamisch: »Als ich 1990 hierher kam, hatten wir nur 1,2 Hektar Weinberge im Ertrag und keine Kellerei. Jetzt haben wir 80 Hektar, und die Produktion liegt bei 600 000 Flaschen jährlich. Das war möglich, weil Bauern zu uns kamen, die für Grover Trauben anbauen wollten. Das bedeutet, dass sie nicht nur entschlossen waren, sondern auch ein wenig Geld hatten; Reben bringen erst im dritten Jahr Ertrag. 75 Prozent der Produktion setzen wir im eigenen Land ab, Hauptexportmärkte sind Frankreich und Großbritannien, dann die USA, die Schweiz, und in Kürze werden wir einen Importeur in Luxemburg haben, der auch für Deutschland zuständig sein wird.« Bei der Erwähnung von Deutschland wird mir mit einem Schlag klar, dass das, was so weit entfernt schien, sehr nahe rückt.

»1982 hat der Gründer Kanwan K. Grover in einem Versuch 35 Rebsorten gepflanzt und herausgefunden, dass neun davon gut funktionieren, und jetzt sind wir bei sechs.«

»Welche Sorten haben Sie aussortiert?«, möchte Ursula wissen und ist damit auf der richtigen Spur: »Wir hatten mit hiesigen Sorten experimentiert, Tafeltrauben«, entgegnet er, erfreut über das Interesse an seinem Bangalore. »Wir haben auch alles versucht, um Merlot und Chardonnay anzubauen …« Die darauffolgende Stille sagt deutlich genug, dass sie kein Erfolg waren.

Wir befinden uns jetzt im offenen, trockenen Land. Hier und da ragen runde Felsen aus dem dünnnen braunen Gebüsch, und die

Straße steigt langsam, aber stetig an. Der andere Inder, der zu uns gestoßen ist, stellt sich als Dr. Veeranagouda Patil vor, General Manager und für den Außenbetrieb verantwortlich.

»Wir sind hier in den Nandi-Bergen, beinahe 1000 Meter über dem Meeresspiegel«, bemerkt er in gesetzterem Ton als sein Kollege. »Die Lese findet zwischen dem 10. März und Anfang Mai statt. Bis jetzt haben wir nur ein bisschen Sauvignon Blanc geerntet.« Obgleich wir uns südlicher als in Maharashtra befinden, zwischen dem 13. und 14. nördlichen Breitengrad im Vergleich zu dem 19. und 20. in der Gegend von SULA und INDAGE, beginnt die Lese doch bedeutend später und stellt damit die übliche Weinlogik auf den Kopf – wieder ein Zeichen dafür, wie die Dinge hier anders funktionieren als auf unserem eigenen Subkontinent.

Da, zwischen den felsigen Hügeln, rundgeschliffen von den Elementen seit unzähligen Millionen von Jahren, taucht in dem »Meer« von Gebüsch eine nahezu unvorstellbar grüne Reben-Insel auf.

Nur eine Minute später betreten wir das neue »Land« auch schon. »Die Höchsttemperatur um Bangalore beträgt 36 bis 37°C«, fährt Dr. Patil fort. »Um diese Jahreszeit fallen die Temperaturen nachts auf um die 17°C.« Das Klima ist hier also insgesamt gemäßigter als in Maharashtra, die Sommertage weniger heiß und die Winternächte wärmer. Auch das widerspricht der üblichen Logik des Weinbaus. »Das Wasser läuft durch den steinigen Boden gut ab, so dass wir während des Monsuns keine Probleme mit Staunässe haben.«

»AAAAAAHHHHHHJJJJJJJOOOOOOOOOOOOOOOOOOOO!«

Der Schrei der Frau lässt mir das Blut in den Adern gerinnen.

»Eine Vogelabschreckerin«, erklärt uns Dr. Patil. »Wir haben ein erhebliches Problem mit Vögeln, die die Trauben abfressen.«

Die Frau schreit weiter und schlägt dabei unermüdlich auf ein Metalltablett. »Hier wachsen 20 Hektar Cabernet Sauvignon und Viognier, die letztes Jahr den ersten Ertrag gegeben haben, mit sehr zufriedenstellenden Ergebnissen. Wir verkosten das nachher.«

»Wie sah es hier vor fünf Jahren aus?«, frage ich.

»Dschungel!«, antwortet Dr. Patil schnell. Jetzt machen die Reben einen sehr guten Eindruck, außer dass ihr Blattwerk aus Sicht der alten sowie neuen Weinwelt ausgesprochen dicht ist. Ich spreche diesen Punkt an.

»Auf diese Weise erhalten wir Weißweine mit 12,5 bis 13%vol Alkohol und Rotweine mit 13 bis 13,5%vol. Würden wir die Trauben stärker der Sonne aussetzen, wie es in Bordeaux üblich ist, hätten wir Alkoholwerte zwischen 14 und 14,5%vol. Wir möchten, dass die Trauben schön im Schatten hängen.« Die Gesten des Doktors deuten an, dass er eigentlich Halbschatten meint. »Hier regnet es bis in den Januar hinein, deshalb schneiden wir die Reben später zurück als im Gebiet um Nashik.« Da ist er, der Grund für die »späte« Lese hier: Der gesamte Vegetations- und Reifezyklus beginnt viel später als weiter im Norden.

Wir machen uns auf den Weg zur Kellerei und unserem Treffen mit Erzeugnissen der letztjährigen Ernte.

»So kommen Sie also auf die richtige Menge Zucker in den Trauben, um die gewünschten Alkoholwerte zu erreichen, die Sie in den Weinen haben möchten«, forsche ich weiter, »aber wie sieht es mit den Gerbstoffen in den Rotweintrauben aus?«

Die richtige Menge und Art an Gerbstoffen bzw. Phenolen in den Trauben ist eine essenzielle Voraussetzung für einen gelungenen Rotwein. Man braucht genug Wärme, damit sich diese Substanzen entwickeln, aber übermäßige Hitze kann auch dazu führen, dass sie degenerieren, bzw. verbrennen. Bei seiner Antwort wird mir schnell klar, dass Dr. Patils Kenntnisse die meinen weit übersteigen; bereits nach Sekunden fühle ich mich vollkommen verloren in einem Labyrinth der höheren organischen Chemie.

Als wir vor der Kellerei anhalten, sehe ich durch die Windschutzscheibe, dass jemand ein auf dem Computer ausgedrucktes

Blatt Papier an die Tür geklebt hat, auf dem nur zwei Worte in großen Buchstaben stehen: TODAY HOLIDAY.

»Wegen der Kommunalwahlen müssen heute alle Unternehmen, die mit Alkohol zu tun haben, geschlossen bleiben«, erklärt
Abhay müde. »Wenn also jemand auftaucht, dann sind wir einfach
nicht hier.«

Das Tor wird von einem uniformierten Sicherheitsmenschen
hinter uns geschlossen, und wir parken den Jeep hinter der Kellerei.
Im Inneren wirkt alles ein wenig schäbig und zusammengebastelt,
außer dem Fasskeller, dessen Wände mit – was sonst? – dem hiesigen Granit verkleidet sind. Die »Nachlässigkeit« steht in eigenarti-
gem Kontrast zu der extremen Professionalität des Teams. Es verhält sich alles genau umgekehrt wie bei N. D. WINES in Maharashtra,
wo die Kellerei funkelnagelneu war, die Weine – mit Ausnahme eines Sauvignon Blanc – aber alles andere als beeindruckend.

Für Frau Weißer Brahmane ist es die erste Weinprobe in Indien,
weil sie erst nach den Tagen in Maharashtra zu uns gestoßen ist, und
sie wirkt ziemlich nachdenklich, als wir in den weißen Verkostungsraum hinübergehen und an einem ungewöhnlichen Verkos-
tungstisch mit eingebauten Spuckbecken, dessen Form man mit einem Krummschwert vergleichen könnte, Platz nehmen. Ich
versuche, mir den Anschein vollkommener Kontrolle zu geben, damit sie sich nicht verpflichtet fühlt, Kommentare zu den Weinen zu
äußern. Aber wir erwarten eigentlich auch keine Enttäuschungen,
schließlich haben wir seit unserer Ankunft in Indien schon viele
Flaschen GROVER-WEIN in den unterschiedlichsten Hotels geleert,
und sie waren immer gut. Sie waren so schmackig, dass wir das Taj
Coonor in den Nilgiri-Bergen nahezu trocken getrunken haben!

Was uns vom Team eingeschenkt wird, entspricht diesen Erwartungen allemal. Die neueste Abfüllung des wichtigsten Weißweins,
ein 2004 VIOGNIER-CLAIRETTE-Verschnitt, stellt gegenüber seinem
Vorgänger, dem 2003 CLAIRETTE BLANC DE BLANCS, einen deutlichen Qualitätssprung dar. Er hat mehr Substanz und Kraft, der

Nachhall ist zugleich weich und frisch. Der neue Jahrgang des Hauptrotweins, der 2004 CABERNET-SHIRAZ, strotzt vor schwarzen Johannisbeer- und Brombeeraromen und wirkt nahezu seidigweich. Ihm ist eine »natürliche« Harmonie eigen, die auf reife Trauben deutet, mit Hingabe und Sorgfalt verarbeitet. Der 2003 LA RÉSERVE, Grovers Spitzenrotwein, dem wir bis jetzt nicht begegnet sind, ist süßer und voller, ein Hauch animalisch, wie es bei Rotweinen aus Bordeaux oft der Fall ist. Der anhaltende Nachhall ist zugleich herb und fein, der Wein enthält ganz offensichtlich die richtige Menge und Art von Gerbstoffen. Zu unserer Überraschung – bis jetzt wurde uns jeweils der neueste Jahrgang gezeigt – öffnet das Team dann eine Flasche des 1997 LA RÉSERVE. Obgleich die Farbe durch die Reife bereits ein wenig ins Bräunliche tendiert, besticht der Wein durch seine Geschmeidigkeit und Würze. Unsere Gastgeber scheinen entzückt und erleichtert, dass uns ihre Weine so gut gefallen.

Abhay muss zurück in sein Büro nach Bangalore, und wir möchten ein bisschen mehr vom *Hub of Hubs* sehen, so dass wir alle zusammen im Tata-Jeep losfahren. Der gesprächige Vizepräsident erzählt, er habe Chemietechnik studiert und sei dann durch eine zufällige Begegnung mit dem Besitzer von CHÂTEAU INDAGE dort gelandet. Es scheint genau der richtige Moment, um mehr zu erfahren. Wie sah die indische Weinszene damals aus?

»Vor CHÂTEAU INDAGE war indischer Wein *lächerlich*. Es war ein *absolutes Gesöff*! Wir waren in einer verzwickten Situation.« Er ist kaum zu bremsen: »Wie kann man guten Wein ohne Weinkultur machen, und wie kann man Weinkultur haben ohne guten Wein?« Wer ist der typische GROVER-Konsument? »Früher waren es Städter, die älter als 45 Jahre waren, aber jetzt gibt es eine ganze Menge Weintrinker zwischen 30 und 45.« Und was ist sein Ziel? »Vor allem einmal möchte ich nicht, dass meine Weine mit anderen verglichen werden. Ich glaube daran, dass man seine Identität bewahren muss – Weine aus Bangalore, nicht einfach indische Weine.« Und er arbeitet mit dem französischen Weinberater Michel Rolland? »Ja, seit zehn Jahren. Er kommt jedes Jahr für eine ganze Woche. Er liebt Indien.« Die Weine schmecken nicht, als seien sie nach Rollands üblichem Rezept gemacht, das er gerne überall anzuwenden scheint, von seiner Heimat Pomerol/Bordeaux bis hin nach Brasilien. Es ist bezeichnend, dass Abhay davon spricht, was Indien für Rolland bedeutet. Wie sieht die Zukunft aus, frage ich, und stelle damit die große Frage ganz zum Schluss.

»Ich sehe eine großartige Zukunft. In Bangalore gibt es jetzt einen Weinclub, in Goa wird ein Weinfestival organisiert, und in den Städten gibt es einige hervorragende Weinläden. Ich zeige Ihnen einen. Der Hinduismus stellt kein Problem dar, weil er eher ein Lebensstil als eine Religion ist. Der Islam ist ein Problem, weil er Alkohol vollständig verbietet.«

»Wir würden auch gerne auf einen Markt gehen, um Gewürze zu kaufen«, unterbricht Frau Weißer Brahmane Abhay, der nickt und kurz mit dem Fahrer spricht. Ein Institut nach dem anderen und militärische Einrichtungen zuhauf ziehen vorbei, als wir uns dem *Hub of Hubs* nähern; Verkehr, Lärm und Smog werden mit jedem Block dichter. Die Sonne scheint, am Straßenrand stehen eine Menge großer Bäume, und trotzdem wirkt alles ein wenig apokalyptisch. Wir fahren wieder durch die Canyons von Werbetafeln, von denen mich eine besonders fesselt:

LITTLE LOTUS CONVENT MONTESSORI SCHOOL
POLLUTION FREE PLAYGROUND IN THE HEART
OF THE CITY
Kleiner Lotus – Montessori Klosterschule, smogfreier Spielplatz im Herzen der Stadt

Wir halten an einer alles andere als smogfreien Straßenecke vor einem modernen Laden mit Chrom- und Glaswänden und einem großen Schild:

Nachdem wir uns von Abhay verabschiedet und ihm gedankt haben, spazieren wir in den Teil von *Shining India* hinter der gläsernen Ladentür und begutachten eine große Auswahl an indischen Weinen und Seagram's Whiskies: 100 Pipers, Royal Stag und Blender's Pride. Trotz dieser Namen handelt es sich fast immer um hiesiges Feuerwasser bzw. IMFL, Indian Made Foreign Liquor: in Indien hergestellte ausländische Spirituosen, genau wie der berühmte Old Monk Rum, den ich nach zwei Wochen Indien immer noch nicht probiert habe. Merkwürdigerweise gibt es keinerlei Anzeichen für Käse irgendeiner Art in dem Geschäft, abgesehen von einem Set mit Käsemessern und einem verpackten Käsebrett.

Wir gehen zurück zum Jeep, und Frau Weißer Brahmane erinnert an den Markt. Minuten später halten wir in der Mahatma Gandhi Road, Bangalores »Strip«, wo Yuppies mit Sonnenbrille in frischpolierten Cabrios auf und ab flanieren, vor einem Etablissement namens »Food World«. Es sieht alles verdammt modern aus, überhaupt nicht, wie sich unsere Begleiterin einen Markt vorgestellt hat, aber aus Höflichkeit gehen wir trotzdem hinein. Anscheinend ist gerade eine Sicherung durchgebrannt, denn in dem ganzen Gebäude herrscht beinahe vollständige Dunkelheit. Im Dämmerlicht suche ich nach lokalen Weinen, und wahrhaftig, da sind sie! Eine ganze Regalwand voll davon, einschließlich GROVER, steht neben dem Obst und Gemüse. Mit einem »Klick« springen die Leuchtstoffröhren plötzlich wieder an, und indische Diskomusik quillt aus den Lautsprechern. Wir gehen etwas benommen und ohne Gewürze hinaus.

»Wir wollen keinen Supermarkt, sondern einen *richtigen* Markt«, erklärt Frau Weißer Brahmane, und wir fahren los, fahren wieder dieselbe Strecke zurück wie gestern Abend aus dem *Hub of Hubs* zu unserem Hotel. Hat er sie verstanden? Dann biegen wir jedoch hinter dem »Tata-Institut« von der Hauptstraße rechts ab und sind plötzlich mitten in einem Markt voller Menschen, erfüllt von pulsierendem Leben statt von Musik aus der Konserve. Wir steigen aus, und mir wird bewusst, dass wir hier auch die einzigen Bleichgesichter sind.

»Das ist *mein* Bangalore«, sagt der Fahrer und strahlt vor Freude, dass wir hierher kommen wollten. Eine braune Kuh steht mitten auf der Straßenkreuzung an einem Ende des Marktes, Mopeds und dreirädrige Taxis kurven um sie herum. Pulverisierte Farbpigmente sind an einer Reihe von Ständen zu hohen Kegeln aufgehäuft und leuchten in unglaublicher Intensität. Die Gerüche sind vielfältig wie die Stimmen eines Riesenorchesters, mit einer ausgeprägten Bassstimme an menschlichem Schweiß. Von allen Seiten strecken Verkäufer ihre Arme nach uns aus und preisen ihre Waren an.

Alles scheint durch und durch indisch, selbst die Früchte und Gemüse, die vor Jahrhunderten aus dem Westen und Fernost gekommen sind, sind von der indischen Kultur vollkommen absorbiert worden. Der Subkontinent hat ein Talent dafür, sich Fremdes anzueignen, wie zum Beispiel die Bauern im Staat Chattisgarh im Osten Indiens gezeigt haben, die Coca-Cola und Pepsi erfolgreich als Insektizide einsetzen! Dieser Prozess der Absorption und Anpassung hat eine sehr lange Geschichte. Wer glaubt, dass es sich dabei um eine imperialistische Einbahnstraße handelt, hat die indische Kultur nicht begriffen. Selbstverständlich hat sich der Subkontinent auch einige *schlechte* westliche Dinge wie die Atombombe zu Eigen gemacht, aber die Beispiele für eine *positive* kulturelle Absorption überwiegen eindeutig. Vielleicht ist der Wein gerade im Begriff, letzterer Kategorie hinzugefügt zu werden?

5. März 2005 Erwartungen und Befürchtungen hingen unausgesprochen im Verkostungsraum von AMBOOTIA. Jede professionelle Verkostung dient der kritischen Bewertung von Produkten, und diese wirft zwangsläufig entweder Licht oder Schatten auf die verantwortlichen Menschen dahinter. Dieser nicht zu übersehende Effekt ist aber für mich ganz und gar nicht das Ziel meiner Arbeit, weil ich mich nicht als Kritiker im Sinne eines allwissenden Richters verstehe, der über den Erzeugern steht. Vielmehr versuche ich, die kausale Kette vom Ursprung über Bewirtschaftung, Lese und Bearbeitung bis hin zum fertigen Produkt und seiner Vermarktung aufzuspüren, auch wenn das grundsätzlich nie vollständig möglich ist. Nach meiner Erfahrung gibt es immer genaue Gründe für die bestimmten Eigenschaften des fertigen Produkts, auch wenn die natürlichen Prozesse des Pflanzenwachstums, der Reife und der Gärung, die sie ausmachen, an sich unvorhersehbar sind. Das, was ich als Spitzenqualität empfinde und so benenne, entsteht immer durch die Taten einer verständnisvollen Hand, geleitet von einem kritischen Auge und anderen Sinnen. Man kann so viele Bücher lesen und so viel studieren, wie man will – daraus ergibt sich keine Garantie für Spitzenqualität. Genauso verhält es sich mit den Einflussmöglichkeiten von Technik und Geld. Wie das Schild an der Wand des weißgetünchten Verkostungsraumes verkündete, in dem wir vor drei Tagen standen:

QUALITY IS THE RESULT OF SHARP
OBSERVATION AND SIMPLE SOLUTION FOR
PROBLEMS EVERY MOMENT. EVERY DAY
*Qualität ist das Ergebnis scharfer Beobachtung und einfacher
Lösungen für Probleme. Jeden Moment. Jeden Tag.*

Entweder findet dieser Beobachtungsprozess statt und führt zu konsequentem Handeln bzw. zu Problemlösungen oder eben nicht. Das theoretische Wissen, die neueste technische Ausrüstung und der beste finanzielle Hintergrund helfen keinen Deut, wenn die kritisch-kreative menschliche Dimension fehlt. Wenn sie aber ihrer Vollendung nahe kommt, kann man mit wenig theoretischem Wissen, veralteter technischer Ausrüstung und kaum Geld im Rücken ganz erstaunliche Produkte erzeugen. Hier in Indien habe ich gesehen, wie das unter schwierigen und fremden Bedingungen genauso funktioniert wie bei uns zu Hause.

Dreizehn Proben waren im Verkostungsraum in einer Reihe auf dem weißgefliesten langen Tresen aufgebaut, daneben ein Spucknapf, ebenso hoch wie der Tresen und auf Rollen. Wir bekamen jeder eine Liste mit den zu verkostenden Proben, dann sagte Anil Bansal, der schnurrbärtige General Manager der Gruppe, zu der AMBOOTIA gehört, freundlich, aber ernst: »Alle Proben sind aus 2004, ich schlage vor, Sie beginnen mit den weißen.« Es war klar, dass ihm daran lag, genau zu erfahren, was wir von seinen Erzeugnissen hielten, und dass sein Team gleichermaßen gespannt war, was wir sagen würden. Niemand gab ein Wort von sich, und wir begannen mit dem Verkosten.

Zuerst kam der SCHNEENEBEL, der ausgesprochen duftig wirkte, fest und doch raffiniert im Geschmack, genau, was ich aus dem Himalaja erwartet hatte, bevor wir hier hinaufgefahren waren. Zwei Proben weiter erwartete mich eine wahre Offenbarung; der WOLKENWEISS war eine schwimmende Welt der subtilsten Aromen, so weich wie Federn, die einem über die Wangen streichen, oder waren es Engelsflügel? Er machte seinem Namen jedenfalls alle Ehre. Ich hatte plötzlich das Gefühl, mich hoch oben in den Wolken über diesen Bergen zu befinden, so schwerelos und unberührt schmeckte er. Ich hätte mir diesen Duft, diese Dimension von Geschmack nie ausdenken können, sondern musste sie erleben, um die Möglichkeit ihrer Existenz zu begreifen. Sie lag so weit entfernt von der normalen Geschmackswelt wie der meditative Geisteszustand vom normalen wachen Bewusstsein für Hindu-Yogis und buddhistische Mönche. Ich musste mich zwingen, die Verkostung nicht an diesem Punkt abzubrechen, aber wiederum zwei Proben weiter in der Reihe überraschte mich der banal benannte WEISSE mit wunderbar süßem Blütenduft, Gardenien ähnlich, und einer Seidigkeit, die der zärtlichen Liebkosung unter Liebenden glich.

Der HANDGEMACHTE stellte einen totalen Gegensatz dazu dar,

erschien mir wie die Toccata und Fuge in d-Moll von Bach, mit vielen Schichten an Geschmack von tiefen geschmeidigen Bassnoten bis zu hellen tanzenden Obertönen. Andere Variationen dieses kraftvollen Themas folgten, von denen aber keine so vollkommen die Mächtigkeit dieser steilen Täler einfing, die mich an die Täler von Mosel und Douro erinnerten. Der HANDGEMACHTE vermittelte wahrhaftig ein Gefühl für die Maßstäbe hier; diese nebeldurchzogenen Täler sind mehr als doppelt so mächtig wie am Douro, viermal so groß wie die Mosel, ohne deren Weine im Geringsten herabsetzen zu wollen. Diese Proben schienen die Weißen Brahmanen ebenso zu berühren wie Ursula und mich, obgleich zweifellos jeder von uns aufgrund unterschiedlicher Assoziationen andere Worte der Beschreibung gewählt hätte.

Es war das Außergewöhnlichste, das ich in Indien geschmacklich erlebt habe, und gehört überhaupt zu den außergewöhnlichsten Geschmackserlebnissen, an die ich mich erinnern kann. Aber es handelte sich nicht um Wein, sondern um Tee aus dem Darjeeling-Gebiet, einen kurzen Flug und dann eine atemberaubende Fahrt die Serpentinen hinauf aus der Ganges-Ebene nördlich von Kalkutta in den Himalaja. Jetzt sitzen wir am Frühstückstisch im Esszimmer des Gästehauses von AMBOOTIA, das in seiner Art ganz den europäischen Vorstellungen vom Indien der Kolonialzeit entspricht, und warten auf den Fahrer, der uns zurück zum Flughafen von Bagdogra am Fuße der Berge bringen soll, dem ersten Teil unserer Rückreise nach Berlin. Wir sind hierher gekommen, weil Ursula mehr über Darjeeling herausfinden und ich den Himalaja sehen wollte, seit ich als kleines Kind ein üppig bebildertes Buch über die Erstbesteigung des Everest gelesen habe.

Inzwischen ist mir klar, dass das Erleben dieser außergewöhnlichen Tees mir einen indischen Maßstab gegeben hat, nach dem ich die neuen Weine dieses Landes beurteilen kann, selbst wenn Tee ursprünglich ein Import aus China ist, der erst vor anderthalb Jahrhunderten sein Debüt in DARJEELING hatte. Po-Tu, der runzlige

Butler des Gästehauses, in einen indischen weißen Anzug gekleidet und trotz seines Alters von unglaublicher Drahtigkeit, schenkt mir in beflissener Haltung vom AMBOOTIA FIRST FLUSH nach. Auf seinem Gesicht liegt dasselbe glückselige Lächeln wie all die fünf Tage, die wir hier verbracht haben. Auch er ist ein Maßstab für mich geworden, aber einer des Herzens, und ich weiß, dass ich gehörig an mir arbeiten muss, um mich mit ihm messen zu können.

Es mag ein wenig enttäuschend erscheinen, wenn ich berichte, dass keiner der indischen Weine, die wir auf unserer Tour verkostet haben, an die besten Tees heranreichte, die wir hier bei AMBOOTIA erlebt haben. Dabei gilt es jedoch zu bedenken, dass AMBOOTIA an sich ein typischer Darjeeling-Teegarten ist, nämlich 1861 gegründet wurde und somit der indischen Weinindustrie volle fünf Generationen voraus hat. Darjeeling hat nicht nur ein erstes goldenes Zeitalter, sondern auch eine Krise hinter sich, von der es sich seit Anfang der 1990er Jahre erholt. Diese Renaissance hat viel mit den neuen indischen Besitzern bei vielen Teegärten zu tun. Davon erzählte uns Frank Pauls von HÄLSSEN & LYON, dem 1879 gegründeten Hamburger Teehandelshaus, am Tag vor unserer Abreise nach Indien. Er hatte sich freundlicherweise bereit erklärt, Ursula und mich zu einer Verkostung und einer Einweisung in die Welt von Darjeeling zu empfangen. Ohne diese grundlegende Orientierung wäre es nicht möglich gewesen, diese einzigartige Duft- und Geschmackswelt so schnell zu begreifen.

Das erste, das Pauls uns einbläute, war die an sich banale Tatsache, dass Tee nicht aus Früchten wie Wein, sondern aus Blättern entsteht. Wir mussten von null anfangen, um uns dem Tee zu nähern; unsere Weinfachkenntnisse waren hier nutzlos. Die Blätter des Teebuschs werden zwar nach dem Pflücken, Trocknen und Rollen »vergoren«, aber es handelt sich dabei eigentlich um eine enzymatische Oxidation und nicht um die Folgen einer biologischen Vermehrung, bei der die Hefe den Traubenmost in Wein verwandelt. Die Verarbeitung von Tee dauert maximal zwei Tage vom Moment des Pflückens bis zum Verpacken des fertigen Produkts, Wein braucht hingegen bis auf Ausnahmen mehrere Monate, bis zu zwei Jahren, gelegentlich auch länger, von der Lese bis zum Abfüllen. Es war entscheidend, diese grundlegenden Unterschiede wahrzunehmen. Danach allerdings wurden die Parallelen zwischen Tee und Wein immer auffallender.

Der Teebusch wird genau wie die Rebe in äußerst unnatürlicher Art gezogen, und die genaue Art des Pflanzmaterials hat ebenso entscheidenden Einfluss auf das Endprodukt wie der Ort, an dem es wächst, und der Zeitpunkt der Pflückung. In beiden Fällen wirkt sich der Versuch, die Menge durch den Einsatz chemischen Düngers zu steigern, fast immer negativ auf die Qualität aus. Sind die Teeblätter erst einmal gepflückt und die Trauben gelesen, kommt es auf äußerst behutsame Verarbeitung und absolute Hygiene an. Schließlich steigert Sorgfalt beim Servieren des fertigen Produkts – Faktoren wie die Temperatur und Utensilien – den Genuss des Geschmackserlebnisses.

In DARJEELING half uns Mr. Singh, der große, stämmige Gutsleiter von AMBOOTIA, all diese Dinge in der Praxis richtig zu begreifen. Er ist hier als Sikh aus dem Punjab nahe der pakistanischen Grenze beinahe ebenso ein Fremder wie wir. Als junger Mann war er Gewichtheber und hätte in dieser Disziplin der erste indische Goldmedaillengewinner werden können, wenn er sich nicht vor den entscheidenden Olympischen Spielen eine Verletzung zugezogen hätte. Jetzt stemmt er andere Gewichte mit der Leitung von 350 Hektar Teegärten, 900 Vollzeit- und 600 Saisonarbeitern. Mit seinem kurzgeschnittenen, unverhüllten Haar – normalerweise schneiden Sikhs ihre Haare nicht und tragen einen Turban – und den Bartstoppeln sieht er auf den ersten Blick nicht aus wie ein Sikh, aber mit seiner präzisen und doch warmherzigen Art erinnert er mich wohl an einige Sikhs, mit denen ich in London zur Schule gegangen bin.

»Wenn ich bedenke, wie schwierig es ist, hier heute auch nur einen Hektar neu anzupflanzen, dann ist das, was sie damals getan haben, als dieses Anbaugebiet geschaffen wurde, einfach erstaunlich«, sagte er in einem nachdenklichen Moment, »wie sie Darjeeling-Tee *erfunden* haben, so viele Experimente, so viele Beobachtungen.«

Die Umstellung auf biodynamische Bewirtschaftung, die bei Ambootia vor kurzem stattgefunden hat, bedeutet jedoch, dass alles, was in den Teegärten geschieht, *neu erfunden* werden musste. Niemand hat mir je die biodynamischen Grundsätze so gut erklärt wie Mr. Singh; endlich habe ich begriffen, dass es in erster Linie darum geht, das Leben in den Böden anzuregen, um die Pflanzen zu stärken, die in ihnen wachsen, und dass dies durch die Anwendung von »katalysierenden« Stoffen und Kulturen in homöopathischen Mengen geschieht. Er scheute weder Zeit noch Mühe, um uns jeden Aspekt des Tee-Anbaus auf Ambootia zu zeigen, von den jungen Pflanzen aus Samen und Ablegern bis hin zum Pflücken. Das war die deutlichste Parallele zum Wein; der lange und aufwendige Prozess vor der Ernte. Mr. Singhs Kombination von Detailbesessenheit und Liebe zu den Pflanzen ist genau das, was auch die führenden Winzer auf *Planet Wein* auszeichnet.

Durchs Fenster sehen wir den Wagen kommen und stehen alle auf, um unser Gepäck aus den Zimmern zu holen. Gerade als wir es mehr oder weniger geschafft haben, alles in dem Jeep zu verstauen, trifft Sanjay Bansal, der Direktor der Tea Group, zu der Ambootia und sieben andere Teegärten gehören, mit seinem gesamten Team ein. Gestern Abend haben wir ihn gegen Ende der wunderbaren Vorstellung einer hiesigen Tanzgruppe, die zu unserer Unterhaltung organisiert worden war, ins Gästehaus rennen sehen, mit dem Mobiltelefon fest am Ohr und tief im Gespräch über die Prinzessin von Thailand. Wir haben uns gefragt, ob wir ihn überhaupt kennen lernen würden. Vielleicht habe ich seine Haltung missverstanden, weil ich bereits eine ziemliche Menge Old Monk Rum intus hatte?

»Ich glaube, Sie haben noch ungefähr 40 Minuten Zeit«, sagt er jetzt und wirkt ebenso entspannt, wie er gestern gestresst schien. »Lassen Sie uns einen Tee trinken.«

Wenig später sitzen wir also auf der Sofagruppe im großen Empfangsraum des Gästehauses, und Po-Tu serviert frisch aufgegossenen AMBOOTIA FIRST FLUSH, der wie während unseres ganzen Aufenthalts hier sehr delikat und erfrischend schmeckt.

»Mein Vater war der Manager dieses Betriebs, und als ich Kind war, hat Po-Tu mit mir gespielt«, sagt Sanjay in einer Weise, die jede Art von Frage möglich zu machen scheint.

»Wie sind Sie dazu gekommen, auf die biodynamische Bewirtschaftungsweise umzustellen?«, fragt ihn Ursula ohne Zögern.

»Chemikalien sind hier erst nach dem Zweiten Weltkrieg aufgetaucht«, antwortet er ebenso direkt, es ist sichtlich vertrautes Terrain für ihn, »und wir merkten, dass man immer mehr anwenden musste, um dieselben Ergebnisse zu erhalten.« Dann lernte er in Deutschland die biodynamische Arbeitsweise kennen, und die Tatsache, dass der fermentierte Kuhdung zu den stärksten biodynamischen »Katalysatoren« gehört, machte ihm als Inder das Ganze sofort verständlich. Er pachtete einen Teegarten, in dem nie Chemikalien zum Einsatz gekommen waren, um zu sehen, wie die Dinge wirklich aussahen, und entschied dann 1994, AMBOOTIA, das inzwischen seiner Familie gehörte, ganz umzustellen.

»1997 habe ich einen Vortrag auf einer Konferenz in Bengal gehalten und vorausgesagt, dass Darjeeling 2020 zu 50 Prozent und 2050 gar zu 100 Prozent ökologisch bewirtschaftet werden würde. Jetzt sind wir bereits bei 25 Prozent.« Ich gucke auf die Uhr und sehe, dass wir gehen müssen, aber er ist noch nicht fertig.

»Als Geschäftsmann war ich ein Versager, und jetzt sagen sie, ich sei ein Senkrechtstarter«, sagt er und kichert dabei. »Geld ist tot, und doch hängt alles in der Welt von Geld und vom Konsumenten ab. Geld existiert nicht, und es gibt nur den so genannten Konsumenten.« Er blickt seinerseits auf die Uhr. »Sie müssen gehen.« Wir danken ihm, Anil Bansal und Mr. Singh für ihre Gastfreundschaft und vor allem ihre Offenheit. Er lächelt: »Man muss immer offen sein für andere Menschen und Dinge, sonst kommt keine frische Luft herein.« In Asien habe ich unter der Luftverschmutzung gelitten, aber auch sehr viel frische Luft eingeatmet.

I know it's only Rock'n'Roll, but I like it oder
Die »Jungen Wilden« des deutschen Weins

9. Oktober 2003 Manche Leute in der Weinszene halten mich für
einen eitlen Egozentriker mit einem starren Tunnelblick, der seit
etlichen Jahren immer auf die »gleichen alten Winzer« gerichtet ist.
Für andere bin ich Mitglied einer »Wein-Mafia«, die sich zur Ruf-
förderung derselben »alten« Winzer verpflichtet fühlt. Einige machen kein Hehl daraus, meine Feinde zu sein, und behaupten, ich
hätte eine »taube Zunge« oder stecke »einfach voller Scheiße«. Vielleicht stimmt das alles, aber es ist jedenfalls nicht der Grund, warum ich die 40 Minuten, die der 18-Uhr-06-Inter-City-Express von
Frankfurt am Main Hbf Richtung Basel SBB nach Mannheim
braucht, auf der Behindertentoilette verbringe.

Wenn ein ICE so voll ist wie die Züge auf dieser Strecke während
der Frankfurter Buchmesse, dann sind diese Toiletten die einzigen
Orte, wo man eventuell eine Chance auf einen freien Platz hat. Den
ganzen langen Zug stehen Menschen auf den Gängen, dicht an
dicht wie Anchovisfilets in Olivenöl. Niemand, ob nun behindert
oder nicht, kann noch irgendwohin gehen und keiner hat bisher an
der Tür geklopft. Es ist eine Platz-Oase für mich, mein reichliches
Gepäck und meine Gedanken. Jetzt fühle ich mich wesentlich besser als noch vor einer Stunde.

Den ganzen Tag auf der Buchmesse habe ich Interviews gegeben,
die übers Lautsprechersystem übertragen wurden, so dass ihr Echo
zwischen den Mauern der fensterlosen Zementbunker der Messehallen hin und herschallte. Es ist ein wahres Wunder, dass ich mich
nicht wie ein Haufen Scheiße fühle, nachdem ich mich von dem
wahnsinnig aufgeblähten PR-Zirkus habe vereinnahmen lassen, der
mit dem wichtigsten Treffpunkt der Verlags- und Buchwelt einher-

geht! Nicht nur ist meine Flucht aus den Messehallen gelungen, auch stehe ich am Anfang eines Abenteuers, das ich schon seit langem unternehmen will, seitdem ich letzten November bei der Riesling-Gala der Zeitschrift »Feinschmecker« im Hotel »Krautkrämer« in Münster/Westfalen auf ein Trio von jungen Winzern aus der Pfalz gestoßen bin. Vor dieser schicksalhaften Nacht war mir zwar mehr oder weniger bewusst, dass es da eine richtige Welle neuer junger Winzer in Deutschland gibt, aber dieses Phänomen ist eigentlich nichts Neues auf *Planet Wein*. Jahraus, jahrein werden junge Talente von den etablierten Produzenten angeheuert, so wie Familienweingüter von neuen Generationen übernommen werden, die für frische Impulse sorgen. Das ist die Grundnahrung für Weinjournalisten und -kritiker, deren Ruf größtenteils darauf basiert, wen sie entdeckt haben. Andersherum sind junge Talente und neue Generationen darauf angewiesen, dass Leute wie ich sie entdecken und damit für einen Schub an Gratis-PR sorgen. Das hilft den Jungs aus der Anonymität und verleiht ihnen das Zeug zum zukünftigen Star. Ein ehrgeiziger, aber unbekannter junger Winzer braucht Publicity, um neue Kunden zu finden, die gewillt sind, für Qualität zu zahlen, weil der Qualitätsweinbau immer eine recht teure Angelegenheit ist. Mund-zu-Mund-Propaganda reicht dafür selten aus. Bis vor einem Jahr war ich vollkommen überzeugt, dass an dem letzten Schwung begabter junger Winzer nichts war, das meine spezielle Aufmerksamkeit verlangt hätte. Allein die Art, wie sie sich zu Gruppen zusammenfanden, um ihre Weine zu präsentieren, schien ein wenig anders, na und?

Als ich nun das weiße Plastikzelt hinter dem »Hotel Krautkrämer« betrat, wo das Trio hinter einer Reihe von Tischen mit halbvollen Flaschen auf weißen Hotel-Tischdecken stand, war es irgendwann deutlich nach Mitternacht, und ich war irgendwo deutlich nach nüchtern. Ich hatte bereits einen ganzen Haufen Weine von denselben »alten« Winzern aus Deutschland und Südtirol verkostet. Neben den eigenartig vertrauten Gesichtern der

»3 von der Pfalz« waren da fünf junge Winzer aus Württemberg, die sich »Junges Schwaben« nannten, und Martin Tesch, ein Einzelgänger von der Nahe, der es bereits auf meine interne Liste aufstrebender Stars geschafft hatte. Ein großes Schild verkündete, sie seien alle »Newcomer 2002«, und lärmende Heizlüfter sorgten dafür, dass wir alle zusammen weder erfroren noch einander richtig verstehen konnten. Fleißig verkostete ich mich durch ich weiß nicht wie viele Weine, notierte, was mir *wirklich* interessant und was *nur* interessant erschien, bis ich zu dem Trio kam. Da fiel mir auch wieder ein, warum mir die drei so bekannt vorkamen. Ein Foto von ihnen glaubte ich in der März-Ausgabe des »Feinschmecker« gesehen zu haben. Sie saßen auf ein paar Steinstufen eines terrassierten Weinbergs und sahen ob der Tatsache, dass sich die Linse eines professionellen Fotografen auf sie richtete, etwas perplex drein. Als dieses Foto entstand, hatten sie bestimmt keine Ahnung, dass sie der Redakteur der Zeitschrift auf einer ganzen Seite abbilden und die Worte »Junge Wilde« groß darüber setzen würde. Plötzlich und unerwartet waren sie »almost famous« – beinahe berühmt. Ich muss zugeben, dass ich, als ich auf diesen Artikel im »Feinschmecker« stieß und den Text überflog, dem Ganzen nicht viel Bedeutung beimaß. Vielleicht war ich auch enttäuscht, dass es nicht meine Entdeckung war – Weinjournalisten und -kritiker können bei solchen Sachen unglaublich eifersüchtig sein. Ich fand die Attribute »jung und wild«, mit denen die junge deutsche Winzer-Bewegung plötzlich bedacht wurde, albern und sah darin nicht viel mehr als eine übliche journalistische Übertreibung.

Das Selbstbewusstsein, mit dem das Trio seine Weine bei »Krautkrämer« vorstellte, war auffallend, die Beinahe-Berühmtheit schien ihnen jedenfalls nicht geschadet zu haben. In ihrem Zelt herrschte richtig Stimmung. Viele Leute zogen es vor, hier zu verkosten, statt bei den etablierten Winzern nebenan, wo es wärmer war und man seine eigenen Gedanken hören konnte. Ich war zu berauscht, um verächtlich zu tun, als ich die Weine des Trios verkostete, und musste zugeben, dass jeder von ihnen mindestens einen Wein hatte, der wirklich interessant war. Als ich das alles mit mehreren Gläsern von Teschs mächtig erfrischendem RIESLING UNPLUGGED herunterspülte, fiel bei mir schlagartig der Groschen. *Eins, zwei, drei, vier!* Was die Selbstdarstellung anbetrifft, funktionierten diese kleinen Winzergruppierungen so ähnlich wie Rockgruppen. Was zu der Frage führte, ob sie ein Rock'n'Roll-Phänomen sind. Meine überholte, hierarchische Wein-Perspektive hatte dazu geführt, dass ich die ganze Show drastisch unterschätzt hatte, und die einzige Möglichkeit, um herauszufinden, was wirklich an diesen Kerlen dran war, bestand in der *Gonzo-Methode.* Ich musste ganz in ihre Welt eintauchen. Viel Reiserei, für die die Flugtickets bereits gebucht waren, und viel Schreiberei, die zu verschieben unmöglich war, standen der direkten Umsetzung dieses Vorhabens im Wege. Nach sechs Monaten begann ich mich zu fragen, ob ich es je in die Pfalz schaffen würde. Als ich jedoch vor ein paar Tagen das Trio anrief, um zu fragen, ob ich sie mitten in der Lese besuchen dürfte – eigentlich ein absolutes Tabu wegen des Stresses beim Lesen und Keltern mehrerer Tonnen Trauben pro Tag nach einem vom Wetter diktierten und sich damit fortwährend ändernden Plan –, war ich erleichtert, dass sie sich so begeistert zeigten. Nach der üblichen Definition waren sie inzwischen bereits von der Weinpresse entdeckt worden. Aber mein journalistischer Instinkt sagte mir, dass ihr Enthusiasmus darauf hinwies, dass die wahre Geschichte über sie noch nicht geschrieben worden war. Als ich heute früh aus Berlin abfuhr, war ich richtig aufgeregt gewesen. Ich bin Dutzende Male in der Pfalz gewesen und glaubte, alles gesehen zu haben, aber vielleicht erwartet mich immer noch Neuland. Als ich mich aus der Toilette manövriere, segelt Mannheims Barockschloss vorbei, das bedeutet, dass wir in den Hauptbahnhof der Stadt einfahren.

Die Türen des ICE öffnen sich, und der dichte Strom von Passagieren und Gepäck zieht mich unaufhaltsam vorwärts, den Bahnsteig entlang, die Unterführung hinunter, wo es zur Tiefgarage

geht. Da entdecke ich plötzlich zwei vertraute, nicht gerade unter-
ernährte Gestalten, die die Masse von Pendlern und ausgebrannten
Bücherratten nach meiner Person absuchen. Das Abholen hat ge-
klappt. Allerdings sehen die beiden nicht gerade wie große Rock'n'-
Roller aus. Habe ich einen Fehler gemacht und mich an zwei Nor-
malos angehängt?

Als er meine Hand schüttelt, stößt der bärenartige Markus
Schneider – Jahrgang 1975, aus Ellerstadt und für 25 Hektar Reben
verantwortlich – eine Entschuldigung hervor, weil er es nicht geschafft hat, seine Arbeitsklamotten auszuwechseln. Seine Wein-
bergsstiefel sind voller Lehmklumpen, die Farbe seines Pullovers
unter einer dicken Schicht Rotweindreck nicht mehr erkennbar
und sein kurzes schwarzes Haar ist nicht wie bei unseren früheren
Begegnungen zu Stacheln aufgegelt. Ich begrüße den etwas weniger
korpulenten, aber ebenfalls stämmigen Thomas Hensel – Jahrgang
1971, in Bad Dürkheim zu Hause und verantwortlich für 15,5 Hektar Weinberge – in frisch gewaschenen Bluejeans, weißem Hemd
und einer ganz und gar unwilden schwarzen Lederjacke.

»Das ist einer der Gründe, warum ich gekommen bin!«, beruhige
ich Schneider, er solle sich keine Sorgen um sein Weinbergs-Outfit
machen. Hensels Augen funkeln mit sichtlichem Vergnügen durch
seine schmale Drahtbrille, ein gefährliches Lächeln breitet sich zwischen dem Backenbart auf seinem Gesicht aus. Er zeigt auf seinen
Mercedes-Kombi. Wir steigen ein und fahren los in Richtung Ellerstadt. Schneider erklärt, dass er sich aber doch unbedingt umziehen müsse, bevor wir raus zum Abendessen gehen, zusammen mit
Gruppenmitglied Nummer Drei, Karsten Peter – Jahrgang 1976,
ebenfalls aus Bad Dürkheim, wo er sich um 12,5 Hektar Reben
kümmert. Hensels Mercedes schießt los wie der Spaceshuttle beim
Start. Wir überqueren die Rheinbrücke und fliegen an einem Wirr-
warr aus Nachkriegs-Stahl- und Glasblöcken, einzelnen Vorkriegs-
Architekturfossilien und dekorativen Bunkern aus dem Zweiten
Weltkrieg, aus dem sich Ludwigshafen zusammensetzt, vorbei. In-

zwischen muss unsere Geschwindigkeit etwa zwischen dem offiziellen Limit und Mach 1 liegen. Ich habe gehört, dass die Polizei hier am linken Rheinufer eine wesentlich entspanntere Einstellung gegenüber solchem Verhalten hat als die am rechten.

»Ratet mal, was mein allererstes Ziel in Deutschland war?«, frage ich die beiden. Stille. Sie haben ganz offensichtlich wenig Erfahrung im Umgang mit der Presse, da ist nichts von dem geübten, gutgelaunten Winzergeplänkel, das mir oft begegnet und dazu dienen soll, den Kritiker in die richtige Stimmung zu bringen, damit er die Weine mit möglichst viel Lob überschüttet. »Lud-wigs-hafen«, sage ich mit ironischer Pseudo-Gewichtigkeit, wie es zu der Stadt passt. »Im Frühjahr 1974 war ich bei einem Schüleraustausch das erste Mal hier. Ich habe die Stadt gehasst, aber die Weinlandschaft der Pfalz gefiel mir.« Ich war damals der schüchternste, introvertierteste und verwöhnteste Teenager, den man sich vorstellen kann – Jahrgang 1960, Bewohner eines grünen, wenig aufregenden Londoner Vororts –, der das Überleben während seines kurzen Aufenthalts in Ludwigshafen bei einer überaus freundlichen Familie vom ersten Teller Nudelsuppe an als echte Herausforderung empfand.

Über der Kuppe der Haardt vor uns leuchten Streifen türkisen Himmels zwischen dicken grauen Wolkensträngen. 1974 sah die Pfalz die meiste Zeit wie auf den sonnigen Werbefotos in einer Touristenbroschüre aus und nicht wie das Caspar-David-Friedrich-Gemälde heute. Meine beiden Gastgeber, die nach dem absoluten Fehlen von Rivalität zwischen ihnen zu urteilen anscheinend alte Freunde sind, erklären, dass sie wegen des schlechten Wetters heute gar nicht gelesen haben.

»Morgen oder übermorgen soll das Wetter besser werden«, sagt Hensel. »Dann werden wir die spätreifenden Traubensorten holen.«

Es dauert nicht lange, bis wir in der unauffälligen Hauptstraße von Ellerstadt angelangt sind und in eine schmale Toreinfahrt einbiegen. Das Häuschen daneben wirkt im Kontext eines Gebiets, dessen Städtchen und Dörfer voller beeindruckender alter Weingutsgehöfte sind, sehr bescheiden. An der Fassade hängt ein Schild, das in goldenen gotischen Lettern verkündet: WEINGUT KLAUS SCHNEIDER. Alles sieht hier ganz normal aus.

»Willst Du direkt ins Hotel gehen?«, fragt Schneider nervös.

»Nein, nein«, entgegne ich. »Zuerst möchte ich ein paar gärende Rotweine verkosten.« Ich verspüre schlagartig das dringende Bedürfnis, möglichst sofort und auf der Stelle herauszufinden, ob es hier irgendetwas Besonderes gibt, um sicherzustellen, dass ich nicht einem Phantom hinterherjage.

»Okay«, antwortet er ziemlich überrascht angesichts meines Eifers für diese härteste Form von Weinerlebnis, und wir gehen in den Keller. Dieser ist aber oberirdisch, beginnt in dem kleinen Hof als alte Scheune und wird dann zu einer supermodernen Kellerei mit hohem Dach auf massiven Holzbalken. Schneider bleibt vor einer Reihe von hüfthohen grünen Glasfaserboxen stehen und zieht eine Ecke der schwarzen Plastikplane zur Seite, mit der sie abgedeckt sind. Darunter kommt eine schäumende, violettrote Masse von Traubenhäuten, Fruchtfleisch und Saft zum Vorschein – embryonaler Rotwein! Schneider rollt den rechten Ärmel hoch, taucht den Arm tief in die Box hinein und zieht ihn mit einer gehörigen Hand voll von dem gloriosen Zeug wieder heraus, aus dem er die Flüssigkeit über einem Weinglas ausdrückt. Eine gänzlich unübliche Methode, eine Probe zu ziehen.

»Portugieser, Rotwein«, verkündet er und reicht mir das Glas. Es sieht aus wie trüber Brombeersaft und entspricht nicht ganz dem, was mir vorschwebte, aber jetzt gibt es kein Zurück. Ich nehme also einen großen Schluck und komme mir dabei aber wenig heldenhaft vor. Ich spüre einen kleinen Wonneschauer, der mich etwas schockiert. Portugieser gehört zu den ersten Pfälzer Weinen, denen ich 1974 in Ludwigshafen begegnet bin. Damals war das eine dünne, süße, kaum rote und kaum Wein zu nennende, aber immerhin alkoholische Flüssigkeit in Literflaschen. Dies hier jedoch ist ein echter Rotwein, gleichermaßen füllig und voller Leben wie sein Erzeuger. Seine höchstenergischen Beerenaromen machen es mir echt schwer, ihn zu fassen. Bevor ich noch diese ganzen Eindrücke verdaut habe, hat Schneider schon die nächste Portugieser-Probe aus einem hohen glänzenden Stahltank gezogen und gibt mir das Glas mit den Worten: »14,5%vol natürlicher Alkohol … von Reben, die in den 1920ern gepflanzt wurden.« Sehr erstaunlich! Ein junger Winzer mit alten Reben. Sie müssen von seinem Opa stammen.

Obwohl es ein wahrhaft dickflüssiger Wein ist, sogar ein unverkennbarer Fall von »Je-stärker-desto-besser«, donnert hier nichts über meine Zunge, wirkt nichts fett oder schwer, überladen oder übertrieben. Trotz der für die *gute-alte, schlechte-alte* Portugieser-Traube erstaunlichen Mächtigkeit schmeckt er überraschend lecker. Es kann keine Zweifel geben, diese Weine sind revolutionär und daher zweifelsohne etwas ganz Besonderes!

Die *Rotwein-Embryos* bestätigen auch meine Eindrücke von einer Verkostung von Schneiders neuesten Weißweinen im Sommer in Berlin. Alle waren richtig gut gewesen. Seine drei verschiedenen trockenen Rieslinge aus dem Jahrgang 2002 hatte er nach den Bodentypen benannt, in denen sie wachsen – »Basalt«, »Buntsandstein« und »Kalkmergel« – daneben gab es einen vierten, der nach der Ellerstadter Lage »Kirchenstück« hieß: Allesamt charismatische Weinpersönlichkeiten, die mit dem Besten, was die Pfalz zu bieten hat, mühelos mithalten konnten … Eine Stunde später sitzen wir wieder in Hensels Mercedes und gleiten durch die nächtlichen Weinberge zwischen meinem Hotel, dem »Lamm« in Gönnheim, und einem nicht näher benannten Ort, an dem wir ein paar der Weine des Trios verkosten und dann essen werden. Vor dem Aufbruch haben wir im Hotel-Restaurant zusammen ein Glas Wein getrunken. Ich war etwas besorgt, Karsten Peters bis jetzt zuwenig Aufmerksamkeit geschenkt zu haben, was mich dazu bewog, schnell ein Viertel seines 2001 St. Laurent**-Rotweins zu bestellen, während wir uns unterhielten. Es war nicht so sehr, was er sagte, sondern eher, wie er es sagte, und wie er dabei aussah, was meine Aufmerksamkeit fesselte. Auch wenn er kleiner ist als der Star, erinnert mich Peter enorm an den athletischen jungen Tom Cruise. Er hat jede Menge Ausstrahlung, wirkt auf eine Weise cool und sexy, die zweifellos bei vielen Frauen genau ins Schwarze trifft. Wäre die Gruppe ohne dieses Element in ihrem gemeinsamen Wesen so schnell so weit gekommen? Hätte man sie als jung und wild bezeichnet, wenn nicht einer von ihnen so schlank und so hübsch wäre? Ich glaube nicht.

»Du bist *länger*, aber ich bin *größer*!«, hat Peter unverfroren über den Tisch hinweg Schneider an den Kopf geworfen, gerade bevor wir losgefahren sind. Endlich etwas Unverschämtes! Das Ziel dieser Provokation schien daran jedoch gewöhnt, zuckte mit keiner Wimper und antwortete nicht einmal. Der St. Laurent war mächtiger, als ich es von dieser alten Rebsorte erwartet hätte, die in den 1970ern kurz vor dem Aussterben war, weil die Winzer diese Reben wegen der geringen Erträge und der daraus folgenden Unfähigkeit, damit billige Literflaschen zu füllen, zuhauf rodeten. Wahrscheinlich war es ein Fehler, dieses große Glas vor einer ernsthaften Verkostungssession auszutrinken, aber jetzt dröhnt AC/DC aus den Lautsprechern des Autos, und ich überlasse mich dem Rhythmus des Abends, auch wenn das nicht meine Musik ist und ich nicht den blassesten Schimmer habe, wo wir eigentlich sind. Das passiert hier nur allzu leicht, wenn die Lichter aus sind, weil die Weinberge meistens flach sind, allenfalls sanfte Hügel. Dadurch gibt es nur wenige ausgeprägte Konturen, an denen man sich nachts orientieren könnte. Nur die Silhouette der Haardt könnte helfen, aber heute Nacht gibt es keinen Mond, und so bleibt auch sie unsichtbar. Aber es gibt noch schlimmere Weingebiete, was die Orientierung betrifft, zum Beispiel das Médoc in Bordeaux. Wenn man da ein Schild verpasst, ist man wirklich verloren im Weltall!

»Wie wäre es mit einem Wein namens ›Highway to Hell‹?«, frage ich, vom Gitarren-Rock inspiriert, der den Wagen erfüllt. Es ist Anbiederei, um ihnen zu zeigen, dass ich kein verknöcherter alter Kerl bin, aber auch ein Schuss ins Blaue, um zu sehen, wie sie darauf reagieren.

»Wie würde der schmecken?«, fragt Hensel halbernst zurück.

»Dunkel, mächtig und hart«, antworte ich, wiederum von AC/DC inspiriert. Wir halten an, die Musik verstummt schlagartig. Wir treten hinaus in die Kühle des Abends und jeder der drei nimmt einen Karton mit Weinflaschen aus dem Kofferraum. Während wir zu einem kleinen Restaurant in einem alten Haus einer anonymen Seitenstraße eines nicht zu identifizierenden Pfälzer Ortes spazieren, spielen sie gedanklich mit meiner Idee. Dennoch kann ich spüren, dass es ein Ball ist, den sie letztendlich fallen lassen werden. Vielleicht ist es einfach zu verrückt für sie? Ihre Jugend ist im Kontext der erzkonservativen Weinwelt ein nicht abzustreitender Fakt, aber wie wild sind sie tatsächlich? Ich muss das herausfinden, wenn ich diese wahre Geschichte erzählen will. So ganz abwegig war meine Frage nicht, sie haben bereits mehrere Weine gemeinsam abgefüllt, allen voran den 2001 St. Laurent Pour Le Mérite, den ich an jenem Abend im »Hotel Krautkrämer« verkostet habe; meine erste Begegnung mit dem vom Trio bevorzugten dunklen, vollen und fleischigen Rotweinstil. Davon gab es lediglich 300 Magnumflaschen, aber diesem Prototyp folgte bald der trockene weiße 2002 Tu le Mérites, ein Verschnitt aus Chardonnay (von Hensel), Weißburgunder (Schneider) und Auxerrois (Peter). »Drei Winzer, ein Wein … es ist das Ergebnis geordneten Chaos'«, war Schneiders Beschreibung des »kreativen Prozesses«, an dessen Ende der Wein stand, den er mir vor drei Monaten in Berlin einschenkte. Der französische Name mag konservativ erscheinen, aber kein französischer Winzer würde seinen Wein je so nennen. Es ist sogar schwierig, sich überhaupt eine Situation vorzustellen, in der ein Franzose sagen würde: »Tu le mérites«, du verdienst es!

Im Lamm haben sie mir erzählt, dass sie in ein paar Wochen, wenn sie den roten 2002 Tu le Mérites abgefüllt haben, eine Reihe von Gruppenauftritten geplant haben, oder sollte ich das *Gigs* nennen? Es ist wie bei einer Rockgruppe, die auf Tour geht, um ein Album zu promoten, für das sie wochenlang im Studio gesteckt haben, mit Aufnahmen, Streit, Schnitten. Aber wie viel von dem Rock'n'Roll ist wirklich da und wie viel projiziere ich selbst ins Bild, weil ich es sexy finde? Jetzt, da wir alle in einer gemütlichen Ecke dieser unglaublich gemütlichen Pfälzer Weinstube sitzen, kommt der schwierige Teil des Abends. Es ist der Teil meines Jobs, an den die Leute, die mich um das ganze Weinverkosten beneiden – um die Reisen und die faszinierenden Menschen, die ich kennen lerne –, selten denken: Ich kenne die jungen Winzer kaum und werde in Kürze jedem von ihnen vor den anderen präzise sagen müssen, was ich von seinen Weinen halte. Es sind Hensel und Peter, die mich beunruhigen, weil sie mir wie junge Musiker erscheinen, die ihren eigenen »Sound« erst noch finden müssen.

Ich versuche, meine Nervosität zu verstecken, aber wie gewöhnlich bewegen sich meine Lippen, bevor es mir überhaupt bewusst wird: »JUNGE WINZER TÖTEN WEINJOURNALISTEN, das wäre doch eine perfekte Schlagzeile für die BILD von morgen!« Sie lachen alle, aber aus irgendeinem Grund fühle ich mich dadurch auch nicht besser. Schneider sagt, weil es bereits neun ist und die Küche bald schließt, sollten wir direkt bestellen. Speisekarten machen die Runde, denen ich entnehmen kann, dass wir im »Turm Stübl« sitzen, wo auch immer das sein mag, in diesem ausgedehnten Anbaugebiet mit seinen über 23 000 Hektar Weinbergen und Dutzenden von Weinstädtchen. Ich bestelle die regionale Spezialität, Saumagen, was vom Trio glücklicherweise als ein Zeichen emotionaler Identifikation mit ihrer Heimat aufgefasst wird. Dann beiße ich auf die Lippen und blicke erwartungsvoll in die Runde, um anzudeuten, dass dem Weinverkosten nun nichts mehr im Weg steht. Die ganze Gemütlichkeit ist schlagartig beim Teufel. In der frostigen Stille starren mich für einen furchtbar langen Augenblick drei stumme Gesichter an.

»Der erste Wein ist von mir«, bricht Peter entschlossen das Eis. »Es ist ein Verschnitt aus Weißburgunder und Auxerrois aus 2002.«

Zu meiner großen Erleichterung spricht der Wein mich sofort an. Der volle, geschmeidige Geschmack und der weiche Duft nach gerösteten Nüssen und Honig wärmt mir Körper und Seele. Dann stellt Hensel sein erstes Gebot auf den Tisch, einen 2002 Chardonnay, doch der ist lediglich noch ein gut gemachter trockener Weißwein, der nichts hat, das ich als aufregend oder gar wild bezeichnen könnte. Warum hat er mir ausgerechnet den gezeigt? Weitere Weißweine folgen, dann lässt mich Peters 2001 CHARDONNAY FINGERPRINT innehalten. Nicht weil er aufregend oder wild wäre, sondern weil er weder zu dem üblichen Jede-Menge-Eiche-Gesöff gehört noch zu der magersüchtigen Alternative, in deren Gestalt deutscher Chardonnay meist auftritt. Der Geschmack erinnert mich an die Zitronen der Amalfiküste in Süditalien unweit von Neapel. Es lässt sich nicht abstreiten, dass sie Zitronensäure enthalten, und doch schmecken sie nicht dominant sauer, sondern sind von einer faszinierenden salzigen Note geprägt. Der Hauch von Vanille und Toast deutet darauf, dass der Wein einige Zeit in kleinen Eichenholzfässern verbracht hat, teuren französischen Barrique-Fässern oder der in anderen Ländern gefertigten günstigeren Alternative, aber es ist wirklich nur ein Hauch.

»Wie viel Eiche hat er gesehen?«, frage ich.

»Nur einen Touch«, lautet Peters Antwort, und sein Ton macht deutlich, dass ihm daran liegt, diesen Aspekt des Weins herunterzuspielen. Seine Worte klingen ganz einfach, und doch ist es das erste Mal, dass ein deutscher Winzer mir gegenüber auf diese Frage nicht mit einer gewichtigen runden Zahl reagiert hat. Die Standard-Antworten lauten »100 Prozent«, »50 Prozent« oder auch »ein Drittel«, vorgebracht mit unverkennbarem Stolz – als beweise der Winzer seine Bedeutung durch die Anzahl an neuen Barriquefässern, die einzusetzen er sich leisten kann – und selbst ein Drittel übertönt bei Weißweinen allzu oft die Traubenaromen geschmacklich. Die *Nur-ein-Touch-Methode* ist die einfache Lösung, um Eiche und Traubenaromen in Weißweinen dieser Art auszubalancieren, aber mir fällt niemand ein, der dies zuvor mit einem Spitzenwein wie diesem getan hätte. Das macht Peter eindeutig zu einem Freidenker. Meine ersten Eindrücke der drei werden schnell zu einem Muster. Leider liegen Hensels Weißweine deutlich hinter denen seiner zwei Komplizen, und das bedeutet, dass ich ein hartes Stück Diplomatie absolvieren muss. Dann gehen wir zu den Rotweinen über, und Hensel schenkt seinen 2000 Ikarus ein.

»Was ist das?«, frage ich Hensel.

»Rouge brutal!«, antwortet er mit einer Gelassenheit, die mich überrascht. Ein Schluck genügt, um mir klar zu machen, dass es sich um eine bewusste Provokation handelt. Der Wein ist wie ein riesiges Kreuzfahrtschiff, das mühelos durch hohe See pflügt, weit und breit kein Eisberg in Sicht. Er wirkt entschlossener und kräftiger als jeder andere Rotwein, den ich je aus Deutschland verkostet habe, und so voll mit Gerbstoffen wie der Spaceshuttle mit Brennstoff beim Start. Gerbstoff ist das Zeug, durch das Tee, der zu lange gezogen hat, den Mund pelzig werden lässt, aber andererseits verhilft er auch einem edlen Darjeeling zu seinem Rückgrat und kann bei Rotwein sowohl das eine als auch das andere bewirken. Ikarus ist zwar nicht gerade subtil, aber er ist auch beileibe nicht brutal. Aber wenn er nicht wie »Highway to Hell« schmeckt, dann weiß ich nicht, was sonst. Und er ist zweifellos wild!

»Aus welchen Rebsorten ist der Ikarus?«, frage ich Hensel und meine eigentlich: Wie-zum-Teufel-hast-Du-das-gemacht?

»Reiner Cabernet Cubin!«, kommt es zurückgeschossen. Das ist ein neuer Nachkömmling des berühmten Cabernet Sauvignon, entwickelt von der Weinforschungsanstalt in Weinsberg/Württemberg, die der Staatsweindomäne Weinsberg angeschlossen ist. Dream und Dreamtime, neue Rotweine, die für die gewaltigen Kopfschmerzen am Morgen unserer Abreise nach Südtirol im Juli verantwortlich waren, sind zum guten Teil aus dieser Rebsorte entstanden. Anscheinend muss ich Cabernet Cubin zukünftig viel ernster nehmen, diese Weine beweisen, dass er einen mächtigen Rotweinstil ermöglicht, den ich bis jetzt im kühlen deutschen Klima nicht für möglich gehalten habe.

Wie ich erwartet habe, lindert mein Lob für den IKARUS etwas den Schlag meiner kritischen Worte zu Hensels Weißweinen. Obgleich er ein wenig niedergeschmettert wirkt, bestreitet Hensel nicht ein Wort meiner Analyse, sondern hört aufmerksam zu. Ich kann ihm nur vorschlagen, die Zügel etwas zu lockern, an denen er seine Weißweine während ihrer Zeit im Fass hält, statt sie in einer Reihe *Platz* und *Männchen* machen zu lassen. Wie Menschen müssen Weine sich entfalten können. Auf Befehle reagieren sie oft defensiv und ziehen sich in ihr Gehäuse zurück. Große Teller mit Comfort Food kommen auf den Tisch und die Stimmung ändert sich schlagartig, als habe jemand einen Schalter umgelegt. Wie soll ich es ausdrücken? Ganz einfach: Wir *trinken* jetzt! Und genau wie meine Begeisterung für die hiesige Küche enorm gut ankam, gefällt ihnen jetzt der Eifer, mit dem ich mein Glas leere. Gute Pfälzer Weine sind nicht nur großzügig in Körper und Duft, sie sind so einladend und offenherzig wie alte Freunde. Die Zeit vergeht viel zu schnell, wenn man sich mit ihnen amüsiert, und auf einmal müssen wir gehen, weil der Laden schließt. Wie ich es erwartet habe, ist das Trio alles andere als bettreif und schlägt vor, die Straße hinunterzugehen, »auf einen Absacker«.

Wir biegen um eine Ecke und ein beeindruckendes zweistöckiges Gebäude mit einem kleinen Springbrunnen davor wird sichtbar. Mir wird klar, dass es sich nur um den »Deidesheimer Hof« handeln kann. Dieses Hotel habe ich zum ersten Mal im September 1982 besucht, im Zuge meiner ersten, zögerlichen Weintour. Eines Mittags saß ich dort vor dem Haus, genau wo wir jetzt entlanggehen, und habe einen Wurstsalat gegessen und dazu ein Glas trockenen Riesling aus einer der berühmten Deidesheimer Weinbergslagen getrunken. Damals hatte ich keine Ahnung, ob es mir gelingen würde, meine Deidesheimer Erlebnisse zu einem ersten weinjournalistischen Beitrag zu verarbeiten und so den Grundstein für meine heutige Karriere zu legen. Als wir die Treppe zu der Kellerbar des Restaurants »Schwarzer Hahn« hinuntergehen, bin ich immer noch schockiert, dass ich einen ganzen Abend in Deidesheim verbracht habe, ohne mir dieses Tatbestands bewusst zu sein. Helmut Kohl hat im »Deidesheimer Hof« Thatcher, Gorbatschow & Co. empfangen, als er noch Kanzler war, was für den Ruf des damaligen Küchenchefs, Manfred Schwarz, Wunder wirkte.

Der Sommelier, der hinter dem Bartresen Gläser wegräumt, sieht aus, als ob er gerade Schluss machen und nach Hause gehen will, aber als er uns sieht, strahlt sein Gesicht. Es ist ganz offensichtlich nicht das erste Mal, dass das Trio hier um diese Zeit auftaucht. Ihr Kommen bedeutet Action. Die drei bestellen Caipirinhas, aber das überfordert mich.

»Nein, nein, ich will Wein, trockenen Riesling«, platze ich heraus in meinem Bemühen, den heftigen Schock eines weißen Spritblitzes zu vermeiden. Noch bevor ich richtig ausgeredet habe, hat der Sommelier eine Flasche 2001 RIESLING FINGERPRINT von Peter aus dem Kühlschrank geangelt und mir ein großes Glas eingeschenkt. Der Wein schmeckt unanständig gut und läuft trotz all seiner Power so leicht die Kehle hinunter, dass ich in der Zeit, die meine Begleiter für zwei Caipirinhas brauchen, die Hälfte der Flasche vernichte. Die Musik wird aufgedreht, und wir machen jetzt genug Lärm, dass jemand, der die Stufen hinunterkommt, annehmen könnte, dass das hier eine heiße Adresse für späte Donnerstage sei, oder vielmehr frühe Freitage.

»Wie wäre es mit einem Wein namens ›Sex Machine‹?«, frage ich, angeregt von der Erinnerung an wilde Tänze zu einer gewissen James-Brown-Hymne mit einer wilden Freundin namens Dee Lite, Jahre her. Aufgeregte Schreie der Zustimmung, das scheint einen Nerv getroffen zu haben. Aufgeregt erklären die Jungs, wie »Sex Machine« schmecken könnte, nämlich genauso wie ein Vintage Port. Und dann sprudelt die Geschichte dahinter aus ihnen heraus.

Im März 2001 haben sie auf der ProWein in Düsseldorf Dirk van der Niepoort vom gleichnamigen Portweinhaus im Douro/Portugal kennen gelernt, mit dem sie seitdem gut befreundet sind. Niepoort ist holländischer Staatsbürger, sein Vater fühlt sich als Portugiese, seine Mutter ist Deutsche und seine Frau Österreicherin – ein echter Europäer eben. Er hat sie auf Vintage Port heißgemacht. In seiner Jugend ist dieser süße, undurchdringlich schwarzrote Wein mit um die 20%vol Alkohol und Godzilla-Gerbstoff supermächtig, superfüllig und superfest. Er gehört nicht nur zu den extremsten Getränken des gesamten Erdballs, sondern ist auch die letzte Art von Wein, dessen Entstehen ich mir in der Pfalz vorstellen könnte. Klima, Bodenverhältnisse, Rebsorten und Weintraditionen hier sind Lichtjahre entfernt von den Gegebenheiten am Douro, und zumindest auf dem Papier sind sie ungeeignet, um Weine in der Art eines Vintage Port zu erzeugen. Die alten Regeln sagen, dass es schlichtweg unmöglich ist, basta. Aus diesem Grund würde die große Mehrheit der Weinprofis das ganze Vorhaben für eine Spinnerei Caipirinha-berauschter Jung-Winzer halten. Außer Niepoort fällt mir niemand in der Weinszene ein, der ihnen eine ernsthafte Erfolgschance zugestehen würde. Und wenn mich heute Morgen jemand in einem nüchternen Moment auf der verdammten Buchmesse gefragt hätte, ob drei unerfahrene junge Winzer in der Pfalz Vintage Port erzeugen könnten, hätte ich ihnen wahrscheinlich zugestimmt. Nur die Erwähnung von Niepoorts Namen hätte mich vielleicht dazu gebracht, mich zu fragen, ob ich nicht auch längst zu den verknöcherten alten Sesselfurzern gehörte, die sich an die alten Regeln klammerten, statt ein abenteuerfreudiger *Gonzo-Weinjournalist* zu sein.

Niepoort war es auch, der mich scharf gemacht hat, jungen Vintage Port zu trinken, entweder solo oder zu einem Pfeffersteak. Beides gehört für meine Landsleute zu den schwersten Ketzertaten. Für sie ist jedweder Vintage Port, der weniger als 20 Jahre auf dem Buckel hat, viel zu aggressiv für den zivilisierten Konsum und Niepoort eindeutig ein Barbar. Ich habe so eine Ahnung, dass es diese Form von schamlosem Portweinkonsum gewesen sein muss, der die drei jungen Pfälzer vor zweieinhalb Jahren dazu gebracht hat, über die Erzeugung von Vintage Port in heimischen Gefilden nachzudenken. Die Aufgeregtheit, die in ihren Stimmen brodelt, sagt mir, dass sie sich schon ziemlich genau zurechtgelegt haben, wie das Unmögliche anzupacken sei, und jetzt nur noch mit der letzten Hürde kämpfen – den Mut zu finden, sich all den skeptischen Blicken und hämischen Bemerkungen ihrer konservativen Kollegen zu stellen.

»Und aus welcher Traubensorte wäre ›Sex Machine‹ zu erzeugen?«, frage ich weiter, und ja, auch in meiner Stimme schwingt ein Anflug von Skepsis mit.

»Cabernet Cubin!«, schießt es so schnell aus Hensels Mund, dass es meinen Verdacht bestätigt: Die drei haben sich all das seit langem ausgedacht.

»Muss sein«, sagt Schneider.

»Funktioniert mit nichts anderem«, fügt Peter hinzu. Ich denke daran, wie der 2000 Ikarus geschmeckt hat – diese Kraft, diese Fülle, diese Festigkeit. Es könnte gehen. Der Portugieser hat keine Chance, trotz seines Namens und dem wilden Zeug, das ich in Schneiders Keller erlebt habe. Es scheint, dass das einzige Neue an diesem Projekt der Name ist, den ich gerade vollkommen ahnungslos geliefert habe, aber vielleicht ist das auch genau der Katalysator, den sie gebraucht haben, um einen Weg zu wagen, den kein Winzer je zuvor beschritten hat?

10. November 2003 Es ist kurz nach 18 Uhr an einem verregneten, schmuddeligen Herbsttag, und ich stehe an der Bar im Erdgeschoss der »Weinbar Rutz« in der Chausseestraße, nur wenige 100 Meter auf der östlichen Seite der einstigen Berliner Mauer. Hinter dem Tresen die schlanke, flotte Gestalt von Lars Rutz. Obgleich der 33-jährige Chef von Berlins coolster Weinbar makellose dreiteilige Anzüge trägt, als seien sie seine zweite Haut, ist er doch so eine Art inoffizieller Guru der jungen, wilden Winzer Deutschlands. Durch die »Wein FUN-atiker«-Gruppe von Sommeliers, deren gleichermaßen inoffiziellen Kopf er darstellt, hat er vielen dieser *New Kids on the Wine Block* in kritischen Momenten geholfen, in den Oh-Scheiße-was-tue-ich-jetzt-Momenten, wenn Papi sich bei Tochter oder Sohn auf einmal skeptisch erkundigt, wann sich denn nun diese verrückten Weine, die man letzten Herbst gemacht hat, endlich so prima verkaufen würden, wie man es versprochen hatte …

Hensel, Peter und Schneider – die Pressemappe, die mir gerade in die Hand gedrückt wurde, teilt mit, dass sie sich jetzt »Pfalz Hoch Drei« nennen – stehen neben mir am Tresen, alle drei in identischen T-Shirts mit einem hier nicht zu wiederholenden Slogan in dicken schwarzen Lettern. Ich wollte sie eigentlich nach der Bedeutung dieses unverschämten Spruchs fragen, aber sie sind dabei, mir die Geschichte der Geburt des Sex Machine zu erzählen. Sie haben ihn wirklich gemacht! Rutz ist zwar voll mit den Vorbereitungen für die Berliner Präsentation der Tu le Mérites beschäftigt, die hier später am Abend stattfinden wird, aber er hört ebenso gespannt zu wie ich.

»Vor zwei Tagen haben wir 2400 Kilo Cabernet Cubin-Trauben gelesen«, berichtet Schneider mit gewichtiger Miene, als handle es sich um eine bedeutsame Entwicklung, für die das Innenministerium, vielleicht sogar der Kanzler selbst Interesse zeigen sollte.

»Von wo kamen sie?«, frage ich, denn jetzt will ich alles sofort wissen.

»Von meinem Vater, aus einem Weinberg in den Terrassen des Dürkheimer Steinberg. Das ist jetzt Deutschlands größtes Portweingebiet!«, verkündet Hensel genüsslich, und seine Augen funkeln gefährlich hinter den runden Brillengläsern.

192

»Es war kaum Saft in den Beeren. Sie bestanden beinahe ausschließlich aus Mark und Schalen … sie waren beinahe so hart wie Abwehrmunition!«, fährt Schneider fort, jetzt sehr aufgeregt, und beschreibt, wie die Trauben in mehreren der hässlichen grünen Glasfaserboxen gestampft wurden, die ich bei ihm im Keller gesehen habe. Die Revolution geschah mit einfachsten Mitteln.

»Wir hatten einen ganzen Haufen Mädchen, die die Trauben gestampft haben«, erklärt Peter mit nahezu erotischem Entzücken, und vor meinem inneren Auge sehe ich von schwarzvioletten Traubenhäuten bedeckte Mädchenbeine, triefend vor schwarzviolettem, gärendem Portwein. Das Trio hat Last-Minute-Anweisungen bezüglich der traditionellen Herstellung von Vintage Port von seinem Freund, dem Meister in Sachen Portweinherstellung Niepoort, bekommen, von wem sonst?

»Wir mussten laute, verrückte Musik spielen, mein Praktikant Chris war DJ«, berichtet Hensel.

»Und wir mussten die Mädels mit Niepoort abfüllen, weil die Trauben richtig kalt waren. Sie haben sie volle zwei Stunden am Stück gestampft, und dann haben wir sie nochmals selbst gestampft«, fügt Schneider hinzu.

Danach haben sie klaren Traubenbrand dazugeschüttet, um die Gärung zu stoppen, bevor der ganze Zucker der Trauben in Alkohol vergoren war, genauso wie im Douro!

»Und das Ergebnis?«, frage ich ungeduldig.

»Eine unglaubliche Farbe!«, sagt Schneider voller Staunen über das, was sie da geschaffen haben. »Er hat 19,5%vol Alkohol … ist riesig und süß und voller Gerbstoffe … und geil!«

Wie gut der Wein wirklich ist, wird sich erst mit der Zeit zeigen, aber alles, was er sagt, deutet für mich darauf hin, dass ihr verrücktes Experiment gelungen ist und dass sie erfolgreich die Regeln gebrochen haben. Für mich ist die ganze Geschichte der unerschütterliche Beweis dafür, dass Deutschlands »Generation Wein« nicht nur an PR und Partys interessiert ist, sondern richtig aufrütteln will.

2. Januar 2004   »Pfalz Hoch Drei« sitzen mir gegenüber, auf dem Sofa in unserem Wohnzimmer, und starren abwesend in verschiedene Ecken des Raums. Auf den ersten Blick, als sie vor einer halben Stunde durch die Tür kamen, waren sie in der üblichen guten Laune, aber jetzt flackern sogar Schneiders Augen unsicher wie eine Kerze in einer zugigen Kammer. Alle Energie scheint wie weggeblasen, hat nur noch Leere hinterlassen. Auf dem kleinen ovalen Tisch zwischen uns stehen fünf große Weingläser, in jedem ein anderer trockener österreichischer Riesling, zwei von BRÜNDLMAYER und drei von PRAGER. Es ist die Art von Weinen, die unsere Gäste normalerweise elektrifiziert hätten, aber heute haben sie die Reihe mechanisch durchgekostet. Wir haben über die Weine gesprochen, aber es war wie ein schlechtes Theaterspiel, in ihren Stimmen schwang trotz der charakterstarken Weine keine Spur von Begeisterung mit. Ich überlege, ob Rotwein wohl helfen könnte, und hole drei Pinots Noirs von WILLIAMS SELYEM aus Russian River Valley in Sonoma/Kalifornien, aber auch diese hinreißenden Verführerinnen können das Trio nicht mitreißen. Der Grund dafür hängt in der Luft, so unübersehbar wie der schwarze Monolith in »2001: Odyssee im Weltraum«. Wir alle haben noch nicht die Nachricht verkraftet, dass Lars Rutz mit seinen 33 Jahren vor vier Tagen an Krebs gestorben ist. Es war ein Riesenschock für uns, keiner hatte eine Ahnung von seiner Krankheit gehabt. Ursula und ich hatten ihn zum letzten Mal vor etwas über einem Monat gesehen, und es gab einfach nichts an seiner Erscheinung oder seinem Verhalten, das darauf hingewiesen hätte. An jenem Abend brachte er unsere Party richtig in Schwung, mit der wir unser zehnjähriges Jubiläum in Berlin feierten, und blieb bis weit nach 4 Uhr früh. Bei dieser Gelegenheit haben ihn auch Hensel und Peter zum letzten Mal gesehen. Für Schneider war es die Berliner TU LE MÉRITES-Präsentation.

»Wie war die Silvester-Veranstaltung im VAU?«, frage ich, um unsere Gedanken auf etwas Positives zu lenken.

»Wir haben wenig getrunken«, antwortet Hensel mit matter Stimme, »nicht mal viel SEX MACHINE.« Der Abend in dem Sterne-Restaurant nahe dem Gendarmenmarkt war als erste halb offizielle Präsentation ihrer revolutionären Kreation geplant gewesen.

Dann beginnen die Dämme zu brechen, die wir alle krampfhaft den unüberwindbaren Kräften der Flut entgegenzusetzen versuchen. Sie haben nicht versucht, Anja Schröder zu treffen, die Freundin von Lars Rutz und seine rechte Hand in der Weinbar, weil sie Ruhe braucht statt tränenreicher Besuche. Ich sage, dass wir eigentlich geplant hatten, uns heute Abend mit alten Freunden im »Rutz« zu treffen, aber selbst wenn die Weinbar geöffnet wäre, würden wir es nicht über uns bringen, dorthin zu gehen. Ich muss den drei etwas erzählen, was mir sehr geholfen hat.

»In der Nacht zum 1. Januar«, beginne ich, »habe ich geträumt, dass ich ins ›Rutz‹ gehen musste, um ein paar besondere Weine aus unserem Keller abzuliefern, die wir mit unseren Freunden heute Abend trinken wollten. Mir lag daran, dass Lars sie richtig vorbereiten konnte. Als ich aus der Haustür ging, nahm ich die Tasche mit den Flaschen, die ich schon gepackt hatte. Als ich im ›Rutz‹ ankam, waren sie dort bei den üblichen letzten Vorbereitungen für einen voll ausgebuchten Abend. Anja begleitete mich wortlos nach oben, dann kam Lars und war ganz anders angezogen, als ich es je gesehen habe; in schwarzen Hosen, einem schwarzen Polo-Shirt und einem schwarzen Lederjackett mit vier Taschen und schwarzen Knöpfen. Er bot mir einen Stuhl an und setzte sich dann mir gegenüber hin, was er ebenfalls nie im Rutz getan hat. Er sah so glücklich und gesund aus wie immer und fragte, was er für mich tun könne. Ich erzählte von dem Tisch, den unsere Freunde bestellt hatten, und dass ich gerne diese speziellen Weine mit ihnen trinken und dafür natürlich Korkgeld bezahlen würde. Er warf einen Blick auf die volle Tasche und fragte, ob das nicht ein bisschen viel sei. Ich schaute auf die Tasche und wusste in dem Moment, dass sie acht normale Flaschen und zwei Magnums enthielt. ›Na gut, lass mich die zwei Magnums wieder mit nach Hause nehmen, du bereitest die anderen Flaschen vor, und wir sehen, was passiert‹, sagte ich zu Lars. Dann wachte ich auf.« Die Geschichte hat sie kurz unterhalten, aber sobald ihr Ende erreicht ist, sinken sie wieder in sich zusammen. Die Kerzen flackern weiter, und schließlich rollen Peter die Tränen über die Wangen. Ich weiß nicht, was ich sagen soll, und denke an den Film »Mein Leben ohne mich«, den Ursula und ich vor einer Woche in Wien gesehen haben. Er war wie eine Vorahnung der Nachricht gewesen, die uns hier sofort nach unserer Rückkehr erwartete. Die Hauptfigur ist eine junge Frau, die erfährt, dass sie tödlich krank ist und nur noch wenige Monate zu leben hat. Sie entscheidet, niemandem davon zu erzählen, und bereitet sich selbst, ihren Mann und ihre zwei Töchter ruhig auf ein Leben ohne sie vor. Sie bleibt bis zum Ende positiv und ohne Klagen, genau wie Lars Rutz.

Schneider reißt sich zusammen und fragt, ob die »Kurpfalz Weinstuben« in der Wilmersdorfer Straße heute Abend offen haben und ob sie dort essen sollten. Es erscheint mir eine gute Idee, Rainer Schulz, der 60 Jahre junge Chef der Weinstuben, wird sie sicher aufmuntern. Ich erkläre, dass es für Berlin ein ziemlich schräger Laden ist, pfälzischer als so gut wie alles in der Pfalz selbst. Sie nicken zustimmend. Als sie den Flur entlang ins Treppenhaus schlurfen, fällt mir auf, dass ich Lars acht Traumflaschen dagelassen habe. Sind sie Proviant für eine Reise, die er unternehmen muss, und wenn ja, für wen habe ich die zwei Magnums aufgehoben?

30. April 2004 Der Anfang eines wunderbaren Frühlingsabends umgibt uns, und die Nacht verspricht, richtig heiß zu werden. Mit diesen Erwartungen sind Ursula und ich jedenfalls mit Philipp Wittmann – Jahrgang 1974, aus dem kleinen Ort Westhofen im rheinhessischen Wonnegau, wo seine Familie 25 Hektar Weinberge bewirtschaftet – in seinem VW Golf unterwegs.

»Autobahn?«, überlegt Wittmann laut. »Nein, die Landstraßen sind um diese Tageszeit schneller.« Also ignorieren wir das blau-weiße Autobahnschild und bleiben auf der Landstraße, die von Westhofen nach Norden führt. Theoretisch geht es bei der Wahl unserer Route durch die sanftgewellte Hügellandschaft Rheinhessens um Geschwindigkeit, aber eigentlich haben wir es gar nicht eilig, und der schlanke, gut aussehende junge Winzer ist auch nicht in der Stimmung, das Gaspedal auf Teufel komm raus durchzutreten. Stattdessen kurven wir gemütlich durch die ländliche Schönheit dieser Region, wo sich Weinberge mit Feldern und gewachsenen Ortschaften abwechseln. Ich merke, wie der Berg an Vorurteilen zusammenschrumpft, den ich gegenüber dem rheinhessischen Hügelland seit zwei Jahrzehnten hege. Er basiert nicht nur auf Liebfrauenmilch und anderer billiger süßer deutscher Weinplörre, die eine Generation zuvor hier in rauen Mengen produziert worden ist, sondern auch auf der Seltenheit positiver Ausnahmen von dem damals vorherrschenden Muster galoppierenden Kommerzialismus, der jegliche Weintraditionen des Gebiets rücksichtslos ausschlachtete. Jetzt muss ich zugeben, dass der Geist der sechziger und siebziger Jahre hier zwar auch seinen Tribut forderte – Weinberge in Lagen gepflanzt wurden, die sich besser für Zuckerrüben eigneten, und die Fassaden vieler alter Häuser durch Eternitverkleidungen oder billige Fliesen verschandelt wurden –, aber doch große Teile noch unverdorben sind. Das sieht man aber natürlich weder von der A61 noch von der A63, auf denen ich diese Ecke Weindeutschlands üblicherweise durchquere. Nein, man muss die Landstraßen nehmen, um das wahre Rheinhessen kennen zu lernen.

»Landwirtschaft in der Ebene, dann Reben am nächsten Hang«, kommentiert unser Fahrer die Logik der Landschaft um uns. Es sieht nicht nach Weinrevolution aus, aber genau das findet hier seit wenigen Jahren statt. »›message in a bottle‹ bildete sich 2001, und jetzt gehören 20 junge Winzer zu unserer Gruppe«, erklärt Wittmann auf eine Frage von Ursula. »2002 haben wir die ›Wein-in-den-Mai-Party‹ zum ersten Mal veranstaltet, und es sind zwischen 250 und 300 Leute gekommen. Heute werden es wahrscheinlich um die 500 sein, ohne jegliche Werbung außer der Mund-zu-Mund-Propaganda!«

»Und wie fing es alles an?«, bohre ich behutsam weiter.

»Bei einer Jungweinverkostung bei Alex Gysler in Alzey«, antwortet er. »Wenn man nicht viel Erfahrung hat, dann braucht man andere Meinungen zu den eigenen Weinen, und deshalb fingen wir an, uns in einer kleinen Gruppe regelmäßig zu treffen.« Das klingt wie etwas Selbstverständliches, aber für die Generation von Philipps Eltern (wenn auch nicht seine Eltern selbst) kam es nicht in Frage, die eigenen Weine den kritischen Kommentaren von Kollegen auszusetzen. Dieser Geist der Verschlossenheit, dem aber etwas Paranoides anhaftete, ist von Deutschlands Weinjugend, jener Generation der in den 1970ern Geborenen, inzwischen nahezu vollständig überwunden worden. Ihnen geht es um Offenheit und Weinparties wie »Wein in den Mai«. Dabei mussten sie nicht mit Ängsten oder Zweifeln kämpfen, für sie lag es auf der Hand, dass sie zusammen stärker sind, als sie es je allein sein könnten. Diese Stärke beruht auf der Möglichkeit, Ideen, Erfahrungen, Methoden und praktische Tipps austauschen zu können und sich gegenseitig als Gleichberechtigte in der gemeinsamen Erkundung der bis dato unerforschten Weinmöglichkeiten in dieser Gegend zu unterstützen. Überflüssig zu erwähnen, dass allen Mitgliedern solcher Gruppen nur allzu bewusst ist, wer der Älteste unter ihnen ist, wer der Erfahrenste, wer am meisten Wein verkauft, die höchsten Preise erzielt und so weiter, aber es besteht ein unausgesprochenes Übereinkommen unter ihnen, diese Dinge zu ignorieren, wenn sie zusammen sind. Sonst könnte das leicht zu Hierarchien führen und Grundlage für Neid und Missgunst sein, und das würde bedeuten: zurück zur schlechten alten Zeit.

Wir fahren einen der Hügel hinauf, oben schaltet Wittmann zwei Gänge hinauf, und vor uns taucht eine weitere Hügelkette auf, deren steiler Südhang wie eine rebbedeckte Wand aussieht.

»Schaut diese Hänge an«, platzt er heraus. »Das müssen Toplagen sein, da könnten bestimmt ganz besondere Weine wachsen, aber im Moment macht da niemand was.«

Als wir näher kommen, erkennt man, dass es zwar nicht ganz eine Wand ist, aber doch so steil, dass die Reben an Tagen wie heute in der Sonne förmlich baden. Für Wittmann sind solche Weinberge wie eine Truhe voller in Vergessenheit geratener Schätze, die tief unten auf dem Meeresboden darauf warten, entdeckt und geborgen zu werden.

Sein Handy klingelt, ein anderes Mitglied der Gruppe, sie brauchen ihn möglichst sofort für ein Gruppenfoto. Jetzt müssen wir uns also beeilen, und der Druck aufs Gaspedal erhöht sich. Der Größe nach ist »message in a bottle« eher ein kleines Orchester als eine Rockgruppe, und alle Mitglieder zusammen an einen Ort zu kriegen, um in die Kamera zu lächeln, ein entsprechend komplexes Unterfangen. Schon eine Minute später haben wir unser Ziel erreicht: Schloß Sörgenloch, ein Gutshaus eher bescheidenen Ausmaßes aus dem frühen 19. Jahrhundert mit einer Ansammlung ansehnlicher Außengebäude, das dem Titel Schloß eigentlich nicht ganz gerecht wird.

Als wir auf den Hof laufen, entdecke ich an der Eingangskontrolle Klaus-Peter Keller – Jahrgang 1973, wohnhaft in Flörsheim-Dalsheim, wo er 12,5 Hektar Reben pflegt – das »Message«-Mitglied mit der besten Presse. Er steht aufgrund der Leistungen seines Vaters Klaus im Rampenlicht, dem ersten Winzer aus den rheinhessischen Hügeln und Tälern, der sämtliche für einen deutschen Winzer möglichen Preise und Trophäen abgesahnt hat. Die Herzlichkeit seiner Begrüßung ist mir richtig peinlich. Vor gar nicht langer Zeit habe ich über einige von Klaus Keller ausgebaute Fruchtbomben-Rieslinge geschrieben, sie seien »seelenlos«. Glücklicherweise scheint ihm das jetzt gerade nicht durch den Kopf zu gehen. Dann lächelt uns Daniel Wagner – Jahrgang 1971 aus Siefersheim mit 13,5 Hektar Weinbergen, die ihn beschäftigt halten – zu und knüpft uns jedem ein dünnes rotes Band um die Handgelenke. Es ist wie beim Eintritt in eine Disco, außer dass uns jetzt Sektgläser in die Hand gedrückt werden. Wagner war in vielerlei Sinn ein kleiner Kerl, bis der 2002 HEERKRETZ vom WEINGUT WAGNER-STEMPEL von der Zeitschrift »Feinschmecker« im letzten November zum besten trockenen deutschen Riesling des Jahrgangs gekürt und er damit über Nacht zur Sensation wurde.

Wir folgen dem Strom der Gäste in das größte der Gebäude, das wesentlich moderner ist als der Rest der Anlage. Es entpuppt sich als die Dorfhalle von Sörgenloch, und das einzige, was für diese Monstrosität aus den 1970ern spricht, ist das hohe Gewölbedach. Innen bereitet sich ein DJ darauf vor, ein paar coole Scheiben aufzulegen, und an langen Tischen schenken die Message-Mitglieder jeweils einen »Top-Wein« aus. Es ist an der Zeit für seriöses Verkosten, um herauszufinden, wie avantgardistisch die Vereinigung der jungen rheinhessischen Winzer tatsächlich ist. Ist es ihnen gelungen, mit der Liebfrauenmilch-Vergangenheit des Gebiets wirklich so grundlegend zu brechen, wie es das riesige Transparent mit stimmungsvollen Schwarzweißfotos von ihnen andeutet? Und wenn ja, ist ihre Antwort auf diese Vergangenheit und ihre Schatten – Rheinhessens Image war bis vor kurzem mega-out – spannend genug, um hier weitere Recherche zu rechtfertigen? Das sind die großen Fragen, auf die ich bei dieser Wein-Party Antworten suche.

Die Erfahrung lässt mich befürchten, dass die Antworten nicht zwangsläufig positiv ausfallen müssen. Ich erinnere mich, bei einer Weinmesse Anfang der 1990er in Düsseldorf eine Reihe junger Winzer aus diversen deutschen Anbaugebieten getroffen zu haben, die oberflächlich betrachtet ähnlich auftraten wie die Message-Gruppe heute Abend, deren Weine mich jedoch alles andere als beeindruckten. Ich fand es damals ganz schön verwirrend, einen Wein von einer jungen Frau eingeschenkt zu bekommen, die vor einem fast lebensgroßen Schwarzweißfoto ihrer selbst stand, eine quasi identische Flasche in der Hand. Wohin sollte ich gucken? Und leider schmeckten ihre Weine genauso verworren, wie ihr Marketing sich vorstellte. Schon damals versuchte Rheinhessen nach besten Kräften, dem langen Liebfraumilch-Schatten zu entkommen. Unter der Marke RS wurden knochentrockene Silvaner – die traditionelle Rebsorte des Gebiets – in den Vordergrund gestellt. Ich habe viele dieser Weine probiert, weil die Gemeinschaftsmarke von Dutzenden von Produzenten genutzt wurde, fand sie aber oft recht hart und rustikal. Mich hat leichtbekleidet schon immer mehr angemacht als ganz nackt, und diesen Weinen hatte man den letzten Fetzen heruntergerissen. Alles das gehört zu den Vorurteilen, die in meinem Kopf zum Thema Rheinhessen herumgeistern. Sie sind schwer und sperrig.

Der erste Wein trifft mich wie ein Lastwagen, den ich schon lange vorher hätte kommen sehen sollen, hätte mir da nicht etwas Sperriges den Blick verstellt. (Ich hätte es schon aus dem Weg geschoben, wenn es nicht so verdammt schwer wäre.) Er ist superüppig und supersaftig, aber voller Leben und Energie … und auf dem Etikett der grünen Schlegelflasche steht Silvaner! Wie schafft es der 2003 GRÜNE SILVANER S von Johannes Geil-Bierschenk – Jahrgang 1975 mit 28 Hektar Weinbergen in Bechtheim –, so unverschämt gut zu schmecken? Ich dachte, das wäre nur in Franken möglich, der anderen Heimat des Silvaners, und auch dann nur in den Händen eines Meisters wie Horst Sauer aus Escherndorf. Aber die Silvaner von Keller und Wittmann, die dann folgen, sind ebenso beeindruckend, wenn auch vielleicht nicht ganz so sexy. Dann kommt der nächste Wein, der mich schon beim ersten Hineinriechen ins Glas sämtliche Sinne auf höchste Bereitschaft schalten lässt. Dieses Mal ist es ein Weißburgunder, eine alte Sorte aus dem Burgund, die in Rheinhessen und den anderen deutschen Anbaugebieten vergleichsweise zu den Newcomern gehört – eine der angesagten Sorten der späten achtziger und frühen neunziger Jahre. Nichts an dem 2003 WEISSBURGUNDER ›S‹ von Stefan Sander – Jahrgang 1970 mit 24 Hektar Reben in Mettenheim – erinnert mich jedoch an diese Modeweine, der Duft in meinem Glas wirkt vielmehr wie ein Spaziergang durch einen Kräutergarten bei strahlendem Sonnenschein. Dennoch gelingt es dem Wein irgendwie, trotz der Muskulatur eines Speerwerfers weder schwer noch übermächtig zu wirken. Nach den Zahlen auf dem Etikett dieser Weine – alle geben 13,5 oder 14%vol Alkohol an – finde ich es auch eine beträchtliche Leistung, dass keiner von ihnen nach Alkohol schmeckt. 2003 ist leider nur allzu oft bei trockenen Weißweinen geschmacklich ein brennendheißer Jahrgang im negativen Sinne. Als ich mich gerade frage, ob das vielleicht nur die vereinzelten Gipfel einer ansonsten netten, hügeligen Wein-Landschaft waren, wirft mich ein Blitzschlag aus der Riesling-Traube zu Boden.

Der 2003 RIESLING VOM PORPHYR von Daniel Wagner-Stempel hallt in den Abgründen meines Geistes wie ein Jimi-Hendrix-Gitarrensolo. Bis vor einem Jahr hatte ich keine Ahnung, wo Siefersheim liegt, noch viel weniger, dass dieser ehemals weiße Fleck auf meiner geistigen Weinkarte elektrisierenden Riesling hervorbringen könnte. Aber ich bin noch nicht am Ende der trockenen Weißweine. Ein beinahe absurd junger Winzer, der sich mir als Stefan Winter – Jahrgang 1980, in Dittelsheim-Hessloch beheimatet, wo er 18 Hektar Weinberge hat – vorstellt, einen Riesling einschenkt und dabei 2003 LECKERBERG sagt. Soll das ein Witz sein? Doch dann fließt der Wein meine Kehle nahezu unanständig saftig und anregend hinunter. Das ist die Art von Weißwein, mit dem ich am liebsten herumrennen und ihn so viel Leuten wie möglich einschenken möchte. Wenn man je an Riesling Spaß gehabt hat und dieser Stoff turnt einen nicht an, dann sollte man wahrscheinlich so schnell wie möglich eine Therapie antreten. Okay, es gab ein paar trockene Weißweine in der Reihe, die mein Feuer nicht unbedingt entfacht haben, aber alle waren zumindest gut und hatten ihren eigenen Stil.

Was die Weißweine angeht, lautet mein Resümee, dass der Bruch mit der Vergangenheit eindeutig radikal zu nennen ist und hier Dinge vorgehen, die ich nicht übersehen kann. Das muss jedoch im größeren Zusammenhang gesehen werden: Rheinhessen ist mit über 26 000 Hektar Reben flächenmäßig Deutschlands größtes Anbaugebiet, und was ich gerade erlebt habe, waren eine Hand voll spannender Weine – ein paar neue Facetten im großen Bild der Region. Sie sind das Ergebnis der Erkundung bis dato unerforschter Weinmöglichkeiten, der Bergung der Schatzkiste. Dieser Prozess ist an sich nicht Rheinhessen-spezifisch, in jedem Weinanbaugebiet gibt es solche unerforschten Möglichkeiten und verborgenen Schätze. Jetzt muss ich herausfinden, wie verbreitet dieser Erkundungsprozess im Gebiet tatsächlich ist.

Ich wende mich der Handvoll Rotweinen zu, die hier ausgeschenkt werden, und plötzlich wendet sich das Blatt. Manche davon sind schlichtweg unharmonisch, zu hart oder zu alkoholisch, während andere zu stark nach den Eichenfässern schmecken, in denen sie gelagert wurden. Ich finde, dass Eichenaromen im Wein zwar attraktiv sein können – wer mag nicht Vanille, Toast, Rauch oder gerösteten Kaffee –, aber wenn es nicht mindestens genauso anziehende Traubenaromen gibt, dann kann man auch in die nächste Tischlerei oder Küche gehen und dort ein paar tiefe Atemzüge nehmen. Diese Weine werfen ein Fragezeichen auf das ganze Phänomen des neuen Rheinhessen und scheinen zu bestätigen, dass viele junge Winzer hier beim Rotwein zweitklassige Kopien modischer Überseeweine produzieren: Südafrika, Chile, Australien.

Im Moment stört mich das allerdings nicht groß, weil der DJ jetzt richtig guten Soul auflegt und die Halle sich zu füllen beginnt. Das hier ist wirklich alles andere als das gemütliche alte Rheinhessen mit seinen holzgetäfelten Winzerstuben samt Topfpflanzen und Plastikblumen, die Wände triefend von Gold- und Silbermedaillen unbedeutender lokaler Weinprämierungen und billigem süßen Wein mit kitschigen Namen und Etiketten. Ursula und ich springen förmlich auf die Tanzfläche. Während ich mich zu den Klängen von Donna Summers »I feel Love« drehe, trifft mich dieser Lastwagen wieder: Das ist das erste Mal, dass wir in Deutschland die Kombination von lauter Musik und gutem Wein erleben! Auf den Geschmack dieses gefährlich guten Cocktails sind wir vor vier Jahren zu fortgeschrittener Stunde in einer Bar namens »Wine Banc« in der Innenstadt Sydneys gekommen. Jetzt hat er Deutschland erreicht – *»I feel love, I feel l-o-v-e …«*

Nach einer halben Stunde energischer körperlicher Ertüchtigung brauchen wir beide eine Chillout-Pause und gehen in den Hof. Da draußen an der Bar, wo die »Party-Weine« ausgeschenkt werden, lehnt der gefallene Ober-Engel. Er ist in diesem eigenartigen geschwätzigen Zustand, den manche erreichen, wenn sie sehr schnell zuviel getrunken haben. Mit einem Weinjournalisten als willigem Zuhörer schüttet er alles, was ihm im Kopf herumgeht, in einem langen, atemlosen Fluss aus.

»Könntest du dir das im Rheingau vorstellen?«, frage ich ihn, als er schließlich doch Luft holen muss. Er ist der Richtige, um diese Frage zu beantworten, weil jenes berühmte Anbaugebiet für ihn bis vor drei Jahren der Wein-Himmel war; dann sprang er ab (oder wurde er gestoßen?). Es war kein einfacher Sprung, wegen der hohen Position, die er verlor, und weil sein Fallschirm sich nicht öffnete. Nach einer Zeit des freien Falls stellte sich heraus, dass sein Reserveschirm jedoch voll funktionsfähig war, er landete sicher in den Weinbergen Rheinhessens und wurde schnell zu einem Reisebegleiter der Message-Gruppe.

»Nein! Unmöglich!«, entgegnet der nicht ganz so junge, aber ziemlich wilde Winzer.

»Wie sieht dann die Rheingau-Haltung aus?«, frage ich und nütze die Gelegenheit, die seine gelockerte Zunge bietet, schamlos aus.

»Very royal!«, entgegnet er mit überzeugendem British-Upper-class-Akzent.

»Darf ich das zitieren?«, frage ich, weil mich plötzlich Gewissensbisse überfallen.

»Unbedingt!«, sagt er und ist sichtlich froh, die Rheinseite gewechselt, den königlichen Riesling-Palast gegen diese Weindisco eingetauscht zu haben. Ich habe diese Art von Wein oft genug getrunken und diese Musik tausend Mal gehört, aber es hat trotzdem etwas merkwürdig Befreiendes, Whitney Houston schmettern zu hören und dabei diesen saftigen Riesling Kabinett halbtrocken zu trinken, von … wo ist die verdammte Flasche hingekommen, eben stand sie noch auf dem Tresen … Noch ein extrem junger Winzer stellt sich uns als Jochen Dreissigacker aus Bechtheim vor; es ist sein Wein. Ich habe noch nie von ihm gehört, aber sowohl sein Wein als auch er selbst sind mächtig erfrischend.

»Und dein Jahrgang ist?«, frage ich ihn.

»1981«, entgegnet er, und mir wird klar, dass ich sein Vater sein könnte! Welche Altersgrenzen soll man für junge, wilde Winzer setzen? Könnte jemand zu jung sein, und was wäre zu alt? Bin ich nur wegen meines Alters ein Outsider, der dies alles aus der Entfernung beobachtet, oder gehe ich als Reisebegleiter durch wie der gefallene Ober-Engel?

»Der Wein ist so gut, weil er so *wahr* ist«, sagt ein anderer Zwanzig-noch-was-Kerl mit gegelten Haaren und gestreiftem Hemd, den ich nicht kenne. An Disco-Philosophie fehlt es hier ebenso wenig wie an guten Weinen! Es wimmelt hier nur so von jungen Kerlen in gestreiftem Hemd mit Freundinnen in knappgeschnittenen Hüfthosen, die gegenwärtig immer ein gutes Stück Unter-Bauchnabel-Zone zeigen müssen. Als ich in diesem Alter war, galt das als ein aufregendes, fast pornographisches Stück der weiblichen Anatomie, aber inzwischen ist es so allgegenwärtig, dass es bei mir ungefähr soviel sexuelle Spannung auslöst wie ein Ellbogen. Dann steht da Daniel Wagner mit einer sehr hübschen Blondine, die ausnahmsweise keine Hüfthosen trägt und für diese Menge ungewöhnlich stilvoll aussieht. Er stellt uns Cathrin als seine Verlobte vor, und dann unterhält sie sich mit Ursula. Obwohl es jetzt deutlich nach ein Uhr am ersten Mai ist, will Daniel alles über mein nächstes Buch wissen, aber ich bin zu abgedreht dafür. Ich versuche, unser Gespräch in eine andere interessante Richtung zu lenken. Dabei fällt mir auf, dass ich ideal positioniert bin, um die Leute zu beobachten, die von der Tanzfläche die paar Stufen hinunter in den Hof kommen. Ich behalte die Tür im Auge, in der Hoffnung, ich weiß nicht was zu beobachten. Drinnen dröhnt Madonnas »Holiday«, und mich trifft wieder ein Lastwagen: Ihre Tanzmusik war auch die meine, als ich in ihrem Alter war! Die ganze Nacht befinde ich mich schon in einer bizarren Zeitschleife, das muss etwas bedeuten. Ist es eine Retro-Geschichte, eine Gegenreaktion auf Techno, beides oder etwas ganz anderes? Eine gute Frage, aber im Moment habe ich keine Ahnung, wie die richtige Antwort lautet.

Da taucht der schwer betrunkene »Luke Skywalker« auf, zieht seine ältere Schwester, die junge »Kathy Skywalker«, hinter sich die Stufen hinunter, und beiden gelingt es gerade so, die Balance zu halten. Sie sind wahrscheinlich nicht sehr erfreut, mich hier zu sehen, ich kenne sie von Kindesbeinen an. Ihr Vater, »Darth Vader«, sitzt zweifellos zu Hause auf dem »Death Star« und plant den nächsten Feldzug, um die deutsche Weingalaxie unter seine Kontrolle zu bringen. Oder fragt er sich, wann »Luke« ihm mit einem Jedi-Laserschwert in der Hand entgegentreten wird? Dann fällt mir ein Mädchen mit schulterlangem, blondem lockigen Haar auf, die sich zur Musik wiegt – *Holiday! We all need a Holiday!*« – und wieder ein Lastwagen: das ist »Prinzessin Leia«, die ich ebenfalls schon als Kind gekannt habe. Mein Gott, ist sie gewachsen, seit sie nach Heilbronn gegangen ist, um Weinmarketing zu studieren! Sie bereitet sich darauf vor, das Familien-Weingut auf einem anderen Planeten des rheinhessischen Sonnensystems zu übernehmen. Gerade als ich sie begrüße, überschlägt sich »Luke« förmlich und brabbelt mir die Ohren voll, dass er unbedingt ein Foto mit mir zusammen brauche, oder vielmehr mit meinen Titten. Beim Tanzen habe ich mich bis aufs T-Shirt ausgezogen, auf dem das schwarzweiße Foto eines nackten Frauenbusens prangt, und dieses »Titten-T-Shirt« von Vivienne Westwood hat es »Luke« in seinem Rausch angetan. Ich komme nicht drumherum, ich muss mit ihm hineingehen, wo er in dem Gedränge nach seinem Freund sucht, der eine Kamera dabei hat. Nichts von alldem ist dazu geeeignet, meine großen Fragen über Rheinhessens Zukunft zu beantworten, es bedeutet einfach nur, dass meine Vergangenheit mich einholt.

Als die Titten endlich im Kasten sind und ich wieder hinaus zur »Party-Wein«-Bar komme, tauchen da auch gerade Klaus-Peter Keller und seine Frau Julia auf, halten uns Weinflaschen entgegen und rufen schon von weitem: »LECKERBERG! LECKERBERG!«, jubeln alle begeistert. Dann lösen sich auch die letzten Anflüge von Selbstkontrolle in der weiten Leere des Weltraums auf …

5. Mai 2004   Es waren spannende Tage in Rheinhessen, aber sie haben auch ihren Tribut gefordert. Ich habe gestern Abend wieder zuviel gegessen und getrunken. Trotzdem muss ich heute ordentlich frühstücken. An der benachbarten Nahe erwarten mich heute drei Weinproben. Man muss eine substanzielle Grundlage schaffen, wenn man so eine Woche überleben will. Deshalb bin ich dankbar für das ausgiebige Frühstück, bestehend aus Brot, Schinken, Käse Obst, Joghurt und was nicht noch alles, das mich in der modern eingerichteten Küche im WEINGUT WITTMANN in Westhofen bei Worms erwartet. Während ich mir noch eine Tasse Tee einschenke, halte ich die Ohren auf nach dem Jeep des ersten Winzers, mit dem ich heute verabredet bin. Philipp Wittmann ist damit beschäftigt, mit seinen Eltern Elisabeth und Günter den Tag zu planen, und so denke ich ungestört über die starken Eindrücke der letzten Tage nach.

»Früher habe ich auf die Frage, wo ich herkäme, gesagt: aus Bechtheim in der Nähe von Westhofen«, hat Johannes Geil-Bierschenk bei unserem Besuch gesagt. Er spielte auf die Tatsache an, dass der ausgezeichnete Ruf der Wittmanns um die Jahrtausendwende herum den Leuten eine Art geographischen Orientierungspunkt im Wonnegau bot, der vorher vinologisches Niemandsland zwischen Alzey und Worms war.

»Aber dann fing ich an zu sagen, dass Westhofen in der Nähe von Bechtheim liegt«, fügte er hinzu. So äußert sich das neue Selbstbewusstsein der jungen rheinhessischen Winzer. Ursula und ich saßen in dem hellen, luftigen Verkostungsraum des Gutes mit ihm und seiner Freundin Elie, einer Lehrerin, die sich noch nicht ganz an die wilde Weinwelt und die Ländlichkeit Bechtheims gewöhnt hat. In diesem neugestalteten Raum würde man nie darauf kommen, dass das Haus 175 Jahre alt ist. Vor uns auf dem Tisch standen eine ganze Batterie von Weinen, einige 2001er und 2002er neben der gesamten Palette 2003er. Ursula und ich haben Johannes' Eltern Monika und Karl Anfang der 1990er kennen gelernt, und seitdem hat sich hier viel mehr als nur die Inneneinrichtung verändert. Damals waren die trockenen Weine oft gut, gingen aber immer auf Nummer sicher, wie Fußballspieler, die sich nicht aus der Defensive trauen. Jetzt stürmen sie alle vorwärts und schießen mit einer Entspanntheit Tore, die zu beobachten ein Vergnügen ist. Ich kann nicht sagen, ob mir die trockenen Silvaner, Weißburgunder und Rieslinge oder aber die edelsüßen Rieslaner und Huxelreben besser gefallen. Alle stecken voller reifer Traubenaromen, haben Stil und echten Charakter – die drei Dimensionen des guten Weins. Das heißt, dass Johannes in Weinberg und Keller weitgehend das Richtige tut. Er entwickelt ein Gefühl dafür, wie jede Sorte auf die besonderen Bedingungen Bechtheims reagiert, und für den besonderen Charakter der Weine aus jeder Rebparzelle; die hohe Kunst des Weinausbaus. Die hat nichts mit der neuesten Kellertechnik oder einer angesagten neuen Art von Reinzuchthefe zu tun, um das Aroma von Dosenpfirsichen, Fichtennadel oder was auch immer zu zaubern, das gerade als *Weinparfüm* angesagt ist.

Es gab jedoch einen merkwürdigen Augenblick bei der Verkostung, als Elie Johannes fragte: »Und wer war der erste rheinhessische Winzer mit einem gestreiften Hemd?« Mir war also nicht als Einzigem aufgefallen, dass diese sonst so unterschiedlichen jungen Winzer alle dieselbe Art von Hemd trugen! Was sagt das über sie aus? Dass sie unter der individualistischen Oberfläche doch Konformisten sind?

Auch Stefan Winter vom WEINGUT WINTER in Dittelsheim-Hessloch trug ein gestreiftes Hemd, als ich ihn besucht habe, aber das geriet schnell in Vergessenheit bei der Tour, die er mit mir durch die ausgesprochen unspektakulär wirkenden sanften Hänge auf der nördlichen Seite des Kloppberg unternahm, dem höchsten Punkt des Wonnegaus. Auf seiner breiten, reblosen Kuppe stehen um die 30 Windmühlen, die für günstigen Strom und heftige Beleidigung jedwedes ästhetisch empfindlichen Betrachters sorgen. Er zeigte mir die Reben, von denen der LECKERBERG RIESLING stammt. Auf den ersten Blick war klar, dass diese knorrigen Stämme keine Teenies waren, doch dann kam die Überraschung. Sie waren 45 Jahre alt und stammten aus einer eigenen Rebselektion seines Großvaters. Damals wurde das Pflanzen von nach Klonen selektionierten Reben so richtig Mode; sein Großvater also war ein Freidenker. Aus unserer Perspektive war er seiner Zeit weit voraus, im Kontext des Wirtschaftswunders jedoch eher eine Art Landwirtschafts-Outlaw. Ich habe die Winter-Weine in einem dieser typischen rheinhessischen Probierzimmer verkostet, von Stefans Eltern im Zuge des heute weit zurückliegenden *Goldenen Oktobers* der Liebfraumilch eingerichtet. Ich konzentrierte mich aber lieber auf die positiven Entwicklungen – die faszinierenden Unterschiede zwischen Stefans 2003 Rieslingen. Der GEYERSBERG war fester und erdverbundener, der LECKERBERG sonnenverwöhnt mit fruchtigen, reifen, superreifen frischen Pfirsicharomen. Beide Weinberge waren mit der Rebselektion seines Großvaters angelegt worden, und auch im Anbau, beim Keltern und dem Umgang mit den jungen Weinen im Keller war nahezu alles identisch – und doch schmeckten die Weine auffallend anders. Dieser Kontrast konnte nur auf den feinen Unterschieden der natürlichen Wachstumsbedingungen zwischen den beiden Lagen beruhen, obwohl sie in meinen Augen mächtig ähnlich aussahen.

Sherlock Holmes hat Dr. Watson seine Ermittlungsmethoden mehrmals als das Ausschließen aller möglichen Erklärungen beschrieben, die nicht zu den Tatsachen passten, bis nur eine Erklärung übrig blieb. Wie unwahrscheinlich diese auch erschien, musste es die Richtige sein. Als Teenager habe ich sämtliche Sherlock-Holmes-Geschichten verschlungen und gehofft, mir dieses Prinzip zu verinnerlichen und ein großer Detektiv zu werden. Natürlich erfolglos. Dennoch habe ich genug von Holmes gelernt, um zu wissen, dass ich zwar noch nicht sagen kann, welche Faktoren – Hangrichtung, Wasserablauf, Windströmungen, eine Kombination davon oder etwas ganz anderes? – den entscheidenden Unterschied zwischen den beiden Weinen ausmachen, dass das aber nur bedeutet, dass ich zurückkommen und genauer beobachten muss, um die verantwortlichen Zusammenhänge, die für dieses köstliche *Verbrechen* verantwortlich sein müssen, aufzudecken.

Als ich durch Daniel Wagner vom WEINGUT WAGNER-STEMPEL in Siefersheim die »Rheinhessische Schweiz« im äußeren Westen des Gebiets kennen lernte, war mir bereits klar, dass Rheinhessen wesentlich vielfältiger und spannender ist, als ich mir je hätte träumen lassen. Auf meiner inneren Karte gab es noch jede Menge weiße Flecken, aber sie füllten sich schnell.

»Manche Leute aus anderen Teilen Rheinhessens bezeichnen unsere Ecke als ›Rheinhessisches Sibirien‹«, erzählte mir der koboldhafte Winzer mit einem Grinsen. Ihm gefiel ganz offensichtlich der Gedanke, am äußersten Limit Weinbau zu betreiben. Ich hatte angenommen, dass ganz Rheinhessen sich eines ziemlich milden Klimas erfreute und in Verbindung mit den fruchtbaren Böden eine Art landwirtschaftliches Paradies darstellte, dass es die Reben aber oftmals zu sehr verwöhnt. Ohne Eingriff von Seiten des Winzers wachsen sie zu stark und tragen zu viele Trauben. Man braucht kein Sherlock Holmes zu sein, um zu verstehen, dass überlastete Reben *unglückliche* Reben sind. Und solche Reben ergeben üblicherweise dünne, charakterlose Weine, im schlimmsten Fall wässrig und/oder fad. Am äußersten Limit hingegen ist es wegen der klimatischen Herausforderungen und ärmeren Böden schwierig, überhaupt auf eine große Menge Wein zu kommen, aber wenn man die Trauben zu voller Reife bringen kann, dann können hier bemerkenswerte Aromen und eine tolle Eleganz entstehen.

Wagners Landrover arbeitete sich langsam immer weiter hinauf, bis wir zur Spitze kamen, wo Birken, Wildrosen und Ginster aussahen, als ob auch sie es hier richtig schwer hätten. Als wir anhielten, erkannte ich sofort den Grund dafür. Der Boden, auf dem sie wuchsen, bestand aus beinahe purem, rötlichem Gestein. Während einer näheren Erkundung zu Fuß bekam ich genauere Erklärungen.

»Das ist alles vulkanisch, Porphyr, der vor 250 bis 350 Millionen Jahren in Form von Magma aus den Vulkanen nördlich von hier geflossen ist«, erzählte mir Wagner. »Wir sind jetzt auf der Spitze der Lage Heerkretz, 280 Meter über dem Meeresspiegel. Ich glaube, es ist der höchstgelegene Weinberg in Rheinhessen. Vor 35 Millionen Jahren war das Mainzer Becken ein Meer und der Heerkretz eine kleine Insel.«

Höhe heißt kühl, und kühl bedeutet, dass die Trauben langsamer und später reifen als in niederen Lagen und dadurch mehr natürliches Aroma und mehr Säure bilden. Das erfordert eine späte Lese, um die Trauben zu voller Reife gelangen zu lassen, was wiederum riskant ist, weil ungünstiges Herbstwetter die Ernte zerstören kann. Vom Heerkretz aus blickten wir nach Süden über unglaublich grüne Felder, in der Ferne Wälder, alles unter einem gleichmäßig grauen Himmel. Wir standen förmlich am äußersten Rand von Rheinhessen. Als wir mit dem Landrover wieder hinunterfuhren, wurde mir klar, wie verdammt steil der Heerkretz wirklich ist. Ich musste mich am Armaturenbrett abstützen, um nicht gegen die Windschutzscheibe geworfen zu werden.

»Ich habe Glück, dass die anderen Winzer hier das Potenzial dieser Lagen nicht erkennen, dadurch kann ich meinen Besitz ausbauen«, begeisterte sich Wagner. Ich konnte genau erkennen, warum andere Winzer nicht dieselbe Begeisterung aufbrachten. Weinberge wie der Heerkretz von Siefersheim sind äußerst anstrengend und zeitaufwendig, was Geld kostet, und teuer in der Pflege ist. Hier ist viel Handarbeit unvermeidlich. Eine halbe Stunde später saßen wir in dem nahezu kirchlich wirkenden Verkostungsraum des Weinguts WAGNER-STEMPEL – mit einer von Steinpfeilern getragenen Gewölbedecke, wie sie auf dem Etikett abgebildet ist – und ich entdeckte den Grund seiner Begeisterung für diese extreme Lage. Der 2003 HEERKRETZ RIESLING GROSSES GEWÄCHS aus dieser Lage sprengt jegliche Skala. Es ist einer der spannendsten trockenen deutschen Rieslinge, die ich je verkostet habe – nicht aufgrund bloßen Ausmaßes oder Körpers, obgleich er wie viele andere Weine dieses Jahrgangs kein Leichtgewicht ist, sondern vielmehr wegen seiner überbordenden Tiefe und Geschmacksdichte kombiniert mit einer nicht weniger beeindruckenden Zartheit. Er erinnerte mich an die besten Weine aus dem benachbarten Nahe-Gebiet, was auf seine fundamental *nördliche* Persönlichkeit deutet. Im Vergleich dazu waren die üppigen Kurven von Winters LECKER-BERG total *südlich*, obgleich der auf ganz ähnliche Weise an- und ausgebaut wurde.

Die Geschmacksvielfalt, die die führenden Talente der Message-Gruppe in ihren Weinen zum Ausdruck bringen, ist etwas, das sie mit ihren Trauben ernten. Das Potenzial dafür war immer vorhanden, aber die Generation ihrer Eltern hat sich nur selten genug bemüht, es zu erkennen, und wenn, dann maßen sie ihm keine besondere Bedeutung bei. Der schiere Umfang des freizulegenden Potenzials und der zu entdeckenden Schätze hat den enormen Qualitätssprung der letzten Jahre ermöglicht, und diese Reserven sind noch lange nicht erschöpft! Nicht, dass es hier kein *Weinmachen* gäbe, das wurde mir bei den Kellers im WEINGUT KELLER in Flörsheim-Dalsheim besonders klar. Sobald ich begann, in dem Steingewölbe des Verkostungsraumes mit Klaus-Peter Keller die neuen Weine zu probieren, erkannte ich, dass sich hier Grundlegendes verändert hatte. Die Weine vor mir waren echte Originale, waren subtil statt laut, spannend statt offensichtlich. Die Offenheit, mit der ich willkommen geheißen wurde und mit der meine kritischen Worte zu früheren Weinen akzeptiert wurden, erstaunte mich aber noch mehr. Nicht weniger als die verkosteten Weine deutete das auf tiefgreifenden Kurswechsel hin.

»Unser alter Jo-Lo-Stil!«, sagte Klaus-Peter Keller mit mehr als einem Touch Verachtung in der Stimme. Als ich seinen 2003 MORSTEIN im Glas hatte, konnte ich ihm nur zustimmen, auch mir gefiel dieser neue kompromisslose Ausdruck seiner Heimat Wonnegau. In diesem Wein-Bild eines Jahrgangs in einer einzelnen Weinbergslage gab es einfach mehr Schattierungen und Kontraste im Vergleich mit den eintönig leuchtenden Farben der Pop-Weine, die hier vor fünf Jahren die Norm darstellten. Jeder weiß, wie der nächste Hit von Jennifer Lopez klingen wird – das ist mein Problem mit ihrer Musik und mit Weinen, die nach ähnlich reduzierten Vorgaben gestaltet werden.

Klaus-Peter Keller schwärmte von all den Veränderungen, die er im Keller vorgenommen habe, allen voran die Entscheidung für die so genannte Spontangärung mit natürlichen Hefen statt jenen aus dem Päckchen. Seine Weine zeigen, dass das einen ebenso großen Unterschied ausmachen kann wie zwischen einer handwerklich gemachten Pizza aus den allerbesten Zutaten und einer industriell hergestellten Fertigpizza aus dem Tiefkühlfach. Sowohl bei

Keller als auch bei Wittmann besitzen die trockenen Rieslinge der letzten Jahrgänge eine unterschwellige Festigkeit, die unter der Wasserlinie unmittelbarer sensorischer Wahrnehmung kaum zu erkennen ist, aber wie der Kiel einer großen Rennjacht funktioniert. Sie verhindert, dass diese Schwergewichte kentern, und stattet sie gleichzeitig mit einer vertikalen Achse aus, durch die sie auch noch Jahre nach dem Segelsetzen nicht vom Kurs abkommen. Dieser Effekt wird durch das Ziehenlassen der gemahlenen, bzw. vorsichtig angequetschten Trauben erreicht, die so einige Stunden oder auch einen ganzen Tag vor dem Keltern gekühlt in ihrem eigenen Saft mazerieren. Wie das Vergären mit natürlichen Hefen stammt die so genannte Maischestandzeit aus der Zeit der Kellerschen und Wittmannschen Großeltern. Sie erfordert perfekte Kellerhygiene, starke Nerven und ein scharfes Auge, für den Fall, dass das Boot umkippt, bevor es überhaupt im Wasser schwimmt. Paradoxerweise ist die Revolution beim Weinmachen hier zu großen Teilen eine Rückkehr zu lange überholten Verfahren unter Zuhilfenahme von etwas moderner Kellertechnik, wie etwa zur Kühlung, um die Risiken so gering wie möglich zu halten.

Am Abend bevor Ursula zurück nach Berlin fahren musste, waren wir bei den Wittmanns zum Essen eingeladen. Zum Schluss schenkte Günter Wittmann zwei Weine aus staubigen alten Schlegelflaschen ein, die offensichtlich aus der dunkelsten Ecke des Gutskellers stammten. Besonders der zweite, zweifellos ein Riesling, schmeckte noch saftig und kraftvoll und stammte unverkennbar aus einem Jahr, in dem die Sonne die Reben ebenso verwöhnt hatte wie in 2003.

»Könnte es 1959 sein?«, überlegte Ursula, ein Jahrgang, der viel Ähnlichkeit mit 2003 zeigt.

»Es ist entweder 1949 oder vielleicht 1937 … aber nein, der Wein wirkt zu frisch, um so alt zu sein«, sagte ich zögerlich.

Günter schüttelte sanft den Kopf. »Älter«, flüsterte er mit großem Nachdruck und einem glückseligen Lächeln. Wahnsinn! Und doch so frisch!

»Es ist 1921«, sagte Günter mit unverhohlenem Stolz, auch wenn sein Vater den Wein gemacht hatte. »Ein Riesling, entweder aus dem Morstein oder dem Kirchspiel, das wissen wir nicht genau.« Der Wein erinnerte mich an den himmlischen 2003 RIESLING AM TURM, einer Sonderabfüllung aus der besten Parzelle der Wittmanns in der Lage Kirchspiel, die Nervenzentren zum Schwingen bringt, von deren Existenz ich bis zur Begegnung mit diesem Wein nichts wusste …

Dröhnende Rapmusik reißt mich aus den Gedanken an die Weinzeitreise. Wir stehen alle vom Frühstückstisch auf, um zu sehen, wer mit dem Auto auf den Hof gekommen ist. Das Wetter hat sich vom Sonnenschein zu grauem Himmel gewendet. Aus einem silberfarbenen Mercedes der C-Klasse klettert die vertraute lange, bebrillte Gestalt von Martin Tesch. Gleich marschiert er rein und entschuldigt sich wegen der Verspätung. Ich danke den Wittmanns für ihre Gastfreundschaft und die spätabendliche Reise in das erste goldene Wein-Zeitalter Rheinhessens. Dann düsen wir los und sind nach wenigen Minuten auf der A61 Richtung Langenlonsheim/Nahe, wo WEINGUT TESCH 18,8 Hektar Reben sein eigen nennt.

»Was ist mit dem Jeep los?«, frage ich.

»Oh, ich dachte, heute nehme ich mal den Tarnkappenbomber«, antwortet er und legt dann sofort los mit einer schonungslosen Analyse des jungen und wilden deutschen Winzerphänomens, die für mich vollkommen überraschend kommt. Nicht zuletzt weil er Jahrgang 1968 und so unkonventionell ist, dass er oft als Teil dieser Show angesehen wird.

»Warum verwenden sie alle Schwarzweiß-Fotos von sich selbst, die wie Rock-Fotografie aus den 1970ern aussehen?«, fragt er und will wissen, was hinter dieser unter den jungen wilden Winzern angeblich verbreiteten Weinstrategie steckt.

»Keine Ahnung«, entgegne ich in dem Bewusstsein, dass mir diese Tatsache bis zu seiner Frage nicht aufgefallen war. Mist! Habe ich diese jungen Kerle meine rationalen Fähigkeiten und die gesunde Skepsis, die ich über Jahre hinweg aufgebaut habe, einfach mit einem Cocktail von überholten Popklischees und fruchtbetonten jungen Weinen plattwalzen lassen?

»Ein Freund von mir aus der Musikbranche war im März auf der ProWein in Düsseldorf und hat sich diese Typen und ihre Stände angeguckt«, fährt der Eminem des deutschen Weins fort. »Schließlich hat er einen der jungen Winzer, der einen dreiteiligen Anzug trug, gefragt: ›Seid ihr Rockstars?‹ Und der konnte die Frage noch nicht mal beantworten!«

Natürlich gibt es auch Trittbrettfahrer, konventionelle Winzer mit konventionellen Weinen, die zufällig unter 40 sind und sich an die Jung-und-Wild-Welle dranhängen, um vielleicht auch davon zu profitieren.

»Hast Du gehört, dass ›Darth Vader‹ die junge ›Kathy Skywalker‹ neu positioniert?«, fragt Tesch.

Ich schüttele den Kopf und denke zurück an meine Begegnung mit »Luke Skywalker« und »Kathy Skywalker« bei der Wein-in-den-Mai-Party.

»Er stellt eine Gruppe von jungen Winzern um sie, so wie man einen Rahmen um ein Bild stellt«, erklärt er.

Plötzlich rattern sämtliche Alarmglocken in meinem Kopf; auf dem Titel einer Weinzeitschrift, die mir unlängst in die Hände fiel, entdeckte ich sie mit drei anderen jungen Winzerinnen. Auf diesem Bild wie auch den anderen, die den lahmen Bericht begleiten, dreht »Kathy Skywalker« für die Kamera so richtig auf. Sie ist möglicherweise auch eine begabte Winzerin, aber bis jetzt habe ich noch nichts von ihr probiert. Bei dem ganzen PR-Firlefanz geht es offensichtlich darum, mit dem Jungwinzer-Effekt »Darth Vaders« «Death-Star-Weine« zu vermarkten.

Inzwischen sind wir von der Autobahn abgebogen, doch statt

langsamer zu werden, als wir Langenlonsheim erreichen, fliegt der Tarnkappenbomber direkt durch den Ort und auf der anderen Seite hinaus, durch die Weinberge hinauf und in den Wald darüber.

»Ich bin in diesem Wald aufgewachsen, und jetzt bin ich der Herrscher dieses Dschungels«, sagt Tesch mit dem ihm eigenen trockenen Humor. Aber diese Eskapade muss einen ernsthaften Grund haben; er scheint nie etwas einfach nur aus Spaß zu machen. Nein, es ist ihm todernst, selbst wenn er lacht. Wir fahren immer langsamer, während der Dschungel immer dichter wird, bis dickes Gestrüpp uns zum Anhalten zwingt. Tesch steigt aus, und ich folge mit wachsender Skepsis seinem Beispiel. Wir bahnen uns einen Weg durch Eichen, Ginster, Brombeeren, vorbei an Gräsern, blühenden Veilchen und wilden Erdbeeren, und ich frage mich, ob die Wildschweine uns beobachten, die er hier oben jagt. Hoffentlich haben sie keine Rachegelüste.

»Wir holen ein paar Andenken für deine Frau«, ruft er mir zu – wieder ein Rätsel. »Wir haben diesen Weg vor drei oder vier Jahren aufgelassen und jetzt holt ihn sich der Wald zurück.«

Weg? Das ist eine interessante Beschreibung für diesen Streifen an Urvegetation – oder erkenne ich einfach eine Songline der Nahe-Aborigines nicht? Dann erreichen wir auf einmal eine Lichtung, in deren Mitte ein Loch ist, das wie ein riesiger Bombenkrater aussieht – eine schlechte Nacht für die Royal Air Force und eine glückliche für Bad Kreuznach, 1944 oder '45? Stellenweise ist der Kiesboden zwischen dem Gebüsch und den dürren Birken zu erkennen. Tesch geht sofort auf die Knie und fängt an, mit bloßen Händen im Kies zu graben. Was erwartet mich?

»Das war früher eine Kiesgrube«, sagt er nur, ohne aufzuschauen. »Hier ist etwas … Moment … wenn ich nur an Werkzeug gedacht hätte, wäre es so viel einfacher.« Das alles erklärt mir überhaupt gar nichts. Dann steht er auf, sagt, ich solle ihm meine Hand hinhalten, und lässt fünf winzige kantige dreieckige Gegenstände darauf fallen, bei deren Anblick mich schaudert – die scharfen Zähne eines bösartigen Fleischfressers! Werde ich Opfer irgendeines lebenden Fossils, von dem die Zoologen überzeugt sind, dass es in Europa seit der letzten Eiszeit ausgestorben ist? Wie ist es dem Tier gelungen, die Bundesrepublik von vor 1989 zu überleben, mit ihren pünktlichen Zügen, grundsoliden Staatsfinanzen und nach Desinfektionsmittel stinkenden öffentlichen Toiletten?

»Sie sind älter als die Alpen«, sagt Tesch gewichtig, »aber keiner der Experten kann mir erklären, warum man hier so viele davon findet ... Vor 35 Millionen Jahren muss es hier Tausende von Haien gegeben haben.«

Ich stoße eine tiefen Seufzer der Erleichterung aus, dass ich nicht als Frischfleisch im Magen eines lebenden Fossils enden werde, mit einer Blutpfütze, die im Kies versickert, und einem Haufen Knochen, abgenagt von diesen scharfen Zähnen.

»Das war heute also die große Haijagd«, stottere ich, unbewusst den Titels eines Werkes vom Guru des *Gonzo-Journalismus* zitierend.

»Ich habe gerade Hunter S. Thompson gelesen«, entgegnet er sofort. »›Die große Haijagd‹ und ein anderes Buch, ›Hell's Angels‹.«

»Oh ja, ›Hell's Angels‹ ist wirklich richtig gut«, spucke ich aus, aber er blickt skeptisch, »davon haben sich eine halbe Million Exemplare in den ersten sechs Monaten verkauft, inzwischen sind es 1,2 Millionen inklusive der ausländischen Ausgaben.«

Er zuckt immer noch mit keiner Wimper, und mir wird plötzlich klar, dass ich nach wie vor nicht die leiseste Idee habe, was wir hier eigentlich tun.

»Thompson ist mein großes Vorbild als Schriftsteller«, füge ich hinzu und frage mich, warum ich diese ganzen Verkaufszahlen genannt habe, als ob sie das Entscheidende seien.

»Dann hast du dir das falsche Thema für diese Art des Schreibens ausgesucht«, sagt er mit großer Überzeugung.

»Da bin ich anderer Meinung«, widerspreche ich ihm. »Was ist mit diesen ganzen Möchtegern-Rockstar-Jungwinzern, ›Darth Vader‹ und diesen Haifischzähnen? Die sehen ganz wie der Stoff aus, der Thompson anturnen könnte.«

Ich folge ihm zurück zum Auto, und wir fahren zum Tesch-Hauptquartier im Ortszentrum, wo ich hoffe, endlich herauszufinden, was zum Teufel das alles bedeutet.

Die Weinverkostung – wieder in einem Raum eines alten Hauses, dem der helle weiße Jetzt-Look verpasst worden ist – beginnt mit dem dritten Jahrgang, 2003, seines knochentrockenen Riesling Unplugged, der nur ganze 11,5%vol Alkohol hat. Der gegenwärtig angesagte trockene Stil beim Riesling unter deutschen Winzern, ob jung oder alt, lässt das gesetzlich zugelassene Höchstmaß an unvergorenem Zucker, 9 Gramm pro Liter, mindestens 13%vol Alkohol und überbordende Aromen zu. Viele von diesen »Trockenen« verdienen daher eher die Beschreibung *weißes Kuschelhäschen*. Unplugged ist genau das Gegenteil davon, ohne deswegen sauer oder neutral zu wirken. Stattdessen besitzt er eine natürliche Frische und charakterliche Direktheit, die sagt, »Ich bin ein richtig knackiger Riesling, so wie sie aus dieser Gegend ohne Verstärker klingen«.

»Aber wollen die Leute Unplugged trinken?«, frage ich mich laut.

»Wir verkaufen Unplugged auf fünf Kontinenten«, antwortet mein Gastgeber, mit einem Hauch von Stolz in der Stimme, »an aufgeschlossene Menschen … es gibt eine neue Generation von Konsumenten.«

Die ganze Sache mit dem Weinkonsum ist der große blinde Fleck des Weinjournalismus. Wir Weinjournalisten konzentrieren uns alle fast ausschließlich auf die Weinerzeugung; auch ich habe da viel nachzuholen.

Es folgen fünf Schlegelflaschen mit trockenem Riesling, jede eine Einzellagen-Abfüllung mit einem andersfarbigen Etikett und einem auffallenden Bild darauf: kühles Grün und ein Ausschnitt einer alten Weinbergskarte für den Löhrer Berg; zitronengelb und ein bekrönter Frosch für die Krone; helles Türkisblau und ein mittelalterliches Lanzenturnier fürs KÖNIGSSCHILD; Rotbraun und Karthäusermönche für den KARTHÄUSER und schließlich tiefes leuchtendes Rot und St. Remi mit seinem Gefolge für den ST. REMIGIUSBERG. Dieses Quintett hatte seinen ersten Auftritt mit dem Jahrgang 2002, und wie letztes Jahr sind die Unterschiede in Duft, Geschmack und Persönlichkeit zwischen ihnen genauso markant, wie es die Farben und Bilder andeuten. Jede der fünf Lagen hat sich dem dort gewachsenen Wein aufgeprägt. Das ist keine neue Idee, aber wie sie vermittelt wird, ist in ihrer modernen Direktheit wohl radikal.

Tesch geht kurz hinaus und lässt mich mit meinen Gedanken allein. Dann kehrt er mit einer grünen Burgunderflasche mit dunkelblauem Etikett und einem Porzellanteller zurück, die er beide vor mir auf den Tisch stellt. Er selbst setzt sich, verschränkt die Arme und lässt mich nicht aus den Augen. Auf dem Etikett lese ich DEEP BLUE 2003. Das Blau entpuppt sich als eine von unten, aus der Taucherperspektive fotografierte Wasseroberfläche. Von einem Anhänger am Flaschenhals starrt mich ein hungriger Hai an. Auf dem Teller liegt ein ganzer Haufen der versteinerten Haifischzähne. Tesch schenkt ein Glas von dem Wein ein und schiebt es mir wortlos über den Tisch. Ich bin immer verwirrter, denn für einen Weißwein sieht der Wein ziemlich merkwürdig aus, da ist nichts von dem üblichen grünlichen oder strohfarbenen Schimmer, sondern eher ein Hauch von Pink ... Duft und Geschmack sind ebenfalls vollkommen anders als alles, an das ich mich erinnern kann, und versetzen mich schlagartig in eine schwimmende Welt, in der alles fließend ist, schwebend.

»Was ... was ist das?«, stottere ich.

»Es ist eher Jacques Cousteau als ›Jaws‹, da scheint ein Tropfen Blut im Wasser zu sein«, lautet Teschs rätselhafte Antwort. »Was genau in der Flasche ist, verrate ich nicht. Es ist ein Experiment ... UNPLUGGED war als Wein geplant, der überall funktionieren würde, von der Reeperbahn in Hamburg bis zum Restaurant ›Tan-

tris‹ in München. Mit dem hier wollen wir jetzt ausloten, wie weit
wir es treiben können, wo die Grenzen wirklich liegen. Die Haifischzähne, die ich dir gezeigt habe, liegen auch im Weinberg, aus
dem dieser Wein stammt, nur oben im Wald sind sie einfacher zu
finden. Sie waren der Auslöser für die Ideen, die mich auf diesen
neuen Wein gebracht haben. ›Die Geduldigen werden belohnt werden‹, hat meine Großmutter zu mir als Kind oft gesagt. Jetzt weiß
ich, dass sie Recht hatte.«

1. Juni 2004 Als wir im Hof des alten Bauernhofs aus dem Auto
steigen, tanzt die Hitze draußen über dem Asphalt. Es ist ein verdammt heißer Tag hier in der hintersten Ecke Hinterfrankens. Ich
hatte noch nie von Auernhofen gehört und keine Ahnung, wo auf
der Karte ich danach suchen sollte, als Hermann Mengler, der Leiter der Fachberatung für Kellerwirtschaft und Kellertechnik in
Unterfranken, diesen Termin empfohlen hat. Er ist heute unser
Führer; ein behänder, drahtiger Typ, der ebenso viel Energie wie
Ideen hat und viel mehr tut, als den Winzern seines Gebiets nur in
technischen Fragen zu helfen. Inoffiziell agiert er als Vermarktungs-
berater, Weinphilosoph und Teamtrainer, und es würde mich nicht
wundern, wenn er gelegentlich auch als Psychotherapeut ein-
springt. So gut wie alle scheinen ihn zu schätzen und ihm zu vertrauen – von den berühmten und erfolgreichen Winzern bis hin zu
jenen, die die ersten, unsicheren Schritte auf dem Weg Richtung
Weinqualität wagen. Als ich ihn nach interessanten jungen Winzern fragte, nannte er unter anderem Christian Stahl. Der winkt
ihm jetzt aus einer der Türen am anderen Ende des Hofs zu und
kommt zu uns herüber. Neben mir stehen – ebenso gespannt wie
ich – der Dresdner Winzer Klaus Zimmerling, der in Berlin lebende
Weinjournalist »Kurt Cobain« und Ursula. Wir haben unsere Erkundung des neuen Franken vor zwei Tagen begonnen, als ich mich
mit »Kurt Cobain« und Ursula am Hauptbahnhof in Würzburg getroffen habe. Zimmerling ist heute dazugestoßen.

Ich kam aus dem Rheingau, wo ich Heinrich Breuer vom WEIN-GUT GEORG BREUER in Rüdesheim besucht hatte. Sein Bruder Bernhard ist in den frühen Morgenstunden des 20. Mai gestorben. Obwohl er Marathonläufer war und penibel auf seine Ernährung achtete, war er aus heiterem Himmel im Alter von 57 Jahren tot umgefallen.

»Bernhard ist tot! Bernhard Breuer!«, hatte Ursula fassungslos gerufen und kam mit tränenerfüllten Augen in die Küche, nachdem sie die Nachricht in einer E-Mail gelesen hatte. Er hatte nicht nur einige der bemerkenswertesten trockenen Rieslinge der Welt hervorgebracht, sondern mir auch sehr geholfen, als ich Mühe hatte, mir eine Existenz als unabhängiger Journalist mit dem damals höchst unpopulären Thema »Deutscher Wein« aufzubauen. Dabei hatte er nie versucht, meine Ansichten zu beeinflussen, selbst wenn sie mit seinen eigenen kollidierten. Seine beispiellose Bescheidenheit konnte bei Präsentationen für großes Erstaunen sorgen, und nur Minuten später sein spielerischer Humor alle vor Lachen schütteln. Für mich war er all dies – unabhängig von den zahlreichen öffentlichen Rollen, die er im Rheingau, in Deutschland und der internationalen Weinszene spielte. Ich hatte nicht zum Begräbnis fahren können, aber so war bei meinem Besuch bei seinem Bruder Heinrich die ganze Aufregung schon ein wenig abgeflaut, und wir konnten uns ganz konkret der Frage widmen, wie die Zukunft des Weinguts aussehen sollte, für das er plötzlich alleine verantwortlich war. Es hatte zwar immer ihm und Bernhard zusammen gehört, aber Heinrich hatte sich vorwiegend um die Führung des Hotels und Restaurants »Rüdesheimer Schloss« gekümmert, das andere Standbein des Familienunternehmens.

Glücklicherweise war ich nicht allein gewesen, Bernd Philippi vom WEINGUT KOEHLER-RUPRECHT in Kallstadt/Pfalz war ebenfalls zu dem Treffen gekommen. Ich mag eine gute Ahnung davon haben, wie sich die Presse verhält, aber er kennt sich natürlich wesentlich besser mit allem aus, was die technische Seite von Weinan-

und -ausbau betrifft. Ich war froh, als ich sah, dass Bernd wieder beinahe ganz der alte, eigensinnige, doch gutmütige Brummbär war. Er war erst vor kurzem aus dem Krankenhaus gekommen, nachdem er aus unerklärlichen Gründen zusammengebrochen war und sich dabei schwer verletzt hatte.

Als ich nun den mittelalterlich anmutenden Verkostungsraum des Weinguts in der Geisenheimer Straße 9 betrat, geschah etwas, das ich an diesem Tag nicht im Geringsten erwartet hatte: Ich lernte eine junge Winzerin kennen.

»Theresa Breuer«, sagte die junge Frau, und ihre Stimme klang zugleich entschlossen und ein wenig nervös. Sie trug ihre dunklen Haare recht kurz und sah in den schwarzen Hüftjeans, die einen Streifen Bauch freiließen, aus, als sei sie auf dem Weg in die Disco. »Ich lese gerade dein Buch ›Schöne neue Weinwelt‹«, erzählte sie. »Mein Vater hatte es neben sich am Bett liegen, als er starb. Eine Seite war markiert.«

Mir kam es vor, als brächte sie auf diese Weise zum Ausdruck, dass sie das Weinerbe ihres Vaters antreten würde – Jahrgang 1984 und bald für 30 Hektar Weinberge verantwortlich –, und das erklärte ihre Nervosität. Sie war durch seinen plötzlichen Tod in diese Rolle hineinkatapultiert worden, statt sich in den nächsten Jahren langsam in sie hineinarbeiten zu können. Trotz ihrer Jugend konnte ich an ihr gar nichts Wildes erkennen. 57 Jahre sprengt die Altersgrenze für einen jungen Winzer zweifellos um Längen, aber was das Wilde betrifft, war ihr Vater ganz vorne mit dabei.

»Bernhard Breuer war ein wirklich wilder Winzer«, hat Martin Tesch mir vor kurzem am Telefon mit großem Nachdruck gesagt. »Er war ein wilder Mensch, ungezähmt und immer auf der Überholspur.«

Hermann Schmoranz, der ruhige, bärtige Gutsverwalter, der bereits seit 1990 für die Breuer-Weine verantwortlich ist, kam mit den Weinen für unsere Bestandsaufnahme des Jahrgangs 2003 bei Georg Breuer, Bernhards letztem Jahrgang. Während wir einen

Wein nach dem anderen verkosteten, konnte ich den Gedanken nicht aus dem Kopf bekommen, dass uns der einzige wirklich wilde Winzer bereits verlassen hatte, und plötzlich wurde mir auch klar, dass die zwei Magnums in meinem Traum von Lars Rutz für Bernhard bestimmt waren. Bernhard liebte Magnums und Doppel-Magnums. Aber wie konnte ich sie ihm geben? Wie ruft man einen Toten?

Später beim Abendessen im »Rüdesheimer Schloss« schob mir Theresa ein kleines rechteckiges Stück Papier hinüber. Es war das Künstleretikett für den 2002 BERG SCHLOSSBERG, den Jahrgang des trockenen Spitzenrieslings der Breuers, der in Kürze auf den Markt kommen würde. Bernhard hatte es kurz vor seinem Tod ausgesucht. Der Wein war bereits in unseren Gläsern, und wie so viele frühere Jahrgänge schmeckte er wie eine vollkommene Übertragung der steilen, terrassierten Weinbergslage Berg Schlossberg in Rieslingduft und -geschmack, zugleich stark und subtil, dynamisch und delikat. Rotgedruckt – als seien sie mit Blut geschrieben – standen auf dem Etikett die Worte:

QUOD ERIT CORPUS
IN ME EST
LE CORPS DU FUTUR
EST EN MOI

Darunter war das Bild einer kopflosen männlichen Gestalt, deren Hände eine übergroße Weintraube zerdrückten, die von einem Rebstock hing, der aus einem Spalt seines Brustkorbs wuchs. Grüner Saft floss nicht nur aus seinen Händen, sondern tropfte auch wie Schweiß vom ganzen Körper. Uns allen am Tisch erschien dieses Etikett wie ein Omen. Mir fiel auf, dass ich auf demselben Platz im Restaurant saß wie vor nahezu 20 Jahren, als ich Breuers BERG SCHLOSSBERG hier kurz nach Theresas Geburt zum ersten Mal getrunken hatte.

Dann kamen Weinflaschen, in kurzen Abständen, eine nach der anderen, und der Abend wurde zur Totenwache, jede Flasche musste aus Respekt für Bernhard bis zum letzten Tropfen geleert werden. Mein Hirn fühlte sich am nächsten Morgen, als ich zu Bernhards Grab auf dem Friedhof von Rüdesheim joggte, um mich von ihm zu verabschieden, halb vernichtet an, und ich vergaß die zwei Magnums.

Ich war immer noch etwas wackelig auf den Beinen, als ich in Würzburg aus dem Zug stieg, aber der erste fränkische Winzer wartete bereits auf uns, ich musste einfach weitermachen …

Franken ist als Weinanbaugebiet Ende der 1980er und in den 1990ern vom Weg abgekommen, nachdem es bis zu diesem Zeitpunkt die *Süß-und-billig-Sackgasse* erfolgreich vermieden hatte, in die sich so viele deutsche Anbaugebiete in den 1970ern verirrt hatten. Viele der führenden Winzer hier haben ihre Bestform erst in den letzten Jahren mit Menglers Hilfe erreicht und sind eindeutig jenseits der 40. Sie sind der höchst lebendige Beweis dafür, dass auch beim Wein die Jugend kein Monopol auf Kreativität und Dynamik besitzt.

Horst Sauer vom gleichnamigen Weingut, auf dessen Terrasse in Escherndorf wir vorgestern Abend saßen, ist der bekannteste dieser Winzergruppe – bis 1998 war er quasi unbekannt bzw. unentdeckt. Er wirkt wesentlich jünger als seine 50 Jahre, besitzt Leidenschaft, Stil und Charisma und hat gezeigt, dass ein Quantensprung in Weinqualität zu einem Quantensprung an Anerkennung und Umsätzen führen kann. Diese Kombination hat ihn zum Vorbild für die jungen fränkischen Winzer gemacht. All seine Weine, auch die aus unmodischen Rebsorten wie Müller-Thurgau und Scheurebe, sind zugleich fein und köstlich und haben nicht das Geringste mit dem langweiligen rustikalen Zeug zu tun, das vor seinem Erfolg als typisch fränkischer Wein galt.

Junge Konsumenten wollen plötzlich Frankenwein trinken! Die Erde hat gebebt! Das ist der Hintergrund, vor dem Winzer von der

Generation Christian Stahls – Mengler hat uns schon erzählt, dass der schlanke junge Mann Jahrgang 1979 ist und gegenwärtig gerade einmal 3,4 Hektar Reben bewirtschaftet – alle Register ziehen, um ihre eigenen Quantensprünge zu vollbringen.

»Wir sind seit 1983 Weinerzeuger«, geht Stahl, nachdem wir uns kurz die Hand geschüttelt haben, ohne Umschweife zur Familien- und Weingeschichte über, »aber bis vor kurzem waren wir ein gemischter landwirtschaftlicher Betrieb. Mein Vater hat die Weine bis 1999 gemacht, und seit 2000 bin ich verantwortlich, obwohl ich noch beim Weinbaustudium in Geisenheim bin. Unsere nächstgelegenen Weinberge sind in Tauberzell im Taubertal, zehn Kilometer von hier, während es zu denen an den Hängen von Ippesheim im Steigerwald eine ganz schöne Fahrt ist.«

Er wirkt nicht wie ein Rockstar, aber das entspannte Selbstbewusstsein, mit dem er alles erklärt, ist auffallend – Moment mal, rieche ich da Schweinemist? Die Stahls selber halten keine Schweine mehr, aber irgendein Nachbar offenbar schon, das erklärt die vielen dicken schwarzen Fliegen, die hier herumschwirren. Wir folgen Stahl über den Hof, der von drei Seiten mit alten ein- und zweistöckigen Gebäuden eingegrenzt ist, die in einem für Deutschland seltenen Zustand sind: liebevoll erhalten, aber nicht überrestauriert. Vielleicht ist diese Überrestaurierungsmanie eine Reaktion auf die furchtbaren Zerstörungen, die meine Landsleute in ihrer Unfähigkeit, den Genozid-Charakter ihrer Taten zu erkennen, während des Zweiten Weltkriegs in Hunderten von deutschen Städten angerichtet haben?

Der »Keller« ist im Erdgeschoss eines Gebäudes am Ende des Winzerhofes untergebracht, und als wir hineingehen, fällt mir echt die Klappe hinunter. Das absolute Minimum – gefliester Boden, getünchte Wände, zwei Reihen kleiner Edelstahltanks und eine Hand voll Barriquefässer mit Rotweinflecken – ist hier geschehen, um einen Stall in etwas zu verwandeln, das in etwa einem Weinkeller gleicht. Sämtliche so genannten *Garagen-Weingüter*, die ich bis jetzt besucht habe, inklusive jener, bei denen diese Bezeichnung wortwörtlich zutraf, waren besser ausgestattet.

»Wir vermeiden den Einsatz von Kellertechnik, so weit es nur irgendwie geht«, sagt der junge Mann in dem grauen T-Shirt und Khakihosen im Militärstil sehr sachlich, wie um deutlich zu machen, dass es ihm dabei nicht um eine Ausrede geht.

»Der Gulli stinkt«, flüstert mir Ursula zu. Ich blicke mich um. In einer Ecke steht eine alte weiße Einbauküche mit Gläsern – das Labor. Alles zusammen primitiv zu nennen, wäre eine Untertreibung. Verschwenden wir hier unsere Zeit, oder weiß Mengler etwas, das wir nicht wissen?

»Wir beklagen uns nicht über den Müller-Thurgau, wir sind ganz im Gegenteil froh, dass wir ihn haben«, erklärt Stahl, während wir in einen wintergarten-ähnlichen Raum an der Seite des Hofes gehen, der voller großer Marionetten hängt, die wie Märchenfiguren aussehen. Er deutet uns an, an einem großen ovalen Holztisch Platz zu nehmen, auf dem ein halbes Dutzend Probiergläser stehen, und verschwindet dann; sicherlich, um die Weine zu holen, die wir verkosten sollen. Der Name der Müller-Thurgau-Traube ist durch eine Flut an Weinen ruiniert worden, die wie Zuckerwasser schmeckten und nur allzu oft laut und ordinär nach Muskat rochen. Die Strategie der deutschen Weinindustrie gegen diese Entwicklung bestand in einer *Neupositionierung* der ungeliebten Primitivlinge gegen Ende der achtziger Jahre. Man stellte auf trocken um und gab dem Kind einen neuen Namen, nämlich Rivaner. Doch der größte Teil schmeckte im Endergebnis immer noch banal, bestenfalls waren es richtige Landeier. Die Aussicht auf die unmittelbar bevorstehende Gegenüberstellung mit dieser Art von Wein-Stoff ist kaum dazu angetan, große Erwartungen in mir zu wecken. Auch hier bei den Marionetten nerven einige der dicken Fliegen. Wir sind wirklich auf dem Bauernhof gelandet!

Christians Mutter taucht mit einem Korb voller Brot auf und erklärt, dass sie selbst gebacken habe. Oh, und auch die Marionetten stammen von ihr. »Kurt Cobain« hat die uns umgebende Märchenwelt bis jetzt in stummer Ungläubigkeit bestaunt, aber als er jetzt ein Stück Brot in den Mund schiebt, leuchten seine Augen auf. Er ist ein ganz anderer Mensch als die zitternde Gestalt mit den eingesunkenen Augen, der wir vor gut sechs Monaten auf dem Dorotheenstädtischen Friedhof beim Begräbnis von Lars Rutz begegnet sind. Da wirkte er wie ein weißes Tuch, das dem Wind ausgesetzt war, eine plötzliche Böe hätte es jederzeit von der Wäscheleine reißen können. Nur Anja Schröder sah schlechter aus, ein Geist, in dessen weißes Make-up sich die Spuren ihrer Tränen gefressen hatten. Hunderte von Menschen hatten sich mit langen, verweinten Gesichtern versammelt. Das zeigte, wie weit der Einfluss des verstorbenen Sommeliers bereits in so wenigen Jahren gereicht hatte. Alle blieben, bis auch der Letzte eine Hand voll Erde oder Blumen ins Grab geworfen hatte. Nahezu unbemerkt legte Kolja Kleeberg vom Restaurant VAU eine Flasche SEX MACHINE ins Grab. Es war ein passendes Abschiedsgeschenk. Rutz war einer der Ersten in der Weinszene gewesen, der unbekannte junge Winzer ernst genommen hatte und daran glaubte, dass sich bemerkenswerte neue Talente an Orten entwickeln könnten, die weit ab der vertrauten Weinpfade lagen. Ich brauchte viel zu lange um zu begreifen, dass seine Art der *Weitwinkel-Offenheit* einem ein wesentlich besseres Bild von der Weinwelt vermittelt als die *Tele-Objektiv-Engstirnigkeit*, die sich aus meiner vorgefassten Überzeugung ergab, bereits alle guten und großen Winzer schon zu kennen. Klar, ein weites Blickfeld bedeutet, dass man auch jede Menge langweiliges und blödes Zeug sieht, aber das gehört zur Wirklichkeit, und wenn man nicht gewillt ist, sich damit abzugeben, dann wird man kaum etwas Neues entdecken. Dafür muss man manche merkwürdigen Zwischenstopps wie diesen in Kauf nehmen.

Das Brot schmeckt aber verdammt gut! Es ist dunkles Bauernbrot, ganz schlicht und doch so ausdrucksvoll, wie man es heute nur selten findet. Christian Stahl kommt zurück, die Arme voller Flaschen, und stellt zwei grüne Schlegelflaschen vor uns hin. »Müller-Thurgau« und »trocken« steht auf den Etiketten. Schon allein die Flaschenform ist eine radikale Aussage in einem Gebiet, in dem der größte Teil der Weine nach wie vor in Bocksbeutel gefüllt wird, die gedrungenen Dinger, in denen auch portugiesischer MATEUS ROSÉ die Weinwelt beglückt. Das Design der Etiketten sieht gleichermaßen eher nach jungem, wildem Winzer aus Rheinhessen aus. Man kann sofort erkennen, dass sie am Computerbildschirm entworfen worden sind; ein bizarrer Gegensatz zu der ganzen Szene um uns herum.

Der junge und möglicherweise wilde Stahl schenkt den 2003 HERRSCHAFTSBERG MÜLLER THURGAU aus Ippesheim ein, wir stecken unsere Nasen in die Gläser – und Ping! Mir ist sofort klar, dass wir hier auf Neuland gestoßen sind, weitab von vertrauten Konturen auf der Karte des Weingeschmacks, und deshalb brauche ich einen Moment, um mich neu zu orientieren. Der Wein ist wesentlich fleischiger, als man es sonst von der Sorte gewohnt ist, und besitzt Rückgrat, was ihm eine überraschend elegante Silhouette verleiht. Er zeigt lediglich einen Hauch des Müller-Thurgau-üblichen Muskataromas. Im nächsten Wein, dem 2003 HASENNESTLE MÜLLER THURGAU, ist davon gar nichts zu erkennen. Er ist von der steinigen, urzeitlichen Art wie Breuers BERG SCHLOSSBERG und ein erstaunlich schlanker, feiner Wein für diese Rebsorte. Er hat sich erfolgreich über die Traditionen hinweggesetzt!

»Ich habe noch nie solche Müller-Thurgaus probiert!«, verkündet Zimmerling mit Nachdruck.

»Sie schmecken richtig mineralisch«, begeistert sich »Cobain«.

Mengler strahlt vor Freude, seine Einschätzung von Stahls Talent so eindeutig bestätigt zu sehen. Doch war das nicht die einzige erstaunliche Verkostung unserer Franken-Tour. Gestern Abend beim Weingut JOHANN RUCK in Iphofen sind unsere Nervensysteme an die Grenze des Wein-Universums gestoßen; die trockene 2003 RIESLING SPÄTLESE und die so gut wie trockene 2003 SILVANER

Spätlese aus dem Iphöfer Julius-Echter-Berg dufteten und schmeckten so intensiv, dass die Verbindung zwischen Geruchs-, Geschmacks- und Tastsinn (im Innern des Mundes) und dem Hirn beinahe versagte. Beide Weine waren golden in der Farbe, wie perfekte gelbe Pfirsiche oder Aprikosen, die ob ihrer schweren Reife vom Baum fallen. Allerdings hat Hansi Ruck – Jahrgang 1971 und jetzt für zwölf Hektar Weinberge verantwortlich – sie in exakt diesem Moment gepflückt und all die Üppigkeit eingefangen, die sich durch den Jahrhundertsommer darbot. An den Aromen dieser Weine war auch etwas Wildes, das in Worte zu fassen mir schwer fiel; Nuancen, die nicht in die üblichen vertrauten Fruchtig-, Blumig-, Kräutrig- oder Würzig-Kategorien passten.

Daraus schloss ich, dass man ihnen im Keller beträchtliche Freiheiten zugestanden hatte, so dass sie mehr oder weniger selbst entscheiden konnten, in welche Richtung sie sich entwickeln wollten. Die vor einem Jahrzehnt in Franken typische Weinstilistik sprengen sie vollkommen, obgleich Hansi im Vergleich mit seinem extrovertierten Vater Hans durch und durch konservativ wirkt. Hans hat alles zum Rockstar, und einen Moment lang dachte ich gestern, er würde nicht nur für uns kochen, sondern tatsächlich auch singen.

Der Kontext dieser Weine ist jedoch ein ganz anderer als der heute bei den Stahls. Die Lage, aus der sie stammen, der Julius-Echter-Berg, gilt seit mindestens vier Jahrhunderten als eine der besten des gesamten Gebiets. So wie auch unter Hans Ruck sind an diesen Hängen mehr oder weniger zu jeder Zeit hochwertige trockene Weine aus den Sorten Riesling und/oder Silvaner entstanden. Hansi Ruck jedoch ist eine radikale Neuinterpretation einer großen Tradition gelungen – durch und durch im Hier und Jetzt verankert und auf einem Qualitätsniveau, das den Spitzen dieser Vergangenheit entspricht. Im Gegensatz dazu werden die Ippesheimer Weinberge traditionell als drittklassig eingestuft, Tauberzell liegt klimatisch entweder am Rande oder auch schon darüber hinaus, und der

Müller-Thurgau taugt meistens nur für Billigstoff in Literflaschen. Das alles macht Christian Stahls Leistung zu einer radikalen Innovation. Ich war nicht der Einzige, niemand hielt dies für möglich! Das bedeutet, dass sie zwar nicht im wortwörtlichen Sinn so wild riechen wie Hansi Rucks Spitzenweine, Stahls trockene Müller-Thurgaus aber auch wahrhaftig wild sind.

27. September 2004   Ich sitze wieder in Teschs Tarnkappenbomber, aber dieses Mal sind wir auf dem Weg von Berlin nach Hannover. Vor drei Tagen war Tesch mit bei der »Wein-Party« im »Münzclub«, gleich um die Ecke von unserer Wohnung am Hackeschen Markt in Berlin-Mitte, mit der ich die erste Ausgabe meines »Kleinen Genialen Weinführers« lanciert habe, und jetzt wollen wir zusammen in Hannover einen Multimedia-Weinabend veranstalten. Ich bin nicht sicher, wann das so richtig losging, aber ich habe irgendwann angefangen, mit meinen Protagonisten öffentlich aufzutreten. Klar, für einen konventionellen Journalisten würde das einen fatalen Kompromiss bedeuten, was die nötige kritische Distanz betrifft. Aber für einen *Gonzo-Weinjournalisten* ist es eine Möglichkeit, noch dichter an sein Thema und den Gegenstand seiner Recherche heranzukommen. Das birgt natürlich die Gefahr in sich, in dessen Tasche zu landen, aber dieses Risiko muss ich in Kauf nehmen.

»Egal, was die Presse von sich gibt, es gibt *keinen* Riesling-Boom«, sagt Tesch und lässt diese Bombe erst explodieren und eine pilzförmige Wolke aufsteigen, bevor er weiterspricht. »Der heilige Helmut hat mir vor kurzem am Telefon gesagt, er müsse immer noch reden, um seine Weine zu verkaufen.« Der »heilige Helmut« ist Helmut Dönnhoff vom gleichnamigen Weingut in Oberhausen/Nahe, eine gute halbe Autostunde flussaufwärts von Tesch und nicht nur für mich einer der führenden Rieslingproduzenten, ach was, Weinproduzenten auf *Planet Wein* schlechthin. Die Reihe von sechs 2003 Riesling Spätlesen mit natürlicher

Restsüße, die er mir vor etwas über vier Monaten gezeigt hat, gehört zu den köstlichsten und faszinierendsten Weinen, die ich je verkostet habe. Die unergründliche Tiefe der Versteigerungsabfüllung aus der Lage NIEDERHÄUSER HERMANNSHÖHLE verschlug mir einfach die Sprache. Wenn selbst Weine wie diese, die mit konsequenter Missachtung von Moden, Konventionen und Lob oder Anerkennung nach Perfektion streben, sich nicht von selbst verkaufen, dann ist Teschs Einschätzung wohl gerechtfertigt. Dann gibt es keinen Boom, sondern es haben sich nur ein paar Vorurteile geändert. Weltweit sind Weinliebhaber nicht mehr *gegen* diese Weine eingestellt, weil sie deutsch sind, aber daraus muss erst noch eine echte Nachfrage werden, die aktive Verkaufsgespräche erübrigt.

»Das Problem der deutschen Weine liegt nicht in der Qualität, sondern im Marketing«, fährt der Riesling-Rapper neben mir fort. »Aber ich glaube nicht, dass die so einfach zu lösen sind. Viele dieser jungen Winzer fahren eine Skisprungschanze auf Rollschuhen hinunter und wissen noch nicht, was für eine harte Landung sie erwartet. Weißt du, wenn man den Leuten zeigt, dass wir Winzer in derselben Welt wie sie leben, statt in irgendeiner heilen Welt, dann ist das, als ob man Steine durch ihre Fensterscheiben werfen würde.«

Wieder steigt vor meinem inneren Auge eine pilzförmige Wolke auf. Das bringt mich zurück zum Abend des 15. August, als Markus Schneider und seine Freundin Caro Helmer bei uns zum Essen waren und er mir sehr ernsthaft erklärte: »Wir können nicht ewig die jungen Wilden spielen. Wir müssen uns am Markt *etablieren*.« Ich hoffte, dass er dabei nicht an das »Very Royal« des Rheingaus dachte. Caro, Jahrgang 1973, stammt aus Kiedrich/Rheingau. Schneider ist mit seinem unmittelbar bevorstehenden 30. Geburtstag konfrontiert – eines dieser Daten, die Männer tendenziell entweder zu Nervenbündeln machen oder sie altmodische Rollen und konservative Verhaltensmuster annehmen lassen, für die sie vorher nur Verachtung übrig hatten. Nur wenige Tage vorher hatte Thomas Hensel am Telefon Ähnliches geäußert.

»Wir haben uns als jung und wild vermarktet, aber jetzt kommen Winzer, die noch viel jünger sind.« Dann äußerte Hensel auch noch seine Zweifel daran, ob der Portwein des Trios wirklich als Sex Machine auf den Markt kommen würde: »Manche Sommeliers mögen den Namen nicht ... sie haben Angst, dass ihre Kunden das nicht akzeptieren werden.«

Oh Scheiße!, dachte ich, sie machen einen Rückzieher und werden ruhig und gesetzt, aber inzwischen bin ich mir nicht mehr sicher, ob das so falsch ist. Vielleicht tauschen sie die Rollschuhe gerade noch rechtzeitig gegen Skier ein?

»Unsere Weine werden in einem ländlichen Milieu erzeugt, aber in einem urbanen Kontext gekauft und konsumiert.« Tesch spinnt seine Gedanken immer weiter. Ich glaube, er meint Orte wie Hannover, wo er heute Abend seine fünf bunten 2003er Einzellagen-Rieslinge zeigen wird; sein Pendant zum atemberaubenden Spätlese-Sixpack des »heiligen Helmut«. »Da ist den Menschen zum Beispiel nicht bewusst, dass es verschiedene Weinbergsböden gibt und das die Weine prägen kann, bis wir Winzer sie mit diesem Gedanken vertraut machen. Es ist nicht etwa so, dass die Leute aus dem urbanen Milieu nach uns Winzern gesucht hätten. Nein, die Winzer, das heißt ländliche Menschen, haben sich an die urbanen Menschen gewendet.«

29. Oktober 2004 Die Stimmung in Thomas Hensels Probierstube ist mehr als niedergeschlagen. Ich nehme ihre Pseudo-Rustikalität kaum wahr, während ich letztes Mal keine Gelegenheit ungenutzt ließ, in den Pausen zwischen den einzelnen Weinen alle Einzelheiten zu studieren. Ich habe mich zu dieser Stippvisite bei »Pfalz Hoch Drei« auf dem Weg aus der Schweiz zurück nach Berlin entschlossen, um bei ihren Weinen auf den neuesten Stand zu kommen. Doch vor 24 Stunden hat meine Entscheidung urplötzlich und vollkommen unerwartet an Bedeutung gewonnen. Als ich Schneider von unserem Hotel in Endingen/Baden anrief – dieses Mal begleitete ich Ursula auf einer ihrer Recherchen – sagte er mir, Karsten Peter sei vor wenigen Tagen nach einem Schlaganfall ins Krankenhaus eingeliefert worden. Ich hatte keine Ahnung, dass man mit 28 einen Schlaganfall erleiden kann, und ließ beinahe das Telefon fallen, stammelte zusammenhanglose Beileidphrasen und schlug dann vor, meinen Besuch zu streichen. Doch Schneider bestand darauf und meinte, Peters Freundin Meike Fröhlich würde mit seinen Weinen kommen. Gestern hatte ich im Kühlhaus des Endinger Metzgers Markus Dirr eine unheimliche Begegnung der dritten Art mit einer ausgeweideten und gehäuteten Wildschweinleiche. In ihren beiden Flanken waren große Löcher, das größere Einschussloch, das kleinere Austritt der tödlichen Kugel. Einen Moment lang hatte ich Mühe, einen Fuß vor den anderen zu setzen, ganz wie beim Begräbnis von Lars Rutz.

Hier zusammen am Tisch mit Schneider, Hensel und seiner Berliner Praktikantin Claudia Reimann geht es mir wesentlich besser als gestern Nachmittag. Sie haben gerade berichtet, dass Karsten Peter aus der Intensivstation entlassen und die Ursache des Problems gefunden worden ist – ein kleines Loch im Herz, in dem sich ein Blutklumpen gebildet hatte, der dann ins Hirn wanderte. Es beruhigt mich, dass meine Recherchen zum Thema »Junge und wilde Winzer« nicht zu einer griechischen Tragödie werden, die Bühne mit Leichen übersät. Aber ich bin nicht der Einzige am Tisch, der sich fragt, ob Peter in seinem jungen Alter möglicherweise bleibende Behinderungen davontragen wird. Dann fegt Meike herein, eine Gazelle in Hüftjeans und hochhackigen Stiefeln mit Pfennigabsätzen, unterm Arm einen Karton mit Weinflaschen und auf dem Gesicht deutlich mehr als die Andeutung eines Lächelns.

»Hallo!«, ruft sie und stellt den Karton ab. »Ich hole ihn heute Nachmittag aus dem Krankenhaus ab, deshalb kann ich nicht lange bleiben. Die Ärzte sagen, er muss blutverdünnende Medikamente nehmen und braucht vier bis fünf Wochen Reha, aber ich glaube, er braucht vier bis fünf Jahre!«

Ihre gute Laune lässt uns alle aufatmen; unser Freund hat ganz offensichtlich Glück gehabt. Hensels Mutter kommt und beseitigt die Überreste unseres Wurst- und Saumagen-Mittagessens, für das wir uns überschwänglich bedanken, und wir fangen mit dem Verkosten an. Wieder beginnen wir mit einem Wein vom CASTEL PETER, einem trockenen Riesling, dem 2003 VON DEN TERRASSEN, der von wesentlich mächtigerer Statur ist als sein abwesender Erzeuger. Ich konzentriere mich meditativ auf die Textur des Weines im Mund, die zugleich cremig, kernig und frisch wirkt, aber auch viel mehr ist als die dürftige Summe dieser Worte. Dann schenkt Meike den 2003 CHARDONNAY FINGERPRINT ein, der geschliffener als im vorherigen Jahrgang wirkt, obgleich die Eichenaromen auch etwas deutlicher hervortreten; normalerweise führt das zu ungehobelter Aufdringlichkeit statt dieser wunderbaren Geschmeidigkeit. Meike sagt nichts, strahlt eine gelassene Zuversichtlichkeit aus, die ich angesichts der Umstände kaum glauben kann. Zum ersten Mal fällt mir auf, dass sie dasselbe Auftreten eines Stars hat wie ihr Freund – nicht unbedingt etwas, das ich vor dem Beginn dieser nicht enden wollenden Recherche mit deutschem Wein assoziiert hätte. Diese starken Weine fordern Hensel so richtig heraus. Er hat bereits einige Flaschen aufgereiht, die jetzt folgen sollen. Vom ersten Schluck des 2003 RIESLING HÖHENFLUG wird aber klar, dass er Welten entfernt ist von den stocksteif-korrekten Weißweinen, die er mir vor einem Jahr im »Turm Stübl« gezeigt hat. Zuerst einmal strotzt er förmlich vor hochreifen Mangoaromen, und obwohl es ein satter Mund voll Wein ist, wirkt doch nichts daran schwer oder breit, der Nachgeschmack ist vielmehr schwungvoll und erfrischend und lässt mich sofort ein zweites Mal zum Glas greifen.

»Wie viel Alkohol hat er?«, erkundige ich mich, eine Standardfrage dieses Jahr wegen der Tendenz der 2003er zur Üppigkeit.

»13% plus X«, antwortet Hensel grinsend. Sein 2003 CHARDON-

NAY HÖHENFLUG ist genauso großzügig angelegt. Er zeigt nur einen Hauch von Vanille aus den Eichenfässern und ist ansonsten ganz von den Zitrusaromen der Trauben bestimmt. Selbst wenn Hensel die Idee von Peters Chardonnay FINGERPRINT gestohlen haben sollte, hat er daraus doch etwas ganz Eigenes gemacht. Dann kommt der 2003 GRAUBURGUNDER HÖHENFLUG, der seine beiden Vorgänger mit der Weite seiner Dimensionen noch übertrifft. Seine cremige Textur ist richtig unanständig.

»Und wie viel Alkohol hat der?«, hake ich nach und bedaure sofort meinen aggressiv-investigativen Ton. Aber Hensel bleibt cool: »Oh, 14% … plus X.«

Ich kann weder bei Peter noch bei Schneider ein Vorbild für den Trick erkennen, mit dem er beinahe 15% Alkohol in der vierten räumlichen Dimension versteckt hat. Hensel hat zu seinem eigenen Weißwein-*Sound* gefunden, und der rockt so richtig!

4. Dezember 2004   »Eigentlich bin ich ein Wein-Groupie, und ich stehe dazu«, sagt die junge Frau neben mir und blickt mir dabei durch ihre rechteckigen, blau-umrandeten Brillengläser unbeirrt in die Augen. Das ist um so erstaunlicher, weil sie alles andere als ein blondes Teenie-Püppchen in Fick-mich-Hotpants ist. Hannah Teufel muss Mitte 30 sein und hat mir gerade verraten, dass sie eine ziemlich gehobene Stellung bei einem großen Einrichtungshaus hier in Berlin bekleidet. Wir sind bei der siebten »Langen Nacht des Deutschen Weins«, einer Benefiz-Veranstaltung, die ich alljährlich zugunsten der Deutschen Aids-Stiftung in einem Gewölbekeller in Prenzlauer Berg zusammen mit dessen Herrn und Meister veranstalte, dem »Joseph Ratzinger des Weins«, einem Ostberliner Gastronomen und Weinhändler. Nachdem ich seit über einem Jahr die Entwicklung der jungen wilden Winzer Deutschlands verfolge, hätte mir klar sein sollen, dass zu einem solchen Rock'n'Roll-Phänomen natürlich auch Groupies gehören, aber soweit habe ich einfach nicht gedacht. Spätestens als das Berliner Wein-Groupie im

September ohne Einladung in die Vorstellung meines Buchs »Planet Wein« in einer Kunstgalerie im Londoner East End hereinplatzte, hätte das mir schon die Augen öffnen sollen. Wer ist das zum Teufel, habe ich mich gefragt, ohne zu wissen, dass ich damit schon meine Frage beantwortet hatte.

Bis jetzt habe ich wie üblich den ganzen Abend die diesjährige Auswahl von gereiften Weinen aus meinem privaten Keller ausgeschenkt, gleich muss ich den wahren Höhepunkt der Veranstaltung vorbereiten. Schneider und Hensel, die ihre Weine zusammen mit denen ihres noch erholungsbedürftigen Freundes Peter am Anfang des Abends ausgeschenkt haben, werden mit mir im zweiten Untergeschoss des Kellers ein Stück Wein-Theater aufführen. Letztes Jahr mussten meine Gäste auf einer Kirchenbank niederknien und mir durch ein Metallgitter ihre Gläser hinhalten für einen Schluck »Honig« – Riesling Trockenbeerenauslese – oder »Eis« – Riesling Eiswein. Ich war komplett in schwarzes Gummi gekleidet, um dem Ganzen einen Sadomaso-Touch zu geben. Einem Fernsehsender gefiel es so sehr, dass sie die Szene ausstrahlten, obgleich sie die Inszenierung gar nicht richtig verstanden.

Ich schnappe mir die zwei Jungs, und wir laufen nach unten, wo der »Ratzinger des Weins« bei den letzten Vorbereitungen ist. In der Mitte des Raumes, der ausschließlich von Teelichtern entlang den Wänden beleuchtet ist, steht ein Stapel von Holzpaletten. Dort werden die zwei jungen Winzer stehen und SEX MACHINE ausschenken. Die Musikanlage funktioniert, wo ist die CD? Hensel gibt sie dem »Ratzinger des Weins«, dann ziehen wir uns um, während er nach oben geht, um die Gäste nach unten zu bitten. Ich schlüpfe in türkisfarbene Lacklederhosen und ein schwarzes, transparentes Unterhemd von Vivienne Westwood – hätte ich Titten, könnte man wirklich alles sehen. Ich mache mir schon lange keine Gedanken darüber, was irgendein Fernsehsender oder wer auch immer davon hält, weil sie immer einen Nerv zu treffen scheinen, und das erscheint mir Rechtfertigung genug. Frei nach Mick Jagger:

I know it's only Rock'n'Roll, but I like it! Auch ich weiß, es ist nur Rock'n'Roll, aber mir gefällt's.

Das Gemurmel der Menge wird lauter, als sie die Treppe hinunterkommen, dann schaltet jemand die Anlage ein, und die unsterblichen Klänge von James Browns legendärem Song erfüllen das kahle Backsteingewölbe. Ich trete entschieden vor die Gäste, als sei ich ein himmlischer oder höllischer Bote, und verkünde, dass »Pfalz Hoch Drei« jetzt »Sexual Healing« verabreichen wird, sexuelle Heilung. Die Jungs tauchen hinter einer Mauer hervor, wie Chirurgen in weiße Kittel mit Gesichtsmasken gekleidet und in der Hand große OP-Spritzen haltend, die mit ihrem jungen Portwein gefüllt sind. Sie klettern auf den Palettenstapel, und den Zuschauern wird klar, dass Gläser in diesem Stück nicht vorgesehen sind. Sie werden den Mund öffnen müssen, wenn sie den ersten deutschen Vintage Port erleben wollen, und so gut wie jeder stellt sich für einen Schuss an. Als ich Hensel einige Tage zuvor anrief, um mich zu erkundigen, unter welchem Namen ich den Wein nun ankündigen sollte, schienen die Zweifel überwunden.

»Sex Machine, wie sonst?«, hatte er geantwortet. »Am 7. November haben wir die Trauben für Sex Machine II gelesen!« Dann erzählte er mir alles ganz genau. Dieses Mal waren es Muskat Ottonel, also weiße Trauben. »Sie sind natürlich mit den Füßen gestampft worden«, als hätte ich Zweifel an ihrem Bestreben geäußert, die ganze Geschichte so richtig auf die Spitze zu treiben. Weißer Portwein aus der Pfalz! Geht es noch gewagter, noch verrückter? »Und am 17. haben wir die Trauben für den roten Sex Machine II gelesen und gestampft«, schloss sein Bericht. Sie machen also doch keinen Rückzieher und laufen auch nicht zum Establishment über. Jedenfalls noch nicht. Gestern Abend beim Essen haben mir die beiden gesagt, dass Sex Machine I frühestens Ende 2005 abgefüllt werden wird, aber schon lange ausverkauft ist.

Ich erfuhr bei dieser Gelegenheit auch ein paar Dinge über Peter. Wenn sie auf »Tour« sind, weckt Schneider ihn üblicherweise morgens früh genug, um den Zug zur nächsten Stadt bequem zu schaffen, aber Peter ist trotzdem immer wieder zu spät dran, so dass sie den nächsten oder sogar den übernächsten Zug nehmen müssen. Bei der Fahrscheinkontrolle stellt es sich dann häufig heraus, dass Peter kein Ticket hat und von Schneider Geld leihen muss, um sich eins kaufen zu können. Das ging so weit, bis er ihm mehrere hundert Euro schuldete, und kein weiterer Kredit gewährt wurde. Der Schaffner fragte dann nach einer Kreditkarte – Antwort: »Nein« – nach einem Personalausweis – Antwort: »Nein«. Das Ende der Geschichte blieb offen, aber ich kann mir vorstellen, wie Schneider im allerletzten Moment nachgegeben hat und Peters Schuldenberg weiter gestiegen ist. Wenn das nicht Rock'n'Roll ist? Der Umstand, dass Peter anscheinend nie versucht hatte, Hensel anzupumpen, schien meinen Eindruck von ihm als Solidestem des Trios zu bestätigen. Doch dann überraschte Hensel mich mit der Geschichte, wie er letztes Mal seinen Pass vergessen hatte. Es war letzten August auf einer Urlaubsreise mit seiner Freundin Alex Weiß, einer PR-Frau, nach Sansibar. Er stellte klar, dass er nicht das berühmte Restaurant auf Sylt meinte, dessen T-Shirts Schneider und er an diesem Abend trugen, sondern die eigentliche Insel Sansibar vor der Küste von Tansania. Unglücklicherweise griff er in der Hektik zu Hause nach dem falschen Pass; einem, der vor acht Jahren abgelaufen war! Irgendwie war das jedoch am Frankfurter Flughafen niemandem aufgefallen, und erst als sie in Daressalam umsteigen mussten, wurde er von den Beamten dort angehalten. Er war nicht nur mit einem ungültigen Pass unterwegs, ganz oben auf der Interpol-Fahndungsliste stand auch ein Thomas Hensel! (Der Name ist selbst in der Weinbranche nicht selten, z. B. besitzt ein anderer Thomas Hensel das aufstrebende WEINGUT ODINSTAL in Wachenheim/Pfalz.) Vier Stunden war er in Polizeigewahrsam, bis Alex bei der deutschen Botschaft einen Ersatz-Ausweis besorgt hatte, der erst ausgestellt wurde, nachdem seine Eltern den gültigen

Pass und andere Dokumente per Fax hinübergebeamt hatten. Er erzählte mir all das in dem vollen Bewusstsein, dass ich die Geschichte gleich danach aufschreiben würde, was bedeutet, dass er damals zweifellos Schiss hatte, aber das Ganze inzwischen ziemlich cool nimmt …

Ich warte, bis die zwei Sex-Heilungs-Ärzte ihre *Medizin* an die Masse verteilt haben, und gehe dann zur Palette, um meine Dosis verabreicht zu bekommen. Sex Machine ist auf diese Weise nicht so leicht zu verkosten wie im Frühjahr, als ich ein ganzes Glas zugeteilt bekommen habe, aber der Schluck bestätigt meinen damaligen Eindruck. Der Wein schmeckt überwältigend nach den reifsten Brombeeren und Pflaumen und schlägt dann so richtig ein. Süße, Fülle und Festigkeit verschmelzen zu einem massiven Hit. Nach dem Stimmengewirr zu urteilen, das hier unten herrscht, während James Brown noch mal zu seiner erotischen Hymne ansetzt, ist niemand enttäuscht vom Geschmack der Maximalkraft der Weinzukunft.

1. April 2005 »Willkommen im Yellow Submarine!«, begrüßt Martin Tesch Ursula, als wir in seinen Gärkeller kommen. Eigentlich erinnert es eher an das U-Boot der Rebellen in »Matrix« – dunkel, klaustrophobisch, Retro und auf aggressive Weise Punk – als an eine Szene aus dem verspielten Comic-Film der Beatles. Große Zylinder aus emailliertem Stahl sind links und rechts von uns zu enormen Stapeln übereinander geschweißt, und sie sind gewissermaßen gelb, okay. Tesch registriert mit Genugtuung, dass Ursula geziemend von dieser ungewöhnlichen Ausrüstung beeindruckt ist, und erklärt, er habe das alles von seinem Vater übernommen und sei ursprünglich dieser Retro-Technik gegenüber mehr als skeptisch gewesen.

»Zuerst haben wir alles an neuer und neuester Kellertechnik ausprobiert, dann haben wir beschlossen, bei der alten Ausrüstung zu bleiben«, hallt seine Stimme in dem Wein-*echo chamber*. Seine Methoden hier unten sind in der Tat Lichtjahre entfernt von dem Industrie-Look des Ganzen. Er fängt den Widerhall der Geologie und Topographie seiner Weinberge in dem vergorenen Saft der Riesling-Trauben einfühlsam und *unplugged* ein. Wir gehen mit ihm durch den Keller, über einen schmalen Hof und in das Backstein-Gutshaus aus dem späten 19. Jahrhundert.

»Ich war gerade in London«, erzählt Tesch, »der RIESLING UNPLUGGED beginnt sich da richtig zu bewegen. Ich bin beinahe der einzige deutsche Erzeuger, der in England trockene Weine verkauft, und da drüben schmeckt er wirklich ein bisschen erschreckend.«

»Erschreckend?«, frage ich erstaunt.

»Ja, nach einem Glas deutschem Riesling mit über 30 Gramm Restsüße pro Liter, wie das meiste, das in England verkauft wird, schmeckt einer mit nur zwei Gramm ein bisschen erschreckend«, insistiert er, während wir uns an den Tisch im Probierzimmer setzen. »Ich war in einem erstaunlichen indischen Restaurant mit einem Michelin-Stern und RIESLING UNPLUGGED auf der Karte, und der Chef hat mir zu dem Wein alle möglichen Kräuter und Gewürze zum Probieren gegeben – was zeigt, dass man den ganzen Marktforschungsscheiß vergessen kann, weil die Leute mit deinen Weinen sowieso machen, was sie wollen.« Vor uns steht ein Designer-Spucknapf, wir sind bereit fürs Verkostungsritual.

»Dieses Jahr war die ProWein in Düsseldorf absolut verrückt«, bricht es förmlich aus ihm heraus. »Überall auf der Messe Fancy Wines, Weine mit Fantasie-Namen und schicken Designer-Etiketten, 70 oder 80 schon allein bei den Österreichern!«

Auch da trifft er wieder voll ins Schwarze. So wie es für jugendlich wirkende Winzer ziemlich einfach ist, sich mit Hilfe von Haargel und gestreiften Hemden an die Jung-und-Wild-Geschichte anzuhängen, so kann auch jeder Winzer einen Fantasie-Namen und ein Designer-Etikett auf eine Flasche klatschen und auf diese Weise versuchen, einen Langeweiler-Wein schneller und/oder zu einem besseren Preis loszuwerden. Es gibt Tausende von Langeweiler-Weinen da draußen in der großen weiten Welt und beinahe ebenso viele opportunistische Winzer.

»Sie klingen interessant«, redet er weiter. »Manche schmecken besser, als man erwartet, aber nur wenigen Winzern gelingt es, wirklich was rüberzubringen … und dann ist alles vorbei.«

»Aber meinst du nicht, dass da ein natürlicher Selektionsprozess am Markt einsetzen wird und nur die Weine überleben werden, die etwas rüberbringen?«, frage ich, und er stimmt etwas widerwillig zu und schenkt dann den 2004 RIESLING UNPLUGGED ein.

»Wie kamen deine 2004 an?«, erkundige ich mich, weil ich neugierig bin, welche Reaktionen seine eigenen »Fancy-Wines« ausgelöst haben.

»Ich war ziemlich besorgt, weil ich am Nahe-Stand neben der großen Posaune, dem großen Superhelden und dem kleinen Superhelden war«, antwortet er und meint damit drei der etablierten Starwinzer seines Gebiets, »aber meine Weine schienen kein Problem zu haben.«

Das bedeutet, dass sie einen Testlauf in diesem natürlichen Selektionsprozess ohne Schwierigkeiten überstanden haben. Dann schenkt er die Weine ein, damit wir uns selber ein Urteil über die ProWein-Überlebenden bilden können: RIESLING UNPLUGGED, DEEP BLUE, dann die bunten, trockenen Einzellagen-Rieslinge, allesamt aus dem Jahrgang 2004. Es ist jedoch weit mehr als nur eine Wiederholung der letztjährigen Verkostung, weil sie etwas Neues gemeinsam haben; eine Brillanz, die die vorhergehenden Jahrgänge im Vergleich wie ungeschliffene Diamanten erscheinen lässt. Diese Juwelen funkeln mit ihren Facetten in vielen Schattierungen, als seien sie von einem Strahl reinen weißen Lichtes erleuchtet. Dann stellt Tesch in der ihm eigenen Art, mit der ich inzwischen ziemlich vertraut bin, wortlos eine grüne Schlegelflasche mit Weißwein auf den Tisch und blickt mir direkt in die Augen.

»Das ist eine sehr kleine Menge, ein Weißwein, der etwa wie ein

Rotwein ausgebaut worden ist – etwas, das wir noch nie hatten«, sagt er in einem Ton, der beinahe drohend wirkt.

Er schenkt den Wein in frische Gläser ein und schiebt sie uns hinüber. Nun, der Versuch, Weißweine wie Rote zu vergären – das heißt, den Saft zusammen mit dem Fruchtfleisch und den Schalen, statt nur den Saft für sich allein, wie es normalerweise der Fall ist – ist durchaus schon unternommen worden. Für mich lag das Ergebnis immer irgendwo zwischen hart und oxidiert. Das macht das, was vor uns steht, zu einem »Fancy Wine« ersten Grades. Draußen in der großen weiten Welt frisst so einer entweder alle anderen oder er wird gefressen nach den Regeln der natürlichen Selektion. Wir greifen gespannt zu den Gläsern … und bereits beim ersten Schluck habe ich das Gefühl, als bebe die Erde unter meinem Stuhl ein wenig. Der Geschmack ist streng und unnachgiebig dunkel, gleichzeitig aber auch voller Leben wie die vibrierende Saite einer elektrischen Gitarre in der Rückkoppelung … Wenn die Weinpresse das in die Finger bekommt, dann werden ein paar Journalisten ausflippen, aber andere meiner Kollegen werden den Wein mit ihren Krallen zerreißen.

»Natürlich ist der Wein sehr finster und düster«, beschreibt Tesch den blass strohfarbenen Wein. »Er erinnert mich an ein T-Shirt, das ich in Amerika gesehen habe und auf dem stand: ›I'm So Spooky I Piss Darkness‹ – ich bin so gespenstisch, dass ich Finsternis pisse. Das Etikett ist noch nicht fertig, aber ich habe entschieden, ihn Five Miles Out zu nennen.«

Ich muss nachfragen, was dieser Name bedeutet, obgleich mir schon klar ist, dass es um Navigation geht. Er erklärt, dass die Bezeichnung für die äußere Grenze des streng kontrollierten Luftraums um einen Flughafen steht; für ihn offensichtlich Metapher für die Grenze der vertrauten Weinwelt. Weißwein wie Rotwein zu vergären liegt zweifellos auf der anderen Seite der äußeren Grenze; es ist ein Flug aus dem kontrollierten Luftraum direkt in den Sturm hinein.

»Als ich ihn nach der Gärung das erste Mal verkostet habe, sah es aus, als würden wir direkt auf eine Crash-Landung zusteuern, und ich wollte den Schleudersitz auslösen, aber von Woche zu Woche wurde der Sturmgott gnädiger. Weil er so weit außerhalb unserer normalen Wein-Palette liegt, werden wir ihn als einfachen Tafelwein bezeichnen, aber er wird nicht billig sein.« Ob wir es wollen oder nicht, fliegen wir in die Zukunft des Weins.

2. April 2005   Reiner Flick – Jahrgang 1965 mit 15 Hektar Weinbergen in der Rheingau-Enklave des Maintals – hat den Frühstückstisch freigeräumt und baut jetzt Gläser und einen Spucknapf für eine Weinverkostung auf. Es ist nicht unser erster Besuch beim WEINGUT JOACHIM FLICK in dem nahezu unbekannten Weinort Wicker, so dass dies kein Neuland ist. Ich war froh, gestern Abend sowohl Tesch als auch Flick zur Unterstützung bei mir zu haben, als die deutsche Ausgabe meines Buches »Planet Wein« in einer Lounge des Frankfurter Flughafens vorgestellt wurde – nicht nur wegen der hervorragenden Weine, die sie ausschenkten, sondern wegen eines spektakulären *Vorfalls*. Ich kann immer noch nicht glauben, dass die Betreiberfirma des Flughafens, die Fraport, uns tatsächlich die Genehmigung erteilte, für die Veranstaltung eine Nebelmaschine einzusetzen. Auf jeden Fall war sie nur wenige Minuten in Aktion, als überall rote Alarmlichter anfingen zu blinken und Sirenen aufschrillten, immer wieder unterbrochen von einer elektronischen Stimme, die über die Lautsprecher abwechselnd auf englisch und deutsch aufforderte, das Gebäude sofort zu verlassen – »Please leave the building immediately!« Es schien keine Mittel und Wege zu geben, dem Spuk ein Ende zu bereiten. Das Publikum allerdings nahm die Sache gelassen bis belustigt hin, nicht einer bewegte sich von seinem Platz, so dass ich auch mit meinem Programm einfach weitermachte oder vielmehr weiterschrie, um die Lautsprecherstimme zu übertönen. Vor den gläsernen Wänden der Lounge konnte ich Passagiere mit Gepäckkarren vorbeirennen sehen. Panik stand ihnen ins Gesicht geschrieben: »Oh Scheiße! 9/11 in Deutschland!« Dann kam die Frankfurter Feuerwehr mit beeindruckend dicken Schläuchen und suchte vergeblich nach Flammen und Rauch. Die Lüftungsanlage hatte inzwischen den Nebel vollständig geschluckt. Es dauerte 23 Minuten, bis wieder Ruhe einkehrte. Später erfuhren wir, dass der gesamte Flughafenbetrieb während dieser Zeit zum Erliegen gekommen war, dass Flugzeuge am Boden warteten und in der Luft Schleifen drehten, der Bahnhof geschlossen war und die wartenden ICE-Züge Verspätung aufbauten. Was hatte ich getan? Was hatte der große Gott des Weines mit mir vor? Ursula sieht immer noch leicht verstört aus. Weil sie im Gegensatz zu mir hinter den Kulissen saß, hielt sie nichts gedanklich davon ab, sich über die eventuellen Konsequenzen des Vorfalls Sorgen zu machen; Rechnungen für Treibstoff, Ausfallentschädigungen von der Bahn und Wein-Gott weiß, was sonst noch kommen könnte.

Der drahtige, optimistische Flick scheint das alles hingegen abgeschüttelt zu haben wie eine Ente das Wasser von ihrem Gefieder. Wie er da die Weinflaschen auf dem Tisch aufreiht, lässt in mir die Überzeugung wachsen, dass die Fraport entgegen deutschen Gewohnheiten eine sehr pragmatische Lösung für die Probleme finden wird, die der *Planet-Wein-Vorfall* ausgelöst hat.

Die Rieslinge, die Flick jetzt einschenkt, scheinen mir um Längen konkreter, allen voran der NONNBERG TROCKEN mit seiner zartgoldgelben Farbe und einem Geschmack, der zutiefst gefestigt und nahezu übernatürlich würzig ist, in der Bedeutung, in der dieses Wort in »Dune« gebraucht wird, dem Science-Fiction-Roman von L. Ron Hubbard. Das bringt meine Gedanken auf Substanzen, die nicht nur im konventionellen aromatischen Sinn würzig sind, sondern auch bewusstseinsverändernd. Vielleicht projiziere ich etwas in den Wein, aber verglichen mit den langweiligen »Very royal«-Rieslingen des Rheingaus ist dieser zweifellos wild!

»Weil es der erste Jahrgang ist, den wir von diesen 2,7 Hektar Reben geerntet haben, kann ich dir nicht sagen, woher das kommt, was du schmeckst«, sagt Flick. »Ob es der Jahrgang ist, die Weinbergslage oder die Genetik der alten Reben, die dort wachsen.«

Da kommt eine wenig bekannte nachdenkliche Seite eines jungen Weinunternehmers zum Vorschein, der zusammen mit seiner Frau Kirstin einen halben Hektar Reben und ein zubetoniertes Feld sowie ein paar vergammelte alte Gebäude in wenigen Jahren erfolgreich in ein Vorzeige-Weingut verwandelt hat. Er hat bereits den nächsten Nonnberg-Wein eingeschenkt, den trockenen 2004 ERSTES GEWÄCHS, der mindestens soviel Kraft und Ausdruck wie der normale Nonnberg besitzt, gleichzeitig aber deutlich subtiler wirkt. Im Nachhall steigt eine geheimnisvolle Süße auf wie aus einem Abgrund, obwohl es sich eindeutig um einen trockenen Wein handelt. Plötzlich blicke ich auf die Uhr und sehe, dass wir zum Bahnhof rennen müssen, Ursula fährt zurück nach Berlin und ich nach Traben-Trarbach an die Mosel; es bleibt keine Zeit für weitere Diskussionen mit einem Winzer, der bewiesen hat, dass Rheingauer Weine auch radikal und außergewöhnlich sein können ...

Es ist sieben Uhr abends, und ich stehe in der ganz normal anmutenden Küche von Daniel Vollenweider – Jahrgang 1970 und Herr über ganze zwei Hektar Reben des WEINGUT VOLLENWEIDER. Familie und Freunde feiern gerade ein Stockwerk unter uns im Keller seinen Umzug in dieses große, heruntergekommene Schieferhaus in Wolf bei Traben-Trarbach an der Mosel. Bei genauerer Betrachtung ist die Küche nicht ganz so normal. Auf dem Mikrowellenherd liegt ein Stapel Weinzeitschriften und Weinbücher, darunter auch einige von mir. Das Stillleben wird von einem Edelstahl-Fass vervollständigt, dessen Inhalt ein Schild als 2003 TBA II deklariert. Es ist ein Bierfass, enthält aber Riesling-Trockenbeerenauslese. Das ist ein sicheres Zeichen dafür, dass der junge Schweizer Kerl Ambitionen hat, in die erste Liga der Moselwinzer aufzusteigen, obwohl niemand in seiner Familie je etwas mit Wein zu tun hatte. Er hat zwar Weinbau an der Weinschule Wädenswil unweit von Zürich studiert, doch die wichtigsten Schritte in seiner Vorbereitung für den großen Sideways-Sprung bestanden darin, zuerst für Georg Fromm im Weingut LA STRADA in Marlborough/Neuseeland und dann für Ernst Loosen beim WEINGUT DR. LOOSEN ein Stück flussaufwärts von Wolf in Bernkastel zu arbeiten – was ihn schließlich hierher führte. Für sein einzigartiges Start-up hat er sich von ein paar Leuten Geld geliehen, die jetzt unten versammelt sind. Ich habe gerade seine 2004 Rieslinge verkostet, die in kleinen grünen Schlegelflaschen auf dem weißen Küchentisch aufgereiht stehen.

»Wenn ich es nicht wüsste, würde ich nie darauf kommen, dass das erst dein fünfter Jahrgang ist und du nicht mindestens sieben Generationen Winzer hinter dir hast«, gratuliere ich ihm.

»Danke«, sagt er erfreut, aber auch ein wenig verlegen, und wir gehen die Treppe hinunter zur Party. Ich habe mal geschrieben, dass er wie ein DJ aussieht, aber seitdem ist er erwachsener geworden. Im Keller tanzen ein Haufen von Moselwinzern und Schweizern zu den Klängen eines mir nicht vertrauten Rock'n'Roll-Stücks. Ernie Loosen und seine Frau Eva kommen auf mich zu und umarmen mich zur Begrüßung. Mit Loosen bin ich im Sommer 1986 zum ersten Mal nach Wolf gekommen. Damals war das quasi unbekannte Mosel-Weindorf Heimat einer Gruppe von Aussteigern, zu der auch eine bizarre Kreatur mit dem Spitznamen Fidi gehörte. Fidi trug einen pyramidenförmigen Kristall an einer Kette um den Hals und hatte sehr ernsthaft an Plänen gearbeitet, in einer hölzernen Rakete zum Mond zu fliegen. Außerdem gab es da einen Ökowinzer namens Uli Treitz. Die Weine aus der Lage Wolfer Goldgrube, die uns Treitz probieren ließ, bewiesen, dass dies eine der in Vergessenheit geratenen steilen Schieferlagen der Mosel war, in der große Rieslinge wachsen können. Aber aller geschmacklichen Eigenständigkeit zum Trotz waren sie mir stilistisch zu streng.

Vollenweiders Errungenschaft besteht darin, die besondere Würze dieses Hangs einzufangen und sie mit den ansprechenden Aromen der reifen Riesling-Traube zu umhüllen, von weißen Pfirsichen bis hin zu schwarzen Johannisbeeren, so dass alles zu einem köstlichen Ganzen verschmilzt. Seine 2004 Spätlesen sind wiederum eine Reihe – dieses Mal gibt es sieben Stück – von Meisterwerken unterschiedlicher Ausmaße. Der junge Schweizer hat den großen Sideways-Sprung erfolgreich bewältigt.

Ich gehe hinüber zur Tür, um ein bisschen frische Luft zu schnappen, wo ich auf Katharina Prüm stoße, vom WEINGUT JOH. JOS. PRÜM flußaufwärts in Wehlen – Jahrgang 1979 und dabei, die Verantwortung für die 19 Hektar des Betriebs zu übernehmen.

Joh. Jos. Prüm stellt das Gegenteil von Vollenweiders Unternehmen dar, eine echte Weinlegende, die ihren Ruf Katharinas Großvater verdankt. Sie selbst schließt gerade ihre Doktorarbeit in Jura an der Universität von Münster/Westfalen ab und düst gleichzeitig um die Welt, um die legendären J. J.-Rieslinge zu präsentieren. Wir finden Platz auf einer der Bänke, und ich hole uns zwei Gläser von der 2002 RIESLING SPÄTLESE feinherb unseres Gastgebers. Sie will alles über die Indienreise wissen, von der Ursula und ich vor zwei Monaten zurückgekehrt sind, aber es fällt mir schwer, überhaupt einen Anfang zu finden. Ich erzähle ihr ein paar Begebenheiten, die nichts mit Wein zu tun haben, um ihr begreiflich zu machen, wie anders es dort ist. An ihrem Gesichtsausdruck kann ich erkennen, dass sie meine Erzählungen mit persönlichen Erfahrungen verbinden kann.

»Wenn man eine Weile richtig in eine andere Welt eintaucht, dann sieht man bei der Rückkehr zu Hause plötzlich alles mit neuen Augen«, sagt sie mit einem Nachdruck, hinter dem sich etwas Dunkles zu verbergen scheint. »Ich habe das herausgefunden, als ich für einen Anwalt in Oklahoma gearbeitet habe. Ich werde nie unseren Besuch in dem dortigen Gefängnis vergessen, um mit einem Mandanten zu sprechen, der des Mordes angeklagt war und den er verteidigte. Die Insassen des Gefängnisses trugen die gleichen orangefarbenen Overalls und Schlappen wie in Guantanamo Bay. Ich war so weit weg von Wehlen, dass ich alles ganz anders sah, als ich nach Hause kam.«

Seit ich aus Indien zurückgekehrt bin, schmecken alle Weine anders. Heue Abend sehe ich alle diese Rieslinge im Zusammenhang mit den Gewürzen, die ich auf dem Markt in Darjeeling im Himalaja erlebt habe. Ich bräuchte einen ganzen Stand voll davon, um an das Erlebnis eines großen gereiften Rieslings von »J. J.« heranzukommen, wie der 1976 Graacher Himmelreich Auslese Lange Goldkapsel – eines der großen Meisterwerke ihres Vaters Manfred. Wenn ihre Weine eines Tages ihren eigenen, unverwechselbaren Stil haben werden, dann wird einer der Gründe dafür jener Moment in dem Gefängnis in Oklahoma sein.

30. April 2005   Die Menge junger Menschen auf der anderen Seite des Tresens ist fünf bis sechs Reihen tief, und das auf seiner ganzen absurden Länge. Musik dröhnt aus den Lautsprechern und hallt in der kürzlich renovierten »Alten Lokhalle« von Mainz: Der Laden brummt. Als ich verspätet bei »Wein in den Mai: 2005« aufgetaucht bin, hat mich Philipp Wittmann kurzerhand hinter den Tresen gestellt – sonst hätte ich es nie geschafft, mich durch das »Top-Wine-Tasting« zu verkosten, bevor es den »Party-Weinen« weichen muss. Doch werde ich immer wieder aufgehalten, weil ich Daniel Wagner, Jochen Dreissigacker, Klaus-Peter Keller und andere Mitglieder von »message in a bottle« begrüßen muss, die hier zum Ausschenken eingeteilt sind. Die trockenen 2004 Silvaner von Geil, Sander, Wagner-Stempel und Wittmann überraschen mich wieder. Obgleich 2004 ein wesentlich schwierigerer Jahrgang war für Silvaner als 2003, zeigen sie überhaupt nichts Unreifes oder Ungehobeltes. Ich stelle fest, dass mir noch eine halbe Stunde für die restlichen 16 Weine bleibt und schenke mir kurzentschlossen selber ein, statt auf einen Messager zu warten. He, sie haben schließlich 700 durstige Kehlen zu versorgen! Jedesmal, wenn ich nach einer Flasche greife, um mir den nächsten Wein einzuschenken, streckt sich mir ein Gewirr von Armen mit leeren Weingläsern entgegen. Jetzt schenke ich also sowohl der Menge als auch mir selbst ein, und dadurch fühle ich mich nicht mehr wie irgendein VIP mit Backstage-Pass. Es ist sowieso ein toller Anblick: So viele junge Leute, die nicht nur mit Genuss Wein trinken, sondern ihn auch verkosten und diskutieren. Sie sind wirklich Deutschlands »Generation Wein«; die erste Nachkriegsgeneration, die sagt: »Ich mag diesen Geschmack, lass uns das trinken« – ohne sich Gedanken zu machen, ob das nun gerade angesagt ist oder sie dadurch negativ auffallen könnten. Wahrscheinlich sind sich nur wenige von ihnen dieser Tatsache bewusst, aber wer von uns macht sich groß Gedanken über die Luft, die wir atmen oder den Boden, auf dem wir stehen? Denn das ist für sie Wein.

Der Erste der trockenen Rieslinge, der 2004 ROSENGARTEN von WEINGUT BATTENFELD-SPANIER, trifft einen Nerv, seine Üppigkeit und Saftigkeit wirkt wie ein Dekolleté, das für diesen heterosexuellen *Gonzo-Weinjournalisten* gerade so am Pornographischen vorbeikratzt. Ich frage mich, was die Leute auf der anderen Seite des Tresens denken? Doch ich habe keine Zeit, das jetzt herauszufinden, die Zeit rast. Trotzdem fällt mir auf, dass Stefan Sander, als er flaschenbeladen heranwankt, um die Vorräte aufzufüllen, aussieht, als habe er dieses Jahr wirklich die Arschkarte gezogen. Jetzt bin ich bei den Roten angelangt, die einen sehr deutlichen Fortschritt gegenüber denen vom letzten Jahr darstellen. Am besten gefällt mir die Beerenfrische und Geschmeidigkeit der 2003 CUVÉE CS von WEINGUT SPOHR, aber ich würde eine ganze Reihe mit Vergnügen trinken. Dann noch zwei Schluck saftig-süßen Rieslings – und ich habe es geschafft!

»Sind Sie Stuart Pigott?«, fragt mich höflich eine junge Frau, als ich das Ende des Tresens erreiche. Ich nicke, und sie erzählt mir, dass sie und ihr Freund mich gestern Abend im Fernsehen gesehen haben und verblüfft waren, wie jung ich sei.

»Aber ich werde in ein paar Wochen 45!«, wende ich ein und sorge damit zweifellos wieder für Verblüffung, weil sie das aufgrund meiner schwarzen Lederhosen und des neongrünen Jean-Paul-Gaultier-T-Shirts nicht erwartet hat. All das bestätigt nur, welch starre Altersstereotypen immer noch herrschen und dass für die meisten Menschen Wein einfach immer noch *alt* bedeutet. Es wird eine Weile dauern, bis Dinge wie dieser Abend in das Bewusstsein einer weiter gefächerten Öffentlichkeit durchsickern, das sowieso immer weit hinter der Realität herhinkt. Dann ist da auf einmal Lady Eierlikör und besteht auf dem Tanz, den ich ihr versprochen habe. Ich habe die Münchner Physiotherapeutin mit der jungenhaften Art vor einer Stunde im Wittmannschen Minibus kennen gelernt. Sie scheint mir eine Art Ehrenmitglied der Familie zu sein, genauso wie Mike, der chinesische Hamburger Verlobte von Philipps Schwester Christiane. Lady Eierlikör habe ich sie getauft, weil sie aus irgendeinem Grund die ganze Zeit über dieses komische Gesöff redet. Wir springen auf die Tanzfläche, aber die Monate mit den jungen und wilden Winzern haben meinen 45-jährigen Körper überfordert – nach nur vier Songs brauche ich eine Pause und nehme mit einem Glas Wasser die Beobachterrolle ein. Plötzlich überfährt mich wieder einer dieser Lastwagen: An diesem Abend ist die übliche unsichtbare, aber unüberwindbare Mauer zwischen der hetero- und der homosexuellen Welt gefallen. Ist dies die erste beidseitige, vereinte Weinveranstaltung auf *Planet Wein*? Das Bewusstsein der weiter gefächerten Öffentlichkeit könnte damit noch ein viel größeres Problem haben!

Ich greife nach einem Glas Party-Wein, dem 2004 RIESLING TROCKEN von WAGNER-STEMPEL, und während ich in diesem Gebirgsbach bade, komme ich am Tresen mit Carolin Gillot vom WEINGUT KÜHLING-GILLOT in Bodenheim – Jahrgang 1978 und verantwortlich für zehn Hektar Reben – ins Gespräch. Als einzige weiblich Messagerin, dazu schlank, blond und ausgesprochen hübsch, zieht sie die Aufmerksamkeit der Medien magnetisch an. Ein junger Kerl kommt jetzt auf sie zu, unterbricht unsere Unterhaltung und sagt etwas zu ihr, das ich nicht verstehen kann, aber ihre Körpersprache verrät, dass ihr diese Art Aufmerksamkeit unlieb ist.

»Die meisten Männer sind einfach Kinder«, sagt sie ziemlich giftig, nachdem der Kerl wieder verschwunden ist.

»Vergiss nicht«, entgegne ich, »ein Mann ist ein Kind plus Hormone.«

Als die Live-Band Donna Summers »Hot Stuff« anstimmt, zieht es mich wieder unwiderstehlich auf die Tanzfläche. Große Frauen in engen rosa Kleidern, zierliche Frauen in schwarzen rückenfreien, aber vorne um so besser ausgefüllten Tops, noch jüngere Frauen in hautengen schokobraunen Hosen, jede Menge Pailletten, Glitzer-Make-up und ein Wald von stratosphärisch hohen Absätzen – alles dreht und windet sich zur Sex-Hymne von Donna Summer. Wäre ich Carolin, könnte ich eine ähnliche Beschreibung der männlichen Gäste abgeben. Messager hätten die Party »Sex Bomb« nennen können, ohne dass sich jemand beschwert hätte. »*Got to have some hot stuff baby tonight!*«

Als ich mich wieder aus dem sich schüttelnden, wiegenden, hüpfenden Gewühle winde, stoße ich beinahe mit »Prinzessin Leia« zusammen, die viel cooler als vor einem Jahr aussieht – außer der Tatsache, dass sie gerade mit einem chronischen Fall von Schluckauf kämpft. Ich versuche es mit einem Schrei, der direkt aus Brian de Palmas »Carrie« sein könnte – ohne das ganze Blut –, aber er zeigt keine Wirkung. Da taucht Philipp Wittmann auf mit einem Stapel Papierhandtüchern, die er auf den Boden packt: Die »Prinzessin« solle darauf mit seiner Hilfe einen Handstand machen. Lady Eierlikör stößt gerade rechtzeitig zu uns, um den nackten Bauch der »Prinzessin« vom BH bis zu den Höschen zu bestaunen, die zukünftige Chefin eines der berühmtesten Weingüter Rheinhessens auf dem Kopf! Doch es funktioniert, und Philipp platzt schier vor Stolz; das ist auch eine Seite des Kindes Mann, aber eine angenehmere.

»Warum machst Du nicht einen Wein namens ›Rheinhessen auf dem Kopf‹?«, schlage ich ihm vor.

»Der müsste genau das Gegenteil von unseren tatsächlichen Weinen sein«, flachst er. »Dünn, banal und billig!«

»Um das hinzubekommen, musst du einfach vier- oder fünfmal so viele Trauben pro Stock ernten, so wie es damals in den schlechten alten Liebfraumilch-Zeiten war«, platze ich heraus. »Aber diese Zeiten kommen nicht zurück.«

Mein Gegenüber ist schlagartig ganz ernst, Witze und Party scheinen vergessen. »Im Moment herrscht Euphorie, aber was passiert, wenn daraus kein wirtschaftlicher Erfolg wird?«, fragt er nachdenklich.

Inzwischen kenne ich ihn gut genug, um zu wissen, dass er dabei nicht an sich selbst oder andere Messager denkt, die bereits erfolgreich sind. Er meint die vielen jungen Winzer, Messager oder nicht, die alles daran setzen, zum erfolgreichen Neuen Rheinhessen zu stoßen. Wie viele davon werden den Durchbruch tatsächlich schaffen?

»Alles geht immer auf und ab. Jetzt ist Rheinhessen gerade oben, aber wer weiß, vielleicht ist in zehn Jahren alles vorbei …«, sagt er schwermütig, als sei dies eine der letzten Disco-Nächte.

Es ist kurz nach 1 Uhr 30, der DJ hat gerade »It's Raining Men« von den Weather Girls aufgelegt, und das bringt mich wieder zusammen mit Lady Eierlikör auf die Tanzfläche – »*and suddenly for the first time in history around half past ten …*« Auf Philipp Wittmanns Gesicht erkenne ich jetzt ein gefährliches Grinsen, in der rechten Hand hält er einen Stempel, in der linken ein Stempelkissen. Was zum Teufel hat er vor? Dann sehe ich, dass die große blonde junge Frau, die neben mir in wilden Verrenkungen tanzt, auf beiden Waden und der rechten Brust das neue Message-Logo aufgestempelt hat. Das Logo ist eine leere Comic-Sprechblase. Was bedeutet das? Ist das Medium die Message? Oder die Message in der Flasche leer? Wir driften alle ins All, aber zu welchem verdammten Stern?

18. Juli 2005   »Deadline, Abgabetermin«, sind furchtbare Worte für Journalisten. Sie bedeuten nicht nur Stress – äußeren und selbst verschuldeten – sondern auch eine schreckliche Wahrheit. Es ist der Moment, in dem eine Story, die wie diese während der ganzen Recherche im Fluss war und deshalb lebendig erschien, plötzlich zu endgültigen Textzeilen wird, die tot wirken, weil sie nun fix und fertig sind. Wenn die Recherche wie ein großartiges Rock'n'Roll-Live-Konzert war, dann erscheint einem die fertige Story, als höre man dasselbe Konzert von einer CD auf einer schlechten Musikanlage. Alles klingt plötzlich so leblos. Zumindest geht mir das durch den Kopf, während ich mich hier am Hackeschen Markt auf dem Küchentisch durch die Berge von Material arbeite. Seit ich vor gut 21 Monaten in dem vollgestopften ICE von Frankfurt nach Mannheim saß, hat es sich angesammelt wie die Laubschichten auf dem Waldboden, Blatt um Blatt. Das macht mir klar, wie viel mehr in dem ganzen Thema steckt, aber noch nie zu Papier gebracht worden ist. Dann höre ich innerlich dieses großartige Live-Konzert. Aber wenn ich auf den Bildschirm schaue, höre ich doch nur die CD, die auf einer schlechten Anlage spielt. Warum ist es mir nicht gelungen, diesen wahnsinnigen *Sound* einzufangen, und wie kriege ich das hin in der knappen Zeit, die noch bleibt? Das erste ist, dass trotz endlosem Geschreibe soviel zu fehlen scheint. Ich habe es lange verdrängt, aber die Gruppe »Junges Schwaben« hat nur einen winzigen Auftritt in dem Text, und ist doch ein genauso interessanter Teil dieses Phänomens wie »message in a bottle« oder »Pfalz Hoch Drei«. Ihnen ist es sogar gelungen, den deutschen Wein, den ich am wenigsten mochte, nämlich den nicht wirklich roten, langweiligen Trollinger, in echten, spannenden Rotwein zu verwandeln

– Dank an Jürgen Zipf vom WEINGUT ZIPF in Löwenstein für jene erste Trollinger-Offenbarung!

Dann sind da die anderen Einzelgänger, jeder Einzelne genauso interessant wie Martin Tesch. Ich kenne keinen wilderen jungen Winzer als Friedrich Aust vom WEINGUT AUST aus Radebeul/Sachsen, und auch keine überzeugenderen wilden Weine als die des allerersten wilden Mannes des deutschen Weins, Reinhard Löwenstein vom WEINGUT HEYMANN-LÖWENSTEIN in Winningen/Mosel. Aber es hilft nichts, mich in Entschuldigungen, Ausreden oder Erklärungen zu ergehen. Ich muss die vielen Fäden dieses Phänomens zusammenbringen und versuchen, Schlüsse zu ziehen, die mir nicht grässlich erzwungen scheinen. Ursula kommt in die Küche und sagt, sie gehe etwas zum Mittagessen einkaufen. Das bedeutet, dass ich schnell meine E-Mails checken kann, die alle über ihren Computer laufen. Außerdem bin ich froh, an ihren Schreibtisch zu wechseln; eine kurze Pause von diesen geistigen und körperlichen Verrenkungen. Ich lade meine Mails herunter. Da ist eine von Thomas Hensel, ich hatte ihm gerade geschrieben wegen Proben seiner trockenen 2004 Weißweine, um sie in unserer üblichen unprofessionellen Art zu verkosten. Ich öffne die Mail und kann kaum glauben, was da steht. Die Gruppe ist geplatzt – hat sich getrennt! Karsten Peter hat »Pfalz Hoch Drei« verlassen und zieht ab 1. August aufs WEINGUT SCHÄFER-FRÖHLICH in Bockenau/Nahe, wo Meike Fröhlich zu Hause ist. Sowohl den Worten als auch dem Ungeschriebenen zwischen den Zeilen entnehme ich, dass diese Entwicklung Hensel wie ein ganzer Lastwagen-Konvoi getroffen hat. Aber wie der einzige Rock'n'Roll-Musiker, der je mein Freund war, tausendmal sagte: »Das ist Rock'n'Roll, Cowboys!« Vielleicht habe ich die junge und wilde Seite des deutschen Weins nicht ganz so eingefangen, wie es mir vorschwebte, aber ich war gerade rechtzeitig zur Stelle, um die Geschichte des Trios mitzubekommen, bevor es zum Duo wurde. Hensel schreibt in seiner Mail, er und Schneider seien fest entschlossen, mit allem weiterzumachen, den gemeinsamen Weinen, den gemeinsamen Präsentationen, dem gemeinsamen ProWein-Stand und allem anderen, nach dem uralten Motto: »The Show must go on!«

Das letzte Kapitel der »Pfalz Hoch Drei«-Geschichte habe ich während der letzten Wochen mitgekriegt, als ich in der Pfalz war. Anlass war eine gemeinsame Veranstaltung mit dem Trio, die vom Mannheimer Stadt-Magazin »Meiers« in der Ruine des Englischen Baus im Heidelberger Schloss organisiert worden war. Es folgten drei Tage Dreharbeiten mit dem Trio und dem in Berlin lebenden Filmemacher Michael Trabitzsch und seinem Team für einen NDR-Dokumentarfilm. Ich war etwas ängstlich, dass der Veranstaltung der richtige *Buzz* fehlen könnte, deshalb überredete ich Hannah Teufel und ein paar andere Wein-Groupies, nach Heidelberg zu kommen. Sie waren zwar nur eine Hand voll, aber eine Hand voll von der Art, die eine Party so richtig in Schwung bringen. »Wein-Groupies?«, fragten Hensel und Schneider ungläubig, als ich ihnen von meinem Plan erzählte.

Die »Meiers«-Leute hatten grandiose Arbeit in Sachen Werbung geleistet, innerhalb von wenigen Stunden waren sämtliche 400 Karten verkauft. Als ich am Tag vor der Veranstaltung in Mannheim ankam, fiel mir die Klappe runter: Unser Poster hing neben Maria Carey, Anastacia, Lenny Kravitz und David Copperfield. Ich meine, heilige Scheiße! Ich bin nur ein Journalist, der blöd genug war, Wein zu seinem Thema zu machen, und sich manchmal ein bisschen verrückt anzieht. Aber da prangte mein Gesicht neben diesen Stars. Ich war so baff, dass ich trotz der Digitalkamera in meiner Tasche nicht mal daran dachte, ein Foto zu schießen. Bei unserer Last-Minute-Besprechung bei Schneider am Tag der Party, wo wir zum ersten Mal so richtig darüber nachdachten, was wir am Abend auf der Bühne wann und wie sagen und tun würden, gab es einen langen Moment eine merkwürdige Stimmung. Genauso wie ich in den letzten 18 Monaten manchmal Angst hatte, in den Orbit des Trios gezogen zu werden, hatten sie jetzt die Befürchtung, von einem Pigott-Mahlstrom Gott weiß wohin mitgerissen zu werden. Dann schienen sie allerdings entschlossen, das Wagnis einzugehen, und wir wurden uns schnell einig, wie wir am Abend vorgehen würden.

Unser Auftritt war schon gut, aber im Rückblick scheint es mir, dass es nur der kleinste Teil der Show war, weil die Party danach eine nicht mehr zu bremsende Eigendynamik gewann. Eine Horde von jungen Frauen, die ich nie zuvor gesehen hatte, stürmte die Bühne, als es mit dem Tanzen losging, und der Spaceshuttle hob mühelos ab. Selbst wenn wir nur den kleinsten Bruchteil eines Millimeters über dem Boden schwebten, gab es doch keinen Zweifel daran, dass wir die geostationäre Umlaufbahn erreicht hatten. Ich vermutete, dass das Trio nach der anfänglichen Skepsis seinerseits Wein-Groupies organisiert hatte. Die Nachricht, die ich um 1 Uhr 16 von Hensel auf Englisch auf meinem Handy empfing, schien dies zu bestätigen: »Where are you? Fucking great wine groupies! We're just going to the next club …«

Am nächsten Tag, als ich ihn für Trabitzschs Kamera vor dem Tower des Bad Dürkheimer Flugplatzes interviewte, der sich direkt neben seinem Weingut befindet, fragte mich Hensel als Erstes, wer zur Hölle diese ganzen wilden Frauen auf der Party gewesen seien. Eine mit langen dunklen Locken, die er nie im Leben zuvor gesehen habe, habe sich auf der Bühne förmlich auf ihn geworfen, so dass man sie von ihm wegziehen musste! Er war dankbar, dass seine Freundin Alex das Ganze so gelassen nahm, hatte aber echte Schwierigkeiten, die Vorkommnisse zu verstehen.

»Ich meine, wir sind keine besonderen Typen, aber ich glaube … zumindest in diesen paar Stunden … waren wir Stars«, sagte er mit einer Stimme, die ganz und gar nicht nach Star klang, und sah dabei trotz Sonnenbrille schwer verkatert aus, »zumindest kann ich es mir nur so zusammenreimen.«

»Du hattest Recht mit den Wein-Groupies«, hörte ich später von Schneider. »Ein paar von ihnen haben mir ihre Mobil-Nummer in die Tasche geschoben, aber wir sind alle drei in festen Beziehungen. Wir können nicht …«

Uns allen wurden so langsam Rock'n'Roll-Wahrheiten klar, die so alt sind wie die Musik. An diesem Abend kochten Schneider und Caro Helmer für die anderen »Pfalz Hoch Drei«-Mitglieder, ihre Freundinnen, das Trabitzsch-Team und mich. Es war ein langer Tag gewesen mit der Filmerei, der Spielberg oberhalb von Dürkheim, wo wir in den Reben gedreht hatten, so heiß wie die Serengeti. Ich saß auf Hensels Terrasse zusammen mit dem »Star« zum förmlichen Chillout, als Alex in ihrem Auto ankam, um uns fürs Abendessen abzuholen. Sie sprang heraus, warf die Arme in die Luft und schrie »Get naked!« Ich war nicht sicher, ob das eine Anspielung auf meine Striptease-Show am Abend zuvor sein sollte, entschied aber, ihrer Aufforderung nicht zu folgen. Hensel zog nur die Augenbrauen hoch. Auf der Fahrt nach Ellerstadt zu Schneider bedankte ich mich bei den beiden für alles, was sie getan hatten, um mich bei meiner Recherche zu unterstützen.

»Ihr habt mir genug Material für ein ganzes Buch geliefert, aber es wird doch nur ein Kapitel in ›Pigotts Wilder Wein‹ daraus«, sagte ich. Auf einmal schien ihnen bewusst zu werden, dass ich nicht aus purem Jux und Tollerei mit ihnen herumgehangen hatte. Totenstille. Hensel und Alex sahen beide nervös aus. Dann aßen wir und tranken zuviel in Schneiders Garten und vergaßen alles für ein paar wunderbare Stunden. Als ich zurück nach Berlin kam und die Szenen sah, die Trabitzsch in jener Nacht bei Schneider aufgenommen hatte, wirkte das wirklich wie Szenen aus Alexander Paynes Film »Sideways«. Doch die letzten 18 Monate kamen mir eher wie die Entdeckungsreise vor, auf die sich der junge Rockjournalist in Cameron Crowes autobiographischem Film »Almost Famous« einlässt. Die Gruppe, mit der er auf Tour geht, nimmt ihn nicht für voll und erzählt ihm deshalb zum Schluss wirklich alles, so wie es bei den jungen und wilden Winzern der Fall war, mit denen ich mich befasst habe. Der große Unterschied zwischen ihm und mir ist, dass der junge Rockjournalist im Film sich in ein Groupie namens Penny Lane verliebt, während ich mich in die Weine verliebt habe. Ich kann diesen wahnsinnigen Sound nicht aus dem Kopf bekommen. Aber vielleicht spielt es auch nicht die geringste Rolle, was ich denke.

»Unsere Gesellschaft hat sich verändert«, hat Schneider in seinem Keller vor Trabitzschs Kamera gesagt, als ich ihn fragte, wie er sich den Erfolg seiner Rotweine BLACK PRINT, EINZELSTÜCK und URSPRUNG erkläre.

Es ist diese Veränderung – weg von der engstirnig elitären und strikt ritualisierten Einstellung gegenüber Wein und hin zu demokratischem und ungehemmtem Vergnügen –, die den Erfolg der jungen und wilden Winzer erst ermöglicht hat. Als die erste solche Gruppierung, die »Fünf Freunde«, sich vor 15 Jahren in der Südpfalz zusammenschloss, waren die kulturelle Situation und die sozialen Gegebenheiten ganz andere. Alles war in festen Schubladen einsortiert und hierarchisch aufgebaut. Das Quintett war überaus erfolgreich und hat sein oberstes Ziel voll und ganz erreicht; die deutsche Weinszene sollte den bis dahin gering geschätzten Süden des Gebiets endlich ernst nehmen. Doch waren sie und die »Leiwener Jungwinzer« an der Mosel eine Ausnahmeerscheinung, und zumindest von außen gesehen gab es da keine Spur von Rock'n'Roll. Die Winzergruppen von heute sind eine vollkommen andere Geschichte mit vollkommen anderen Begleiterscheinungen. Doch wie Schneider ebenfalls in Bezug auf die »Fünf Freunde« und die Einzelgänger derselben Generation gesagt hat: »Andere haben die Tür für uns aufgestoßen.«

»Und ihr seid einfach durchgerannt?«, fragte ich.

»So war es häufig, aber ohne die Weinqualität hätte es nie funktioniert.« Als Schneider diese Worte aussprach, ging mir plötzlich ein Licht auf – warum war mir das nicht viel früher eingefallen, Monate her? Was Hensel und ihn von den anderen unterscheidet, ist der Umstand, dass ihre Väter beide nie Wein gemacht haben.

Beide Väter lieferten ihre Trauben an die jeweilige Genossenschaft ab, die Ausbau und Vermarktung übernahm. Das bedeutet, dass die Söhne nie darunter litten, dass die Qualität ihrer Weine oder ihre Leistungen als Verkäufer mit denen der Generation zuvor verglichen wurden. Weit mehr als das, beide Väter scheinen glücklich über ihre Erfolge, sie stehen voll hinter ihnen. Die Söhne können etwas aufbauen, wo vorher quasi nichts war. Es gab auch keine anderen Verwandten, an denen man hätte gemessen werden können, so dass sie sich leicht dabei taten, ihre Vorbilder und Wein-Ideale frei nach eigenem Geschmack zu wählen. Es tat nichts zur Sache, ob sie aus dem Nachbarort oder aus Portugal kamen.

Für Peter war die Situation eine grundlegend andere. Er ist das Trio-Mitglied, das ins bestehende Familienweingut eintritt. Vielleicht sollte es daher nicht überraschen, dass er in ein anderes Gebiet ausgewandert ist, wo er sich freier fühlt.

Bevor ich losrennen musste, um meinen ICE von Mannheim zurück nach Hause zu erwischen, hat mir Schneider mit bedeutungsvollem Blick eine Flasche vom 2003 EINZELSTÜCK in die Hand gedrückt. Es ist der Zweite der gärenden, embryonalen Portugieser-Rotweine, die ich bei meinem ersten Besuch bei ihm im Keller verkostet habe. Die Flasche steht geöffnet vor mir auf dem Tisch, und ich habe mir ein großes Glas voll eingeschenkt. Obgleich die dazwischen liegenden Monate im Fass und in der Flasche den Wein etwas gezähmt haben, schmeckt er für mich immer noch *wild*.

Von der Golden Gate zu den Barricades of Heaven: Eine Odyssee durch das *Wein-Amerika* des 21. Jahrhunderts

Diese ganze verdammte Geschichte begann an einem Sommerabend auf einer Ranch in Forestville, Sonoma County, in Nordkalifornien mit Calrod und seinem Farmhouse Girl. Ein wirklich hübsches Plätzchen, mit Weinbergen und Redwoods rundherum. Da saßen wir so ums Feuer, weil es doch gehörig frisch war, richtig froh über die Wärme. Calrod und sein Farmhouse Girl hatten ein mächtig gutes Barbecue gezaubert und ein paar mächtig gute kalifornische Weine gestiftet. Es war schon spät, und Dr. Benway war dabei, irgendeine unglaublich witzige Geschichte zu erzählen. Wir tranken eine gloriose Flasche Rotwein, die er mitgebracht hatte, den '75 Sonoma County Zinfandel vom alten Joe Swan, Gott schütze seine Seele. Und es war verdammt guter Stoff! Dann drehte sich Calrod zu mir, mit einem richtig ernsten Blick und fragte mich ohne jede Vorwarnung: »Stuart, bist du Engländer?« Es traf mich genau zwischen die Augen und ließ mich taumeln, als wär's die Kugel von so 'nem Pistolenhelden gewesen.

»Ähm … äh«, stotterte ich, »ziemlich lange her, seit ich aus England weg bin, noch 'ne ganze Menge England in mir … aber ich glaube nicht, dass ich noch so richtig Engländer bin.«

Er nickte bedächtig, als stimme er nicht nur zu, sondern müsse auch die volle Bedeutung dieses Geständnisses begreifen. Dann kam wieder dieser ernste Blick, und eine neue Frage schoss mir entgegen: »Aber du bist auch nicht Deutscher?«

Da war ich wieder am Taumeln und Stottern: »Ähm … äh … ich weiß, ich hab viel Deutsches angenommen … aber ich bin auch kein richtiger Deutscher.« Da war ich nun schon mächtig nervös, dass die nächste dieser verdammten Fragen sein würde, was in Gottes Namen ich denn nun sei, aber dann kam dieser Hammer, der mich auf die Spur gebracht hat, die ich die ganzen letzten Monate verfolgt habe.

»Ich glaube, du bist Amerikaner«, sagte da nämlich Calrod, mit einem Ton, als ob ein Vater seinem Sohn was richtig Wichtiges erzählt, etwas was sein ganzes Leben verändern wird. Es war das Verrückteste, was ich je gehört habe, und ich brauchte ein großes Glas von diesem gloriosen Zinfandel, um es überhaupt zu verdauen. Der Wein war beinahe so alt wie diese Berge und schmeckte beinahe so frisch wie die Nachtluft. Bis Dr. Benway die Vorstellung für beendet erklärte und uns daran erinnerte, dass in ein paar Stunden ein neuer Tag auf uns wartete, war mir zumindest klar geworden, dass ich keine Wahl hatte – ich musste der Frage nachgehen, wie ich zum Amerikaner geworden war ... Für mich gab es keinen Zweifel; wenn Calrod Recht hatte, und ich Amerikaner geworden war, konnte diese Verwandlung nur über den Wein gekommen sein, über mein wiederholtes Eintauchen in *Wein-Amerika*. Dieser Prozess muss eingesetzt haben, als ich Dr. Benway und ein paar andere Leute aus der Weinbranche der Westküste Amerikas kennen lernte, damals im Sommer 1988. Wir verstanden uns gleich mächtig gut, und sie luden mich ein, zurückzukommen und bei ihnen zu wohnen, wann immer und wie lange ich wollte. Ich habe sie dann auch ziemlich oft beim Wort genommen, obwohl ich mich selten genug dafür erkenntlich zeigen konnte. Anfang der 1990er wurde mir klar, wie die Erfahrungen an der Westküste mich zu verändern begannen, meine Gedanken, mein Verhalten.

Der Sommerabend draußen bei Calrod und Farmhouse Girl auf der Ranch in Forestville war nur ein paar Monate, nachdem Präsident George W. Bush unter mächtig falschen Vorgaben amerikanische Truppen in den Irak beordert hatte. Nach 15 Jahren Reisen nach Kalifornien und einem Haufen anderer Orte in Amerika war mir aber sofort klar, dass Calrod nicht an Bush-Amerika dachte, als er mir sagte, er glaube, ich sei Amerikaner geworden. Er dachte an

das offene, kreative Amerika, zu dem die Weintäler an der Westküste und er selbst gehören. Es war genau das Amerika, in das ich
durch den Wein eingetaucht war, und deshalb traf mich seine Bemerkung wie ein Pfeil, der mit leisem Beben genau in der schwarzen Mitte seines Ziels stecken blieb. Die Kultur an der Westküste ist
zugleich dynamisch und gelassen, idealistisch und pragmatisch,
kreativ und skeptisch gegenüber Veränderungen nur um der Veränderungen willen; alles Eigenschaften, die sie für mich unwiderstehl-
lich macht. Diese sich scheinbar widersprechenden Eigenschaften
machen deutlich, dass diese Gegend durch das bloße Aneinander-
reihen von ein paar Adjektiven nicht adäquat beschrieben werden
kann. Es trifft alles zu, aber es klingt mehr wie ein Werbeslogan,
eine grob vereinfachte Darstellung der Westküste als eine poetische
Schilderung ihres wahren außergewöhnlichen Wesens.

Als ich dann Anfang September 2003 zurück nach Berlin kam,
fing ich an, ernsthaft über Wein in Amerika nachzudenken und
nachzulesen. Es wurde mir schnell klar, dass ich zwar alles in allem
ungefähr ein halbes Jahr in Kalifornien verbracht hatte und andere
Weinbau-Staaten an der Westküste besuchte hatte, Oregon und
Washington, aber das war nur ein Teil von *Wein-Amerika*. In der
Ausgabe der TIME vom 17. März 2003 las ich, dass Nord-Dakota
gerade als letzter der 50 Staaten der Union in die kommerzielle
Weinproduktion eingestiegen war. Ich guckte mir Klimakarten an
und fand eine Reihe von Staaten im Mittleren Westen, unter ihnen
Nord-Dakota, wo es schwierig war, sich glückliche Weinreben und
reife Trauben vorzustellen, aber irgendwas passierte da anscheinend trotzdem. Aus dem Entstehen dieser neuen Weingebiete, wie
klein sie absolut gesehen auch immer sein mochten, schlussfol-
gerte ich, dass es auch Konsumenten für die neuen Weine aus diesen Lagen geben musste. Um die Existenz dieser Pioniere auf die
Dauer sicherzustellen, musste es neben der Revolution in der
Weinerzeugung eine Revolution im Weinkonsum geben. Das war
faszinierend – aber hieß es auch, dass *Wein-Amerika* etwas war, das

ich recherchieren musste, koste es auch Monate und viele Tausend Euro?

Die Antwort darauf kam in einem Artikel aus der »New York Times«, den ich in der »International Herald Tribune« vom 19. Dezember 2004 las. Es ging um die Voraussage, dass die USA 2008, '09 oder spätestens '10 mengenmäßig die größte Konsumenten-Nation auf *Planet Wein* sein würden. Das vertrug sich nicht mit der Weinperspektive, die ich seit über zwei Jahrzehnten mit mir herumschleppte. Darauf hatten mich die ersten 18 Monate, die ich mit der Recherche unserer wilden Weinwelt verbracht hatte, nicht vorbereitet. Mein erstes tastendes Interesse in Richtung *Wein-Amerika* wandelte sich schnell zu der Überzeugung, dass sich grundlegende Veränderungen anbahnten, deren Auswirkungen sich weit über die Grenzen Nordamerikas hinaus bemerkbar machen würden. Plötzlich gab es keinen Zweifel mehr, ich musste mich mit diesem Phänomen gründlich befassen. Es war mir außerdem klar, dass diese journalistische Frage in irgendeiner unerklärlichen Art und Weise mit meiner eigenen Identität verknüpft war; ein doppeltes Fragezeichen, dem ich nicht ausweichen konnte. Nur mit Hilfe der *Gonzo-Methode* hatte ich eine Chance, hier Antworten zu finden.

Ich beschloss, mich auf eine Odyssee von Küste zu Küste zu begeben, durch die *Vereinigten Staaten von Wein-Amerika*. Ich konnte unmöglich alles erleben, deshalb wählte ich drei grundlegend unterschiedliche Aspekte des Ganzen aus, von denen mir mein journalistischer Instinkt sagte, dass sie meine Ermittlungen so weit voran bringen würden, wie es bei der mir zur Verfügung stehenden Zeit und meinen Mitteln möglich war. Ich würde im äußersten Westen von *Wein-Amerika* anfangen, die ich am längsten und besten kannte – das Russian River Valley in Sonoma County, etwas über eine Stunde mit dem Auto direkt nördlich der Golden Gate Bridge – aber ich würde es aus einem ganz neuen Blickwinkel anpacken. Dieses Mal würde ich nicht nur ein interessierter Beobachter am Rande des Spielfelds sein, sondern vorübergehend Teil dieser

Welt werden, indem ich zwei Wochen während des »Crush«, der Weinlese, als »Cellar Rat«, »Kellerratte«, als niedrigster Angestellter für einen kleinen Weinproduzenten arbeiten würde. Ich entschied mich für die SCHERRER WINERY in der Nähe von Graton, weil Fred Scherrer die Personifizierung meiner zugegebenermaßen grob vereinfachten Beschreibung der Kultur und Gesellschaft der Westküste ist. Für ihn ist es selbstverständlich, dass Kreativität vor Gewinn kommt und dass es wichtiger ist, seine Weine immer näher zur Perfektion zu bringen, als die Bedingungen, unter denen dies passiert. Statt in einem Millionen-Dollar-Bau an einem größeren Highway operiert SCHERRER WINERY aus einem umgestalteten Packschuppen mitten im Nichts. Ideale Bedingungen für mein Vorhaben. Denn in einer großen Kellerei mit der neuesten technischen Ausrüstung und dem nötigen Kapital dahinter zu arbeiten würde mich nicht nur von harter körperlicher Arbeit fernhalten – der Schufterei des Weins – sondern auch von dem, was die Westküste zu einem Gebiet gemacht hat, das *Planet Wein* grundlegend verändert hat. Seit den späten 1960ern sind die Spitzenproduzenten an der Westküste vor allem kleine und mittelgroße Betriebe, für die aufgrund von Kapitalmangel Improvisation zu einem Katalysator für Kreativität und Innovation wurde. Gemeinsam haben sie das Feld, auf dem das große Spiel der Qualitätsweinerzeugung ausgetragen wird, neu definiert. Bei Fred Scherrer würde ich die dreckigste, härteste und anstrengendste Seite *Wein-Amerika*s erleben, in zwei Wochen die Maximaldosis an Schufterei abbekommen. Aber vor allem – und viel wichtiger – wäre ich in dieser Zeit auch Teil der innovativsten Seite *Wein-Amerikas* und würde hoffentlich mehr von der revolutionären Dynamik dieser Gegend verstehen.

Nach meinem Job als »Kellerratte« würde ich ins bis dahin leere Herz *Wein-Amerika*s reisen, in die Dakotas in den Great Plains, um die Pionier-Weingebiete an diesen höchst befremdlichen Standorten zu erleben. Eine »langweilige« Gegend, die zu besuchen ich bis jetzt vermieden hatte. Sie war mir nur aus dem Fenster eines Flugzeugs auf 10 000 Meter Höhe bekannt, auf dem Weg von einer Küste zur anderen. Was landwirtschaftliche Erzeugnisse betrifft, dachte ich in erster Linie an Weizen, dann an Rinder. Außerdem an die Büffelherden, die hier gegrast haben, bevor die Farmer kamen, und die Sioux-Indianer, die jahrhundertelang die Büffel gejagt haben. Ich hatte von einer Sioux-Renaissance gelesen und dass auch die Büffel ein Comeback erlebten. Über beides wollte ich mehr herausfinden, weil ich glaubte, dass es mir helfen würde, diese Welt besser zu verstehen. In meinem Kopf waren auch andere, eher düstere Bilder. Das eindringlichste davon waren die nuklearen Interkontinentalraketen, die 1983 in Nicholas Meers Film »The Day after« aus den befestigten unterirdischen Silos aufstiegen. Sie tauchten regelmäßig in meinen Kindheitsalbträumen vom Kalten Krieg auf. Terence Malicks schwermütig schöner Film »Badlands« von 1973 ist wesentlich komplexer und faszinierender, weil ich mich so gut mit dem von Martin Sheen gespielten mordenden jungen Kerl und dem ihm verfallenen Teenage Girl, Sissy Spacek, identifizieren konnte. Ein großer Teil davon spielt in Süd-Dakota, und diese leere Landschaft hat sich mir eingeprägt. Die Bilder der Coen-Brüder von Nord-Dakota in »Fargo« von 1996 finde ich eindimensionaler und brutaler, kann sie aber trotzdem nicht vergessen. All diese Filme stehen in einer die Grenzen von vielen Genres sprengenden, Jahrzehnte zurückreichenden Tradition, die bis zu den Auftritten der Sioux in den ersten Western reicht. Hollywood hat die Dakotas fest in meinem Bewusstsein verankert und sie mit viel Blut befleckt. Wenn auch in unterschiedlichem Maße, gilt das zweifellos für viele Menschen in der alten Welt, selbst wenn die meisten nicht wissen, in welchem Teil der Vereinigten Staaten sich diese Westernlandschaft befindet.

Ich überzeugte meinen Fotografen-Freund Vuk-Dieter Karadžić davon, mich auf meinen Dakota-Trip zu begleiten. Sein Lieblingsthema sind zerfurchte Gesichter und leere Landschaften, und ich war sicher, dass wir jeder Menge von beidem begegnen würden.

Unser gemeinsamer Bekannter, Dr. Doom the Optimist, würde uns fahren. Ich müsste zwar sein unberechenbares Verhalten immer im Auge behalten, aber er würde neben der schnellen Fortbewegung auf den geraden Straßen auch für unsere Unterhaltung sorgen. Angesichts der weiten Entfernungen würde unsere Reise ein *Wein-Road-Movie* werden. Die Recherche in den Print-Medien und im Internet hatte zwar einiges an Information erbracht, doch gab es keine Garantie dafür, dass wir auf wirklich interessante Weine stoßen – eine Reise ins Ungewisse. Aus eigener Erfahrung aber weiß ich, dass man alle paar Jahre etwas ganz Neues wagen muss, sonst wird man zum lebenden Fossil.

Das letzte Kapitel meiner Recherche stellte mich vor ein ernsthaftes Problem. Um die absolute Luxus-Seite von *Wein-Amerika* zu erleben, musste ich an dem vornehmsten, glamourösesten und dekadentesten Weinfestival des Kontinents teilnehmen, der »New York Wine Experience«. Da das aber von der amerikanischen Weinzeitschrift »Wine Spectator« veranstaltet wird, für die ich von 1987 bis 1996 als freier Mitarbeiter geschrieben habe, konnte ich dort nicht auftauchen, ohne erkannt zu werden. Ich entschied, dass ich einen Stellvertreter bräuchte, jemanden, der an der Veranstaltung teilnehmen und für mich berichten könnte, ohne Verdacht zu erregen. Mein britischer Freund Stephen Taylor, ein junger Londoner aus der Arbeiterklasse, der sich aus bescheidenen Verhältnissen in der City hochgearbeitet hat und enorm weinbegeistert ist, drängte sich dazu förmlich auf. Die Tatsache, dass ich ihn etliche Millionen schwer schätzte, bedeutete, dass er sich hervorragend unter die schwerreiche Menge mischen konnte. Seinem menschengeschulten Auge und seinem wachen Geist würde nichts entgehen – dessen war ich mir sicher. Er würde die Bedeutung eines wichtigen Details, das andere einfach übersähen, intuitiv erkennen.

In solchen Dingen war er schon gut, als ich ihn vor 20 Jahren in London kennen lernte. Vor einigen Jahren wollte er, dass ich ihn in den mir eigenen journalistischen Methoden schulte. Er war zu dem

Schluss gekommen, dass bessere Fähigkeiten zur Informationsbeschaffung essenziell für den langfristigen Erfolg seines Venture Capital Investitions-Unternehmens G.S.T seien. Er war ein guter Schüler, der schnell lernte, Menschen zuzuhören und sie dabei zu beobachten, um dann seine Schlüsse daraus zu ziehen. »Information ist die wertvollste Ware überhaupt!«, ist seitdem einer seiner persönlichen Slogans. Wer könnte Stuart Pigott besser vertreten? Als ich ihn fragte, ob er gewillt sei, für mich zur »New York Wine Experience« zu fahren, ratterte ich eine lange Liste von Fragen herunter, auf die er dort versuchen sollte, Antworten zu finden: Hat die Spitze von *Wein-Amerika* eine Verbindung mit ihrer Basis oder nicht? Sind »Wine Spectator« und *Wein-Amerika* wirklich so demokratisch und offen, wie sie sich geben? Hängt die Akzeptanz eines Weines bei beiden nur von seiner Qualität ab, oder auch vom Einfluss von Macht und Geld? Sind diese Veranstaltung und ihre Organisatoren wirklich das Zentrum der Weinwelt, wie sie indirekt behaupten, oder bedeutet die zunehmende Wildheit von *Planet Wein*, dass es gar kein Zentrum mehr geben kann.

Nachdem ich ihn so vollgequatscht hatte, war ich etwas besorgt, er könnte das alles mächtig lästig finden und auch gar keine Zeit haben, um drei Tage in New York herumzuhängen. Seine Antwort aber fiel überraschend positiv aus. Er habe, sagte er mir, bereits erwogen, diese Veranstaltung zu besuchen, weil es einerseits sicher eine »verdammt nette Aufmunterung« sein würde, und weil er andererseits in ein neues Weingut in Rumänien investiert habe. »Alles dein Fehler! Du hast mich auf den Wein gebracht«, sagte er mit gespielter Strenge. Er hatte bereits entschieden, dass die USA einer der Zielmärkte für die Pinot Noir-Rotweine wären, die er bald in Rumänien produzieren würde, und das bedeutete unweigerlich Anzeigen im Wine Spectator. Mein Projekt klang wie »ein verdammt großer Spaß«, freute er sich, aber der Ton seiner Stimme sagte mir, dass er das alles auch sehr ernst nahm. Als er immer mehr Fragen stellte, um herauszufinden, was genau ich im Kopf hatte, wurde mir klar, dass es eine Herausforderung war, der er nicht widerstehen konnte. Nach ungefähr einer Stunde sagte, er sei natürlich gewillt, für mich einzuspringen und mir über alles Bericht zu erstatten, was ihm als Besucher der »New York Wine Experience« und potenzieller Anzeigenkunde des »Wine Spectator« widerfahren würde. Es war beinahe zu gut, um wahr zu sein! Dann sagte er mir, das Ganze habe einen Haken für mich. Ich hatte natürlich vergessen, wie geschäftsbewusst mein Freund war. Er war nicht ohne Grund millionenschwer … Ich müsse für sämtliche Karten für die Veranstaltungen aufkommen – das so genannte »Complete Package« –, ein Zimmer im Hotel »The Pierre« an der Fifth Avenue für vier Nächte auf meine Kosten für ihn buchen und ihn mit »angemessenem Taschengeld« versorgen. Er erklärte, der erste Posten liege bei 1750 Dollar, der zweite um die 2250 Dollar inklusive Steuern und der letzte bescheidene bei 1000 Dollar, insgesamt 5000 Dollar! Meinte ich es wirklich ernst? Ich schluckte einmal kräftig und akzeptierte zähneknirschend seine Bedingungen, nicht ohne mich zu fragen, ob die Ergebnisse diese Investition je rechtfertigen würden. Wie konnte ich sicherstellen, dass es am Ende eine Geschichte zu erzählen gibt?

Ich entschied, im Oktober 2004 und April 2005 jeweils einige Tage in New York City zu verbringen, um mich mit der Weinszene der Stadt, in die ich Ende der 1980er und Anfang der 1990er so oft gereist war, wieder vertraut zu machen. Ich sprach mit einem Haufen Leute in der internationalen Weinszene über die »New York Wine Experience«, den »Wine Spectator« und seinen Besitzer-Verleger-Chefredakteur Marvin R. Shanken. Ich engagierte eine junge Journalistin, die für mich das Internet nach Informationen zu all dem durchkämmte, und der ganze Aufwand zahlte sich aus. Um 8 Uhr 55 am 5. September 2005 trat ich an Bord des Fluges BA 117 von London Heathrow nach New York JFK, beladen mit Gepäck und Fragen. In New York würde ich letzte Vorbereitungen für Taylors Teilnahme an der »Wine Experience« treffen, um dann nach San Francisco weiterzufliegen, wo ich mit meinen Ermittlungen in der kalifornischen Weinszene beginnen würde. Exakt sieben Wochen später würde mein Rückflug von New York in London enden, von wo ich nach Berlin weiterfliegen würde, hoffentlich diesmal mit Antworten beladen … So sah die Theorie aus. Es war mir aber bereits in diesem Moment klar, dass die Recherche ihre ganz eigene Dynamik entwickeln und mich auch zu ganz unerwarteten Erfahrungen führen würde.

20. September 2005   Draußen auf dem betonierten Crush Pad der
SCHERRER WINERY, vor der schlimmsten Sonnenhitze durch ein se-
gelartiges feinmaschiges Netz geschützt, das wie ein merkwürdiges
Zelt aussieht, wird es auch im übertragenen Sinne allmählich richtig heiß. Der verbeulte alte rote TCM-Elektro-Gabelstapler kippt
die Halbtonnen-Plastik-Macro-Kisten aus der Horizontale um etwas über 45 Grad, und Dutzende winziger Spinnen starten panikartige Abseilaktionen. Sie versuchen, den violettroten Trauben zu
entgehen, die auf die schräge Traubenrutsche niederregnen, auf deren rechter Seite ich stationiert bin, gegenüber J. J., ein junger American Dude. Beide balancieren wir auf Trittleitern, die Arme über
die Traubenrutsche ausgestreckt, um die Trauben, die beinahe direkt auf uns niederprasseln, daran zu hindern, an uns vorbei und in
die Abbeermaschine zu schießen, bevor wir sie begutachten konnten. Zusammen mit dem »Sheriff«, dem Anführer und Ältesten unserer kleinen Gruppe, der seine Position auf der Trittleiter als letzter
einnimmt, sind wir das »2005 Crush-Team«. Die Traubenrutsche
ist nicht viel mehr als ein paar zusammengenagelte Bretter mit einer
Schicht weißer Lackfarbe darüber, damit sie sich besser reinigen
lässt. Es ist der »Sortiertisch«, über den an diesem Morgen bereits
gut zwei Tonnen Trauben gerutscht sind und denen in den zwei
Wochen meines Einsatzes unzählige weitere Tonnen folgen werden.
Die Tatsache, dass er nicht aus fachgerecht verschweißtem, lebens-
mittelgerechtem Edelstahl besteht, identifiziert Fred Scherrer, den
Fahrer des Gabelstaplers und Besitzer dieser Winery, als kalifornischen *Wein-Punk*, dem es vor allem um Weinqualität geht, für den
äußere Erscheinungsformen nahezu unbedeutend sind.

Der hochgewachsene, sehnigschlanke Scherrer erschien meiner
Frau bei ihrer ersten Begegnung mit seinen feingemeißelten Zügen,
Bart und wildlockigem Haar wie eine Gestalt aus einem Dosto-

jewski-Roman, und dieser Vergleich hat sich mir eingeprägt. Angesichts seines Fanatismus wirkt die Assoziation noch treffender, auch wenn seine Besessenheit der Erzeugung großer Weine gilt. Ich gebrauche zwar das Wort *Punk*, weil es die Einstellung dieser Spezies von kalifornischen Weinmachern beschreibt, aber die Wurzeln dieses Phänomens an sich liegen Anfang der 1970er. Damals bewies die erste Generation der *Wein-Punks*, dass Sonoma County Weine erzeugen konnte, die den Vergleich mit jenen aus dem berühmten Nachbartal von Napa nicht zu scheuen brauchten, und dass es möglich war, davon zu leben, und zwar angenehm zu leben.

Joe Swan war vielleicht der Wichtigste von ihnen. Als ich im August 1988 zum ersten Mal ins Russian River Valley kam, waren seine Weine nur für jene wenigen Privilegierten zugänglich, die auf seiner Mailingliste standen – oder zu weit höheren Preisen auf Versteigerungen. Ich rief ihn an und versuchte, einen Termin zu bekommen, erhielt aber eine glatte Absage. Er brauchte die Presse nicht mehr! Tom Dehlinger von der gleichnamigen Winery war ein Swan-Protégé und Scherrer lange Jahre wiederum Kellermeister und Schüler bei Dehlinger. Wer weiß, vielleicht wird der nicht weniger weinbesessene J. J. in Scherrers Fußstapfen treten? Das heißt, wenn er nicht von den Geschichten und Lebensweisheiten abgeschreckt wird, die der »Sheriff« in einem unaufhaltsamen Strom zum Besten gibt – aber das scheint er gut auszuhalten. Der »Sheriff« ist nicht nur seit einem halben Dutzend Weinlesen ein loyaler Helfer, sondern auch einer von Scherrers »Boosters«; jemand, der zu ihm hält und sagt, wie toll er ist, egal, was kommen mag.

Unser Job hier oben an der Traubenrutsche besteht darin, neben verfaulten und unreifen Beeren auch Blätter, Rebrinde oder -holz und gelegentliche Plastikfetzen oder kleinere Steine auszusortieren. All das könnte unerwünschte Noten im Wein erzeugen, wenn es zusammen mit Traubenschalen, -fruchtfleisch und -kernen zwei oder mehrere Wochen lang vergärt. Was wir aussortieren, landet in Plastikeimern, die an der Traubenrutsche hängen, und wird weggeworfen. Die Abbeermaschine entfernt die andere unerwünschte Komponente, die Stiele, weil der Wein durch sie hart oder bitter werden könnte.

Es ist 14 Uhr 40 am ersten vollen Tag des 2005 Crush, und die ersten Zinfandel-Trauben aus den Weinbergen von Freds Vater, Ed Scherrer, oben aus dem Alexander Valley im Norden des County türmen sich einen Fuß hoch auf der Traubenrutsche. Ihre blauschwarze Farbe, das ausgeprägte Himbeeraroma und ihre ausgeprägte Süße deuten stark darauf hin, dass hier wieder ein großer Zinfandel-Rotwein entstehen wird – Scherrers, Sonoma Countys und Kaliforniens bedeutendste Weinspezialität.

Seit er sich 1998 full-time selbständig gemacht hat, kämpft Fred Scherrer darum, nicht nur einen Ruf aufzubauen, sondern überhaupt wirtschaftlich voranzukommen. Ruhm und Reichtum haben sich als ausgesprochen scheue Gesellen erwiesen, vor allem weil es bis jetzt keinem der einflussreichen Weinkritiker der Nation eingefallen ist, ihn zu »entdecken«. Nirgendwo auf *Planet Wein* ist der Stempel der Bestätigung durch die Medien wichtiger als hier im Land der freien Marktwirtschaft und des allmächtigen Dollars, wo die Konsumenten von einer überwältigenden Auswahl an Weinen überschüttet werden. Deshalb hat Scherrer auf seiner Liste auch noch ein paar fein gereifte ältere Weine im Angebot, und deshalb konnte er auch erst 2004 die andere Hälfte des Schuppens mieten, der ihm als Keller dient. Es ist schwer vorstellbar, wie er zuvor eine Jahresproduktion von um die 60 000 Flaschen zusammen mit Gärtanks und Holzfässern für die Reifung der Weine auf so engem Raum untergebracht hat. Sechs Fässer waren jeweils übereinander gestapelt. Um eine Probe aus einem der oberen zu ziehen, kletterte er wie Spiderman mit einem Glas und einer Glaspipette in einer Hand hinauf, so dass mir jedes Mal das Herz stehen blieb. Doch diese Leibesübungen waren gut trainiert, und er beteuerte stets, sie seien vollkommen ungefährlich. Langsam aber sicher hat er über die Jahre eine treue Fangemeinde aufgebaut, die die physische Ausdehnung der Winery ermöglicht, aber sein Erfolg reicht nicht so weit, um raffinierte neue Technik zu kaufen oder feste Mitarbeiter einzustellen. Sein einziger Luxus ist Platz. Einen *Wein-Punk* wie Scherrer kümmert das jedoch nicht besonders. Er und die anderen Angehörigen dieser Bewegung genießen das Primitive ihrer Keller, die oftmals altmodische Ausrüstung, die sie benutzen, und das dazu erforderliche Improvisieren.

Die Tatsache, dass Scherrer keinen einzigen Rebstock besitzt, stellt für ihn ebenso wenig ein psychologisches oder praktisches Problem dar, da es in Kalifornien traditionell qualitätsbesessene Traubenerzeuger gibt. Deren Ehrgeiz besteht darin, sagen zu können, dass ihre Trauben in jenen Flaschen stecken, die begehrt und/oder teuer sind. Mit den richtigen Connections und finanziellen Mitteln, um den Marktpreis zahlen zu können, kommt man also an Spitzentrauben. Diese spezielle Partie Trauben vor uns auf der Traubenrutsche stammt von alten Reben, die Freds Großvater 1911, '12 und '13 auf dem Anwesen gepflanzt hat, das Freds Urgroßvater wiederum 1899 gekauft hat. Die Familie war eine Generation zuvor aus der Gegend um St. Gallen in der Nordschweiz nach Kalifornien gekommen, was Fred zu einem waschechten Kalifornier macht. Zinfandel-Rotweine von solch alten, in Buschform gehaltenen Rebstöcken, deren kahle Stämme im Winter knorrigen, himmelwärts greifenden Händen gleichen, gehören zu den Weinen aus Sonoma County, die am Markt für Aufruhr gesorgt haben. Die anderen sind Pinot Noir-Rotweine sowie trockene Weißweine der Sorte Chardonnay. Scherrer Winery erzeugt eine breite Palette aus diesen drei Rebsorten. Seine Cabernet Sauvignons gehören zu den wenigen exzellenten Rotweinen, die aus dieser Sorte in Sonoma County erzeugt werden, jedoch reichen »Sonoma Cabs« bis jetzt in Image, Nachfrage und Preis nicht an Cabernets aus Napa Valley heran. Die Scherrer-Weine sind jedoch nie billig zu nennen; handwerklich erzeugte Weine aus Sonoma-County-Spitzentrauben können einfach nicht billig sein.

274

Die hohen Weinpreise und die Art, wie Napas Weinbranche von Großkonzernen und den Mega-Reichen dominiert wird, hat zu einem Bruch zwischen den beiden Counties geführt. Für die Leute in Sonoma ist Napa hochnäsig, und in Napa gilt Sonoma als paranoid. Beides ist verallgemeinert und vorurteilbelastet, und das nicht nur, weil GALLO, die weltgrößte Winery im Familienbesitz und der zweitgrößte Weinproduzent auf *Planet Wein*, über 3000 Hektar Weinberge in Sonoma besitzt. Viele der gesuchtesten Kult-Cabernets aus Napa Valley kommen andererseits von Mikro-Winerys, von denen manche genau mit der Art von Improvisation angefangen haben, wie sie hier bei Scherrer herrscht. Für viele Leute in der kalifornischen Weinbranche, die weder in Napa noch in Sonoma sitzen, sind diese beiden Counties ganz einfach S.N.O.B. – »Sonoma, Napa or Beyond«. Trotzdem besteht ein grundlegender Unterschied zwischen ihnen: Sonoma ist wesentlich ländlicher und weniger touristisch als Napa, während es in Napa quasi keine *Wein-Punks* mehr gibt.

Unweit von hier an der Kreuzung von Occidental Road und des Gravenstein Highway in einer Wellblechhalle auf dem Gelände eines ehemaligen Apfel-Verarbeitungs-Betriebs befindet sich die WESMAR WINERY. Nachdem sie dort 2000 eingezogen waren, mussten Denise Mary Selyem und ihr Mann Kirk Wesley Hubbard als Erstes ein großes Loch in der Wand schließen, durch das Eulen rein und raus geflogen sind. Ihre Pinots Noirs zeichnen sich durch Eleganz und aromatische Frische aus. In einer Doppelgarage hinter der Irish Road Inn außerhalb der Stadt Healdsburg – die sich in den letzten Jahren zu einer ziemlich coolen Location mit hipen Bars und Restaurants gemausert hat – ist die BROGAN WINERY von Margi Williams-Wierenga untergebracht. Recht schwierig waren die Anfänge, aber seit Ozzy Osbourne eine Flasche Brogan Pinot Noir mit Vergnügen in der Reality-TV-Show »The Osbournes« trank, verkaufen sich die muskulösen und kernig-dichten Weine des Betriebs blendend. Das sind nur zwei von vielen solchen aufstrebenden *Wein-Punks*.

Aber ich muss mich jetzt auf meinen Job konzentrieren, es wird präzise und schnelle Arbeit von uns erwartet. Nur wenige Minuten, nachdem der Gabelstapler eine neue Box auskippt, wird unsere Aufgabe durch die klebrige Schicht von Traubensaft erschwert, die unsere Hände überzieht. Weintrauben enthalten wesentlich mehr Traubenzucker als Tafeltrauben, und die kalifornische Sonne beschleunigt das Trocknen des Saftes an den Fingern. Noch dazu sind die Stiele kratzig. Das stört morgens noch nicht groß, aber wenn diese Stiele einige Stunden in fortwährendem Kontakt mit den Fingern sind, wird es schon unangenehm.

Für eine Stunde dieser Arbeit werden 15 Dollar bezahlt, unabhängig davon, ob es sich bei dem Arbeiter um einen jungen weißen Kerl mit schleppendem Texanisch wie J. J. oder einen Mexikaner vom »Centro Laboral de Graton« handelt, einer Arbeitsvermittlungsagentur vor der kleinen Gemeindehalle der Stadt. Sie besteht aus einem kleinen Holztisch, auf dem sich Unterlagen und Sandwichs stapeln, umgeben von einer Schar mexikanischer Arbeiter. Wenn meine Informanten Recht haben, sind die meisten von ihnen illegale Einwanderer, die unter gefälschten Sozialversicherungsnummern arbeiten. Es würde mich nicht wundern; in vielen Teilen Kaliforniens und anderen Grenzstaaten ist das die Norm. Um vollkommene Freiheit in dem zu haben, was ich schreibe, habe ich Fred gesagt, dass ich ohne Bezahlung arbeiten werde. Das verringert außerdem das Risiko, ernsthafte Schwierigkeiten mit den Behörden zu bekommen; streng genommen operiere auch ich außerhalb des Rahmens des US-Arbeitsgesetzes.

Mein Freund Mark Lingenfelder, Vizepräsident und Weinbergsverwalter bei CHALK HILL WINERY im Osten Sonomas, und seine Frau Susie haben mich freundlicherweise für die zwei Wochen, in denen ich bei Scherrer schufte, bei sich aufgenommen. Das hat einen weiteren Vorteil; Lingenfelder ist in seiner Freizeit auch Traubenproduzent und versorgt eine Hand voll *Wein-Punks* in diesem Teil Sonomas aus dem zwei Hektar großen Weinberg neben seinem

Haus mit Pinot Noir- und Zinfandel-Trauben. Das ermöglicht mir einen zusätzlichen Einblick in das Leben der unabhängigen Traubenproduzenten, von denen unabhängige Winerys wie Scherrer vollständig abhängig sind; um eine symbiotische Beziehung zu verstehen, muss man beide Seiten betrachten.

Als mir Lingenfelder heute Morgen zeigte, wie ich meine Gummistiefel einen in den anderen stecken sollte, um sie auf den Gepäckträger meines Fahrrads klemmen zu können, sagte er: »Na, jetzt siehst du aus wie ein illegaler Mexikaner, was du eigentlich auch bist.« Das hatte nicht zu meinem Plan gehört, aber warum zur Hölle nicht? Die illegalen Mexikaner sind ein Teil dieser Welt, einer, den die County-Behörden weitgehend dulden. Sie wissen nur zu gut, dass die hiesige Wirtschaft, vor allem die Landwirtschaft und das Baugewerbe, ohne sie nicht funktionieren würde. Die Cops tolerieren das, solange es keinen Ärger gibt. Kurz nach 9 Uhr tauchte ich also gestern Morgen bei der SCHERRER WINERY auf – ein illegaler ausländischer Mensch, der hoffte und erwartete, durch die Maschen des gesetzlichen Netzes zu schlüpfen. Aber die Frage, die mich vor allem beschäftigte, war, ob es mir wirklich gelingen würde, eine Weile lang Teil dieser Welt zu werden – oder würde ich einfach nur Ballast für Scherrers Crush-Team sein?

Als ich in Fred Scherrers neues Büro trat, hinter dem Hauptfasslager, in dem 228 Liter fassende Barriquefässer aus französischer Eiche in Reihen gestapelt sind – jetzt nur noch drei oder vier Fässer hoch – fragte ich mich einen Augenblick lang, ob ich überhaupt richtig war. Auf einer Seite des Raums standen Verstärker, Gitarren und Schlagzeuge, vieles davon in schwarzen Tourneekästen; es sah aus, als ob hier eine Rockband kampierte. Dann bemerkte ich auf Freds Gesicht einen Ausdruck, der sich nur als »dazed and confused« beschreiben lässt und mir vollkommen neu war. Normalerweise ist Fred entweder ernst und konzentriert oder richtig gut drauf. Was war los?

»Normalerweise sind ›Emily Pankhurst‹ und ihr Partner John das

Rückgrat meines Crush-Teams, aber sie haben vor kurzem fünf Autostunden nördlich von hier ein Hotel und eine Bar gekauft«, erklärte er. »Wir hatten verabredet, dass sie den ganzen Herbst 2005 bei mir arbeiten und dann hoch fahren. Gestern hat Emily angerufen, dass sie erst ab Donnerstag Zeit hätten, da habe ich ihnen gesagt, sie bräuchten gar nicht erst zu kommen. Ich dachte erst, du würdest nicht viel zu tun haben und die meiste Zeit nur herumhängen, aber jetzt brauche ich dich wirklich.«

Er erklärte weiter, dass an diesem Tag zwar noch keine Trauben angeliefert würden, sich das aber schon am nächsten Tag, Dienstag, also heute, drastisch ändern werde. Wegen einer Phase ungewöhnlich kühlen Wetters, die vor zwei Wochen begann und in der Nacht des Ernte-Vollmonds am Samstag endete, würde ich mittendrin sein und den Crush voll mitarbeiten. Genau was ich wollte.

»Was sind das für Musikinstrumente?«, fragte ich dann doch.

»Oh, ich habe eine Rockband zusammen mit ein paar Freunden«, sagte Fred abwesend, weil er gedanklich mit ganz anderen Dingen beschäftigt war. Dann statteten wir den GOLDRIDGE VINEYARDS am Gravenstein Highway einen Besuch ab, um mehrere Parzellen Pinot Noir-Reben zu begutachten, von denen Scherrer während meiner Zeit hier Trauben bekommen würde. Er erläuterte, wie wichtig es sei, den Reifestand zu verfolgen, um den optimalen Lesezeitpunkt zu treffen. Wir fuhren zurück zur Winery, wo er mir eine Reihe von Handgriffen zeigte, die ich für meine Arbeit in den nächsten Tagen brauchte, so dass ich mich für die Aktion heute besser vorbereitet fühlte. Schließlich zeigte er mir noch die bis dahin einzige geerntete Partie an Wein, eine Macro-T-bin-Box aus weißem Plastik, einen Meter breit und lang, mit um die 600 Kilo Pinot Noir-Trauben aus den Weinbergen von Don Bliss an der Frei Road, an denen ich zwischen meinem Quartier und der Winery auf dem Fahrrad vorbeifahre.

»Das ist Pommard-Klon, am 9. September gelesen, vor dem kühlen Wetter. Er ist vor ein paar Tagen mit der Gärung fertig geworden. Verkosten wir ihn.« Er tauchte ein kegelförmiges Metallsieb in die violettrote Masse aus Traubenschalen, -fruchtfleisch, -kernen und -saft und goss eine kleine Menge des embryonalen Weins in einen Plastik-Messbecher. Es sah aus wie selbstgemachter Brombeersaft. Er verteilte ihn in vier Reagenzgläser und schleuderte ihn mehrere Minuten lang in einer Zentrifuge, um die festen Stoffe von der Flüssigkeit zu trennen. Schließlich goss er den klaren Wein in ein hohes tulpenförmiges Probierglas, wie es meine Frau und ich auch zu Hause benutzen, und gab ihn mir zum Verkosten. Von seinem Ausdruck her war mir klar, dass er wissen wollte, was ich wirklich dachte. Im Aussehen war der Inhalt des Glases bemerkenswert unauffällig. Hätte ich es nicht besser gewusst, dann hätte ich auf einen *fertigen* Wein aus dem Vorjahr getippt, der jetzt im Barriquefass läge. Der Duft war jedoch nicht sehr angenehm, mit einer an grüne Bohnen erinnernden Note neben attraktiveren roten Pflaumenaromen. Im Mund war der Wein voller Ecken und Kanten statt der anmutig geschwungenen Kurven, die großen Pinot Noir zum verführerischsten aller Rotweine machen.

»Wir unternehmen gar nichts und lassen ihn noch ein paar Tage mazerieren, erfahrungsgemäß wird er dadurch besser«, sagte mein neuer Boss vertraulich. »Vielleicht pressen wir ihn ab, bevor du weiterfährst, dann kannst du den Trester aus der Box schaufeln.«

Das würde bedeuten, dass ich den gesamten Zyklus erleben würde, durch den sich Trauben in Wein verwandeln …

Der »Sheriff« ist heute mächtig von sich eingenommen, aber das zeichnete sich schon gestern ab, als ich ihn kennen lernte. Es scheint kein Thema zu geben, zu dem er keine dezidierte Meinung hat. Als er auf die deutsche Wiedervereinigung kommt, fällt es mir aber schwer, der Versuchung zu widerstehen und den Fluss seiner gewagten Spekulationen und Fehlinformationen zu unterbrechen. Doch alle 20 Minuten prasselt beinahe eine Tonne Zinfandel-Trauben auf uns nieder, und damit bin ich eigentlich mehr als genug beschäftigt. Doch dann kann ich mich nicht mehr zurückhalten und bemerke, wie traurig es sei, dass so viele Leute in Deutschland kein Interesse daran hätten, die von »der anderen Seite« kennen zu lernen, ob Ost oder West. Es ist eine impulsive und emotionsgeladene Reaktion meinerseits, weil ich mich nach nahezu zwölf Jahren in Berlin als Teil der ganzen Ost-West-Geschichte fühle.

»Na, das ist menschlich«, entgegnet der »Sheriff« postwendend. »Der Mensch ist an sich ein Hund auf zwei Beinen, und wenn er einmal in seinem Zwinger ist, will er nicht mehr heraus.«

Darauf fällt mir keine Antwort ein, aber jetzt sind wir auch schon beim Arbeitsschritt Box-austauschen-und-reinigen, der jedes Mal erfolgt, wenn wir mit dem Sortieren einer Ladung Trauben fertig sind. Scherrer hebt den Edelstahlbottich, in dem die entrappten und leicht angedrückten Trauben landen, mit dem Gabelstapler hoch und fährt sie in die Winery, wo er sie in einen oben offenen Edelstahltank kippt, der einem gut zwei Meter breiten Kochtopf ähnelt. Darin sind bereits die Ergebnisse von fünf vorherigen Durchgängen – mehrere Tonnen Beeren und eine kleine Menge Saft, die aus ihnen gequollen ist. Dann reinigt er den Bottich und fährt ihn wieder unter die Abbeermaschine. Dieser Vorgang ist bei weitem das Lauteste, was heute geschieht, weil die Abbeermaschine auf der langsamsten Stufe läuft, damit die Beeren so wenig wie möglich beschädigt werden. Bis Scherrer mit den nächsten Trauben kommt, müssen wir alles inklusive der Traubenrutsche mit Wasser abspritzen, weil der Traubenzucker nicht nur an unseren Händen, sondern auch an allen Arbeitsflächen klebt. Diese kleine Zwischen-Waschaktion soll unerwünschte mikrobiologische Aktivitäten in der Nähe der Trauben verhindern. Bis die alkoholische Gärung einsetzt, sind sie äußerst anfällig für alle möglichen biologischen Prozesse, was schnell negative Folgen haben kann. Überall auf *Planet Wein* ist Sauberkeit für Weinmacher oberstes Gebot. Als wir wieder unsere Positionen auf den Trittleitern einnehmen, um der nächsten Traubenlawine entgegenzutreten, ist der »Sheriff« beim Thema Fernsehkrimis. Für ihn sind die von der BBC produzierten die besten, amerikanische kommen da überhaupt nicht mit.

»Wisst ihr, Jason«, sagt er und meint den bösartigen Mörder in den Friday-13th-Filmen, »jeder könnte Jason spielen. Selbst ich könnte das!« Verhängnisvolle Stille, während J. J. und ich versuchen, uns den großen, silberhaarigen »Sheriff« als Jason vorzustellen; wäre er der schreckenerregenden, wenn auch eindimensionalen Rolle tatsächlich gewachsen? Irgendwie kann ich mir das nicht vorstellen, aber er ist schon beim nächsten Thema. Die Temperatur liegt jetzt deutlich über 30°C, und es ist schon schwierig, mit ihm mitzuhalten.

»Wißt ihr, ich glaube, dass die Gastronomie ein Volltreffer wäre, wenn man mit seinem Restaurant die Markt-Nische des jeweiligen Standorts trifft«, doziert er. Woher Wissen oder Erfahrung dafür kommen, ist unklar; er hat J. J. und mir am ersten Tag erzählt, dass er bis zu seiner Pensionierung vor 13 Jahren Marinearzt bei der US-Navy war. »Das größte Problem der Food Industry ist, dass jeder sich für einen Experten hält«, sagt er überzeugt. Es ist schwierig, dieser Pseudologik zu folgen, während man dicke, fleischige Zinfandel-Trauben dreht, um unreife und faule Beeren auszusortieren, aber ich bekomme stündlich mehr Übung.

»Meinst du nicht, dass das auch das größte Problem der Weinindustrie ist?«, entgegne ich.

»Oh ja!«, insistiert der »Sheriff« prompt. »Ganz klar.«

Wiederum lange Stille. J. J. und ich warten gespannt auf irgendein Anzeichen der Selbsterleuchtung bei unserem ortsansässigen Weinindustrie-Experten, aber der flüchtet sich in Selbstironie.

»Ihr könnt alles, was ich sage, unter die Überschrift ›Bullshit‹ setzen! Mein mittlerer Name ist Rückentwicklung. Ich bin auf dem Weg in die zweite Kindheit.« Das sind nicht ganz die Antworten, für die ich nach Amerika gekommen bin, aber irgendwie sagen sie auch etwas über die bunte Mischung von Menschen, die sich in der *Punk-Weinszene* von Sonoma County zusammenfinden.

Als ich das nächste Mal auf meine Uhr gucke, ist es kurz nach sieben und fängt an, richtig dunkel zu werden. Erschöpfungserscheinungen sind auf allen Seiten der Traubenrutsche erkennbar. Wir wollen fertig werden, damit wir nach Hause gehen können. Seit kurz vor neun sortieren wir Trauben, und davor haben wir eine Stunde mit Saubermachen und Aufbauen zugebracht; das bedeutet, dass wir müde, hungrig und durstig sind. Endlich rutscht die letzte Zinfandel-Traube die Traubenrutsche hinunter in die Abbeermaschine, und die große Waschaktion beginnt, die am Schluss jedes Tages steht. Als Dienstältester des SCHERRER WINERY Crush-Teams ist der »Sheriff« ganz in seinem Element, er führt die pistolenartige Düse des Heißwasser-Hochdruckreinigers mit geübter Präzision, um die klebrige Schicht von verkrustetem Traubenschmodder von Traubenrutsche und Abbeermaschine zu spritzen. Seine Bewegungen sind von beinahe tänzerischer Anmut, der heiße Nebel steigt als Wolke über dem Crush Pad auf, durchbrochen von senkrechten Kegeln elektrischen Lichts; es sieht aus wie ein Meisterwerk von William Turner! Ich hoffe, in den kommenden Tagen selber zu lernen, wie man die Abbeermaschine in ihre Einzelteile zerlegt und reinigt, aber vor allem will ich diesen 12-bis-13-Stunden-Marathon durchhalten.

Eigentlich hatte ich gehofft, dass jetzt der Moment wäre, wo alles etwas lockerer wird – endlich Rockmusik und Bier! In Kalifornien sagen sie, dass viel gutes Bier nötig ist, um große Weine zu machen, aber weder tauchen Bierflaschen auf, noch dringen Groovy Vibrations aus dem Innern der Winery. Scherrer bleibt total konzentriert auf den Produktionszyklus des heutigen Tages, bis alle Trauben im richtigen Gärbehälter, alle Geräte, die wir benutzt haben, blitzsauber und am richtigen Platz sind. Zu meinem großen Erstaunen bietet der »Sheriff« sich an, mich in mein Quartier zu fahren. Er erspart mir eine Dreiviertelstunde mit dem Fahrrad auf unbeleuchteten Straßen und der Möglichkeit unangenehmer Begegnungen mit den aggressiven Fahrern überdimensionierter, benzinsaufender Sportjeeps. Als ich mein Fahrrad mit einiger Anstrengung auf die Ladefläche seines Pick-ups werfe, ist es acht Uhr und ich bin enorm erleichtert, dass der erste volle Arbeitstag hinter mir liegt. Es ist stockdunkel, und mir ist plötzlich richtig kalt. Sobald die Sonne untergeht, sinkt die Temperatur hier im West County von Sonoma abrupt. Gott, jetzt brauche ich aber wirklich dieses Bier und die Groovy Vibrations! Glücklicherweise weiß ich, dass sie chez Lingenfelder zum regulären Programm gehören, nur 15 Minuten Fahrt von hier.

21. September 2005   Heute gab es keine riesigen Mengen Trauben zu verarbeiten, und ich kann mich ab 16 Uhr dem »Abend-Programm« widmen.

»Das ist die Küche, und was mich betrifft, ist es der unromantischste Teil der ganzen Weingeschichte«, sagt der grauhaarige, doch energische Donn Reisen, als wir durch den blitzenden neuen Keller laufen, den RIDGE WINERY vor kurzem beim LYTTON SPRINGS VINEYARD in Dry Creek Valley/Sonoma gebaut hat.

»Mir kann keiner erzählen, dass eine überdimensionierte Bierdose irgendetwas Romantisches hat!«, deutet der Verwaltungsdirektor und Marketingchef der Firma auf eine Reihe von hohen zylindrischen Edelstahl-Gärtanks. Die abwertende Geste unterstreicht den leicht sarkastischen Ton, mit dem er eine der hartnäckigsten Legenden der Weinwelt attackiert: dass der Ort, an dem die ganze Dreckarbeit stattfindet, um Traubensaft in fertigen Wein zu verwandeln, irgendwie heilig sei. Es ist interessant, das von Reisen zu hören. Ich kann mir kaum romantischere Rotweine vorstellen als die Zinfandel-Cuvées, die RIDGE hier in Lytton Springs produzieren. Ich denke, Reisens Politik der Nulltoleranz gegenüber Wein-Bullshit würde Kellerromantik als *falsche Romantik* bezeichnen, und das Erleben von Wein in ansprechender Umgebung mit den richtigen Leuten als *wahre Romantik*. Meine Frau würde ihm da sofort zustimmen.

Als wir aus der Winery treten, steht die goldene Nachmittagssonne bereits sehr tief. Sie hebt die kleinsten Unebenheiten im Außenputz der Fassade hervor, und davon gibt es eine Menge.

»Die Außenwände sind aus Strohballen und der ›Putz‹ aus dem Weinbergsboden«, erklärt Reisen, und ein genauer Blick macht deutlich, dass diese Aussage null Prozent Wein-Bullshit enthält. »Das und die Solarenergie-Anlage auf dem Dach haben es ermöglicht, überirdisch einen richtigen Keller zu bauen.«

Und tatsächlich: Der Fasskeller, wo der Zinfandel aus den alten Reben hier und den RIDGE-Weinbergen in GEYSERVILLE weiter unten an der Straße reifen, ist wahrhaftig genauso kühl wie ein vollständig unterirdischer Keller und besitzt keine Spur von *falscher Romantik.*

»Dinner?« ist mehr ein Stück Reisen-Rhetorik als eine tatsächlich an mich gerichtete Frage. Wir steigen in seinen silberfarbenen Mercedes und fahren zu einem Gastro-Rasthaus namens »Zazu« wenige Meilen südlich von Guerneville Road. Essen und Wein dort sind zugleich herzhaft und subtil, eine seltene Kombination, durch die daraus ein Ort *wahrer Weinromantik* wird. Für mich ist es zu einer Geisteshaltung geworden, die weit über die bescheidenen Ausmaße des gemütlichen Speisesaals hinausreicht; ich habe an Tausende Meilen von hier entfernten Orten »Zazu«-Flashbacks erlebt. Als wir den Highway 101 hinunterdüsen, erkläre ich Reisen, dass mir bei Fred Scherrer jedweder Überrest von Kellerromantik so nachhaltig ausgetrieben wird, wie 15 Runden mit Mike Tyson das bei jedem Fan dieses so genannten Sports mit irgendwelchen verklärten Ideen täten.

»Und jeder, der Weinjournalismus romantisch findet, sollte ein paar Tage intensiver Verkostungen erleben!« – Ich denke dabei an eine Reihe von Freunden, die förmlich darum bettelten, mich auf einem meiner Recherchetrips zu begleiten, und dann nach ein oder zwei Tagen das Handtuch schmissen, obwohl mein Terminplan im Vergleich zu manchen meiner Kollegen entspannt ist.

»Ich suche nach Kreativität, wenn ich lese«, sagt Reisen nachdenklich, »und was ich über Wein lese, bringt mich zu dem Schluss, dass die meisten dieser Weinschreiber dringend ein richtiges Leben und ein paar Freunde brauchen.« Das ist in meiner Branche in der Tat ein Problem, sich so ins Weinverkosten zu vertiefen, dass man vollkommen vergisst, dass man dadurch eine äußerst beschränkte Perspektive auf die Welt bekommt.

»Ich glaube auch, dass die Beschränktheit des Lebens gewisser Weinkritiker der wichtigste Grund für die Beschränktheit ihres Geschmacks ist«, füge ich mit einem Anflug von Traurigkeit hinzu.

Er nickt zustimmend: »Die Art von Wahnsinnsfruchtbomben-Wein, den diese Leute mögen?« Die beiden einflussreichsten amerikanischen Weinkritiker ziehen diesen Stil allem anderen vor, Robert M. Parker vom »Wine Advocate« und Jim Laube vom »Wine Spectator«. Allerdings – wenn ich den ganzen Tag in einem geschlossenen Raum mit Dutzenden oder Hunderten von Weinen verbringen würde, wie sie das häufig zu tun scheinen, dann würde ich vielleicht auch irgendwann hoch erfreut reagieren, wenn mir der Duft eines Wahnsinnsfruchtbomben-Weins »Hi!« ins Gesicht schreit.

Wahnsinnsfruchtbomben-Weine sind *pseudo-romantisch*, denn nachdem mir ihr Duft die Welt versprochen hat, oder zumindest heißen Wein-Sex, folgt lediglich aufdringlich schmalzige Langeweile. Gott sei Dank, dass ich nicht tagelang selbstauferlegte Strafen in diesem Weinverkostungsgefängnis absitzen muss. Es würde mich völlig verrückt machen. Für die Weinkritiker, die darauf stehen – besonders diese richtig einflussreichen amerikanischen –, scheinen die Wahnsinnsfruchtbomben-Weine eine unwiderstehlich bequeme Schlagzeile zu bedeuten. Manche höchst gefragten kalifornischen Weine und eine Menge Weine aus anderen Orten verdanken Ansehen und Verkaufserfolge nahezu ausschließlich diesem Effekt. Ich gönne ihnen alles, aber mein Ding ist es nicht.

»Klar, manche Weinmacher biegen ihre Weine bewusst so hin, um davon zu profitieren«, bemerkt der Zyniker in mir.

»Vor kurzem war ich bei einer Verkostung kalifornischer Weine, wo ein richtig smarter Typ nach einem besonders heftigen Wein sagte, ›Ich rieche den Rauch und schmecke die Spiegel!‹«, erzählt Reisen amüsiert, als wir auf den Parkplatz des »Zazu« einbiegen – »Smoke and Mirrors«, Rauch und Spiegel, steht im Amerikanischen für die Illusionen, die geschaffen werden, um Verkaufszahlen zu steigern und Politikersprüche überzeugend klingen zu lassen. Moderne Kellertechnik bietet mehr als genug Möglichkeiten, um Wein in der Küche mit Rauch und Spiegeln vollzupumpen.

Jetzt sitzen wir jedoch in dem Tempel echten Essens und echten Weins, der 2002 GEYSERVILLE von RIDGE wird in mein Glas gegossen – ein ganzer Wald, all diese Beeren! – und das erinnert mich nicht nur daran, dass sich handwerklich erzeugte, sanft verlockende Weine wie die von RIDGE und WINERY SCHERRER von denen aus der Teufelsküche abheben, wo alles aus Rauch und Spiegeln besteht, sondern auch wie die beiden hier an der Westküste nebeneinander existieren. Ich mag mich zu harter und schmutziger Arbeit mit verrückten Typen verpflichtet haben, aber glücklicherweise dient es den Weinen, die zur *wahrhaft romantischen* Seite gehören.

22. September 2005   Es ist sechs Uhr morgens, und ich bin plötzlich hellwach, wie in den letzten Tagen, obwohl ich mir heute noch ein paar Stunden Schlaf erlauben könnte. Fred Scherrer ist mit seiner Familie beim Begräbnis seiner Tante, und in der Winery wird nicht gearbeitet. Als ich ins Bett gegangen bin, war ich fest entschlossen, mir diese Gelegenheit nicht entgehen zu lassen, aber jetzt bin ich zu unruhig, um wieder einzuschlafen. Die Wahrheit ist, dass mich das Weinfieber wieder gepackt hat. Heute ist »Flowers Day«, der Tag, an dem Mark Lingenfelder den größten Teil seiner Pinot Noir-Trauben für die FLOWERS WINERY liest, die oben in Cazadero, auf einem Berg der Appellation Sonoma Coast liegt.

»Flowerland«, wie manche der Einheimischen es nennen, ist nur wenige Meilen vom Ozean entfernt, viel weiter westlich kann man in diesem Land nicht gehen. Joan und Walt Flowers sind ein wohlhabendes Paar im Pensionärsalter, und manche sagen, die Winery und die dazugehörigen ausgedehnten Weinberge seien das Spielzeug der beiden. Nun, es ist eine ganz andere Welt als der bescheidene Lingenfelder-Bungalow mit seinem gemütlichen Chaos, den zwei Hektar Weinbergen und nicht ganz einem halben Hektar Schafweide – aber gleichwohl ist FLOWERS WINERY ein ernst zu nehmendes Unternehmen.

Ich schlüpfe in meine Arbeitsklamotten – viele Schichten, die sich ausziehen lassen, wenn es im Laufe des Tages wärmer wird – genau wie die Tage zuvor. Lingenfelders Wecker rasselt, und ich höre, wie er mit ungewohnter Schnelligkeit aus dem Bett springt. Ich bin noch bei meinem obligatorischen English-Breakfast-Morgentee, als er schon aus der Haustür in den Nebel der Morgendämmerung hinausschießt. Zehn Minuten später trete ich durch dieselbe Tür und laufe die Auffahrt hinunter zu ihm und den »Amigos«, der Crew mexikanischer Erntehelfer, die er sich von CHALK HILL ausgeliehen hat. Es ist kalt, der Nebel noch dichter als in den letzten Tagen um diese Zeit, und von den Bäumen tropft der Tau. Zweifellos finden es die Schafe, die mich ausdruckslos anstarren, auch ziemlich nass. Unten gehe ich durch das Tor in den Hauptweinberg, wo Lingenfelder inmitten der Crew steht, die in Jeans, Stiefeln und Sweatshirts gekleidet sind. Es hängt etwas in der Luft, und zwar mehr als nur Nebel und Tau.

»Ein Streit mit der Arbeiterschaft«, sagt er mürrisch. Lingenfelder muss sein ganzes – fließendes – Spanisch und Jahrzehnte an Erfahrung in der Zusammenarbeit mit Mexikanern einsetzen, um diese delikate Situation zu meistern. Das heißt, vor allem die potenzielle Katastrophe zu vermeiden, dass sie in ihre bunte Batterie von Autos steigen und wegfahren. Er hat ihnen die Standardrate von zwei Dollar pro Traubenkiste angeboten, was für jeden tüchtigen mexikanischen Arbeiter 24 bis 30 Dollar pro Stunde bedeutet; der Rekord liegt angeblich bei 60 Dollar. Sie verlangen jedoch den

Standard-Stundensatz von 14 Dollar. Dann müssen sie diesen Job hier doppelt so lange wie üblich hinausziehen, um dasselbe zu verdienen. Es gibt jedoch heute Nachmittag bei CHALK HILL für sie jede Menge Arbeit, und egal wie sie dort bezahlt werden, werden sie heute Abend weniger verdient haben, als wenn sie jetzt für die kistenweise Bezahlung stimmen würden. Lingenfelder gibt schließlich nach: »Während der Lese muss man den Weg des geringsten Widerstands gehen.« Das ist einfacher, als der widersprüchlichen Logik der Mexikaner zu folgen.

Schließlich wird um 7 Uhr 15 mit dem Pflücken begonnen. Serafin lenkt den Traktor, der den Anhänger mit den Halbtonnen-Boxen zieht, in die die 13 Mexikaner die Trauben kippen, bis die Boxen zu zwei Dritteln gefüllt sind, gemäß den Forderungen von FLOWERS-Kellermeister Ross Cobb. Ich stehe mit Lingenfelder neben der jeweiligen Box und sortiere Blätter, kleine Rebholzstücke, verfaulte Beeren und anderes Nicht-Trauben-Material heraus. Allerdings hat Lingenfelder seine ökologischen Anbaumethoden so perfekt im Griff und das Leseteam von CHALK HILL ist so gut trainiert, dass wir kaum etwas aussortieren müssen. Die Trauben sind im Vergleich zu Tafeltrauben klein – ganze 100 Gramm wiegen sie durchschnittlich – und sehen aus wie ein Werbefoto für die kalifornische Weinindustrie, so perfekt sind sie. Vielleicht jede hundertste Traube hat ein paar faule Beeren und hier und da ist einmal ein Stück Blatt dazwischen. Bei Scherrer sieht nicht immer alles so aus.

Vor einer Woche habe ich die FLOWERS WINERY besucht, und die technische Ausstattung war ebenso beeindruckend wie die Lage hoch über Redwood-Wäldern und nebelgefüllten Tälern hin zur felsigen Pazifikküste. Wenn diese Trauben dort eintreffen, werden sie mit der größtmöglichen Sorgfalt behandelt werden, handsortiert auf einem Edelstahl-Tisch, der nicht wie Scherrers Traubenrutsche die Rücken der daran Arbeitenden ruiniert, dann durch die Abbeermaschine mittels Schwerkraft in kleine Edelstahl-Gärtanks fallen. Nichts wird hinzugefügt werden außer dem äußersten Minimum an Schwefeldioxid, um die Hygiene sicherzustellen, und nichts wird dem Wein entzogen werden. Obwohl sie technisch ausgerüstet sind, wie es nur Winerys im Besitz von Multimillionären sein können, ist ihre Einstellung ebenso puristisch wie die weinbauliche hier bei Lingenfelder. Die Ergebnisse sprechen für sich. Die verschiedenen 2003 Pinots Noirs, die ich verkostet habe, zeigten die Intensität, Geradlinigkeit und Klarheit von Laserstrahlen, waren aber gleichzeitig subtil und filigran. Die Weine der unterschiedlichen Weinbergslagen – CAMP MEETING RIDGE, FRANCES THOMPSON und KEEFER RANCH – schmeckten vollkommen eigenständig – Pinot Noir-Stars mit ausgeprägten Persönlichkeiten, ohne den leisesten Hauch von Hollywood.

Aber natürlich entstehen nicht alle kalifornischen Weine mit dem kompromisslosen Streben nach optimalem natürlichen Geschmack wie bei Joan und Walt Flowers. Weil es wenig mehr zu tun gibt, als ein scharfes Auge auf jede Kiste Trauben zu richten, die die Mexikaner in die Box kippen, frage ich Lingenfelder, welche Art von Tricks die gerissenen unter den Weinmachern hier in der Gegend anwenden.

»Naja, es gibt eine wirklich einfache Methode, um die dicken Roten wie Cabernet, Merlot, Zin und so weiter aufzupumpen«, antwortet er mit dem gleichen Vergnügen, mit dem ein bestimmter Typus von Filmfreak Splatter Movies beschreibt. »Das ist ein Traubensaftkonzentrat namens ›Mega-Purple‹ [Mega-Violett], das man zu dem gärenden Wein hinzugibt. Es ist aus einer extrem tieffarbigen Rebsorte, Ruby Cabernet. Manche doktern damit sogar beim fertigen Wein herum, um die Farbe und die Primeurfruchtaromen zu pushen.« Wenn man es zu einem trockenen Wein hinzugibt, dann verstärkt »Mega-Purple« nicht nur die Farbe und lässt die Traubenaromen des Weins noch lauter schreien, sondern es lässt den Wein auch leicht süß schmecken. Das ist einer der ältesten Tricks, um Fehler und Schwächen eines Weins zu kaschieren, Anhänger unter den Konsumenten zu gewinnen und jene Menschen zu beeinflussen, deren Aufgabe darin besteht, diese Weine zu beurteilen.

Wenn der betreffende Rotwein zudem viel Holz gesehen hat – ein Aroma, das sich einfach und billig erzeugen lässt, indem man ein Nylonnetz mit »Chips«, bzw. Eichenspänen in den Wein hängt – dann gesellt sich zur Vanille-Süße aus dem Holz die traubige Süße von »Mega-Purple« und dann – »Hi!« – hat man Coca-Cola-Wein. Diese Ausbaupraktiken haben keine nachteiligen gesundheitlichen Folgen und sind in Kalifornien vollkommen legal. Das dürfen die deutschen Winzer noch nicht machen, aber ich glaube nicht, dass es noch lange dauert, bis es auch in Deuschland und der gesamten EU zugelassen wird. Der Geschmack solcher Weine ist allerdings geradezu überwältigend *pseudo-romantisch.*

Die Sonne hat endlich den Nebel verdrängt. Die Arbeiter scheinen auch einen Gang höher zu schalten, vielleicht um rechtzeitig zum Lunch fertig zu werden.

»Das Leben eines Traubenerzeugers ist nicht sehr romantisch«, sagt Lingenfelder, während er Serafin bedeutet, dass diese Box voll genug ist und er die nächste bringen muss. »Es ist ein Haufen von kleinen Details … und Frust.« Sein Mobiltelefon klingelt. Es ist das Transportunternehmen, das er damit beauftragt hat, seine Trauben hoch ins »Flowerland« zu fahren, und das ihm mitteilt, dass der Truck, den sie schicken, ein 20-Fuß-Tieflader ist, der nur Platz für 20 Halbtonnen-Boxen hat. Flowers verlangt jedoch 24 Boxen. Ich habe bei ausreichend Weinlesen mitgemacht, um zu erkennen, dass das einer der Oh-Shit!-Momente ist, der die Winzernerven auf die Probe stellt. Lingenfelders sofortige Entscheidung ist, keine Traube mehr zu lesen, als in 20 Boxen passen.

»Hast du vom Zusammenkneif-Faktor gehört?«, fragt Lingenfelder trocken. Ich schüttle den Kopf. Was zur Hölle ist das nun wieder? »Dabei geht es darum, wie stark du den Arsch während der Lese zusammenkneifen musst. Auf einer Skala von 1 bis 10 liegt der Zusammenkneif-Faktor, wenn ich Trauben die Meyers Grade Road zur FLOWERS WINERY fahren müsste, bei 10. Dann kann dein Arsch einen Bleistift zerbrechen! Aber wie es in den I-Ching-Texten heißt: ›Geduld bringt einen weiter über das große Wasser.‹« Wenn ein Winzer mir das alles irgendwo anders erzählt hätte, würde ich es für einen ironischen Witz halten, aber hier in Kalifornien, wo die Menschen mit großem Ernst von der »dunklen Seite der Macht« sprechen und dabei oft vergessen, dass dieser Ausdruck aus den Star-Wars-Filmen stammt, bin ich mir nicht so sicher.

Exakt fünf Stunden, nachdem sie angefangen haben, sind die Mexikaner fertig mit Lesen, ihr Anführer spricht kurz mit Lingenfelder, sie steigen in ihre Autos und fahren weg. Die Ernte von 6,67 Tonnen Trauben hat Lingenfelder 980 Dollar an Lohn gekostet, der Transport zur FLOWERS WINERY wird mit weiteren 800 Dollar zu Buche schlagen. Am anderen Ende seiner wirtschaftlichen Gleichung steht einerseits die positive Tatsache, dass er hier in der Gegend zur ersten Liga der Traubenerzeuger von Sonoma County gezählt wird, aber andererseits auch die negative, dass bis jetzt kein Pinot Noir-Rotwein mit dem Lagennamen »Lingenfelder Vineyard« auf dem Etikett eine Bewertung von 90 oder mehr Punkten von einem der einflussreichsten Weinkritiker bekommen hat. Das bedeutet, dass er *nur* 3500 Dollar pro Tonne für seine Trauben verlangen kann. Mit mehreren jener 90-plus-Bewertungen könnte er problemlos 4500 Dollar fordern – immer noch weit entfernt von der 10 000-Dollar-Rekordmarke pro Tonne. Trotzdem hat die FLOWERS WINERY die nicht unwesentliche Summe von 23 345 Dollar zu begleichen. Selbst unter Einbeziehung der Kosten für die Weinbergspflege macht Lingenfelder ganz offensichtlich einen gesunden operativen Gewinn. Allerdings hat er auch einen gehörigen Batzen Geld geliehen, um das Land zu kaufen, deshalb wird dieses Jahr nur ein geringer steuerpflichtiger Gewinn aus »Flower Day« erzielt. Obgleich Lingenfelders Unternehmen im Vergleich mit Microsoft, Walt Disney und GALLO eindeutig zur Alternativ-Wirtschaft gehört, ist es doch zweifellos Teil des guten alten amerikanischen Kapitalismus.

Legt man das Prinzip von 720 Flaschen fertigem Wein pro Tonne Trauben zugrunde, werden aus seinen Trauben bei Flowers 4800 Flaschen Pinot Noir werden. Die Weinmacher hier in der Gegend sind der Ansicht, dass bei einem Endverbraucherpreis von einem Prozent des Traubenpreises pro Tonne für eine Flasche des fertigen Weins die Rentabilität der ganzen Aktion gleichmäßig zwischen Traubenerzeuger und Weinmacher aufgeteilt ist. Der SONOMA COAST PINOT NOIR ohne Lagenbezeichnung von FLOWERS kostet im Regal 44 Dollar. Selbst wenn Joan und Walt entscheiden, den Wein aus diesen Trauben nicht als »Lingenfelder Vineyard« zu einem deutlich höheren Preis anzubieten, scheint auch darin ein ordentlicher Gewinn zu stecken. Angesichts der minimalen Erträge in ihren eigenen Weinbergen zur Küste hin – vielleicht nicht einmal zehn Prozent der üblichen Mengen wegen des ungünstigen Wetters während der Rebblüte, was zu einem schlechten Fruchtansatz führte – brauchen sie vielleicht jeden Tropfen Lingenfelder Pinot Noir für ihren 2005 SONOMA COAST PINOT NOIR. Solche Ertragsausfälle schaden nicht nur der Gewinnspanne der Weinproduzenten, sondern bedeuten auch, dass sie wegen Lieferschwierigkeiten auf den Weinlisten der Restaurants an Terrain verlieren. Das muss mühsam wieder erobert werden. Eines steht fest: Auch das obere Qualitätsende der Weinbranche ist ein hartes Geschäft, dessen Rentabilität nie vorhersehbar ist, weil es stark vom Wetter abhängt.

Da ist der Truck, und Lingenfelder erklärt, er braucht meine Hilfe, um ihn zu dirigieren, wenn er die Boxen auflädt.

»Das Beladen des Trucks ist für mich das Nervenaufreibendste an der ganzen Geschichte«, gesteht er mir mit zusammengekniffenen Lippen. »Mit einem Gabelstapler auf einer betonierten Rampe, kein Problem, aber mit einem Traktor im Feld …!«

Der Fahrer des Trucks springt mit geübter Ungezwungenheit aus seiner Kabine, ein kräftiger Kerl in Jeans und Stiefeln, dem man ansieht, dass er in seinen rund 40 Jahren auf diesem Planeten eine ganze Menge mehr getan hat als nur Trucks zu fahren.

»Hi. Ich bin Brian. Ihr müsst verdammt genau sein, wenn ihr die Boxen aufladet. Ich habe hinten nur zwei Inches Spielraum.«

Lingenfelder verspricht, sein Bestes zu geben, und dann beginnt ein anstrengendes Ballett von Traktor, Boxen und Truck. Während der Prozedur erzählt mir Brian, dass er, wenn er Glück hat, es in 90 Minuten hoch zu FLOWERS schaffen wird. Er wird Glück am Meyers Grade brauchen. Die Straße ist nicht nur steil und führt durch den dichten Nebelgürtel der Küste, sondern sie ist auch ziemlich kurvig. Er wird aufpassen müssen, dass die Boxen wirklich richtig festgezurrt sind, sonst könnte es Probleme geben. Es klingt auch für Brian wie ein hoher »Zusammenkneif-Faktor«. Ich würde gerne herausfinden, wie viel Geld er für diesen Stress bekommt, aber jetzt braucht Lingenfelder meine Hilfe. Endlich, um 14 Uhr, rollt der Truck den Feldweg von Lingenfelders Weinberg zur Woolsey Road in Richtung Cazadero hinunter. Die Schafe blöken uns an, als wir für ein wohlverdientes Sandwich hinauf zum Haus laufen. Wahrscheinlich sind sie froh, dass wieder ruhige Normalität einkehrt. Lingenfelder wirkt mehr als erleichtert, dass er den drohenden Arbeiterstreik abwenden konnte und die 20 Boxen auf dem Truck untergebracht hat. Dann fährt er rüber zu CHALK HILL, um sicherzustellen, dass die Lese auch dort glatt läuft. Sie wird noch viele Wochen andauern. Ich verbringe den Nachmittag damit, die Vorkommnisse der letzten Tage festzuhalten. Als Lingenfelder am Abend kurz vor sieben wieder durch die Tür des Bungalows tritt, sieht er äußerst zufrieden aus.

»23,8 Brix, pH 3,29 und 8,7 Gramm pro Liter Säure«, jubelt er. Dieses analytische Profil seiner Trauben, das er von Ross Cobb aus »Flowerland« übermittelt bekommen hat, sollte einen Wein mit 14,1%vol und hervorragender natürlicher Frische ergeben – ein Treffer ins Schwarze. »Und sie haben gesagt, die Trauben sähen wunderschön aus«, fügt er mit unverhohlenem Stolz hinzu.

Die goldene Regel des Weinmachens lautet, dass man gute Trauben braucht, um einen guten Wein zu machen und perfekte Trauben für einen perfekten Wein. Es scheint, dass das heutige Ergebnis weit näher bei Letzterem liegt. Eine ziemliche Leistung für den Sohn eines Postboten und einer Farmertochter, der in Manhattan Beach, Los Angeles, aufgewachsen ist. Young America würde sagen: »awesome«, irre. So alternativ der Ex-Hippie Mark Lingenfelder auch ist, er ist zugleich der lebende Beweis dafür, dass der American Dream in den Weinbergen von Sonoma County immer noch sehr lebendig ist.

»Weißt du was, bei CHALK HILL wollten die Mexikaner heute Nachmittag auch wieder nach Stunden bezahlt werden«, sagt er, während er Gemüse aus dem Kühlschrank holt für unser Dinner.

»Was steckt dahinter? Sie haben doch dann heute viel weniger verdient, als möglich gewesen wäre?«, frage ich erstaunt.

»Ich habe keine Ahnung«, entgegnet er kopfschüttelnd. »Ich vermute, einer von ihnen hat eine große Klappe und eine ›tolle Idee‹ und hat sie alle überredet. So was kommt öfter vor.«

In dem Bestreben, ein Stück vom American Dream abzubekommen, wie so viele ihrer Landsleute, haben sie einen dummen Fehler gemacht. Ich hoffe für sie, dass sie den Kapitalismus bald begreifen, für zehn Stunden Arbeit haben sie heute jeder 140 statt 250 bis 300 Dollar verdient – wegen eines Angebers!

24. September 2005 J. J. trampelt mit den Stiefeln in einem offenen Edelstahltank herum, der halb voll mit Zinfandel-Trauben ist, die wir vorgestern sortiert, entrappt und gemahlen haben. Scherrer benutzt nur unberührte Gummistiefel für diese Arbeit – direkt aus der Verpackung, die nie den Boden der Winery und noch viel weniger den Boden draußen berührt haben. Wenn Rotwein »auf den Schalen« gärt, wie es hier stets der Fall ist, dann ist in dem Gärtank eine Masse aus Saft, Schalen, Fruchtfleisch und Kernen. Anfangs ist diese Masse sehr dicht und beinahe trocken, wie die, auf der J. J. die sprichwörtlichen ersten Schritte tut, bevor er einbricht.

»Man könnte sich auf dieses Zeug legen und würde nicht einsinken!«, ruft er mir zu. Bei diesem Arbeitsschritt liegt das Ziel darin, nach und nach mehr Saft aus den Beeren zu extrahieren, so dass die Flüssigkeit Phenole – Farbe und Gerbstoffe, die dem Rotwein Textur und Rückgrat verleihen – aus den Beerenschalen lösen kann. Da sie das schwerste Element des Gemischs sind, sinken die Kerne auf den Boden des Tanks, während die leichteren Schalen und das Fruchtfleisch oben schwimmen; was die Weinmacher »the cap« oder »den Hut« nennen. Der muss in regelmäßigen Abständen entweder in den Saft hinuntergestoßen werden, »punching-down«, oder der Saft muss darüber gepumpt werden, »pumped over«, um den Extraktionsprozess zu unterstützen. Bei Scherrer wird so gut wie nicht gepumpt, sondern in der Regel mit zwei »Punch-downs« pro Tag gearbeitet. Das »booting-down«, mit dem sich J. J. gerade amüsiert, ist eine Vorstufe davon. Wenn die Masse gärender Trauben so weich und flüssig ist, dass es mit den Stiefeln gefährlich wird, dann kommen »Sticks« für die »Punch-downs« zum Einsatz.

Damit bin ich an vier Macro-T-bin-Boxen mit gärendem Pinot Noir beschäftigt. Pinot Noir-Trauben sind von Natur aus weicher als Zinfandel-Trauben, und der Punkt, an dem ein Stößel das richtige Werkzeug zum Hinunterstoßen ist, ist schnell erreicht. Am Ende des Stößels befindet sich eine flache Scheibe aus Holz oder Silikon. Scherrer bezeichnet den mit der kleinsten Scheibe als »Lady Stick«, weil es sich damit viel einfacher durch die einen Meter dicke, dichte Schicht an Schalen und Fruchtfleisch stoßen lässt als mit den größeren Scheiben. Diese erfordern mehr Muskelkraft, und ich war bereits einige Male gezwungen, aufgrund meiner unterentwickelten Arm- und Oberkörpermuskulatur auf den »Lady-Stick« zurückzugreifen. In gut ausgerüsteten modernen Winerys wie bei FLOWERS benutzen sie pneumatische Stößel, und niemand braucht den kalifornischen Wein-Terminator à la Schwarzenegger zu spielen.

Scherrer kommt aus dem Labor mit einem großen Plastikmessbecher in der Hand, dessen Inhalt ich dank meiner begrenzten Erfahrungen hier als eine Mischung von Hefe mit Saft aus dem Zinfandel-Tank identifizieren kann. Nachdem J. J. sich und die Stiefel vom Traubenmatsch befreit hat, gießt Fred die Mischung in den Tank.

»BM 45 Hefe aus Brunello di Montalcino in Italien«, sagt er dazu. »Die bringt die Fruchtaromen bei Zin so richtig heraus.« Dann erklärt er weiter, dass heutzutage nahezu alle selektionierten und gezüchteten Hefestämme – BM 45 ist einer von Hunderten – nicht in flüssiger Form, sondern getrocknet auf den Markt kommen. Das heißt, dass viele der richtig interessanten »Rassen« nicht mehr zu bekommen sind, weil sie in getrockneter Form degenerieren. »Wisst ihr«, fügt Scherrer sehr ernst hinzu, »die Tatsache, dass ich diese Hefe zu dem Wein gebe, bedeutet nicht, dass das zwangsläufig der einzige Mikroorganismus ist, der die Gärung besorgt, aber ich kann so einen gewissen Einfluss auf die Richtung nehmen, in die sich die Dinge entwickeln.«

»Weinmachen« in einer Winery wie bei Scherrer ist immer eine Annäherung, weil viele Faktoren außerhalb der Kontrolle des »Weinmachers« liegen. Nur mit aggressiven Ausbaumethoden und groben Zusatzstoffen kommt es zu einer Situation, in der der Weinmacher wirklich alles unter Kontrolle hat und den Wein direkt gestaltet. Aber um aggressive Ausbaumethoden und grobe Zusatzstoffe geht es hier definitiv nicht. Scherrers Ziel sind positive Aromen und Geschmacksstoffe aus voll ausgereiften, gesunden Trauben, und dementsprechend arbeitet er. Stiefel und Stößel in den gärenden Trauben wirken vielleicht auf den ersten Blick primitiv und brutal, aber sie sind sanft im Vergleich zu Methoden wie dem »Spinning Cone Column« und »Mega-Purple«. Der »Spinning Cone Column« ist ursprünglich entwickelt worden, um dem Wein Alkohol zu entziehen, kann aber auch dafür eingesetzt werden, Wein in seine Bestandteile zu zerlegen, so dass er nachher wiederum nach den Vorstellungen des Weinmachers zusammengesetzt werden kann. Nach meiner Ansicht hat das nichts mit Weinbau zu tun, es ist vielmehr der Tod des Weins als Naturerzeugnis, bzw. dem Ergebnis von Menschen gelenkter natürlicher Prozesse.

Als könne er meine Gedanken lesen, sagt Scherer immer noch sehr ernst: »Ich glaube daran, dass man Geld verdienen und im Leben etwas erreichen kann, ohne eine Spur von Leichen hinter sich zu lassen.«

Kein schlechtes Bild für »Spinning Cone Column« und »Mega-Purple«, durch die durchaus Weinleichen entstehen können. Das ist Big Wine Business, bei dem Wein zu einem bloßen Produkt reduziert wird wie Waschpulver oder Messingschrauben.

»Was würde bei einem schweren Erdbeben passieren?«, frage ich abwesend – wie ist mir das plötzlich in den Kopf gekommen?

»Das ganz große?«, fragt Scherrer überraschend fröhlich nach.

»Ganz einfach, der Strom wäre überall zwei bis drei Stunden weg, an manchen Orten tagelang. Die Leute würden aus der Stadt aufs Land strömen, auf der Suche nach Nahrung und Unterkunft. Es wäre wie in ›Mad Max‹!«

Eine abrupte und radikale Wiedervereinigung dieser Größenordnung mit der Natur ist nun auch wieder nicht nötig, so weit wir uns auch von ihr entfernt haben.

»Irgendwann wird es passieren«, sinniert J. J. genauso abwesend, wie ich meine Frage gestellt habe, und starrt dabei in die Zinfandel-Trauben, die er vorher mit den Stiefeln bearbeitet hat. »Ich meine, guckt euch bloß mal an, wie manche Leute fahren!«, sagt Scherrer darauf mit einiger Vehemenz.

Für einen Außenseiter klingt das vielleicht wie ein absurder Kommentar, aber die Art, wie sich manche Pendler in ihren dicken Sportjeeps auf der Straße verhalten, wenn ich morgens mit meinem Fahrrad unterwegs bin, erinnert tatsächlich an Verfolgungsszenen in bekannten Action-Filmen, wenn auch noch nicht ganz wie in »Mad Max«.

»Kann man einen Wein zu stark ausbluten?«, fragt J. J. Scherrer unvermittelt und meint damit natürlich kein Blut an sich. Einer der ältesten Tricks, um einen Rotwein zu konzentrieren, besteht darin, einen Teil der Flüssigkeit des gärenden Weins sehr früh abzuziehen, ihn »auszubluten« und so das Verhältnis der festen zu den flüssigen Stoffen zu erhöhen. Farbe und Gerbstoffe verteilen sich dann im fertigen Wein auf weniger Flüssigkeit – »saignée« nennen das die Franzosen.

»Ich ziehe etwas Saft aus jedem Rotwein ab«, antwortet Scherrer, und sein Ton macht deutlich, wie vorsichtig er dabei zu Werke geht. »Meine Rosé-Weine sind aus diesem Saft, aber manche übertreiben es natürlich mit dem Ausbluten.«

Er meint die Weinmacher – die es überall auf *Planet Wein* gibt – die diese Methode benutzen, um Rotweine *aufzupumpen*, in der Hoffnung auf den ganz großen Hit – jenen wundersamen Wein, der sie reich und berühmt machen wird. In den letzten Jahren haben die Kellertechnik-Firmen zudem eine ganze Reihe von High-Tech-Alternativen auf den Markt gebracht, unter ihnen zum Beispiel die Mostkonzentratoren, die nur das Wasser aus dem Most oder dem Wein ziehen. Sowohl hier als auch auf meinem Heimatkontinent werden sie eingesetzt, um Weine *massiv aufzupumpen*, so dass sie viel größer und dicker schmecken und die wichtigen Kritiker beeindrucken. Das kann einen Wein ernsthaft aus der Balance werfen, aber die Disharmonien werden am Anfang durch die jugendlichen Fruchtaromen der reifen Trauben maskiert und erst mit zunehmender Flaschenreife offensichtlich.

»Manchmal frage ich mich, was meine Kollegen wirklich wollen. Wie ihr idealer Wein aussieht«, überlege ich laut.

»Er soll natürlich enorm konzentriert sein, aber das heißt, dass die Weine schließlich eher *fest* als flüssig sind.«

»Vielleicht wollen sie sie *gelatinös*«, bemerkt Scherrer dazu nur müde. Er hat es aktiv vermieden, Teil dieses Zirkus zu werden und seine Weine in eine bestimmte Richtung zu biegen, um den übersteigerten Vorlieben der wichtigen Kritiker zu entsprechen, für die ein Rotwein nie zu farbintensiv, zu aromatisch, zu konzentriert in den Gerbstoffen, zu üppig süßlich oder zu alkoholgeladen sein kann. Und er bezahlt dafür seinen Preis, nämlich den Verzicht auf Ruhm und schnelles Geld. »Manche dieser schweren Weine gefallen mir eigentlich«, fährt er fort. »Wenn sie eine gewisse Grazie haben, können sie ziemlich beeindruckend sein.«

Ich nicke zustimmend. Ich habe genauso wenig gegen schwere Weine wie gegen Heavy Metal. Allerdings gibt es einen bedeutenden Unterschied zwischen Nirvana und Rammstein auf der einen Seite und einfach nur hartem Zeug auf der anderen.

»Das Problem ist, wie viele haben effektiv was mit Grazie am Hut?«, sagt Scherer. »Wie viele zwei Meter große Balletttänzer gibt es? Ungefähr so viele wie dünne Bauchtänzerinnen!«

Die Erwähnung dieser Geschmacksextreme des Weinspektrums erinnert mich an deutschen Riesling. Bevor ich hier verschwinde, muss ich versuchen, ihnen solche dünnen Bauchtänzerinnen zu zeigen.

Da taucht der »Sheriff« auf, und das Gespräch nimmt eine andere Wendung, weil J. J. und er aus Texas stammen.

»Es gibt diese Sachen, die man Down South, im Süden, an den Mann bringen kann«, sagt J. J. sarkastisch. »So wie Coke, J. D. und SILVER OAK. Die haben alle dasselbe Geschmacksprofil!« Mit Coke meint er nicht das weiße Pulver aus Kolumbien, sondern Coca-Cola, J. D. ist Jack Daniels Whiskey und SILVER OAK ein Cabernet Sauvignon-Rotwein aus Napa Valley, der in kleinen Fässern aus amerikanischer Eiche reift, die denen ähneln, in denen J. D. lagert. Aber um ehrlich zu sein, beschränkt sich diese geschmackliche Vorliebe nicht auf Süd, Nord, Ost oder West. Es ist der globalisierte Überall-Geschmack, der in allen Richtungen der Kompassnadel vorherrscht!

»Ich überlege, dieses Jahr einen schweren Zin zu machen«, sagt Scherrer nachdenklich und blickt dabei auf drei T-bin-Boxen voller Zinfandel-Trauben, die gerade erst anfangen zu gären. Jede Box hat einen Namen, damit man sie auseinanderhalten kann, und auf der mit den konzentriertesten Trauben steht »Stuart«. Scherrer hat sie getauft, als ich ihn letztes Jahr gefragt habe, ob ich kommen und für ihn arbeiten könnte. Vor ein paar Tagen forderte er mich auf, eine weitere zu taufen, die für Pinot Noir-Trauben aus den Weinbergen von Don Bliss bestimmt war, und ich entschied mich für »Mr. Singh«, nach dem Sikh, der Manager des AMBOOTIA-Teegartens in Darjeeling/Indien ist. »Ich möchte einen Wein für die Leute machen, die schwere Weine mögen, aber er muss auch Grazie haben«, fügt Scherrer hinzu. Vielleicht ist der Inhalt von »Stuart« ein zwei Meter großer Balletttänzer, dem die gegenwärtige Wein-Coolness vorherbestimmt ist.

Scherrer gibt das Signal für eine der seltenen Kaffeepausen, und wir folgen ihm alle drei in die Küche. Er arbeitet mit der Schaumdüse der Espressomaschine ebenso präzise und virtuos wie mit dem elektrischen Gabelstapler. Auf einmal kommt Mark Lingenfelder herein.

»Ich wollte nur mal vorbeischauen und gucken, wie's dir geht«, sagt er in meine Richtung.

»Der Typ, bei dem du wohnst?«, erkundigt sich J. J.

»Clos Lingenfelder!« – entgegnet mein Gastgeber selbstironisch, bevor ich antworten kann. »Clos« ist die französische Bezeichnung für einen von einer Steinmauer umgebenen Weinberg, meistens Jahrhunderte alt. »Ich arbeite noch an der Mauer, einen Stein habe ich schon.«

Scherrer gibt Lingenfelder einen Kaffee. Er setzt sich zu uns, und unser Gespräch wendet sich hin zu den mexikanischen Arbeitern.

»Die Mexikaner trinken Budweiser«, bemerkt Lingenfelder. »Sie nennen es El Bud.«

»Und Pepsi. Nicht Coke«, fügt Scherrer hinzu. Ich bin nicht sicher, ob das bedeutet, dass sie gegenüber dem *Überall-Geschmack* immun sind. Aber ich bin einfach nur froh, wenn das Gespräch weitergeht und sich der Moment, in dem es »Zurück zur Arbeit« heißt, noch ein wenig hinauszögert.

»Shit! Ist es schon so spät?«, erschreckt springt Scherrer auf. »Morgen kommt ein ganzer Haufen Pinot Noir-Trauben von GOLDRIDGE, und wir müssen alles dafür vorbereiten!«

»Wie wär's mit ein bisschen Wild für morgen zum Mittagessen?«, fragt Lingenfelder, und wir rufen ihm einstimmig unsere Zustimmung entgegen.

Augenblicke später ist unser Überraschungsgast auch schon wieder verschwunden, und wir stehen draußen auf dem Crush Pad. Die Schufterei lässt sich jetzt nicht mehr aufschieben. Scherrer erklärt mir, dass wir eine Menge saubere T-bin-Boxen für die morgige Pinot-Noir-Lawine brauchen und ich damit beginnen soll, acht von ihnen mit dem Hochdruckreiniger, einem Eimer TSP und einer Bürste zu säubern. TSP ist eine aggressive Lauge, und ich muss Gummihandschuhe tragen, damit es mir nicht die Haut von den Händen ätzt. Ich muss jede Box auf die Seite kippen, sie mit heißem Wasser aus dem Hochdruckreiniger ausspritzen, um die Spinnweben und den Staub zu entfernen, die sich darin angesammelt haben, seit sie vor beinahe einem Jahr zuletzt in Gebrauch war. Dann muss ich sie von allen Seiten gründlich abschrubben und schließlich nochmal abspritzen, um auch den kleinsten Rest TSP zu entfernen. Ich werde ganz schön nass dabei, aber es ist ein heißer Tag und deshalb nicht unangenehm.

»J. J., Stuart«, ruft Scherrer, als ich die Letzte der Boxen zum Trocknen aufstelle. »Könnt ihr den Abfluss saubermachen?«

Er meint keineswegs den einzigen winzigen Abfluss in der Winery, sondern die lange schmale Rinne, die die ganze Länge des Crush Pads entlangläuft, das heißt über die gesamte Breite des Gebäudes; fast 100 Meter. J. J. hat ganz offensichtlich einige Erfahrung auf diesem Gebiet. Er fängt sofort damit an, die Metallgitter abzuheben, mit denen die Rinne abgedeckt ist. Ich folge seinem Beispiel und nach wenigen Minuten haben wir eine langgestreckte Ansammlung von beißend stinkendem, schlammigem Dreck unter einer Wasserschicht freigelegt. Es sieht aus, als ob auch hier seit einem Jahr nicht viel passiert ist außer unkontrollierten mikrobiologischen Prozessen. J. J. beschließt, sich auf den Gulli zu konzentrieren, in den die Rinne führt, und schlägt vor, ich soll so viel wie möglich von der Soße aus der Rinne in Richtung Gulli spritzen und das Zeug dann in einen Eimer schaufeln. Dieser erste Teil ist noch mit Hilfe des Hochdruckreinigers einfach zu bewältigen, aber dann wird es richtig unangenehm. Auf allen vieren kratze ich mit einer improvisierten Plastikschaufel die erste Ladung dunkelgraubrauner Schlammscheiße heraus. Der Gestank wirft mich um, mein Magen meldet starken Protest an. Doch es gibt kein Zurück, ich zwinge mich, einfach weiterzuschaufeln, mit tiefen Atemzügen Frischluft zwischen jeder Ladung. Gehört das zum Weinmachen? Logisch gesehen muss die Antwort ja heißen, weil Sauberkeit die erste Station auf dem vierteiligen »Home Run« zu großem Wein ist.

»Als wären wir Putzfrauen!«, ruft J. J. mit perversem Vergnügen in der Stimme aus dem Gulli herüber, wo er genau wie ich Scheiße schaufelt.

»Na, jetzt bist du wirklich eine ›Cellar Rat‹!«, sagt Scherrer hingegen beifällig.

Ich habe es zum Endpunkt der harten Schufterei geschafft! Nur in einem der gärenden Weine auf eine Leiche zu stoßen, könnte noch unangenehmer sein. Man erzählt sich hier in der Gegend, dass die Punch-down-Crew einer großen Winery eines Morgens mehrere tote Beutelratten in einem Tank mit gärendem Rotwein gefunden hat. Sie waren während der ganzen Gärung zusammen mit den Trauben darin gewesen …

25. September 2005 Ich habe mir angewöhnt, die Boxen mit Trauben zu zählen, die wir noch verarbeiten müssen, um eine Ahnung zu haben, wie viele Stunden dieser Arbeitstag haben wird. Heute waren jedoch so viele aufgestapelt, als ich um acht angeradelt kam, dass ich es mir anders überlegt habe. Als wir anfingen, erwartete uns zudem alle drei eine böse Überraschung. Bei GOLDRIDGE, woher diese Mammutladung Pinot Noir-Trauben stammt, lesen sie über Nacht, und die Temperaturen sind heute fast bis auf den Gefrierpunkt gesunken – die Trauben sind beinahe gefroren gewesen! Wir organisierten einen Eimer mit warmen Wasser, um unsere Hände in den kurzen Pausen zwischen einer Box und der nächsten aufzutauen. Der »Sheriff« ist in Topform, unterhält uns mit seinem unaufhörlichen Strom an Kalenderweisheiten, ironischen Anspielungen und Bullshit, während das Thermometer mit einem Tempo himmelwärts schießt, das auf ein Maximum knapp unter 40°C deutet. Jetzt wirkt die Kälte der Trauben wie eine primitive Klimaanlage für das Crush-Team. Zuerst ein Fluch, jetzt ein Segen; gute Neuigkeiten, schlechte Neuigkeiten, wer weiß?

Um halb zwölf taucht Fred Scherrers Frau Judi auf, beladen mit Einkaufstüten für unser Mittagessen. Nachdem sie die Sachen in die Küche gestellt hat, kommt sie heraus, um zu sehen, wie wir vorankommen. Heute sitzen wieder jede Menge Spinnen in den Trauben, was den »Sheriff« dazu veranlasst, sich über Spinnen und die Insektenwelt im allgemeinen auszulassen. Judi blickt zu ihm hoch, ihr amüsiertes Lächeln von dem dunklen Bob eingerahmt, während sich eine Welle von richtig heftigem Bullshit aus seinem Mund über sie ergießt.

Plötzlich muss er Luft holen, und sie fährt blitzartig dazwischen: »So ist der ›Sheriff‹, hat selten Recht, aber nie Zweifel!« Der »Sheriff« ist derart schockiert über diesen unerwarteten Zwischenruf, dass es ihm die Sprache verschlägt. Dann fängt er wieder an, aber deutlich langsamer und zögerlicher.

»BLACK WIDOW!«, schreit Judi Scherrer da plötzlich, stürzt zum niedrigeren Ende der Traubenrutsche und schleudert die Tasche dagegen, die sie in der Hand hält. Uns fährt der Schreck richtig in die Glieder, der »Sheriff« ist wieder verstummt. Der plattgedrückte schwarze Körper einer kleinen giftigen Spinne bestätigt Judis scharfen Blick und ihre Zielgenauigkeit. Fred kratzt die Spinnenreste ab, Judi winkt uns zu und geht, und wir sind wieder bei der harten Schufterei. Nachdem wir acht Boxen geschafft haben, gibt es eine Pause, weil Scherrer überlegen muss, was mit den restlichen Trauben dieser Ladung passieren soll. Er hat bereits einen großen Edelstahl-Gärtank ausreichend gefüllt.

»Wiederholung!«, sagt er zu mir und beschreibt damit sehr passend die Arbeit, die ich für ihn mache. Es erinnert mich an etwas, das Donn Reisen in der »Küche« der neuen LYTTON SPRINGS WINERY gesagt hat: »Weinmachen ist meistens, wie als Souschef zu arbeiten, weil es nur einen wirklichen Weinmacher geben kann, nur einen Küchenchef, der die Entscheidungen trifft. Alle anderen erledigen die langweiligen Arbeiten, wie Gemüse zu schnipseln.« Es stimmt, dass der heutige Tag anstrengend und eintönig war bis auf Judis Erscheinen.

»Wiederholung wird in der westlichen Welt nicht geschätzt, aber in der östlichen«, sage ich zu Fred. »Eine der ersten Aufgaben, die buddhistischen Mönchen gestellt wird, besteht darin, sich 100 000 Mal vor Buddha auf den Boden zu werfen.« Im Vergleich dazu ist das hier ein Kinderspiel.

»Wie lange dauert das?«, fragt er naheliegend.

»Wenn man sich richtig beeilt, dann schafft man es in einem guten Monat, aber frag mich nicht, in welchem Zustand man danach ist«, antworte ich.

Aber immerhin: Bevor ich mich am ersten Tag hierher auf den Weg gemacht habe, habe ich entschieden, jede Aufgabe zu erledigen, die mir Scherrer übertragen würde, egal wie unangenehm oder langweilig sie ist. Und daran habe ich mich bisher gehalten.

Als wir gegen eins mit dem Saubermachen fertig sind, kommt Lingenfelder, eine weiße Plastiktüte in der Hand, in der ganz offensichtlich das versprochene Wildfleisch steckt. Jetzt sehe ich auch, dass Scherrer bereits einen gasbefeuerten Barbecue-Grill neben dem Holztisch am Ende des Crush Pad vorbereitet hat, wo wir jeden Tag unseren Lunch essen. Es dauert nicht lange, da ist Scherrer am Grill zugange, und eine halbe Flasche Rotwein steht auf dem Tisch, 2003 BLISS VINEYARD SYRAH.

»Das Leben ist *gut*«, sagt Scherrer und spricht uns allen aus der Seele, während er mir das erste Stück Wildfleisch herübergibt, das ich auf einem Holzbrett aufschneide.

»*Awesome*!«, stimmt J.J. ein.

Millionen von Menschen, die Alexander Paynes Film »Sideways« gesehen haben, meinen wahrscheinlich, so gehe es in Winerys während der Lese ständig zu, aber diese halbe Flasche Wein ist der erste Schluck fertiger Wein, seit ich hier angefangen habe, und Bier glänzt weiterhin durch Abwesenheit. Um diese Tageszeit ist das verständlich, zumal wir heute noch sieben Boxen und die große Waschaktion vor uns haben, und dann muss ich 45 Minuten kräftig radeln, inklusive eines steilen Anstiegs von der Feuerwehr von Graton hoch zur Kreuzung am Gravenstein Highway. Ich habe nicht den geringsten Zweifel, dass ich beim »Willow Wood Market« in Graton auf ein Red Tail Ale anhalten werde, before I *climb that hill again*, wie Tom Petty so treffend singt.

26. September 2005 Heute kommen keine Trauben herein, weil gestern der Wetterbericht für heute eine zwanzigprozentige Wahrscheinlichkeit von einzelnen Regenschauern prophezeit hat. Deshalb haben wir erst um neun angefangen – eine Extrastunde Schlaf vor der nächsten Punch-down-Session! Aber jetzt stehe ich im Wein-Fitness-Studio und trainiere meine schwache Arm- und Oberkörpermuskulatur mit Hilfe eines großkalibrigen Stößels und fünf T-bin-Boxen Pinot Noir aus den Weinbergen von Don Bliss. Die Erste davon ist die mit dem Pommard-Klon, die ich hoffe leer schaufeln zu können, bevor ich mich Ende der Woche hier verabschiede. »Mr Singh« ist jetzt richtig am Rocken, gärt mit voller Power, so dass der Hut nach dem »Punch-down« mit einer dicken lila Schaumschicht überzogen ist – wegen der Kohlensäure, einem wichtigen Nebenprodukt der Gärung. Dann muss ich wieder auf den Ladystick herunterschalten, um mit den großen Edelstahltanks mit Zinfandel-Trauben fertig zu werden, die wesentlich dichter und fester sind. Der »Sheriff« sieht, wie ich am Kämpfen bin und ruft: »Wenn du damit fertig bist, wirst du einen vollständig neuen Körper brauchen!« Dann gibt er mir doch noch ein paar wertvolle Tipps, wie ich diese Schufterei auch mit meinem bescheidenen physischen Potenzial bewältigen kann.

Schließlich muss ich noch die zwei großen Tanks mit Stiefeln trampeln, die wir gestern mit Pinot Noir-Trauben gefüllt haben. Das ist ungefähr so, als versuche man durch einen Sumpf zu laufen, ohne dabei in die Tiefe gezogen zu werden, deshalb kralle ich mich am Rand des Tanks richtig fest. Alles in allem dauert diese Punchdown-Session gute zwei Stunden.

»Kommt mal rüber, und guckt euch das an!«, ruft Scherrer uns zu. »Die erste Partie Rosé sieht prima aus und riecht großartig!«

Er steht ganz oben auf einer Metallleiter, die gegen einen der großen Edelstahltanks gelehnt ist, und schaut durch den beiseite geschobenen Deckel. Wir waschen erst die Stößel, die wir benutzt haben, und gehen dann zu ihm rüber. Er schickt uns einen nach dem anderen die Leiter hinauf. Die schaumige rosa Flüssigkeit, die den Tank zu zwei Dritteln füllt, duftet intensiv nach Erdbeeren und Himbeeren und erinnert mich an den Geruch in der Küche meiner Großmutter, wenn sie unter dem Marmeldentopf gerade die Hitze hochgedreht hatte. Als wir in die Küche gehen, um nach der Fitness-Session eine wohlverdiente Pause einzulegen, erzählt Scherrer, dass Rosé in den letzten paar Jahren richtig hip geworden ist. Er beliefert das »Underwood Restaurant« in Graton, das direkt gegenüber vom »Willow Wood Market« liegt, mit seinem trockenen Zinfandel-Pinot Noir Rosé. Das ist ein ziemlicher Coup, weil es die Lieblingskneipe von Tom Waits ist. Mark Lingenfelder hat mir erzählt, man brauchte dort nur am richtigen Abend herumzuhängen, um Waits zu sehen. Doch die Reihe von dicken Angeber-Schlitten, die die meisten Abende davor parken, und diese Art von coolen Leuten, die ich davor gesehen habe, schrecken mich ab. Ich bleibe bei »Willow Wood« und Red Tail, obwohl Scherrers Rosé wunderbar erfrischend ist, ohne einen Hauch von Pink-Kitsch; ein toller Sommerwein, über den man sich keine großen Gedanken machen muss.

Auf dem Tisch in der Küche liegt die Juli/August-2005-Ausgabe der Zeitschrift »Vineyard & Winery Management«, auf deren Cover Rosé ebenfalls erwähnt ist. Ich blättere darin und stoße auf einen längeren Artikel von Christopher Sawyer unter dem Titel »The Rosé Revolution«, in dem steht, dass sich bereits eine Vereinigung namens »Rosé Avengers & Producers« formiert hat, bzw. RAP. Klingt verdächtig nach ZAP, den »Zinfandel Advocates & Producers«, die 1991 gegründet wurden. Robert Sinskey, ein bekannter Erzeuger aus Napa, wird zu seinem eigenen »Vin Gris of Pinot Noir« mit den Worten zitiert: »Wir haben einen Kult-Napa-Rosé. Willkommen beim Rosé-Kult!« Das ist eine Anspielung auf die Hunderte von Dollar schweren Kult-Napa-Cabernets.

Winemaker Jeff Morgan und Marketingchef Daniel Moore haben eine Marke ausschließlich für Rosé namens SOLO ROSA kreiert, über die Morgan zu Sawyer gesagt hat: »Vor vier Jahren dachten die Leute, wir seien ein bisschen verrückt. Jetzt nennen sie uns beharrlich!« Jeglicher Aufruhr um den neuen trockenen Rosé wäre undenkbar, wenn der Boom für süßen Rosé, auch »Blush« genannt, nicht vor kurzem in Nordamerika eine Bauchlandung hingelegt hätte. Sawyer liefert die Nielsen-Zahlen dazu, nach denen 1991 volle 34 Prozent aller in US-Supermärkten verkauften Weine »Blush« waren, während diese Kategorie heute dort noch lediglich 19,1 Prozent ausmacht, verglichen mit 40,5 Prozent an Rotwein. Die Weinzeiten ändern sich, mit einem neuen Typ Rosé im Kommen. Dieser große Bericht in einer angesehenen Fachzeitschrift bedeutet, dass ernsthafte PR für die Kategorie in den Mainstream-Medien unmittelbar bevorsteht.

Die Hauptaufgabe für heute hat mit der inzwischen glänzend unmodischen Kategorie trockener Weißwein zu tun. Morgen werden die Chardonnay-Trauben aus den Scherrerschen Familienweinbergen angeliefert, und alles muss für das Keltern von Weißweintrauben vorbereitet werden – ein vollkommen anderer technischer Aufbau als für Rotweintrauben. Im Grunde bedeutet es stundenlanges Schrubben von zwei pneumatischen Keltern; waagerecht gelagerte perforierte Zylinder mit aufblasbaren Gummiballons darin. Die Trauben werden zwischen dem Ballon und dem Zylinder zerdrückt, der klare Saft läuft durch die Löcher im Zylinder in flache Auffangwannen, aus denen er in einen geschlossenen Edelstahltank gepumpt wird. Dort setzen sich die festen Partikel durch die gute alte Schwerkraft ab, bevor der klare Saft weiter in Barriquefässer gepumpt wird, um dort zu vergären. Das bedeutet also Gummihandschuhe anziehen, Eimer voll TSP anrühren und eine Reihe von Bürsten unterschiedlicher Größe organisieren, um in jeden Winkel und Schlitz der ausgetüftelten emaillierten Stahlkeltern zu kommen. Diese Aufgabe wäre viel leichter mit etwas gutem alten Rock im Hintergrund, aber die einzige Musik, die wir zu hören bekommen, stammt von den Wasserschläuchen, unseren gemeinsamen Bemühungen mit den Bürsten und einer gelegentlichen Anweisung unseres Bosses.

Nach dem Lunch beauftragt mich Scherrer damit, das Innere eines großen Edelstahltanks zu säubern, der für den frischgekelterten Chardonnay-Saft bestimmt ist; ein klassischer Cellar-Rat-Job! Eigentlich ist das auch genau einer der Gründe, warum ich hier bin. Vor vielen Jahren habe ich dem Kaiserstühler Winzer Wolf-Dietrich Salwey an einem alkoholischen Abend in einer Hotelbar gebeichtet, dass ich nie einen Weintank geputzt habe.

»Dann weißt du gar nicht, worum es beim Weinmachen geht!«, hatte er gesagt, und diese Worte fuhren mir unter die Haut wie ein Splitter, den ich bisher nicht herausziehen konnte. Mit einem Eimer TSP und einer großen Bürste bewaffnet klettere ich also von oben in den Tank hinein, und ganze 20 Minuten energischen Schrubbens später, nachdem ich jeden Quadratzentimeter genau estens inspiziert habe, spritze ich das Ganze ab und spüle das TSP heraus. Es war ebenso überraschend einfach, wie ich manche der »Punch-downs« unerwartet hart fand, und ich fühle mich etwas enttäuscht. War das alles?

Als ich zurück zum Crush Pad schlurfe, steht neben den Weißweinkeltern und der dazugehörigen Ausrüstung eine stämmige Gestalt mit metallgefassten Brillengläsern und einem großen Schlapphut. Er sieht aus, als besitze er eiserne Entschlossenheit. Hinter ihm kann ich neben der Winery einen dunkelblauen Minibus erkennen, dessen Heck ein Patchwork von radikalen politischen Aufklebern ist. »Hi!«, sagt die Person. »Ich bin Marty Hedlund, Weinbergsverwalter bei Dehlinger und ein Mitglied von Freds Rockband.« Das könnte Grund genug für sein Erscheinen sein, aber im Kontext der Ereignisse heute Morgen scheint das plötzliche Auftauchen eines Dehlinger-Mitarbeiters *bedeutend*.

Mich als Fan der Dehlinger-Weine zu bezeichnen, wäre eine glatte Untertreibung. Ende der 1980er und Anfang der 1990er gehörte ich zum regelmäßigen Kundenstamm, aber als meine Frau und ich im November 1992 eine Einheit wurden, war erst mal große Ebbe in der Haushaltskasse, und ich konnte mir die Dehlinger-Weine nicht mehr leisten, ganz zu schweigen von den Reisen nach Kalifornien. 2000 waren unsere Finanzen endlich wieder so weit hergestellt, dass ich einen Trip in die alten Gefilde wagte. Ich rief alle meine Kontakte an, und alle außer Tom Dehlinger freuten sich, von mir zu hören.

»Ich rufe nur an, damit Sie nicht denken, ich sei unhöflich«, meldete er sich damals kurz, nachdem ich eine Nachricht auf seinem Anrufbeantworter hinterlassen hatte. Dann erklärte er sehr höflich, aber bestimmt, es gebe keine Möglichkeit für mich, seine Winery zu besuchen. Meine Einladung zum Mittag- oder Abendessen in ein Restaurant seiner Wahl wurde ebenfalls kategorisch abgelehnt. Danach schien es keinen Grund zu geben, den Kontakt weiter zu pflegen. Das Letzte, was ich beabsichtigte, war, mich jemandem aufzudrängen. Glücklicherweise sorgen Scherrer und Lingenfelder dafür, dass ich bei den Dehlinger-Weinen auf dem neuesten Stand bleibe. Der 2000 HIGH PLAINS PINOT NOIR, den Lingenfelder im Februar für mich aufgemacht hat, war nur der Letzte einer Reihe von Dehlinger Breitwand-Meisterwerken. Dann kam ich hier heute früh um acht an und fand Scherrer in angeregtem Zustand damit beschäftigt, Proben gärender Weine zu begutachten.

»Rate mal, was passiert ist!«, empfing er mich. Ich hatte keine Ahnung. »Tom Dehlinger will dich sehen! Der ›Sheriff‹ war gestern Abend bei Tom und Carol Dehlinger zum Essen eingeladen und hat mich gerade angerufen.« Später hörte ich dasselbe nochmal vom »Sheriff« selbst, jedoch ohne eine mögliche Erklärung dafür, was der Grund für diesen überraschenden Sinneswandel war. Es musste irgendetwas sein, das der »Sheriff« Tom Dehlinger erzählt hatte. Wieder hatte er mir geholfen, als ich es am wenigsten erwartet hatte. Scherrer sagte, ich sollte die DEHLINGER WINERY direkt anrufen, was ich auch tat. Der Anrufbeantworter lief, und ich hinterließ eine Nachricht für Tom, in der ich ihm mitteilte, dass ich die ganze Woche über bei Scherrer arbeitete und er mich entweder hier oder vor bzw. nach der Arbeit bei Lingenfelder erreichen könnte.

Ich stelle mich Hedlund als Weinjournalist vor, »der nicht glaubt, dass man ein paar Weine verkostet und dann alles weiß. Ich glaube, um etwas wirklich zu verstehen, muss man es selber tun, deshalb bin ich hier.«

»Yeah! Dreh die Lautstärke auf 11 und *hau rein*!«, entgegnet Hedlund und spielt dabei einen Mega-Akkord auf einer Luftgitarre mit dem linken Arm. »Mein Musikgeschmack ist stehen geblieben. Ich stehe auf The Who, The Rolling Stones, The Clash.« Das passt perfekt zu seiner theatralischen Geste. »Weißt du, das ist eine seltsame Gegend hier, das West County«, fährt er fort und wechselt das Thema so mühelos, wie er zweifellos auch auf der Gitarre in eine andere Tonart übergeht. »Viele extreme Leute mit extremem Lebensstil; eine Menge extremer Toleranz und extremer Intoleranz.«

Schwierig zu wissen, ob das irgendein kryptischer Kommentar zur Tom-Dehlinger-Situation sein soll oder allgemein auf die Menschen hier gemünzt ist. Letzteres wäre nicht abwegig, die Flowers haben mir von einem Nachbarn berichtet, der einige Meilen von ihnen entfernt lebt und sich über die elektrischen Lichter beschwert, die in ihrem Haus brennen! Lingenfelder hat mir erzählt, es gebe einen Namen für dieses Phänomen hier im West County: C.A.V.E.-People, Citizens Against Virtually Everything, Leute, die quasi gegen alles sind – aber »cave« bedeutet auch Höhle. Hedlund sagt dann ohne weitere Erklärung, er müsse jetzt gehen, aber wir würden uns wiedersehen vor meiner Abreise. Bedeutet das, dass die versprochene Audienz bei seinem Boss wirklich stattfinden wird?

27. September 2005   Es war 6 Uhr 45, und ich war dabei, Tee und Toast fürs Frühstück zu organisieren, als Susie Lingenfelder nur halb bei Bewusstsein und in einen Morgenrock gewickelt ins Wohnzimmer taumelte und mir das Telefon in die Hand drückte. »Für dich«, nuschelte sie und verschwand sofort wieder Richtung Bett. »Tom Dehlinger«, sagte die Stimme am anderen Ende der Leitung. Es war das erste Mal, dass wir seit dem höflichen Anruf von vor fünf Jahren miteinander sprachen.

»Heute ist es unmöglich«, sprach er weiter und meinte einen Besuch in der Winery, »weil wir unter einem Haufen Zeug begraben sind.« Das klang nicht unwahrscheinlich, ich hatte bei Scherrer auch solche Tage erlebt.

»Wann ist Ihr letzter Tag?«, erkundigte er sich.

»Überübermorgen, Freitag«, antworte ich, und auch, dass es mit Scherrer okay sei, wenn ich Donnerstag oder Freitag für ein oder zwei Stunden verschwinde.

»Mmmh«, sagte Dehlinger nachdenklich. Ich sagte ihm, er müsse mich nur wissen lassen, ob und wann ich auftauchen solle,

Ende des Anrufs. War es irgendeine merkwürdige Art einer Absage oder echte Unentschlossenheit?

Der Arbeitstag bei Scherrer war wirklich kurz. Der Boss und der »Sheriff« waren am Chardonnay-Keltern, während J. J. und ich das Punch-down-Programm durchzogen.

»Ist Mr. Singh ein Hindu?«, fragte mich J. J. irgendwann.

»Nein, er ist ein Sikh«, sagte ich. Dann wollte er den Unterschied zwischen den beiden Religionen wissen, was zu erklären keine einfache Aufgabe war, weil J. J. in T-Shirt, blauen Shorts und Blundstone-Stiefeln zwar wie ein Junge vom Land aussieht, aber ein wirklich intelligenter Kerl ist. Mit ein paar leeren Floskeln gibt er sich nicht zufrieden.

»Könnte ich Hindu werden?«, fragte er, nachdem ich ihm von den wichtigsten Hindu-Göttern erzählt hatte.

»Nein, nicht wirklich«, sagte ich. »Es ist nicht wie eine politische Partei, der man einfach beitreten kann.«

»Du meinst, es ist wie Tom Dehlingers Mailingliste?«, entgegnete er und meinte damit die Liste von Kunden, die regelmäßige Mailings von der DEHLINGER WINERY erhalten, was ihnen ermöglicht, Weine direkt ab Hof zu kaufen. Was sie angeboten bekommen, sind kleine Zuteilungen der gefragtesten Weine, und es wird erwartet, dass sie alles oder zumindest den größten Teil des Angebotenen kaufen, ansonsten riskieren sie, von der Liste gestrichen zu werden. Ein ganzer Haufen der *Punk-Winerys* – wie auch die Kult-Betriebe im Napa Valley – vertreiben ihre Weine auf diese Art. Man erzählt sich hier in der Gegend, auf die Mailingliste von Dehlinger zu kommen, sei beinahe genauso unmöglich, wie eine Privataudienz beim Papst zu bekommen …

Jetzt ist es kurz nach eins, und ich sitze an einem Ecktisch im »Willow Wood Market« mit dem Rücken zur gläsernen Außenfassade des Cafés und zur Straße und einem Salat und einem Cappuccino vor mir. Ich bin schwer damit beschäftigt, die Ereignisse des heutigen kurzen Arbeitstags in meinem dicken schwarzen Notizbuch festzuhalten, als ich eine Frau ungefähr meines Alters bemerke, die an der Bar sitzt und sich ebenfalls Notizen macht, allerdings in ein A4-Ringbuch. Auch vor ihr steht eine Cappuccino-Tasse. Sie ist etwas exzentrisch gekleidet – jedes Kleidungsstück wirkt an sich absolut normal, in dieser Kombination aber echt seltsam.

»Bist du auch Schriftsteller?«, erkundigt sie sich fröhlich. »Worüber schreibst du?«

»Oh, ich schreibe über Wein und arbeite für eine kleine Winery weiter unten an der Straße als ›Kellerratte‹, um herauszufinden, was hier wirklich los ist«, antworte ich. »Was ist hier wirklich los?«

Sie scheint erfreut, dass ich an ihrer Meinung interessiert bin, und ihre Antwort macht den Eindruck, als ob sie durchaus länger ausfallen könnte. »Ich bin vor 15 Jahren hierher gekommen, als die Zeit der Schaf-Farmen zu Ende ging, und habe vorher die wirtschaftlichen Folgen der steigenden Immobilienpreise weiter südlich mitgekriegt, bevor hier dasselbe geschah. Vor zehn Jahren lag der Durchschnittspreis für ein Haus mit zwei Schlafzimmern unter 200 000 US-Dollar. Jetzt sind es eher 800 000.«

Die einzigen Schafe, die ich hier kenne, sind die bei Mark Lingenfelder, die im Winter und Frühling zwischen seinen Reben weiden und für den einzigen Dünger sorgen, den diese Weinberge je sehen. Ich habe mich nicht mit Immobilienpreisen im West County beschäftigt und hatte keine Ahnung, dass sie das Niveau einer Reihe von guten Vororten von San Francisco erreicht haben.

»Aber hier gibt es nicht nur neu zugezogene Leute, oder?«, frage ich. »Es muss auch Leute wie dich geben, die seit einer Weile hier leben und Wurzeln geschlagen haben.«

»Oh ja, hier lebt ein buntes Gemisch aus Schriftstellern, Künstlern und Intellektuellen, die für eine interessante Vielfalt sorgen. Das ist es auch, was mich hier hält … und die Schönheit der Küste.«

»Und was schreibst du?«, erkundige ich mich weiter.

»Ich wechsle vom Sachbuch zur Belletristik. Mein vorheriges Buch steht hinten im Laden im Regal, es heißt ›Little Shifts‹ –

kleine Veränderungen, mein Name ist Suzanna Stinnett. Ich habe es geschrieben, weil ich versuchen wollte, ganz normalen Frauen zu helfen.«

Diese Aussage macht klar, dass sie sich selbst nicht als ganz normale Frau betrachtet, aber die sitzen natürlich auch nicht schreibend in Cafés wie »Willow Wood Market« in trendy Orten wie Graton/Kalifornien. Normale Männer nehmen sich auch nicht sieben Wochen Zeit für eine Odyssee durch Amerika, von Küste zu Küste, auf der Suche nach der wilden Wahrheit im Wein. Bei diesen Immobilienpreisen ist es allerdings fragwürdig, ob es hier außer den Mexikanern noch viele ganz normale Leute gibt. Ich erzähle ihr von dem nächsten großen Abschnitt meiner Reise, den elf Tagen, in denen ich in den Dakotas recherchieren werde. Am 3. Oktober fliege ich nach Rapid City in Süd-Dakota.

»Dann musst du zum Pine Ridge-Indianer-Reservat fahren, das ist der extremste Gegensatz zu hier, den es gibt«, rät Suzanna mir.

Einer meiner Termine in Süd-Dakota ist mit einem Büffel-Rancher und Schriftsteller namens Dan O'Brien und nach den Anweisungen, die er mir gegeben hat, um ihn zu finden, sieht es auf der Karte aus, als sei seine Ranch direkt neben Pine Ridge. Aber weder die Karte noch eines der Bücher und Zeitschriften, die ich über die Dakotas studiert habe, hat mir eine klare Vorstellung davon vermittelt, welche Art von Landschaft oder Menschen mich dort erwarteten. Anders als bei der Erkundung dieser Welt hier, die mir so vertraut ist und mich seit so langer Zeit fasziniert, werde ich am 3. Oktober wahrhaftig ins Ungewisse fliegen. Wir unterhalten uns noch ein bisschen, aber dann muss Suzanna gehen. Ich habe lange Zeit keinen so durch und durch positiven Menschen kennen gelernt. Bevor ich zahle, gehe ich zu den Bücherregalen hinten im Laden, widerstehe dabei auf dem Weg der Versuchung, die »Wille zur Macht«-Schokoriegel zu probieren, auf denen Nietzsches Konterfei prangt, und greife nach einem signierten Exemplar von »Little Shifts«. Der Untertitel lautet: »Du kannst Änderungen herbeiführen, mit jeder einzelnen Entscheidung, jeden Tag, den ganzen Tag lang.«

Zu welchen Veränderungen wird meine amerikanische Odyssee führen? Wird mir dadurch klar werden, wie ich zum Wein-Amerikaner wurde, und was das überhaupt bedeutet?

28. September 2005   Heute morgen beginne ich mich zu fragen, ob ich je dazu kommen werde, diese T-bin-Box voll mit vergorenem Pommard-Klon-Pinot auszuschaufeln, bevor ich gehe. Als ich Scherrer vor einem Moment gefragt habe, sagte er mir: »Wir müssen abwarten, ob es klappt.« Das klang sehr ungewiss, wenn nicht sogar negativ. Ich will wirklich behaupten können, alle harten und schmutzigen Jobs während der Lese absolviert zu haben. Um mich davon zu überzeugen, dass Warten die richtige Entscheidung war, zieht er eine Probe, schleudert sie in der Zentrifuge und gibt sie mir zum Verkosten. Ich muss zugeben, dass der Wein jetzt wesentlich runder und harmonischer wirkt als zuvor, auch viel mehr den Pinots Noirs ähnelt, die ich von ihm als abgefüllte Weine kenne. Ich nicke zustimmend, als er sagt, dass noch etwas Geduld sinnvoll sei.

»Ich dachte, der war schon längst erledigt«, sagt der »Sheriff«, als sei die Verzögerung vollkommen unverständlich. Aber Scherrer gibt keinen Millimeter nach, besteht darauf, dass der Wein noch länger auf den Schalen und der Gärhefe liegen soll, bevor es ans Schaufeln und Keltern geht. Er wird es auf die Spitze treiben, wie es sich für einen *Wein-Punk* ziemt, anstatt auf Nummer Sicher zu gehen wie in den großen Betrieben. Nun macht er uns ziemlich unmissverständlich klar, dass jetzt andere Weine unsere Aufmerksamkeit erfordern.

Scherrer, J. J. und ich stehen um »Stuart«, den ich gerade mit einem Großkaliber-Stößel herunter gepunkt habe. Inzwischen ist er deutlich flüssiger. Scherrer vollführt sein Zauberstück mit dem kegelförmigen Metallsieb, das er in den Hut schiebt, um eine Probe des embryonalen Weins zu ziehen, die er in einen Plastikmessbecher kippt und mir gibt.

»Wie schmeckt er?«, fragt er in seiner ernsten, Komm-mir-nicht-mit-Bullshit-ich-will-die-Wahrheit-wissen-Stimme. Ich nehme einen großen Schluck von dem noch süßen Wein, und die Worte schießen mir wie von selbst aus dem Mund: »A great slab of blueberry pie!«

»Das ist ganz schön wild!«, jubelt er, und seine Augen blitzen vor Freude. Sein 1999 OLD & MATURE ZINFANDEL, der aus Trauben derselben Reben entstanden ist, muss auch nach Blaubeerpie geschmeckt haben, bevor er genau vor sechs Jahren mit der Gärung durch war, und hat sich inzwischen in einen üppigen, äußerst geschmeidigen Wein verwandelt. Ein Schluck davon genügt, und ich fühle mich, als säße ich in einem riesigen Samtsofa, von dem ich am liebsten gar nicht mehr aufstehen würde. Da ist auch etwas Würziges an dem Wein, das mich immer wieder mit der Nase zum Glas zieht. Ich kann nicht sagen, welche Gewürze es sind, aber ich weiß, dass ich *Indien* rieche!

Heute ist wieder ein Pinot Noir-Marathon angesagt, mit einer langen Reihe von Boxen mit Trauben von GOLDRIDGE VINEYARDS. Neulich war es Pommard-Klon. Die Trauben waren von sehr unterschiedlicher Qualität, und eine grüne unreife Note in vielen Boxen zu schmecken. Das entspricht nicht ganz dem Scherrer-Stil, »vollreif, ohne es zu übertreiben«.

»Das macht aber nichts«, sagte mein Boss gelassen, als ich mich danach erkundigte, »weil der Preis für Pinot Noir auf dem Fassweinmarkt so gut ist, dass ich alles, was ich nicht selbst abfüllen will, ohne Verlust als Fassware verkaufen kann.«

Die Trauben heute sind aus angesagten Klonen, die selten und unter eingeweihten Winemakern sehr gefragt sind: »828« und »Elite« aus der Heimat des Pinot Noir, dem Burgund. Denn so verrückt es klingen mag: »Pommard« ist ein kalifornischer Klon, aus der Zeit, als auch ein kalifornischer Rotwein aus x-beliebigen Traubensorten als »Burgundy« verkauft wurde. Die burgundischen Klone umgibt die Aura des *einzig Wahren*, aber das Klima ist hier vollkommen anders als im Burgund, und ich frage mich, ob diese Klon-Klima-Kombination wirklich Sinn macht. Die 828-Trauben sind süß und duftig, aber bei manchen sitzen Rosinen zwischen den reifen Beeren, und das ist definitiv etwas, das kein burgundischer Pinot Noir-Produzent möchte. Aber wer weiß, was unter diesen unterschiedlichen Bedingungen das Richtige ist. Ich weiß nur, dass sie harte Stiele haben, die an der Traubenrutsche meine Hände zerkratzen. Die Elite-Trauben haben weniger Rosinen, sind dafür aber ziemlich herb. Wer weiß, wie sie sich machen werden. Selbst Scherrer sagt nicht viel. Und wir sind alle einfach froh, dass es während der Nacht gelesene Trauben sind, die für die primitive Klimaanlage an einem brütend heißen Tag sorgen.

Es ist gerade fünf, als Marty Hedlund plötzlich wieder auftaucht.

»Wißt ihr, dass es heute auf 37°C geschossen ist?«, verkündet er, und keiner ist überrascht. Der Schweiß läuft uns allen in Strömen herunter.

»Hat Tom Dehlinger dich angerufen?«, fragt er dann, und ich erzähle ihm die Geschichte von Dehlingers morgendlichem Anruf und wiederhole, dass Freitag mein letzter Tag ist. Was ich nicht erwähne, ist, dass die fehlende weitere Kommunikation seitens des geheimnisvollen Mannes mich zu der Vermutung gebracht hat, dass sich Gründe finden werden, warum ein Besuch der Winery an jedem Tag unmöglich ist. Wenn ich das sagen würde, könnte es ausgelegt werden, als beklagte ich mich, deshalb behalte ich es für mich. Außerdem versuche ich solche negativen Tendenzen aus meinen Gedanken zu verbannen. Darüber habe ich auch gestern mit Suzanna gesprochen.

»Hmh …«, sagt Hedlund nachdenklich. »Ich werde sehen, was ich tun kann.«

29. September 2005 Während ich einen der großen Edelstahltanks voller Zin mit Hilfe von Muskeln punche, von deren Existenz ich vor zehn Tagen keine Ahnung hatte, denke ich, nur noch zwei Tage! Gestern nach der Arbeit bin ich den Gravenstein Highway zu Andy's Market, einem Lebensmittelladen, geradelt und habe alles Nötige für ein thailändisches rotes Curry gekauft, das ich für Mark und Susie kochte, nachdem ich mich rasiert und geduscht hatte. Danach war ich vollkommen fertig. So spannend wie es ist, zum ersten Mal am äußersten Limit des Rotweinmachens zu stehen, bin ich mir doch nicht sicher, wie lange ich diese Strapazen noch durchhalte. Neulich hat mir Scherrer erzählt, dass sein Gewicht, als er noch bei der DEHLINGER WINERY gearbeitet hat, während eines Crush von 77 auf 70 Kilo gesunken ist. Und immer noch kein morgendlicher Anruf, oder zu irgendeiner anderen Zeit, von Tom Dehlinger!

Scherrer steht unten und diskutiert mit einem der Leute von GOLDRIDGE VINEYARDS namens Mark über ein Crush, weil die letzte Ladung an 828-Trauben gerade hereingekommen ist.

»Ich finde, für die letzten Partien, die noch zu lesen sind, sollten wir Gringos mit den mexikanischen Lesehelfern tauschen«, sagt Mark gerade voller Überzeugung. »Und die Leute vom Versand mit den Truckern, um zu sehen, wie das ist.«

»Und die Büroleute tauschen mit uns, damit sie sehen, wie es ist, bei 40°C Wein zu machen!«, fügt Scherrer hinzu. Es können tatsächlich alles anstrengende und anspruchsvolle Arbeiten sein, richtig entspannt oder lustig ist es selten. Mark muss gehen, und Scherrer kommt mit einem Fahrradhelm in der Hand und todernstem Blick zu mir herüber.

»Ich mache mir viele Gedanken über dein Wohlergehen. Dieser Helm hat meinem Freund das Leben gerettet«, sagt er und schiebt ihn in meine Richtung. »Frag ›Emily Pankhurst‹, es war ihr Partner John. Sie hilft uns heute.«

Damit hat er seine ablehnende Haltung von vor zehn Tagen

gegenüber »Emily Pankhurst« wohl grundlegend geändert, aber Scherrer ist sich darüber im Klaren, dass ich bald gehen werde, und es ist nur logisch, dass er die Lücke in seinem Crush-Team schließen muss. Als ich schließlich mit J. J. und der kleinen, drahtigen »Emily Pankhurst« oben an der Traubenrutsche stehe, dreht sich das Gespräch jedoch um das Hotel und die Bar, die sie zusammen mit John in Montagu/Siskiyou County gekauft hat.

»Emily Pankhurst« erzählt weiter, dass es in Montagu bereits zwei Winerys gibt und neun Auswanderer allein aus Sonoma County, John und sie eingeschlossen. Das Anwesen, das sie gekauft haben, ist das Montagu Hotel, das einst, als der Westen noch wild war, als Bordell fungierte, wo einer Prostituierten in Zimmer 3 die Kehle durchgeschnitten wurde und es seither spuken soll. In der Mittagspause zeigt sie Fotos, und auf manchen ist zu erkennen, dass der 4317 Meter hohe Vulkan Mount Shasta nicht weit weg liegt.

»Winerys in der Nähe eines Vulkans?«, platze ich heraus. Sie erklärt, dass der Vulkan zwar als aktiv gilt, in den letzten Jahren aber ziemlich ruhig war, und das Klima super sei. Die Höhe von 820 Metern ist ziemlich gewagt für die kommerzielle Weinproduktion, aber das galt auch für Sonoma Coast, bevor dort die ersten Weinberge angelegt wurden, wer weiß.

Die nachmittägliche Traubensortier-Session, den letzten Pinot Noir-Trauben von Don Bliss gewidmet, ist bei 40°C wirklich brutal. Ich bin froh, als wir um halb sechs fertig sind, so habe ich Zeit für ein Red Tail Ale im »Willow Wood Market«, ohne im Dunkeln nach Hause fahren zu müssen, was der Fall ist, wenn ich Clos Lingenfelder nicht bis um sieben erreiche.

»Du solltest Tom Dehlinger anrufen«, ruft Scherrer aus dem Labor, als ich meine Fahrradhandschuhe überstreife und das Rad aus der Ecke hole, wo ich es abgestellt habe, »und du solltest diesen Helm tragen!«

Aber den werde ich genausowenig tragen, wie ich bei Dehlinger um eine Audienz betteln werde. Scherrer kommt mit finsterem

Blick herüber, weil er genau weiß, dass dieser Helm nicht auf meinem Kopf landen wird, aber das wird schnell zu einem Lächeln.

»Könntest du morgen um neun bei MOTHER'S LITTLE HELPER VINEYARD sein und dort beim Lesen helfen?«, fragt er. »Sie produzieren tolle Chardonnay-Trauben für uns, deshalb müssen wir ihnen bei ihrem Scheiß-Pinot Noir unter die Arme greifen.«

Ist mir ein Vergnügen – endlich ein bißchen Trauben pflücken! Ich kritzle die Anschrift in mein Notizbuch, wünsche ihm »Gute Nacht« und fahre los. Der Weg entlang einem Rad- und Wanderweg – vorbei an Weinbergen, Pferdekoppeln und -ställen, der örtlichen Kläranlage, dann links an Obstplantagen und einer Apfelkonservenfabrik, danach rechts in eine Allee und dann links an der Feuerwache von Graton vorbei, ist friedlich. Es ist Herbst geworden, und die niedrigstehende Sonne bringt alles zum Leuchten. Gerade, als ich mein Fahrrad vorm »Willow Wood Market« anschließe, taucht die unverwechselbare solide Gestalt von Marty Hedlund aus dem Mexico Linde Restaurant daneben auf.

»Du solltest eine Hirnkiste tragen, weißt du«, sagt er und meint den Helm, über den ich mich mit Scherrer in die Haare gekriegt habe. »Wie lange bist du noch da?« Ich erinnere ihn daran, dass morgen tatsächlich mein letzter Tag ist, und sage ihm, dass es jederzeit passt, nachdem ich vom Lesen in MOTHER'S LITTLE HELPER VINEYARD zurück bin. Was ich nicht sage, ist, dass ich jetzt nicht mehr glaube, dass mich Dehlinger wirklich empfangen wird.

»Ich sehe zu, was ich tun kann«, verspricht Hedlund zum zweiten Mal in zwei Tagen. Ich bedanke mich, und schon eine Minute später gieße ich dieses Bier in ein Glas und frage mich, was mein letzter Tag mit sich bringen wird.

30. September 2005   Obwohl mein Weg zur Arbeit heute ein anderer war als in den vergangenen zwei Wochen, gehörte auch ein steiler Berg dazu – *You've got to climb that hill again.* Geduld bringt einen weiter über das große Wasser. Als ich kurz vor neun beim

MOTHER'S LITTLE HELPER VINEYARD ankomme, sieht der Weinberg vollkommen anders aus als alle Weinberge, die ich hier in der Gegend sonst gesehen habe. Die Reben ziehen sich nicht nur in einer Lichtung im Wald einen echten Hang hinauf, sie sind auch in Reihen von nur einem Meter Abstand gepflanzt, die Hälfte oder ein Drittel der Sonoma County-Norm, und sind nur einen Meter hoch gezogen statt doppelt so hoch oder noch höher.

»In der großen europäischen Tradition!«, sagt Don Mother zu mir mit unverhohlenem Stolz. Da hat er Recht, aber das Klima in den Ecken meines Kontinents, wo Reben so gezogen werden, ist komplett anders. Ich frage mich, ob diese Erziehung-Klima-Kombination Sinn macht. Dann entdecke ich J. J. zwischen den Reihen, der sich weit hinunterbeugen muss, um die Trauben von den Reben zu schneiden, weil sie maximal einen halben Meter über dem Boden hängen. »Hi«, ruft er etwas kläglich, und dann ist es Zeit, dass ich auch mit dem Pflücken anfange.

Ich entscheide mich, lieber zu knien, als mein Kreuz zu ruinieren, aber das macht es nicht einfacher. Zwei junge Mexikaner, von denen einer sehr gutes Englisch spricht, tauchen auf. Jetzt sind wir eine richtige Crew. Mother teilt ihnen die Nachbarreihen zu. Die Reben tragen jeweils nur wenig, und jede Traube besteht nur aus ein paar Dutzend winziger Beeren; theoretisch ist das ideal für Spitzenqualität. Trotzdem hält Scherrer nichts davon. Das beweist nur, dass es in der Weinwelt außer Sauberkeit keine festen Regeln gibt. Ich habe den Chardonnay aus diesem Weinberg probiert und verstehe, warum Scherrer so scharf auf diese Trauben ist. Es ist einer der wenigen eleganten, subtilen Weine, die in Kalifornien aus dieser Rebsorte produziert werden. Manche der berühmtesten Chardonnay-Erzeuger hier verpassen ihren Weinen viel zuviel Eiche durch eine übertriebene Reife in neuen Barriquefässern. Ein schlimmer Übeltäter unter ihnen ist KISTLER, dessen Weine sonst großartig wären. Aber so? Als habe man einen Haufen grober Bretter über ein leuchtendes Matisse-Gemälde genagelt!

Als ich bei der zweiten Reihe bin, frage ich mich allmählich, was zur Hölle ich hier eigentlich tue. Als Ursula sich am 18. auf den Weg zurück nach Berlin gemacht hat – nachdem sie abgefahren war, hatte ich das Gefühl, in der Schwerelosigkeit zu schweben, ohne oben und unten –, habe ich mir geschworen, mich nicht durch Traubenpflücken von der harten Schufterei bei Scherrer ablenken zu lassen. Weinlese im Sonnenschein und in netter Gesellschaft, das gleicht einfach viel zu sehr der Sideways-Fantasie. Bin ich jetzt verrückt geworden? Oder sind die, die hier draußen im Russian River Valley mit Weinmachen beschäftigt sind, verrückt, aber ich eigentlich noch okay, weil ich morgen abhaue? Oder sind wir alle verrückt? Werde ich Tom Dehlinger je wieder zu Gesicht bekommen? Und werde ich diese T-bin-Box mit Pommard-Klon-Pinot Noir ausschaufeln, bevor ich in das Flugzeug nach Rapid City/Süd-Dakota steige? Lauter dicke Fragezeichen.

Als wir mit dem unteren Ende des Weinbergs fertig sind, schickt uns Mother hoch zum oberen, wo der Rest des Pinot Noir steht. Die Chardonnay-Trauben an den Reben dazwischen schmecken voller frischer Fruchtaromen, aber ich werde in den Dakotas sein, wenn sie gepflückt werden. Diese letzten Reihen Pinot Noir hingegen sehen wirklich Scheiße aus, weil Wespen und Vögel daran rumgefressen haben. Ich will zurück zu Scherrer und der harten Schufterei, und ich probiere die Trauben noch nicht einmal. Das kann ich tun, wenn ich wieder an der Traubenrutsche stehe.

Um elf sind wir alle vier fertig, sammeln die abgelegten äußeren Schichten an Kleidungsstücken ein und gehen hinauf zum Haus. Ich unterhalte mich mit J. J., und mir wird klar, dass ich noch nicht mal sein Alter weiß. »Jahrgang 1976«, sagt er. Mother geht zu den Mexikanern, wechselt ein paar Worte mit dem englisch sprechenden Arbeiter und drückt ihnen dann einige Banknoten in die Hand. Dann verschwindet er im Haus und kommt kurz darauf mit zwei Flaschen Wein wieder.

»Jahrgang 2003 PINOT NOIR!«, sagt er, als er sie uns überreicht.

Ist das alles für zwei Stunden Arbeit? Aber nein, er zieht ein paar Greenbacks aus der Brieftasche und gibt uns jedem 30 Dollars; die Standardrate, nicht deklariertes Einkommen. Ich bin endlich ein illegaler Mexikaner geworden! Jetzt sollte ich mich beeilen, schnellstens zu Scherrer zurück zu kommen, entscheide aber, einen Teil meiner illegalen Einkünfte in einen ungenehmigten Cappuccino im »Willow Wood Market« zu investieren. Vielleicht treffe ich Suzanna? Sie ist aber nicht da, deshalb halte ich mich nicht lange auf. Trotzdem sind die Pinot Noir-Trauben aus MOTHER'S LITTLE HELPER VINEYARD bereits alle verarbeitet, als ich beim Crush Pad eintreffe. Ich gehe hinein, um mir von Scherrer Anweisungen zu holen, und finde ihn im Labor.

»Rate mal, was passiert ist«, empfängt er mich mit einem breiten Lächeln, und ich weiß sofort, dass es wieder Neuigkeiten vom geheimnisvollen Mann sind, und grinse nur. »Du hast einen Termin bei der DEHLINGER WINERY um eins!«

Jetzt, da es geschehen ist, scheint es nicht so außergewöhnlich, eher fällt es mir wie eine Last von den Schultern, dass Tom Dehlinger überhaupt eine Entscheidung getroffen hat.

»Weißt du, du könntest ihn anrufen und ihm sagen, du riefest nur an, damit er nicht meint, du seiest unhöflich, aber du könntest leider nicht kommen …« Scherrer hört gar nicht auf, über seinen eigenen Witz zu lachen, aber ich muss zugeben, dass er gut ist. Er sagt, es sei Zeit fürs Mittagessen, Burritos sind bestellt worden, J. J. und ich sollen nach Graton fahren, um sie bei Mexico Linde abzuholen. Während wir warten, fällt mir auf, dass wir hier die einzigen Weißen sind. Ich wünschte, ich könnte ihre Sprache sprechen, um dieses andere Kalifornien kennen zu lernen, aber das ist nicht so einfach, weil es kein normales Spanisch, sondern ein eigenständiger Dialekt ist. Reguläres Spanisch bezeichnen sie als »Castillan«. Der Duft, der aus der Küche dringt, ist *awesome*, und als wir zurück zur Winery kommen, erfüllt das Essen sämtliche Erwartungen.

»Es ist dein letzter Tag!«, sagt Scherrer und schenkt jedem von uns ein kleines Glas eines neuen Rotweins ohne Jahrgang namens ZINFANDOODLE ein, der die ganzen vergnügten Beerenaromen und die weiche Wärme des Zinfandels hat, ohne sich um irgendeinen Anspruch auf Größe zu scheren. Ich frage ihn, ob ich ein halbes Dutzend Flaschen davon haben könnte, um sie mit in die Dakotas zu nehmen, für die weinfreien Zonen in der Wildnis. Er sagt, er bringt sie heute Abend mit zum Essen zu »Zazu«, sein Dank für meinen Einsatz an der Traubenrutsche und im Wein-Fitnessstudio. Dann springe ich auf mein Fahrrad. Trotz des strahlenden Sonnenlichts ist es unheimlich, das erste Mal nach zwölf Jahren durch die Weinberge hinunter zur DEHLINGER WINERY zu fahren.

Das Gebäude hat sich ums Doppelte verbreitert. Ich schließe mein Fahrrad neben einer Reihe anderer an und trete durch dieselben schweren Holztüren wie das letzte Mal. Ein bärtiger Kellerarbeiter auf einem Gabelstapler deutet wortlos mit dem Daumen nach rechts, und ich gehe seiner Anweisung gemäß hinaus aufs Crush Pad. Dort steht der quasi unverändert wirkende, schlanke Dehlinger, in alten Jeans, abgewetzten braunen Cowboystiefeln und einem roten Sweat-Shirt neben Hedlund und sieht zu, wie Chardonnay-Trauben mit dem Gabelstapler in eine pneumatische Kelter aus Edelstahl gekippt werden. Hedlund lächelt mir zu, Dehlingers Blick huscht kurz zu mir herüber und dann wieder zurück zur Kelter. Er ist furchtbar schüchtern, ganz wie früher, zwingt sich aber, mir die Hand zu schütteln, und fragt mich dann, ob ich die neue Winery sehen wolle. Und ob ich will!

Als wir zu der mustergültigen Halle hinübergehen, die er selber entworfen hat, lasse ich ihn einfach reden und werfe nur gelegentlich eine Frage ein, so wie ich es immer tue, aber etwas vorsichtiger als sonst. Langsam, aber sicher, als er spürt, dass mein Interesse echt ist, ich nicht beleidigt bin und ihn zu nichts drängen will, öffnet sich Dehlinger etwas. Die einzigen kritischen Worte, die er vorbringt, gelten Weinjournalisten, die über technische Aspekte des Weinmachens schreiben, von denen sie nichts verstehen. Der

Name von Jim Laube rutscht aus meinem Mund, der vor kurzem Chateau Montelena in Napa Valley vorwarf, ihre 2001 Cabernet Sauvignon seien von TCA beeinträchtigt – die Substanz, durch die Weine »korkig« schmecken –, als andere professionelle Verkoster sie als großartige Weine einstuften. Dehlinger möchte jedoch niemand Bestimmten direkt beschuldigen. Da war der »Sheriff« neulich anders drauf, der Laube als Spinnenart bezeichnete, die er »Arachnitis Bullshitus Laubii« taufte.

Nach einer Stunde bittet Dehlinger mich ins Büro und meint: »Vor ein paar Jahren haben wir Ihnen etwas geschickt, und es ist zurückgekommen. Ich würde gerne die Adresse überprüfen.« Das Büro besteht aus ein paar Schreibtischen in einem fensterlosen Raum, nur von Schreibtischlampen erhellt. Wir setzen uns vor einen uralten Computer. Nach wenigen Sekunden erscheint mein Eintrag auf der Mailingliste, die Adresse ist die einer Wohnung in Bernkastel-Kues an der Mosel, aus der ich vor bald 13 Jahren ausgezogen bin. Geduldig buchstabiere ich die neue Adresse, und Tom Dehlinger gibt sie ein. Sieht aus, als sei ich wieder auf der Mailingliste! Werde ich etwas zum Verkosten bekommen? Als ich vom Fahrrad gestiegen bin, habe ich entschieden, dass es falsch wäre, auf irgendetwas zu bestehen, angesichts der Schwierigkeiten, überhaupt wieder akzeptiert zu werden, bzw. einen Fuß in die Tür zu bekommen. Besser eine Vertrauensbasis für die Zukunft aufbauen und es für heute dabei belassen. Neulich hat Scherrer den enorm konzentrierten und reifen 2002 Octagon Vineyard Pinot Noir von Dehlinger – ein zwei Meter großer Balettänzer – aufgemacht. Das ist sein berühmtester Wein, ich habe also eine ungefähre Idee davon, wie seine aktuellen Weine schmecken. Im Gegenzug habe ich eine Flasche Riesling 2002 Schieferterrassen Riesling von Heymann-Löwenstein aus Winningen an der Mosel geöffnet, um Scherrer zu zeigen, wie eine dünne Bauchtänzerin schmeckt.

Dehlinger scheint extrem erleichtert, dass ich ihn nicht mit der

Verkostungsfrage in Verlegenheit bringe. Genau in diesem Moment taucht Marty Hedlund auf.

»Wie wär's mit einer Tour durch die Weinberge?«, fragt er, und sein Boss ist froh, sich von mir verabschieden zu können. Das Erste, was Hedlund tut, ist mit mir in sein Büro zu gehen und mir eine auf dem Computer ausgedruckte Karte zu zeigen, die sofort als Weinbergskarte erkennbar ist. »Das sind die Dehlinger-Weinberge, wie sie die meisten Weinmacher sehen würden, alle Parzellen und Reihen«, sagt er. Dann legt er eine zweite Karte darauf, die dieselbe Größe hat, aber voller sich wild schlängelnder Linien ist: »Das sind die Dehlinger-Weinberge on acid!« Die zweite Karte, erklärt er, teilt die einzelnen Parzellen danach auf, wie wuchskräftig jeder einzelne Rebstock ist. Die Trauben der wüchsigsten Stöcke, ungefähr 30 Prozent des gesamten Ertrags, werden verkauft, weil wüchsige Reben selten vollends ausgereifte Trauben hervorbringen. Der Rest wird zu Dehlinger-Weinen verarbeitet. Sie pflücken jede Parzelle einzeln, aber auch die Reben wiederum nach Graden der Wuchskraft getrennt. Angesichts der zweiten Karte mit ihren zahllosen Zickzacklinien beginne ich langsam zu begreifen, wie anstrengend sein Leben zu dieser Jahreszeit sein muss; er hat einen albtraumartig komplexen Leseplan.

Wir fahren los, in einem alten Auto statt seinem Minibus, und er zeigt mir, wie sie die Pfähle an den Reben mit Farben gekennzeichnet haben.

»Blau sind die wüchsigsten Stöcke und rot die schwächsten … was kann ich dir zeigen?«, fragt Hedlund.

Ich würde gern die High Plains sehen, sage ich, mit dem Gedanken an den Wahnsinns-Pinot Noir von Dehlinger, den ich aus dem 2000 Jahrgang mit Lingenfelder getrunken habe.

»Geht klar!«, entgegnet er, und schon fahren wir die sanften Hänge hinauf, bis wir zum höchsten Punkt des Anwesens kommen. »Die Parzelle ist 1989 gepflanzt worden«, sagt er, als wir anhalten und aussteigen. »Es war ein richtig nebliger Tag, und man konnte

Clint Eastwood auf seinem Pferd förmlich vorbeireiten sehen, wie in dem Film ›High Plains Drifter‹. Es ist Pommard-Klon, und wenn Pommard gut ist, dann schmeckt er wie Miles Davis.«

Ich denke an die T-bin-Box, die in der Scherrer Winery darauf wartet, ausgeschaufelt zu werden. Wird Scherrers Entscheidung, bis ans Äußerste zu gehen, daraus »Kind of Blue« machen oder »Bitches Brew«, einen Hexentrank, richtig gewesen sein? Die Reben sind in weiten Reihen gepflanzt und in einer Erziehungsart hoch gezogen, die Lyra heißt und das Grün in zwei Blattwände teilt.

»Das Lyrasystem ist wunderbar«, fährt Hedlund fort. »Aber es bedeutet eine Menge Handarbeit. Der ganze Ansatz hier ist gärtnerisch«, sagt er mit großem Nachdruck und meint damit, dass jeder Aspekt der Weinbergspflege den einzelnen Rebstock als Individuum betrachtet. Das ist *wahrer Perfektionismus*, wie ihn nur sehr wenige Winzer auf *Planet Wein* an den Tag legen, das Gegenteil von Wein-Bullshit und *falschem Perfektionismus*, über den die PR-Leute mancher großer Betriebe sich ohne Ende auslassen, obwohl er nur in ihren Pressemitteilungen und Werbebroschüren existiert. Wie kann Hedlund so relaxt sein, bei diesem Leseplan?

»Wir sind gestern mit dem Pinot Noir fertig geworden«, sagt er, und das erklärt, warum ich erst heute empfangen werden konnte. Doch inzwischen ist es beinahe drei Uhr, deshalb bedanke ich mich bei ihm und bitte ihn, mich zu meinem Fahrrad zurückzubringen. Eins ist mir klar geworden: Die Winery ist größer und luxuriöser geworden, aber Dehlinger ruht sich nicht auf seinen Lorbeeren aus – er ist immer noch ein *Wein-Punk*.

Die Hitze ist anstrengend, wieder über 35°C, als ich den Berg zu Scherrer hinunterrolle, für die letzte Rate der harten Schufterei.

»Ich möchte, dass du die gesamte Winery ausfegst«, empfängt er mich und deutet auf einen großen Besen. Am ersten richtigen Arbeitstag bestand mein erster Job darin, die zementierte Auffahrt auf der Nordseite der Winery zu fegen, wo Scherrer an heißen Tagen gern die Boxen mit Trauben abstellt, bis sie verarbeitet werden können. Ich habe mich vielleicht nicht 100 000 Mal vor Buddha auf den Boden geworfen, aber der Kreis hat sich geschlossen, von einem wiederholenden Job zum nächsten, und am Ende zurück zum ersten. Nach zwei Stunden habe ich jedes Staubkorn vom Boden der Winery entfernt, das ich mit dem Besen erreichen konnte. Zeit nach Hause zu gehen? Ich gehe raus zum Crush Pad, wo Scherrer und J. J. neben sechs neuen Eichen-Fässern stehen, die noch in durchsichtige Folie und Pappe eingepackt sind und auf den üblichen Zweier-Metallgestellen stehen.

»Könntest du die auspacken und mit Wasser füllen? Der Schlauch ist da drüben«, ruft Scherrer in meine Richtung und verschwindet. Wenn man Spitzenweine machen will, gibt es immer noch mehr Arbeit. Dieses Ende des Crush Pad liegt voll in der Sonne, und es ist brutal heiß. Wenigstens ist das Wasser kalt, aber das bringt mich dazu, an andere kalte Getränke zu denken, die in dieser Winery regulär nicht erhältlich sind. Als ich kurz vor sechs fertig bin, kommt Scherrer heraus, und ich frage ihn, ob ich mich auf die Socken machen kann.

»Geht klar!«, sagt er. »Du hast es ein ganzes Stück weiter als J. J.«

Also bedanke ich mich bei ihnen, dass sie mich ertragen haben, erinnere sie daran, dass sie mich wissen lassen sollen, wenn sie irgendetwas, das sie gesagt haben, nicht gedruckt sehen möchten, und gehe mich ein letztes Mal umziehen. Nachdem ich meine Gummistiefel nach mexikanischer Art auf den Gepäckträger geklemmt habe, beschließe ich, einen letzten Blick ins Labor zu werfen. Da stehen eine Reihe von Gläsern mit geklärten – geschleuderten – Proben embryonaler Weine. Ich greife direkt nach »Stuart«, und der Geschmack gleicht der einer gigantischen Lawine von Trauben, aber noch übermäßig schwer im Zinfandel-Kontext. Zin kann wirklich *awesome* sein. Als ich rausgehe, sehe ich, dass die T-bin-Box mit Pommard-Klon-Pinot Noir immer noch da steht; das Äußerste geht hier weiter, als ich es begleiten kann. Trotz der Tatsache, dass ich nicht zum Ausschaufeln gekommen bin, bin ich weit ins Herz dieser einzigartigen Gegend gereist, ihrem ländlichen Radikalismus, und habe erkannt, dass eine geheimnisvolle Verbindung zwischen dieser Wahnsinns-Schufterei und wahrem Perfektionismus besteht. Ohne jegliches Bedauern fahre ich in den Sonnenuntergang.

Beim »Willow Wood Market« ist Betrieb, aber das ist nichts im Vergleich zu dem, was auf der anderen Straßenseite los ist! Vor Underwood steht eine Reihe von Autos, dicke Schlitten, in denen super-coole Leuten spazieren fahren. Ist Waits da? Ein paar junge Mädels, die entweder Models oder Starlets sein müssen, stelzen auf hochhackigen Schuhen den Bürgersteig auf und ab. Es interessiert mich eigentlich nicht, weil ich mich hier mit meinem Red Tail Ale mehr als wohl fühle. Aus irgendeinem Grund bin ich ein bisschen zittrig und schütte zuviel Bier ins Glas, so dass etwas auf den Tresen läuft. Keine Suzanna, um mich zu verabschieden, aber nachdem ich ausgetrunken habe, sage ich allen Kellnerinnen Auf Wiedersehen. Das werde ich heute Abend im »Zazu« wiederholen müssen, wo ich das Glück hatte, viermal während meines Aufenthalts wahrhaft romantisch essen und trinken zu können. Ich zahle, trete hinaus auf die Hauptstraße von Graton und schließe mein Fahrrad los, ohne die Aufmerksamkeit der pneumatisch-affektierten Herzchen vor Underwood zu erregen. Ich schwinge das Bein über die Querstange und fahre zu der Kreuzung gegenüber der Gemeindehalle, wo mich das Stoppzeichen anhalten lässt. Plötzlich ertönt das Röhren der Feuerwehrsirene unten an der Straße. Ich drehe mich um; die Feuerwehr von Graton nähert sich mit voller Geschwindigkeit. Mit einem weiteren Aufheulen der Sirene brausen sie an mir vorbei den Berg hinauf, den ich wieder hinauf muss, nur ein letztes Mal noch. *You've got to climb that hill again.*

Die Dakotas

4. Oktober 2005   Als ich durch den monumentalen Granitbogen laufe, fühle ich mich gefährlich schwindlig, fiebrig und verfroren – kommt es von den mich umgebenden übermächtigen Dimensionen oder sind es erste Anzeichen eines virusbedingten Krankheitszustandes? Plötzlich taucht hoch über mir eine unerwartete Gestalt aus dem wirbelnden Meer von Dunst und Regen auf, der mich umgibt. Es läuft mir eisig den Rücken herunter. Zahllose Umrisse von Nasen und Augenbrauen wie von einer riesenhaften Hydra, Wangen und Kinne in so viele Richtungen gestreckt und gereckt, dass kein einziger Name, nicht einmal etwas nebulös Geheimnisvolles wie »Big Foot« dieses Monster des amerikanischen Westens auch nur annähernd beschreiben könnte. Dann gehe ich einen Schritt weiter nach vorne und sehe einen anderen Kopf direkt vor mir, dessen Konturen in dunklem Metall scharf herausgearbeitet sind und der auf einem mannshohen Granitsockel sitzt, in einer Nische dieses grauen, selbstverliebten architektonischen Komplexes. Als ich mich dem massiven Bronzeschädel nähere, erkenne ich auf einmal das Profil eines nur allzu vertrauten Gesichts: Lenin. Aber was hat der hier in dieser abgelegenen Ecke Amerikas verloren? Ich gehe noch näher heran und die Wangenknochen erlangen eine künstlerische Arroganz und die Augen funkeln vor Pioniergeist. Nein, eindeutig kein russischer Revolutionär, sondern ein amerikanisches Gesicht! Dieser Schnurrbart steht in der großen Tradition, die sich von Wild Bill Hickock bis hin zu Tom Selleck als P. I. Magnum erstreckt. Wie konnte ich nur so danebenliegen? Waren es meine verwirrten Gedanken, mein angeschlagener Körper, oder gibt es eine mysteriöse Verbindung zwischen Lenin und dem berühmten amerikanischen Künstler, der der Gegenstand dieser bombastischen, kopflastigen Verehrung ist? Sein Name steht auf dem Sockel: GOTZON BORGLUM.

330

Da ich keine Antwort auf meine eigene Frage finde, schlurfe ich weiter durch die Luft, die schwer ist von winzigen Wassertropfen, die kurz vor dem Gefrieren stehen. Vor mir hängen rechts und links 50 bunte, aber vor chronischer Feuchtigkeit schlaffe Fahnen an kurzen Metallstangen, die aus quadratischen Granitsäulen aufsteigen. Ich bewege mich langsam, wie schlafwandelnd, an ihnen vorbei, bis ich zum Ende der »Arcade« komme, und hebe den Blick in dieselbe Richtung wie die Handvoll Abenteurer, die gleichermaßen mutig den extremen Wetterbedingungen getrotzt haben, um zur »Grand View Terrace« zu kommen. Jetzt sehe ich vier enorme Köpfe über mir, einzeln aus der Bergwand gemeißelt. Obgleich sie eigentlich so dicht nebeneinander liegen wie die atomaren Teilchen in einem Heliumkern, erscheinen sie mir so weit voneinander entfernt, dass die anderen drei vollständig versinken, sobald ich mich auf einen von ihnen konzentriere. Logisch betrachtet – einen Moment lang ist mein Kopf trotz der grippeartigen Watte darin zu ein paar strukturierten Gedanken fähig – sollte das kaum überraschen, denn was hat Abraham Lincoln mit George Washington zu tun oder Theodore Roosevelt mit Thomas Jefferson? Das Einzige ist, dass sie alle Präsidenten der USA waren – zusammen mit Dutzenden anderer. Meine Augen springen hin und her, hin und her, hin und her, und meine Gedanken wandern, dann mache ich mich auf den Weg zu den sauberen, modernen Toiletten des Mount Rushmore National Memorial. Dort erwarten mich auf den beleuchteten Coca-Cola-Automaten tröstend helle, scharfe Fotos des Denkmals in strahlendem Sonnenschein. Wie im Chor scheinen sie mir zwanghaft zuzukrächzen: »STAR SPANGLED BANNER, LAND OF THE FREE!«

Verglichen mit meinen eigenen Erfahrungen sind diese Bilder und jene in den vielen Touristenführern, die ich vor meiner Abreise über Süd-Dakota, den amerikanischen Westen und die USA studiert habe, Lügen. Sicher, in einem *perfekten* Moment an einem *perfekten* Tag sieht es vielleicht so aus. Das ändert nichts daran, dass alle Fotos, die ich je von Mount Rushmore gesehen habe, versuchen, diese megalomane Masse an gesprengtem und druckluftbohrer-vollendetem Granit, mit der Gotzon Borglum Jahrzehnte seines Lebens vergeudet hat, zu einer großen künstlerischen Leistung zu machen, zu dem großen künstlerischen Statement amerikanischer Nationalidentität. Das Problem ist, dass es mich als Kunstwerk zutiefst enttäuscht, enorm hohl aussieht und monumental hässlich. Das am wenigsten gelungene von Andy Warhols Seidensiebdruck-Porträts berühmter Amerikaner aus Vergangenheit und Gegenwart ist wesentlich ausdrucksvoller als dieser Hüne unter den Nationaldenkmälern. Das geringste von Goyas Porträts bedeutender Persönlichkeiten von Ende des 18. und Anfang des 19. Jahrhunderts vollbringt all das, woran Mount Rushmore so dramatisch scheitert, und sogar mit Leichtigkeit.

Die Wahrheit ist, dass es nur dann halbwegs überzeugend aussieht, wenn man es auf ein Foto verkleinert, das in der Größe irgendwo zwischen einer Briefmarke und einem Bieruntersetzer liegt. Dazu kommt die aufgeblasene Wichtigkeit der umgebenden Gebäude, die in den letzten Jahren hinzugefügt worden sind, um diesen Ort zu einem »Shrine to Democracy« zu machen, einem der Demokratie geweihten Schrein. Das bringt das künstlerische Versagen nur noch deutlicher zum Vorschein. Es ist mir richtiggehend peinlich für die Leute in Süd-Dakota. Der Staat wirbt offiziell mit dem demokratisch klingenden Slogan »Great Faces, Great Places«, verwendet aber ein Bild von Mount Rushmore, um dies zu verdeutlichen. Auf der Fahne von Süd-Dakota steht »Mount Rushmore-State«.

Glücklicherweise kommen wir, als wir schließlich auf dem US-Highway 16A durch die Black Hills hinunter nach Rapid City fahren, durch eine der atemberaubendsten Berglandschaften, die ich je erlebt habe, und es wird uns extrem bewusst, dass Süd-Dakota verdammt viel mehr ist als nur Mount Rushmore.

Dr. Doom the Optimist und Vuk-Dieter Karadžić sind als Fahrer und Fotograf in den Dakotas zu mir gestoßen, und uns allen ist bereits auf dem Weg hinauf von Rapid City einiges klar geworden. Auf dem US-Highway 16 sind wir an einer Reihe von Freizeitparks vorbeigesaust. Findige Unternehmer haben hier die enorme touristische Anziehungskraft von Mount Rushmore erkannt und nutzen diese einzige Zufahrtsstraße zwischen Rapid City und dem Nationaldenkmal zur Ansiedlung zusätzlicher Attraktionen. Zuerst fuhren wir an »Reptile Gardens – it's a jungle in here!« vorbei, gefolgt von »Bear Country USA«, passierten dann »Sitting Bull Crystan Caverns«, »Cosmos Mystery Area« und zuletzt »Christmas Village – 10 000 decorations«.

Man kann bei der Ausfahrt 57 vom Interstate Highway 90, der großen Ost-West-Verkehrsader, abfahren, die 16 hinaufdüsen und mit einem Besuch von Mount Rushmore in Kombination mit einer oder mehrerer dieser Attraktionen auf der langen Fahrt durch diesen Teil des Landes die Kids bei guter Laune halten. Interessiert man sich jedoch für Wein, dann muss man weiterfahren auf der 16, an all den Freizeit-Palästen vorbei, beinahe bis zum Ort Hill City. Dort kommt man zu einer Attraktion, die auf vielen Touristenkarten nicht vermerkt ist: PRAIRIE BERRY WINERY. Auf den ersten Blick wirkt die Winery wenig spektakulär, die Fassade aus grauem Wellblech und Holz ist ein zurückhaltendes geometrisches Statement, das sich nur wenig über die Straße erhebt. Im Inneren lässt sich sofort erkennen, dass hier jemand viele kalifornische Verkostungsräume studiert hat. Es gibt eine Menge T-Shirts und Souvenirs, und »Hey, dieses Weinding macht Spaß!«.

Bei aller Liebe zum Wein, aber bei allem ist eine Überdosis möglich. Nicht zu vergessen, man kann von zuviel Sauerstoff abkratzen! Ich holte tief Luft, ging hinüber zum Probiertresen und sagte, ich würde gern an einer auf einem Plakat angebotenen Gratisverkostung teilnehmen – fünf Weine kostenlos, jeder weitere Wein fünf Dollar. Eine silberhaarige Frau, deren Namensschild sie als »Catherine« auswies, entgegnete: »Sure« und legte eine Liste der angebotenen Weine vor mir auf den Tresen. Es war eine schräge Zusammenstellung von Weinen, manche aus Trauben, die aus Kalifornien mit dem Truck hier hinübergekarrt worden waren – die Autofahrt dauert ganze zwei Tage – , andere aus vertrauten *europäischen* Früchten und einige aus vollkommen fremden hiesigen Früchten; eine für mich vollkommen neue Situation. Leider war der Wein, den ich vor allem verkosten wollte, der WILD GRAPE aus einheimischen *Vitis-riparia*-Trauben, von dem ich auf der Website gelesen hatte, nicht erhältlich. Ich hatte in Berlin bereits einen solchen WILD GRAPE-Wein von VALIANT VINEYARDS aus Vermillion/Süd-Dakota probiert und war beeindruckt gewesen ob der geschmacklichen Originalität. Es war auch ein wichtiger Grund gewesen, warum ich zu dem Entschluss gekommen war, dass diese Dakota-Tour unbedingt erforderlich sei. Wenn man als *Gonzo-Weinjournalist* ein Buch über wilden Wein schreibt, muss man einen Wein mit dem Namen WILD GRAPE vor Ort recherchieren! Hoffentlich würde ich in einer Woche bei VALIANT VINEYARDS mehr Glück haben.

Ich probierte bei PRAIRIE BERRY so viele Weine wie zeitlich möglich und kam auf eine Rechnung von zehn US-Dollar, obgleich die freundliche Catherine nur fünf abkassierte. Der RIMROCK Rotwein aus kalifornischen Zinfandel-Trauben war der enttäuschendste. Im Vergleich mit den üppigen Weinen von Fred Scherrer in Sonoma County war es ein dünner, grüner Wein ohne jegliche positiven Charakterzüge. Bei weitem am interessantesten fand ich einen halbtrockenen Wein namens GRANDMOTHERS CHOKECHERRY aus Chokecherry-Früchten, von einem einheimischen kleinen Baum oder Strauch, *Prunus virginiana*. Der Wein schmeckte säuerlich herb und etwas adstringierend, anders als alles, was ich je verkostet habe, während der SWEET WILD PLUM nach billigem deutschen Zwetschenwasser duftete. Beide besaßen einen gewissen Eigencharakter, waren aber nicht aufregend, und noch viel weniger wild. Als ich ging, kam ich an einer Wandvitrine vorbei, in der mit Medaillen behängte Flaschen vom PRAIRIE BERRY standen, darüber ein beleuchtetes Schild:

THERE'S STILL GOLD IN THE BLACK HILLS
Es gibt noch Gold in den Black Hills.

Diese Anspielung auf den Goldrausch, der von General Georg Armstrong Custers »wissenschaftlicher Expedition« in die Black Hills im Juli 1874 ausgelöst wurde, ist untrennbar mit einer der traurigsten Episoden in der Geschichte der USA verbunden. Custer und tausend Soldaten der 7th Cavalry verstießen auf fatale Weise gegen den Vertrag von Fort Laramie, der am 6. November 1868 zwischen der US-Regierung und der Great Sioux Nation geschlossen worden war. Paha Sapa, wie die Sioux die Black Hills nennen, war, laut diesem Vertrag, Teil der »Great Sioux Reservation« und damit exklusiv den Sioux vorbehalten. Weiße durften nur mit Genehmigung der Sioux auf das Gebiet, was Custer beim Einmarsch ignorierte. Für die Sioux aber war »unser Vertrag« – wie sie ihn auch heute noch bezeichnen – heilig, weil bei der Unterzeichnung der *Wasichus*, wie die Sioux den Weißen Mann nennen (direkt übersetzt »der-der-absahnt«) – die heilige Pfeife geraucht hat, wodurch der Vertrag von Wakan-Tanka, dem großen Geist, gesegnet wurde. Pahuska, oder »Lange Haare« und »Chef der Diebe«, wie die Sioux Custer nannten, und seine Sodaten haben am 25. Juni 1876 am Greasy Grass Creek nahe den Little Bighorn Mountains westlich von hier im heutigen Bundestaat Wyoming die Abrechnung dafür erhalten. Als sie die Sioux und Cheyenne angriffen, wurden sie von Crazy Horse, Sitting Bull und ihren Kriegern vernichtend geschlagen. Entsetzt über diese Niederlage zwang der *Wasichus* durch seine militärische Übermacht die Sioux innerhalb eines Jahres in die Knie und zur Flucht. Die letzte Schlacht dieses erbarmungslosen Krieges fand am 29. Dezember 1890 südöstlich von hier bei Wounded Knee statt und brach den Sioux das Rückgrat. Ob 153 oder wesentlich mehr Sioux an dem Tag erschossen wurden, ist umstritten, aber die Beschreibung des Schlachtfelds von dem damals 18-jährigen Oglala Sioux Black Elk zeigt die Kaltblütigkeit und Brutalität des Vorgehens der 7th Cavalry: »Es war ein langes Grab voll mit den Leichen von Frauen, Kindern und Babys, die nur zu flüchten versucht hatten.«

Ich blieb vor der Vitrine stehen, als mir diese Geschichte durch den Kopf ging. Trotz 131 Jahren langen Buddelns gibt es immer noch Gold in den Black Hills, aber das macht diese Marketing-Schlagworte nicht weniger geschmacklos oder gleichgültig gegenüber den Sioux. Die Goldmedaillen um die Flaschenhälse stammten von Veranstaltungen wie der »Colorado State Fair & Exposition« und der »Florida Grape Growers Association«, nicht unbedingt die angesagtesten amerikanischen Wein-Autoritäten.

Ich war schon in verdammt schlechter Verfassung gewesen, bevor ich aus der Tür ins Freie trat und mich die brutale Kälte voll in den Brustkorb traf. Es war diese erbarmungslose Kälte, die bei nahezu hundertprozentiger Luftfeuchtigkeit entsteht, wenn die Temperatur knapp über dem Gefrierpunkt herum liegt. Als ich letzte Woche die Wetterbedingungen gecheckt hatte, waren für Rapid City weit über 30°C angegeben, und ich war sicher gewesen, dass es zumindest warm sein würde, wenn ich dort wenige Tage später auftauchte! Ich hätte es besser wissen sollen, eine Reihe der Bücher über die Prairien, die ich in den letzten Monaten gelesen habe, hatten deutlich darauf hingewiesen, dass die Temperatur hier häufig innerhalb weniger Stunden um 15° hinauf- oder herunterschießen kann, gelegentlich sogar um 20°! Die Tatsache, dass ich durch irgendein rätselhaften Virus-Fieber bekommen hatte und deshalb letzte Nacht in Rapid City kein Auge zugetan hatte, machte es nur noch schlimmer. Ich brauchte schnellstens Abhilfe und rannte daher quer über den Parkplatz von der PRAIRIE BERRY WINERY zu einem Laden namens Wool'n'Stuff.

Inmitten von schweren Wintermänteln, Fellen und Wollmützen

verbreitete ein einfacher Bullerofen wunderbare Wärme. Ich erkannte in ihm ein essenzielles Element des Wilden Westens alter Clint Eastwood-Filme. Er wärmte mir Hände und Arsch, die in dem eiskalten Nebel blaugefroren waren. Danach suchte ich dicke Wollhandschuhe und Socken aus. Eine nicht mehr ganz junge Frau mit schulterlangem braunen Haar und Brille fragte mich an der Kasse, wie ich bezahlen wollte. Als ich eine Kreditkarte herausholte, fiel mein Blick auf Antikriegsflugblätter und Friedensaufkleber, die ausgebreitet auf dem Ladentisch unübersehbar für jeden, der hier bezahlte, lagen.

»Tapfer von Ihnen, die hier so auffällig zu platzieren«, sagte ich und war mir eigentlich gar nicht sicher, wieviel Mut dafür hier erforderlich war – befinden wir uns auf Bush-Cheney-Territorium?

»Frieden muss sein … ich hab Familie da drüben«, entgegnete sie und meinte offensichtlich den Irak.

»Sind dort auch Leute vom Ellsworth AFB?«, fragte ich und verwies damit auf den riesigen Luftwaffenstützpunkt am Fuß der Black Hills. Auf dessen Website habe ich gelesen, dass die Überschall-B-1Bs der 28. Bomberdivision unter Colonel Joseph D. Brown wesentlich am Unternehmen »Enduring Freedom« beteiligt waren, im Zuge dessen sie 2974 JDAM-Bomben über Afghanistan abwarfen, 1471 Mk-82-Bomben, 135 Mk-84-Bomben und 70 CBU-87-Bomben. Für das Unternehmen »Shock an Awe«, die Irak-Invasion, gab es keine solchen genauen Angaben auf der Website.

»Nun, sie waren dort für die Invasion, aber ich glaube nicht, dass sie noch dort sind«, antwortete sie sachlich. Während ihrer Worte entdeckte ich einen Ellsworth-AFB-Kaffeebecher mit einem farbigen Abziehbild eines B-1B vor mir auf dem Ladentisch, mit einer friedlichen kleinen amerikanischen Flagge darin. Ich erkannte den Todesengel B-1B von Fotos, die in der Lobby des Hotels »Alex Johnson« in Rapid City gehangen hatten, wo wir die letzte Nacht verbracht hatten. Ellsworth wurde während des Zweiten Weltkriegs gegründet, aber erst im Kalten Krieg erlangte es einen wichtigen

Rang in der US-Verteidigung. Im Juli 1962 wählte man es als einen der fünf Standorte für die Stationierung von Amerikas Minuteman-I-Interkontinentalraketen (ICBMs) aus, die damals der letzte Schrei waren, was die strategische nukleare Abwehr eines sowjetischen Überraschungsangriffs betraf. Rapid City war daran gewöhnt, Nuklearstreitkräfte vor der Haustür zu haben, die ersten B52-Langstrecken-Atombomber wurden bereits im Juni 1957 in Ellsworth AFB stationiert. Im Januar 1987 wurden sie durch B-1Bs ersetzt, als die ICBMs bereits mehrere Male verfeinert worden waren, um mit den Fortschritten in Raketen- und Sprengkopftechnologie auf sowjetischer Seite mitzuhalten. Dann veränderte sich die Welt grundlegend. Nach dem Fall der Berliner Mauer und dem Ende des Kalten Kriegs wurden die Minuteman-III-Raketen in Ellsworth am 4. Juli 1994 offiziell deaktiviert.

Süd-Dakota ist jetzt ICBM-frei, während Nord-Dakota nach wie vor stolz auf Minuteman-III ist. Minot AFB zum Beispiel, wohin unsere Reise auch führen wird, ist mit 150 Raketen ausgestattet, die jeweils mit W-78 thermonuklearen Sprengköpfen bestückt sind, von denen jeder Einzelne die mehr als zwanzigfache Sprengkraft der über Hiroshima am 6. August 1945 abgeworfenen Bombe hat. »The Brookings Institution« schätzt, dass es in Nord-Dakota 1140 Nuklearwaffen von insgesamt 10 600 US-Sprengköpfen gibt, ein unvorstellbares Potenzial zur Zerstörung, »anytime, anywhere« – jederzeit, an jedem Ort –, wie es im Mission Statement auf der Website heißt. Im Mai dieses Jahres war Ellsworth AFB plötzlich wieder in den Schlagzeilen, als es auf einer Liste von Stützpunkten landete, die das Pentagon im Zuge eines umfassenden Sparprogramms schließen wollte.

»Sie haben versucht, Ellsworth zu schließen, aber glücklicherweise kam es nicht dazu«, erklärte die Verkäuferin im Wools'n'Stuff.

»Ja, ich habe das in den Zeitungen gelesen«, sagte ich zu ihrem beträchtlichem Erstaunen.

»Naja, dann lassen Sie mich Ihnen die ganze Geschichte erzählen«, sagte sie, und es klang, als ob ich etwas wirklich Wichtiges erfahren würde. »Als das Pentagon bekanntgab«, begann sie, »dass es Stützpunktschließungen geben würde, war niemand überrascht. Aber als bekannt wurde, dass Ellsworth darunter wäre, waren alle total baff. Der Stützpunkt erfüllte keine der Bedingungen, die das Pentagon aufgestellt hatte, um eine Schließung zu rechtfertigen, war aber aus irgendeinem Grund trotzdem auf der Liste. Dann kam heraus, dass die Idee dahinter stand, das B1-B-Geschwader hinunter nach Texas zu verlegen. Naja, wir wissen natürlich alle, wer aus Texas kommt. Dann kam der Fall vor das Komitee, das für solche Dinge zuständig ist, und – ich hab's im Fernsehen gesehen – es dauerte maximal 15 Minuten, und die Schließung wurde abgeschmettert.«

Irgendwie hatte der Kauf von Wollsachen, um mich vor den schlimmsten Verwüstungen eines unvorhersehbaren Klimas zu schützen, zu einer Konfrontation mit gewichtigen politischen Fragen zur Verbreitung amerikanischer Macht auf dem Erdball geführt und zu kaum weniger ernsten auf nationaler Ebene, die die tiefen inneren Spannungen innerhalb der so genannten Vereinigten Staaten von Amerika betrafen.

Ich brauchte aus allen möglichen Gründen einen Kaffee, deshalb hielten wir einige Minuten später in Hill City – einem niedlichen kleinen Ort, aber keinesfalls eine City. Als wir an der Main Street parkten, waren nur ein paar Touristen zu sehen, die sich wie wir beeilten, aus ihren Wagen irgendwo ins Warme zu kommen. Unser Ziel war das »Alpine Inn«, dessen Name Wahrheit und Gletscher-Traum verbindet. Es gab eine große Auswahl an deutschen Gerichten, die mich normalerweise an einem weit entfernten Ort nicht interessieren würden. Doch angesichts der extremen Wetterbedingungen und meiner Krankheit klangen Bratwurst und Sauerkraut wunderbar. Die junge Bedienung hatte eine freundliche, offene Art, mit der ich gut zurechtkam, aber aus irgendeinem Grund war Vuk-Dieter von der Tatsache, dass ich versuchte, auch nett zu ihr zu sein, irritiert. Aber warum sich den Tag schwieriger machen, als er bei dem Wetter sicher schon war? Dr. Doom warf mir einen amüsiert-wissenden Blick zu, so als wolle er sagen, »da hast du Chancen«. Ich biß mir auf die Zunge, statt etwas zu sagen, und ließ drei Dollar Trinkgeld für eine Rechnung von 20 Dollar da.

Als wir hinausgingen, standen wir genau vor einem Schreibwarenladen, und ich ging hinein, um eine dringend benötigte Mine für meinen Kugelschreiber zu erstehen. Beim Bezahlen entschuldigte ich mich bei der Verkäuferin, weil ich nur einen 50-Dollar-Schein hatte. Ich hätte das ganze Kleingeld der Bedienung im Alpine Inn als Trinkgeld gegeben.

»Na, das ist gut so, weil Bedienungen nämlich nur 2,25 Dollar pro Stunde plus Trinkgeld verdienen, ohne Sozialabgaben«, antwortete die Verkäuferin, und ich landete mit einem Schlag auf dem Boden. 2,25 Dollar ohne Sozialabgaben, das ist angesichts der hiesigen Lebenshaltungskosten ein Drittewelt-Lohn! Noch schlimmer ist, dass sich diese Armut nicht auf schlecht ausgebildete Leute beschränkt.

Gerade hatte ich in einer der lokalen Zeitungen gelesen, dass die Lehrer in Süd-Dakota die am schlechtesten bezahlten der gesamten Nation sind, dicht gefolgt von Nord-Dakota. Ihr Gehalt liegt bei durchschnittlich 33 236 Dollar jährlich im Gegensatz zu dem höchsten in Connecticut von 56 516 Dollar. Obgleich die »New York Times« im Sommer dem Thema Armut in Amerika eine ganze Serie von Berichten widmete, fand ich die Dakotas nicht erwähnt. Es gibt einfach zuviel Armut in diesem Land, als dass Staaten mit so geringer Bevölkerung besondere Beachtung verdienten: Bei der US-Volkszählung von 2004 wurden in Süd-Dakota 770 883 Einwohner registriert, in Nord-Dakota waren es sogar nur 634 366. Sie leben auf einer Fläche von 375 190 Quadratkilometer, ein wenig mehr als das Gebiet der gesamten BRD.

»Wo kommen Sie her?«, fragte mich die Frau im Schreibwarenladen, der meine Bestürzung offensichtlich entgangen war.

»Ursprünglich aus London, aber ich lebe jetzt in Berlin«, antworte ich.

»Ich habe sechs Monate in London verbracht«, entgegnete sie darauf, und sofort wusste ich, woher ihr Mitgefühl für die Bedienung rührte, die sie vielleicht gar nicht persönlich kannte. Denn selbst wenn man nur ein einziges Mal richtig von Zuhause weg war, fällt es einem viel leichter, Mitleid für andere zu empfinden, seien es nun Schullehrer, Bedienungen, Menschen einer anderen Nationalität oder Religion.

Dieses Potpourri an Eindrücken war mein Entrée in Süd-Dakota, ein bizarres Vorspiel für unseren ersten Termin beim Büffelrancher-Schriftsteller-Falkner Dan O'Brien. Sein Buch mit dem Titel »Buffalo for the Broken Heart« hatte mich auch dazu gebracht, nach Süd-Dakota zu reisen. Es ist in einer Art Cowboysprache geschrieben, die mir normalerweise auf die Nerven geht, aber irgendwie passt sie perfekt zum Plot des Buches, in dem sich eine bankrotte Rinderfarm in eine erfolgreiche Büffelranch verwandelt. O'Brien hat genau das geschafft, was ich mit meinem Schreiben versuche; die nahtlose Verbindung von Inhalt und Ausdruck.

O'Brien erzählt auch die Geschichte des amerikanischen Büffels – eigentlich eine Bison-Art, die über die Landbrücke mit dem Homo sapiens vor gut 30 000 Jahren von Asien nach Nordamerika gekommen ist – als Schlüssel zum Verständnis der Prairien und ihrer Ökosysteme. Wenn Wein in diesem Ökosystem irgendeinen Platz hat, dann ist der Büffel vielleicht die beste Möglichkeit, um zu begreifen, wie das alles hier funktioniert. Ganz abgesehen davon, will ich auch die Wirklichkeit dieses Tiers, das für mich immer nur eine Legende war, erfassen.

Aus diesen Gründen zischen wir jetzt den South Dakota State Highway 44 in der rasch fallenden Abenddämmerung hinunter – auf dem Weg zu O'Brien und seiner Cheyenne River Ranch. Schon die Weganweisungen, die er mir per E-Mail geschickt hat, vermitteln einen Eindruck davon, wie abgelegen unser Ziel und wie extrem die Landschaft sein würde. »Die 44 in Richtung Osten von Rapid City, 10 Meilen am Flughafen von Rapid City vorbei, dann rechts abbiegen auf die gekieste Avenue 160, 10,5 Meilen bis zu einer Gabelung, links abbiegen und 5,5 Meilen auf der Lower Spring Creek Road, dann rechts abbiegen in die River Road, nach 1,5 Meilen links in die Auffahrt einbiegen. Haus liegt hinter dem Berg. Nicht den Mut verlieren, immer weiterfahren.«

Während wir auf einer laut einem Schild »verbesserten« Straße entlang schleichen, die holpriger ist als alles, was ich je in Westeuropa erlebt habe, kommen wir durch Berge, die wie zu Eis erstarrte Wellen aussehen, kahl bis auf das strohfarbene, trockene Gras, unter einem metallisch-blaugrauen Himmel. Die Stacheldrahtzäune sind hier zusammen mit der Straße das einzige von Menschenhand Gemachte weit und breit. Unsere Reise kommt mir plötzlich wie eine dieser Prüfungen vor, die in der Mythologie Götter vor Kraft strotzenden Helden auferlegen. Aber selbst an einem guten Tag bin ich nicht zum Helden geschaffen, und mit dieser mysteriösen Virusinfektion in meinem Körper bin ich eine wandelnde Desasterzone. Zum Glück ist Vuk-Dieter in besserer Form als ich und zuversichtlich, dass wir O'Briens Ranch, bevor es ganz dunkel wird, finden werden, wie schwierig das auch immer sein mag. Ich jedenfalls werde das nicht in Frage stellen. Sonst wird mich Dr. Doom mit bohrenden Fragen überschütten, woher denn meine Zweifel überhaupt rühren. In meinem gegenwärtigen Zustand würde mich das in das psychologische Pendant eines Schweizer Käses verwandeln. Er hat sich bereits an diesem Thema versucht, hat meine Krankheitsanfälligkeit als ganz eindeutig psychosomatisch bezeichnet. Ich bin überrascht, aber auch froh, dass er sich noch nicht daran gemacht hat, welcher Aspekt meiner Beziehung zu Ursula für die Tatsache verantwortlich ist, dass ich abwechselnd Schüttelfrost und Fieberschübe durchmache. Ich halte also das Maul und ziehe das hier bis zum Ende durch, wo auch immer der Kies in einer Sackgasse mündet oder bis unser Tank leer ist.

Wir kommen an einem mit Stacheldraht eingezäunten Grundstück vorbei, das wie ein Korral aussieht, durch ein Schild an einem hohen Holztor jedoch als »Folson Friedhof« ausgewiesen ist. Die Hand voll winziger Grabsteine verliert sich in der immensen Weite ebenso wie die vereinzelten Häuser, an denen wir während der letzten 15 Meilen vorbeigekommen sind. Plötzlich macht der Kiesweg einen scharfe Biegung bergab, und wir fahren durch dichtes Gebüsch, das nach der bisher eintönigen Vegetation vor biologischer Vielfalt förmlich strotzt. Hier wachsen sogar einige ansehnliche Bäume, obgleich ihre krumme Art und die toten Äste Bände davon sprechen, was für ein Kampf es war, zu dieser Größe heranzuwachsen. Die Straße ist jetzt nur noch ein Feldweg, dessen Windungen wir voller Hoffnung und Ängste folgen. Endlich sehen wir inmitten einer Baumgruppe ein Holzhaus, aus dessen Fenstern warmes Licht dringt.

»Glaubst du, dass es das ist?«, fragt Vuk-Dieter plötzlich nervös. Dr. Doom rollt mit den Augen, entscheidet sich aber glücklicherweise gegen einen weiteren psychoanalytischen Angriff auf uns Zweifler. Ich bin ziemlich überzeugt, dass wir O'Briens Anweisungen korrekt gefolgt sind und deshalb nicht in die Privatsphäre irgendeines paranoiden Überlebenskünstlers eindringen werden, der uns mit seinem Maschinengewehr vom Grundstück jagt, ohne dass wir überhaupt ein Wort sagen können. Ich springe aus dem Wagen und renne durch den Regen über unebenen Beton und grob behauene Holzstufen zur Tür, wo ich durch das Fenster einen so gut wie kahlköpfigen Mann mit einer kleinen Drahtbrille sehe, der auf einer Couch liegt. Er sieht wie das Foto von Dan O'Brien auf dem Umschlag von »Buffalo for the Broken Heart« aus, aber Vorsicht: Vorhin habe ich eine Skulptur von Gotzon Borglum für Lenin gehalten!

Dann geht die Tür auf, und da steht O'Brien mit einem Whiskey in der Hand. »Du musst Stuart sein. Willkommen auf der Ranch!« Ich habe das Gefühl, nach Hause gekommen zu sein, obwohl die

Entfernung zu der Welt, in der ich aufgewachsen bin, und zu Berlin kaum größer sein könnte. Ich winke meinen Begleitern im Wagen zu, dass sie hereinkommen sollen. Wenige Augenblicke später sitzen wir mit O'Brien und seinem Geschäftspartner und rechter Hand, dem silberhaarigen, bärtigen Gervaise Hittle, um den Tisch. An den Schwielen ihrer Hände kann ich erkennen, dass sie beide an körperliche Arbeit gewöhnt sind, und obwohl sie sich in ihrer Art zu sprechen an diese Welt angepasst haben, kann ich doch hören, dass sie beide weit mehr Hochkultur verinnerlicht haben, als ich mit mir herumschleppe. Selbst in gesundem Zustand würde ich mich angesichts ihrer knorrigen Vitalität schwach fühlen. Auch wenn sie keinen Whiskey in der Hand haben wie ich, scheinen Vuk-Dieter und Dr. Doom mit den beiden gut zurechtzukommen. Wir sind definitiv am richtigen Ort gelandet, auch wenn er nicht richtig zu *Planet Wein* gehört.

»Das ist der *amerikanische Outback*«, verkündet O'Brien nüchtern, »und ich meine das durchaus positiv. Aber es kann hart sein hier draußen. Wir haben drei Jahre Dürre hintereinander gehabt und diesen Sommer nur zehn Zentimeter Regen!« Das sind beinahe wüstenartige Bedingungen. Wüste wird im Allgemeinen als eine Landschaft mit weniger als 10 Inches Niederschlag im Jahr definiert, Steppen brauchen zehn bis 30 Inches und Wälder mehr als 30 Inches.

»Wir sind hier nur eine Art Gastarbeiter, wisst ihr«, bemerkt Hittle trocken, und ich kann mir nicht vorstellen, dass diese Worte den herkömmlichen Farmern hier draußen gefallen.

»Was halten eure Nachbarn von euch und dem Büffel?«, frage ich unseren Gastgeber.

»Die Leute, die weggegangen und dann zurückgekommen sind, unterstützen uns sehr«, antwortet O'Brien und konzentriert sich damit auf die positive Seite, wie der Dalai Lama es tut, wenn er nach Aspekten unserer Welt gefragt wird, bei denen das Negative im Allgemeinen deutlicher wahrgenommen wird.

344

»Nachbar ist im Amerikanischen auch ein Verb«, erklärt Hittle und meint, dass ein guter Nachbar zu sein auch hier als Tugend gilt, »und das könnte wirklich nicht besser sein. Aber was das angeht, woran wir glauben, dann denke ich nicht, dass sie uns wirklich vertrauen. Sie meinen, dass wir ständig ihre Rinder zählen, obwohl wir gar keine Rinder auf dieser Ranch halten!«

»Es gibt viel gemeinsames Weideland, und wenn jemand ein Kalb ohne Brandzeichen findet, dann schnappt er es sich wahrscheinlich einfach«, fügt O'Brien hinzu. Das klingt, als ob das Leben für hiesige Farmer ganz schön hart ist.

»Es gibt hier massenhaft Verschwörungstheorien«, sagt Hittle kopfschüttelnd und man merkt deutlich, dass das überhaupt nicht ihrer Denkart entspricht. O'Brien steht abrupt auf, schiebt die Glastür neben dem Tisch auf und unterbricht damit das Gespräch.

»Hört ihr das? Richtiger Regen!« Das Wetter, das unsere Reise so erschwert hat, ist hier ein Grund zum Feiern.

Dann geht die Haustür auf und eine große schlanke Frau mit blondem Haar kommt mit einem lauten »Hi!« und ein paar Plastiktüten im Arm herein. Wir stehen auf, O'Brien geht hinüber, um sie von ihrer Last zu befreien, und sie stellt sich vor: »Hallo, ich bin Jill Maguire, Dans Frau, und wenn's euch Recht ist, dann gibt's zum Essen Prairie Harvest Stew mit einheimischer Schnepfe und Büffelfleisch.« Unsere Zustimmung erklingt im Chor.

»Es dauert ein paar Minuten«, sagt sie und packt dabei bereits die Plastiktüten aus. »Wie war dein Tag?«, fragt sie ihren Mann über die Schulter.

»Oh, ich habe die Falken fliegen lasssen und bin in einen Teich gefallen«, antwortet er gutgelaunt.

»Versorgen die Falken euch mit viel Fleisch?«, frage ich ziemlich naiv.

»Sie fangen ein wenig, aber das ist *spirituelles Zeug*. Das kann man nicht im Store kaufen.«

Ich habe bereits herausgefunden, dass man das Büffelfleisch der

Ranch in den ganzen USA beziehen kann. Man braucht sich nur auf die Wild Idea Buffalo-Website einzuloggen und eine Bestellung aufzugeben, die dann per Kühlspedition versandt wird und in perfektem Zustand eintrifft. Das wirft die Frage auf, ob es damit als spirituelle Nahrung durchgeht oder einfach nur noch ein Produkt ist wie die schmackigen, aber massenerzeugten Rindersteaks, die man über einen ganzen Haufen Websites bestellen kann.

O'Brien und Hittle decken schnell den Tisch, eine Flasche Rotwein taucht auf mit geeigneten Gläsern, gefolgt von Tellern mit dampfendem Prairie Harvest Stew.

»Alles, was da drin ist, haben wir selbst erzeugt und geerntet, außer ein bißchen Chili«, verkündet Maguire mit sichtlichem Stolz. Der Raum ist sofort vom Duft erfüllt. Das ist der Moment der Wahrheit, wie das Verkosten nach einem langen und faszinierenden Gespräch mit einem Winzer. Ich brauche nicht über den Tisch zu blicken, um nach dem ersten Bissen sicher zu sein, dass Vuk-Dieter und Dr. Doom den Geschmack des Stew ebenso überwältigend und faszinierend finden wie ich. Die Süße der Tomaten harmoniert genau mit der abgehangenen Würze des Fleisches, und die Chili geben dem Ganzen einen sanften Tritt in den Arsch. Das Gemurmel meiner Begleiter ist ganz zweifellos das der Zufriedenheit, und ihre Worte voll der Bewunderung für Rancher, Jäger und Köchin, die für dieses gastronomische Wunder an genialer Schlichtheit verantwortlich sind. Die Demütigen werden den Geschmack der Erde erben.

5. Oktober 2005   Der Wind fegt in so beißenden Böen durch die Hauptstraße von Scenic, dass auch zwei Jacken, Pullover und T-Shirt wenig nützen. Außer unserer kleinen Gruppe ist niemand zu sehen, obwohl es hier aussieht, als ob gleich ein paar Cowboys vorbereiten könnten, ihre Pferde an der Stange vor dem Longhorn Saloon anbinden, die Stetsons auf ihren Köpfen zurückschieben und hineinstampfen. Kein Gebäude wagt hier einen zweiten Stock, und die meisten sind an einem unbestimmten, aber weit entfernten Punkt in der Vergangenheit aus grobbehauenem Holz zusammengezimmert worden. Am extremsten ist der Saloon, dessen Front mit einer langen Reihe sonnengebleichter Longhorn-Rinderschädel verziert ist, aber auch die meisten anderen sind Lichtjahre von allem entfernt, was wir als »Architektur« bezeichnen würden. Ich zittere zwar grässlich wegen meiner Virusinfektion, stehe aber wie festgenagelt auf der Straße und starre ungläubig auf dieses Stück Wilden Westen, das sich dem Vordringen der amerikanischen Zivilisation der Gegenwart hartnäckig widersetzt hat.

»Man sagt, dass die Stadt vom Schwarzhandel lebt«, sagt O'Brien. »Dinosaurierfossilien aus dem Badlands Nationalpark, unweit von hier.« Das klingt wie eine überzeugende Erklärung für den überraschend gut erhaltenen Zustand der Gebäude, aber wer weiß? Es könnte ein Gerücht sein, dessen Haltbarkeitsdatum lange überschritten ist.

»Gibt es hier irgendwo einen Kaffee?«, frage ich kläglich. Ein paar Minuten später schlürfen O'Brien, Dr. Doom und ich Kaffee, der wie ein lebendes Fossil aus der Prä-Starbucks-Ära schmeckt, in »Lee's Place«, einem düsteren, weitläufigen Convenience Store. Vuk-Dieter ist damit beschäftigt, draußen auf der Straße die Reize von Scenic einzufangen. Beinahe die gesamte Länge einer Wand des Ladens hier ist Fotos von Rodeo-Reitern auf sich aufbäumenden Broncos gewidmet. Nur wenige sind beschriftet und noch weniger tragen ein Datum, aber sie reichen ganz offensichtlich mindestens ein halbes Jahrhundert zurück. Das verdeutlicht, dass diese Stadt alles andere als eine Touristenattraktion ist – ein Eindruck, der von der Tatsache bestätigt wird, dass außer uns nur ein junges Paar im Laden ist, das sich angeregt mit der korpulenten, redseligen Lee unterhält. Mit ihren langen blonden Locken, die auf einen schwarzen Pulli mit Rollkragen fallen, wirkt sie so erdgebunden, dass mir die Vorstellung schwerfällt, sie könnte sich je von dieser Kasse wegbewegen. Nachdem das junge Paar gegangen ist, schlendert

O'Brien zu ihr hinüber. Es klingt wie Klatsch und Tratsch, aber ich will nicht aufdringlich wirken, bleibe deshalb außer Hörweite und schaue mir das seltsame Gemisch in den Regalen an. Die Logik hinter dem Schnaps ist klar bei einem so extremen Klima und so abgelegenen Ort, aber was ist mit den ganzen Plüschtieren?

»Was halten Sie von meinen Teddybären?«, ruft Lee zu mir rüber.

»Ja, äh … goldig«, rufe ich zurück und versuche, überzeugend zu wirken.

O'Brien wirft seinen Schaumstoffbecher in den Mülleimer, das Signal zum Aufbruch. Als wir in seinen Allrad-Pick-up steigen, kommt mir ein böser Gedanke: Welch perfekte Methode, um illegale Dinosaurierfossilien aus dem Bundesstaat zu schmuggeln – in einem Teddybär!

Auf der Fotowand bei Lee waren nicht nur Cowboys vertreten, sondern auch ein paar amerikanische Ureinwohner hoch zu Pferde in voller Montur. Das ist unsere erste Begegnung mit den Sioux, oder vielmehr den Lakota, um dem Teil der westlichen Division der Großen Nation der Sioux, die heutzutage in den Indianer-Reservaten in diesem Teil Süd-Dakotas beheimatet sind, seinen richtigen Namen zu geben. Scenic liegt nur wenige Meilen nördlich der Pine Ridge Indian Reservation, der ärmsten der gesamten USA. Auf dem Weg hierher hat O'Brien erklärt, dass die Lakota über die Jahrtausende Mittel und Wege entwickelt haben, um in dieser rauen Landschaft zu überleben, während der weiße Mann Mühe hat, hier überhaupt dauerhaft einen Fuß auf den Boden zu bekommen.

»Es gibt hier soviel gemeinsames Weideland, weil die meisten der ursprünglichen Siedler in den 1940ern aus Wassermangel scheiterten. Das bedeutete, dass das Land zurück an die Bundesregierung fiel. Wir konnten ein acht mal acht Meilen großes Gebiet als Winterweide für unsere 450 Büffel bekommen, aber um es nutzen, mussten wir einen 26 Meilen langen Büffelzaun aufstellen, der uns 140 000 Dollar und 18 Monate harte Arbeit gekostet hat!«, berichtet O'Brien. Er hatte das Geld nicht, aber eine Wohltätigkeitsorganisation, die sich um die Erhaltung von Amerikas Umwelt kümmert, kam ihm genau im richtigen Augenblick zur Hilfe und kaufte die Nutzungsrechte für sein Land. Wir begleiten O'Brien heute Vormittag auf einem Teil seiner Inspektionstour dieses Zaunes, die er zusammen mit Hittle absolviert, bevor sie ihre Büffelherde von der Sommerweide herübertreiben.

»Für mich werden sie erst dann so richtig zu Büffeln. Letzten Winter haben wir sie sechsmal in fünf Monaten gesehen, und ich bin da oft durchgeritten! Ein Pferd ist meistens die einzige Art durchzukommen wegen des Schnees.« Beim Frühstück hat uns Jill Maguire erzählt, dass der Regen, der O'Brien gestern Abend so begeistert hat, in den Black Hills als Schnee gefallen ist. Bedrohlich dicke grauweiße Wolken rasten über den Himmel. Werkstatt und Traktorschuppen versperrten den Blick aus der Wohnküche über das Tal des Cheyenne River, und wir gingen hinaus. Von der Auffahrt aus bot sich uns ein Panorama über das Tal, dessen Weite jedes Weitwinkelobjektiv überfordert hätte. Das Laub der Bäume am Fluss leuchtete in perfektem Herbstgold. Nachdem wir Scenic gesehen haben, erscheint dieser Teil von Süd-Dakota wie die perfekte Kulisse für ein Revival des Cowboyfilms, aber heute früh war es einfach eine atemberaubend leere Landschaft.

»Was ist mit diesen Sonnenblumen los?«, frage ich O'Brien, als wir an zwei riesigen Feldern mit verkrüppelten Sonnenblumen vorbeikommen. Ihr Anblick bereitet mir körperliches Unbehagen, als seien es riesige Schimmelflecken oder eines der düsteren Landschaftsgemälde von Anselm Kiefer.

»Ohne Subventionen gäbe es die hier gar nicht, und das Farm-Gesetz, das dafür zuständig ist, ist einfach *Oberscheiße*«, erwidert er voller Vehemenz. »Aber es gibt noch Schlimmeres, Pflanzgut, das genetisch verändert worden ist, damit es gegen aggressive chemische Herbizide immun ist. Der Farmer pflanzt, spritzt mit dem empfohlenen Herbizid und alles außer dem Pflanzgut ist schlagartig tot. Natürlich wissen wir alle, dass diese Gene da nicht sitzenbleiben.«

349

Was er meint ist, dass dieser Albtraum kein Ende hat, denn früher oder später gehen die manipulierten Gene in andere Spezies über und das Unkraut wird immun gegen die Herbizide. Es ist nur die neueste Runde in dem Teufelskreis, in dem die konventionelle Landwirtschaft seit der Entwicklung der synthetischen Stickstoffdünger Ende des 19. Jahrhunderts gefangen ist. O'Brien will diesen Teufelskreis radikal durchbrechen.

»O.k., hier beginnt das Stück des Zaunes, um das ich mich heute kümmern muss«, sagt O'Brien. »Wenn ihr irgendwelche Schäden seht, sagt Bescheid, ich habe Werkzeug dabei, mit dem ich das meiste reparieren kann.« Das relativ flache Stück Land, durch das wir gerade gefahren sind, war vom Pflug bestimmt, währenddessen die weite Landschaft vor uns aussieht, als hätten meilenbreite Zähne riesige Bissen aus dem Land herausgerissen und damit ein Labyrinth von stark verwitterten Schluchten mit verstreutem Bewuchs im Wechsel mit völlig kargem Boden geschaffen. Verglichen hiermit war das Cheyenne River Valley heute früh richtiggehend idyllisch, und ich begreife jetzt allmählich, wie es zu dem Begriff »Badlands« gekommen ist. Für Reben sieht es viel zu trocken und unfruchtbar aus, und die Klimadaten bestätigen das. Wir sind tief im Regenschatten der mächtigen Rocky Mountains.

»Alles von hier bis zum Horizont ist Weide. Es ist unglaublich rau, und manchen erscheint es wie Ödland, aber die Büffel können hier frei herumziehen wie in einer wilden Herde. Das Gras hat vor sechs Wochen aufgehört zu wachsen, aber es ist erstaunlich, wie die heimischen Gräser ihren Nährwert behalten, wenn sie austrocknen. Die Büffel können selbst bei schlechtestem Wetter daran kommen, und so nehmen sie sogar im Winter zu. Von jetzt bis Dezember können sie bis zu drei Pfund täglich zulegen.«

Im Gegensatz dazu brauchen Rinder hier Winterfutter und Schutz vor der Sommersonne unter Bäumen, die ihre fortwährende Anwesenheit jedoch langsam tötet. Dann sind da die Wachstumshormone, mit denen sie vollgepumpt werden, und der Mais aus energie-intensivem Anbau, mit dem sie gemästet werden, bevor sie in den Schlachthof kommen. Letztendlich entstehen die katastrophalen Schäden an diesem Ökosystem aber durch das Überweiden, das in dem verzweifelten Versuch geschieht, Gewinn aus diesem »Badland« zu erzielen. Nicht nur die Rinder werden dadurch misshandelt, sondern auch das Land selbst.

O'Brien macht uns darauf aufmerksam, wie sich der Büffelzaun schnurgerade durch die Wildnis zieht, bis er den Steilhang erreicht, auf dessen plateau-artigem Gipfel wir stehen. Allmählich bekommen wir einen Eindruck, was 26 Meilen, über 40 Kilometer, bedeuten. O'Brien erklärt, dass der Steilhang als natürliche Barriere fungiert, sonst hätte der Zaun 32 Meilen lang sein müssen! Durch enorme körperliche und nicht weniger beeindruckende willentliche Anstrengung ist ihm mit seinem kleinen Team in dieser Landschaft des Scheiterns ein Umschwung gelungen, zurück zu einem funktionierenden Ökosystem. Der gegenwärtigen Nutzung sind keine zeitlichen Grenzen gesetzt, weil die Büffel vollständig von der natürlichen Vegetation leben, mit der sie in einem natürlichen Gleichgewicht stehen. Noch dazu verkaufen WILD IDEA BUFFALO das Fleisch, das sie produzieren, mit Gewinn trotz minimalem Marketingaufwand. Es ist eine bemerkenswerte Erfolgsstory in einer Gegend, in der die Landwirtschaft üblicherweise am Existenzminimum entlangkratzt und auf Subventionen angewiesen ist wie ein Heroinabhängiger auf den nächsten Schuss. Möglich geworden ist dies nur durch das entschlossene Loslösen von dem gesamten Rahmen herkömmlichen landwirtschaftlichen Denkens und das Einschlagen einer wahrhaft ökologischen Richtung, deren erstes Prinzip die Nachhaltigkeit ist.

»Es wird geschätzt, dass Wölfe ungefähr drei Viertel der Büffelkälber im ersten Jahr töteten«, hat mir O'Brien erzählt, als er mir vor unserer Inspektionstour eine Karte gezeigt hat. »Wir töten zwei Drittel, lassen sie aber ein Jahr älter werden. Das kommt ungefähr aufs Gleiche raus.« Wölfe und Lakotajäger gibt es aber nicht mehr. Das, was er tut, ist eine Art zeitgenössischer Neuinterpretation der Lebensweise der Lakota mit und von den Büffeln. Ich fragte ihn nach der Bedeutung des Rasters auf der Karte, und er erklärte, dass der Homesteading Act von 1862 bei der Aufteilung des Westens für die ersten Siedler ein Raster von einer Meile mal einer Meile über die unregelmäßige Struktur der Schluchten und Täler legte und jeweils sechs mal sechs Meilen davon zu einem »Township« erklärte, einem Verwaltungsbezirk. Damit wurden die grundlegenden naturgegebenen Realitäten dieser Gegend schlichtweg ignoriert, am schwerwiegendsten wurde das durch das Fehlen jeglicher Wasserquellen in vielen dieser angeblichen »Townships« deutlich.

»John Wesley Powell, der als Erster mit der geologischen Kartierung des Westens begann, hat 1879 vor den Folgen dieser Politik gewarnt und Grenzen vorgeschlagen, die sich an den Wasserscheiden statt diesem Raster orientieren, aber er wurde nicht beachtet«, fügte O'Brien hinzu. »Der Homesteading Act, der das Raster schuf, war auch eine indirekte Subvention für die Eisenbahn.«

Der Westen wurde von einem Morast aus Lobbyismus, blinder Selbsttäuschung und militärischem Opportunismus erobert – auf Kosten enormen Leidens auf Seiten der Ureinwohner und Siedler. Ich sehe eine Stelle, wo der obere Draht des Zauns gerissen ist, und O'Brien tritt auf die Bremse. »Das ist passiert, als ein Reh oder eine Antilope über den Zaun gesprungen ist«, bemerkt er, zieht seine abgenutzte WILD IDEA BUFFALO-Baseballmütze tiefer ins Gesicht, knöpft die dicke Jacke zu und springt aus der Wärme des Pickups in den beißenden Wind. Wenige Augenblicke später bindet er die beiden Enden des Drahtes mit einer speziellen Zange zusammen.

Unsere Gastgeber gehören zu einer Gruppe von Menschen aus der Prairie, die die Fehler der Vergangeheit überwinden und eine ökologische sowie wirtschaftlich nachhaltige Alternative etablieren. Kann die Rebe Teil dieses Prozesses sein? Es sieht hier nicht danach aus, doch dann erinnere ich mich daran, was O'Brien in seinem Büffel-Buch geschrieben hat: »Das Zusammenspiel von Landschaft und Wetter, das die Lebensgrundlage für Crazy Horse, Red Cloud und Sitting Bull schuf, liegt näher an dem Produktionsmodell der Weinindustrie als dem der Rinderzucht … auf einheimischem Wheatgrass gehaltener Büffel sollte in einem Jahr mit zurückhaltendem bis schwachem Bluestem-Wachstum so einzigartig wie ein Cabernet sein, der in einem besonders trockenen Jahr an einem felsigen Hang in Napa Valley gewachsen ist.« Wir sind noch am Anfang unserer Entdeckungsreise.

6. Oktober 2005 Als ich um acht in die Wohnküche komme, sitzt dort bereits Jill Maguire in einem weißen Bademantel vor einem Pott Tee.

»Du kommst nicht mit uns zum Kill?«, frage ich, und die beiläufige Lässigkeit, mit der ich das K-Wort ausspreche, fällt mir erst ein paar Sekunden später auf.

»Oh, ich glaube nicht«, sagt sie und wirft ihr blondes Haar über die Schulter zurück. »Ich bin zu müde von gestern Abend.« Sie hat in Rapid City drei Stunden Kochkurse am Stück gegeben. Das bedeutete, dass ihr Mann für uns zum Abendessen Büffel-Burger gegrillt hat. Ich hatte nicht viel davon erwartet, schließlich waren es nur Burger, aber ihr Geschmack war einfach atemberaubend. Wenn ich die Augen beim Kauen schloss, glaubte ich die Essenz dieses Landes zu schmecken. Das Fleisch war wesentlich intensiver im Geschmack als das jedes anderen vierbeinigen Pflanzenfressers, das ich je im Mund hatte, dabei aber auch unglaublich subtil. Was dabei jede einzelne der Nuancen war, die sich entfalteten, als ich das Fleisch am Gaumen bewegte, kann ich nicht sagen. Aber einen Moment lang dachte ich, eine davon könnte eine alte Freiheit sein, die weit entfernt vom heutigen Alltag lag. Dann verkündete Hittle, dass wir uns an diesem Morgen dem WILD IDEA-Team für einen »Kill« anschließen könnten, einen Abschuss.

»Warum nennt ihr es Kill statt Jagd?«, fragte ich.

»Weil es das ist«, entgegnete er ganz direkt. Schnell und entschlossen sagten wir zu.

Vuk-Dieter taucht auf mit der Kamera in der Hand und einem strahlenden Lächeln auf dem Gesicht.

»Fantastisches Wetter heute!«, sagt er und zerstreut damit meine Befürchtungen, wie er mit dem Blut zurechtkommen würde, dass heute vergossen werden wird. Ein verschlafener Dr. Doom erscheint als Nächster, noch dabei, sich einen Pullover überzuziehen, und teilt uns mit, er lasse es lieber mit dem Kill. Wenigstens verkneift er sich moralisierende Kommentare; ich glaube, er ist dabei, hier im Wilden Westen etwas zu lernen. Eilig verschlingen Vuk-Dieter und ich den Berg von Toast, den Maguire für uns gemacht hat, und als wir unsere Jacken anziehen, erscheint ein nervös wirkendes hochgewachsenes Mädchen mit langen blonden Haaren, das auf zwanzig zugehen muss.

»Hi, ich bin Gillian, Jills Tochter«, stellt sie sich vor. »Ich werde einen der Pick-ups zum Schlachthof fahren.« Sie begrüßt ihre Mutter kurz und verschwindet in Richtung Badezimmer. Wir müssen uns auch beeilen. Es ist 8 Uhr 20, die gestern verabredete Zeit zum Aufbruch. Gillian sagt, wir sollen in ihren Pick-up steigen, dann kommt O'Brien zusammen mit Hittle in seinem Pick-up, zwischen ihnen eine ernst dreinblickende Frau. Das muss die Tierärztin sein, die bei jedem Kill anwesend sein muss, um den Gesundheitszustand der Tiere, deren Fleisch in den Verkauf kommt, zu überprüfen. Hinter ihnen ist eine graubärtige Gestalt auf einem grünen John Deere-Traktor wie der, mit dem Mark Lingenfelder seine Trauben auf den Truck geladen hat. Das muss der einsiedlerische Erney sein. Er gehört seit Jahren zum Inventar der Ranch. O'Brien ruft Gillian zu, dass wir ihnen in kurzer Entfernung folgen sollen, bis wir auf die Herde stoßen, dann anhalten und erst näher kommen, wenn wir den zweiten Schuss aus Hittles Gewehr hören. Gerade als wir losfahren wollen, kommt eine inzwischen voll bekleidete Jill Maguire aus dem Haus gerannt und springt auf die Ladefläche unseres Pick-ups mit einer Behändigkeit, die klar macht, dass sie dies nicht zum ersten Mal tut.

»Ich komme hier oben prima zurecht«, sagt sie. »Let's go!« Wir rollen den Hang vom O'Brien-Maguire-Haus hinunter ins Cheyenne River Valley, und es erscheint mir nur wie Augenblicke später, dass vor uns und rechts von uns die Herde ist. Und sie bewegt sich als Herde, als sei es ein gewaltiges Tier mit 450 Körpern und einem Gesamtgewicht von mehreren hundert Tonnen.

»Halt hier an«, weist die Mutter die Tochter an, und mir wird mit einem Schlag klar, dass ich bis jetzt weder Notizen gemacht habe noch meine Digitalkamera eingeschaltet. Vuk-Dieter hat seine Kamera auch nicht schussbereit, deshalb stoße ich ihn an, und dann ist da der Knall eines Schusses inmitten der Herde, wo O'Briens Pickup sein muss. Zu meinem Erstaunen bewegt sich die Herde ruhig weiter wie zuvor; keinerlei Anzeichen für die wilde, panikartige Flucht, die Hollywood jetzt zeigen würde. Sekunden später folgt ein zweiter Schuss, um den sich die Herde wiederum nicht zu kümmern scheint.

»Fahren wir rüber«, fordert Maguire ihre Tochter auf, und wir setzen uns wieder langsam in Bewegung. Je näher wir an die Herde herankommen, desto mehr steigt die Spannung in mir. Die Büffel sind so riesig und sehen in dieser Landschaft so urtümlich aus, wie ich es bei keinem anderen wilden Tier zuvor empfunden habe. Als der größte Bulle mit dem längsten Pelz sich von uns weg nach rechts abwendet, sehe ich, dass er ein verformtes Horn hat, das nach unten statt nach oben wächst.

»Da ist Curly Bill!«, ruft Jill Maguire mit kindlicher Begeisterung. »Er ist ein schicker Kerl.«

Ich erinnere mich aus »Buffalo from the Broken Heart«, dass er 1998 einer der ersten Büffel von O'Briens Herde war. Aber nicht nur Curly Bill wendet sich ab, die gesamte Herde bewegt sich langsam von unseren Wagen weg. Sie geben den Blick auf O'Briens

Pick-up und die zwei toten Büffel frei, die dort liegen, wo Hittles Schuss – »Einen Inch unter und einen Inch hinter dem Ohr. Dann fallen sie wie ein Klavier aus dem vierten Stock« – sie erlegt hat. Wir steigen aus, und meine Digitalkamera fängt die Tierärztin ein, wie sie eine Probe vom Blut des ersten Tieres entnimmt, das aus der Halsschlagader fließt. Die Szene wirkt vollkommen friedlich. Es gibt nicht das geringste Anzeichen von Anspannung am Körper des Tieres. Es sieht aus, als habe es sich selbst so hingelegt. Es war ganz offensichtlich tot, bevor Adrenalin und Angst durch seinen Körper rasen konnten, wie es im Schlachthof der Fall gewesen wäre. *Crazy Horse, Red Cloud und Sitting Bull!* Wird es uns gelingen, auf dieser Reise den lebendigen Lakota so nahe zu kommen wie diesem toten Büffel? Plötzlich bemerke ich einen Klumpen unter meinem Schuh und schaue nach, auf was ich da getreten bin. Es ist eine Kriechform der Kaktusfeige; weiterer Beweis dafür, wie trocken diese Gegend ist. Und was ist mit den wilden Reben, die hier irgendwie überleben? Wann endlich werden wir sie sehen?

7. Oktober 2005　　Über den Reben liegt frischer Schnee wie der Zuckerguss auf einem englischen Weihnachtskuchen. Wir haben Nord-Dakotas erste Winery erreicht. Die POINTE OF VIEW WINERY gerade außerhalb von Minot/Nord-Dakota hat diesen Staat als Letzten der USA zu einem mit kommerzieller Weinproduktion gemacht. Es war ein ziemlicher Trip, um überhaupt hierherzukommen. Die über 400 Meilen lange Fahrt gestern führte uns durch die Wildnis des Badlands National Park, dann die wilde Weite der Cheyenne-River- und Standing-Rock-Indianer-Reservate. Auf halbem Weg hielten wir am Westufer des Missouri nahe Mobridge, um das Grab von Sitting Bull zu besuchen. Das einfache Denkmal – eine hohe Steinsäule mit einer halbrealistischen Steinbüste darauf, die Entschlossenheit und einen Hauch Traurigkeit ausstrahlt – war eine weit größere künstlerische Leistung als das selbstherrliche Mount Rushmore. Als wir von dort nach Norden fuhren, fiel das

Thermometer abrupt, und die Landschaft wurde weiß. Auf dem letzten Stück auf dem US Highway 83, kurz vor Einbruch der Dunkelheit, wurde der Schnee immer tiefer und das Licht unheimlich, die violetten und rosafarbenen Schattierungen des Abendrots leuchteten in zugefrorenen Seen. Wir befinden uns auf einem Breitengrad von ungefähr 48°30' Nord, das ist nicht besonders extrem verglichen mit den 52°30' in Berlin, aber hier sieht es auf eine Weise arktisch aus, wie es um die deutsche Hauptstadt nie der Fall ist. Die Temperatur liegt jetzt bei minus 6° Celsius; wohl kaum der richtige Standort für Weinberge und eine Winery?

Wir parken, und neben einem Gebäude, das wie eine Doppelgarage mit einem spitzen Ziegeldach aussieht, entdecke ich ein kleines Schild, das besagt, dass genau dies die Winery sei, und nicht das ziemlich konventionelle zweistöckige Haus vom Typ »American-Beauty« Suburbia daneben. Wir sind bei einer Doppel-Garagen-Winery gelandet statt einfach nur einer Garagen-Winery! Ich klingle, die Tür öffnet sich sofort und gibt den Blick auf ein Trio eindrucksvoller Gesichter frei. Der größere Typ im Anzug mit dem schütteren Haar und dem offenen Gesicht sieht aus, als stamme er aus der Werbebranche. Er stellt sich mit leiser Stimme als Jeff Peterson vor. Dann teilt mir der kleinere Typ in Jeans und Stiefeln, der mich stark an James Dean erinnert und eindeutig eher zur körperlich arbeitenden Bevölkerungsschicht gehört, ohne Umschweife mit, er sei Ken Eggleston und die Frau im roten Pullover mit wildem blonden Haar neben ihm seine Frau Cindy. Peterson macht eine Bemerkung zu den 15 Inches Schneee, die gestern gefallen sind, und sagt, wir sollten gleich hereinkommen. Wir gehen in den Verkostungs- und Verkaufsraum in der linken Garage. Die Wände sind mit hiesigen Landschaften bemalt, allerdings unter weniger extremen Wetterbedingungen. Es sieht so grün an den Wänden aus wie am Anfang des Sommers nach einem feuchten Frühling.

Ich frage nach den Reben, und Peterson erklärt: »Wir haben 16 verschiedene Sorten gepflanzt. Es ist mehr eine Art Experiment ... das ganze Wissen über das Weinmachen aus Trauben nützt uns zur Zeit wenig, weil die Früchte, mit denen wir arbeiten, ganz andere sind.« Nach dem, was ich vor meiner Abfahrt auf der Website der Winery gelesen habe, habe ich das erwartet, und auch die Rebreihen draußen, keinesfalls aber den Schnee, nicht so früh im Jahr. Und wie haben sie angefangen, frage ich mich laut, während Dr. Doom sich umschaut und sich ganz offensichtlich fragt, ob es sich wirklich gelohnt hat, mich die 400 Meilen hierher zu fahren. Glücklicherweise scheint Vuk-Dieter begeistert von der exzentrischen Winery und dem Trio.

»Jeff hat mich irgendwie mit reingezogen«, sagt Eggleston mit einer Lässigkeit, die auch einen Touch von James Dean hat. »Wir haben alles ausprobiert, von Ananas bis Grapefruit ... und an den Freitagabenden haben wir uns immer der praktischen Qualitätskontrolle gewidmet.«

Und haben sie in Büchern oder im Internet nützliche Informationen gefunden?

»Dieses englische Buch hat uns viel geholfen, jedenfalls nachdem mir klar wurde, dass es bei den Gallonen um britische ging und nicht um amerikanische«, sagt Peterson und zieht ein abgegriffenes altes Pelican-Taschenbuch über selbst gemachte Weine heraus, das ich das letzte Mal vor 30 Jahren gesehen habe, als ich Teenager und das Weinmachen für den Eigengebrauch eine Mode unter den Erwachsenen der britischen Mittelschicht war. Mich schaudert ein bisschen, weil ich mich daran erinnere, wie ich diese ganzen bizarren Weine probiert habe, die Freunde von meinen Eltern gemacht hatten, aus allen Arten von Früchten und anderen Dingen wie Eichenblättern. Scheiße, vielleicht hat Dr. Doom doch Recht!, schießt es mir durch den Kopf.

Peterson fragt höflich, ob wir die eigentliche Winery bzw. Produktionsstätte sehen möchten. Ich nicke bejahend und versuche Begeisterung vorzutäuschen. Wie voraussehbar, ist sie in der anderen Garage untergebracht, aber die makellose Sauberkeit und tadellose Organisation stellen eine große Überraschung dar. Die Korbpresse, italienischer Herstellung, ist genau das, was man für Früchte braucht, die schwerer auszupressen sind als Weintrauben, die alten Softies. Als ich Fragen zur technischen Ausrüstung stelle, wird meinen Begleitern klar, dass ich das Trio ernst nehme, und sie verfolgen alles ohne einen Muckser.

»Was haben Sie dieses Jahr schon geerntet?«, erkundige ich mich, in Gedanken bei den verschneiten Reben vor der Tür.

»Rhabarber, was man meiner Meinung nach einen Gemüsewein nennen muss, wilde Pflaumen und Nanking Cherry«, erwidert Peterson. »Die Äpfel sind alle spätreifende Sorten, die erst nach dem ersten Frost hereinkommen, also nächste Woche. 90 Prozent der Früchte, die wir verarbeiten, stammen aus der Region, und das meiste wiederum aus einem Umkreis von wenigen Meilen um die Winery. Der Honig auch.«

Ich fühle mich hin- und hergerissen zwischen Bewunderung für die beeindruckende technische Einrichtung dieser Mini-Winery und albtraumartigen Erinnerungen an die finstersten Zeiten meiner Teeniejahre, als ich wahllos alles getrunken habe, wenn es nur zum Rausch führte. Wir gehen zurück in den Verkostungsraum; die Stunde der Wahrheit. Ich bin sicher nicht diesen weiten Weg gekommen, um wahllos alles zu trinken, sondern vielmehr um etwas Besonderes zu entdecken. Der erste Wein, den uns Cindy Eggleston einschenkt, ist der trockene Honigwein.

»Er lag zehn Monate in neuen Eichenfässern und hat etwas über 13%vol Alkohol«, erklärt sie dazu. Das wäre nichts Besonderes, wenn es sich um kalifornischen Chardonnay handelte, aber in diesem Fall erscheinen mir ihre Worte eher bizarr. Der Wein ist dann wiederum ein – positiver – Schock, nämlich wirklich trocken und harmonisch, wenn auch diskret im Charakter. Die Blütenaromen strahlen jedoch wie in manchen sehr guten Rieslingweinen.

»Aus welchem Honig wird er gemacht?«, erkundige ich mich.

»Es sind hauptsächlich Klee und Sonnenblumen«, antwortet Peterson.

Zumindest ist etwas Gutes aus diesen Sonnenblumen geworden! Der trockene Apfelwein ist frisch und lebhaft mit den nussigen Aromen mancher alter Apfelsorten aus der Zeit, bevor es beim Obstanbau lediglich um das Aussehen der Früchte und Riesenerträge ging. In der letzten Zeit haben mir mehrere deutsche Apfelweinerzeuger hinsichtlich der Möglichkeiten dieser Frucht in Weinform die Augen geöffnet, allen voran Andreas Schneider aus Nieder-Erlenbach bei Frankfurt/Main und Joachim Döhne aus Schauenburg-Breitenbach bei Kassel. Was wir hier im Glas haben, entspricht ihrem Niveau an Qualität und professioneller Ausbauweise. Dann schenkt Cindy Eggleston einen dunklen, ziegelroten Wein ein.

»Chokecherry«, sagt sie. »Sechs Monate im Eichenfass. Beinahe jeder hier in der Gegend hat jemanden in der Familie, der Wein aus Chokecherry gemacht hat.« Manche der Aromen erinnern mich sofort an Kirschen und Mandeln, aber da ist auch eine leicht adstringierende Note, die angenehm wirkt, Lichtjahre entfernt von allem Vertrauten. Der Chokecherry, den ich vor ein paar Tagen bei der Prairie Berry Winery verkostet habe, war ähnlich, aber die Intensität hier ist Warp 9. Teufel nochmal, der Duft ist raumfüllend, ich meine garagenfüllend! Es ist ein dicker, samtiger trockener Wein mit haufenweise Gerbstoffen, aber die Zeit im Fass hat sie gezähmt. Die Sioux bezeichnen den Juni als »den Mond, wenn die Chokecherrys reif sind«, und diese Ursprünglichkeit kommt hier zum Ausdruck.

»Wir machen im Moment nur einen einzigen Wein aus Trauben«, erklärt Ken Eggleston, während seine Frau den nächsten, diesmal eher ins Violette tendierenden Rotwein einschenkt. »Er ist aus Frontenac-Trauben, die mit dem Truck aus Minnesota hochgekommen sind.«

Der Wein gefällt mir, weil er zusätzlich zu den schwarzen Beeren eine ausgeprägte kräutrige Note besitzt und neben dem ausladenden Körper angenehm frische Säure.

»Eines der Probleme einer nördlich gelegenen Winery besteht darin, dass die Traubensorten, die hier reifen, hoch in der Säure liegen«, fügt Ken Eggleston hinzu. In diesem Ambiente, das so weit entfernt liegt von der normalen Weinwelt, scheint dieser Traubenwein fast fehl am Platz.

»Jetzt die süßen Weine!«, sagt Cindy Eggleston freudig, was ich gut verstehen kann, denn selbst bei Traubenweinen gibt es Sorten, die mit etwas natürlicher Restsüße ein ganzes Stück besser schmecken. Der Apfelwein ist fruchtbetonter und saftiger als in der trockenen Version, aber auf demselben Niveau, während ich mit dem Rhabarberwein selbst mit der Süße meine Probleme habe; die Balance von heftiger Säure und ebenso ausgeprägter Süße ist für meinen Gaumen zu extrem. Dann schenkt Cindy einen Wein von höchst ungewöhnlicher Farbe ein, wie blasses Kupfer. Der Duft ist noch umhüllender als beim Chokecherry-Wein, und bevor ich überhaupt ein Etikett gesehen habe oder sie etwas sagt, weiß ich, dieser Wein ist aus perfekt reifen Pflaumen.

»Wilde Pflaume«, sagt sie, als sie die Flasche auf den Holztresen stellt, »der erste Jahrgang.« Nicht nur der Duft ist eine Offenbarung, der Geschmack ist genauso intensiv, reif und klar; der Hauch von Süße gerade genug, um die Aromen lange anhalten zu lassen, ohne offensichtlich süß zu schmecken. Nur die besten Winzer an Mosel-Saar-Ruwer in Deutschland beherrschen diesen Trick besser, als er dem Trio mit diesem Wein gelungen ist! Schließlich gibt es einen Chokecherry Portwein, der an bittere Schokolade erinnert und von cremiger, alles andere als klebriger Süße bestimmt ist. Wow! Auch Vuk-Dieter ist begeistert und selbst der große Skeptiker Dr. Doom wirkt positiv überrascht von der Verkostung.

»Sie schmecken wirklich nach den Früchten, aus denen sie gemacht sind«, sage ich enthusiastisch. Das klingt vielleicht selbstverständlich, doch die meisten Obstweine schmecken oberflächlich *weinig* oder vordergründig *sauer*, besitzen aber nur selten eine überzeugende Harmonie oder ausgeprägtes Aroma.

»Viele Leute sagen uns Sachen wie ›Oh, das schmeckt wie Rhabarber!‹ oder ›Das schmeckt wirklich nach Pflaumen!‹«, entgegnet Peterson angeregt, »und das ist genau, was wir wollen: den Geschmack der Frucht einzufangen und nicht einfach Traubenweine zu imitieren.«

Ich weiß genau, was er meint, denn wenn Fruchtweine versuchten, wie schicke und teure Traubenweine zu schmecken, dann würde das bedeuten, dass die verantwortlichen Weinmacher sie in gewisse Richtungen forcieren, statt den natürlichen Geschmack und das Eigen-Aroma der Früchte zu akzeptieren. Kein Wunder, dass sie enttäuschen. Es gibt keinen Ersatz für gewachsenen Geschmack! Das andere Problem bei Fruchtweinen ist oft, dass sie einfach furchtbar dünn sind.

»Ihre Weine sind so dicht, wie machen Sie das?«, will ich wissen.

»Wir setzen unseren Weinen nie Wasser zu«, antwortet Ken Eggleston sachlich, was indirekt bedeutet, dass viele andere Produzenten das regelmäßig tun. Kein Wunder, dass ihre Weine dünn schmecken. Es gibt keinen Ersatz für den vollen Ausdruck der reifen Frucht!

»Und … äh … haben Sie andere Jobs, oder leben Sie alle drei von der Winery?« Eine höchst unprofessionell gestellte Frage, selbst für einen *Gonzo-Weinjournalisten*.

»Ich arbeite hier seit einem Jahr full-time«, entgegnet Cindy Eggleston mit unverhohlenem Stolz.

»Ich bin Computer- und Reprotechniker«, sagt ihr Mann.

»Und ich bin in der Werbung«, fügt Peterson lächelnd hinzu.

»Und wie sind Sie auf uns gekommen?« Ich erzähle ihm von dem zweiseitigen Bericht in der Ausgabe vom 28.–30. Juni 2002 von USA Today, der mir bewusst machte, dass es wirklich ein *Wein-Amerika* gibt, und in dem ich von der Pointe of View Winery las.

»Als wir am 17. April 2002 die erste Winery mit Zolllager im

Staat wurden, wussten wir, dass Nord-Dakota dadurch als der 50. Staat registriert war, aber wir hatten keine Ahnung, dass wir dadurch so bekannt werden würden.« Für jemanden aus der Werbebranche ist das herrlich naiv! Wenn unser Besuch hier unter der Regie von David Lynch stünde, dann wäre es zweifellos die Wein-Version seiner bizzar-bodenständigen »Straight Story«. Wir gehen hinaus, und Vuk-Dieter macht ein paar Fotos von unseren lächelnden Freunden, die gerade wieder einen Schritt in Richtung Ruhm und Reichtum getan haben oder zumindest in Richtung Vollbeschäftigung in ihrer eigenen, bizarr-bodenständigen Winery.

8. Oktober 2005   Zu meiner enormen Erleichterung hat mir Vuk-Dieter gerade gesagt, dass er von seinem Hotelzimmer aus sehen kann, dass der Schnee rapide am Schmelzen ist. Als ich heute Morgen aufgestanden bin, immer noch mit einem schweren Kopf, habe ich mich gefragt, ob wir es heute überhaupt schaffen würden, quer durch den Staat nach Fargo zu fahren. Ich konnte die Wettersituation nicht beurteilen, weil mein Zimmer im International Inn in Minot aufs Atrium geht, um das herum das Hotel angelegt ist. Dieses Atrium beherbergt einen amöbenförmigen Swimmingpool und ein paar Palmen – ich habe das Gefühl, in den Umkleideräumen eines Schwimmbads zu hausen. Die Hotelbroschüre brüstet sich mit »Minots größtem Hallen-Schwimmbad«, dass dies »in eleganter Atmosphäre Ihre Bedürfnisse in jeder Hinsicht in perfekter und eleganter Art zufrieden stellen wird«. Nach meinen Beobachtungen wird der Pool nur von amerikanischen Teenies frequentiert, sodass die einzigen erwachsenen Bedürfnisse, die hier in perfekter Art befriedigt werden könnten, die eines Voyeurs sein dürften. Das ist alles andere als meine Art von Sport, aber vielleicht ist es hier in der Gegend beliebt – es scheint eine ganze Reihe neuer Hotels zu geben, die nach dem gleichen Schema angelegt sind.

Die Atmosphäre in meinem Zimmer entpuppte sich als alles andere als elegant, aber daran war ich auch selber schuld. Wie ein Idiot schaltete ich als erstes die Klimaanlage aus, ließ das Fenster zum Atrium aber aus Angst vor einer Überdosis Chlor geschlossen. Das Ergebnis dieses kompromisslosen Vorgehens erwartete mich heute Morgen, als ich aus dem Bett kroch. Ein penetranter Schweißgeruch stieg mir in die Nase, und ich spürte, wie mir übel wurde. Ich hatte mich in meinem eigenen Schweiß gesuhlt wie ein kleines Pelztier in der hermetisch versiegelten Abgeschiedenheit eines Impfstofflabors! Glücklicherweise fühlte ich mich nach einer Dusche, ein paar Tassen Tee, einem Bagel mit Cream Cheese und Vuk-Dieters guter Nachricht wieder einigermaßen hergestellt. Außerdem ist es mir während des Kofferpackens endlich gelungen, Rod Ballinger von BEAR CREEK WINERY auf seinem Handy zu erreichen. Der Weinpionier von Fargo hat noch keine Website, und es war wirklich schwierig, seine Telefonnummer herauszufinden. Als Pilot der Northwest-Fluggesellschaft ist er im Moment in San Diego, hat mir aber gesagt, er käme morgen früh nach Hause, dann könnten wir vorbeikommen und seine Winery anschauen. Jetzt haben wir also einen waschechten Grund, nach Fargo zu fahren.

»Endlich kommen wir aus dieser grässlichen Stadt raus!«, jammert Dr. Doom, während er unseren Mietwagen zum letzten Mal aus dem Parkplatz des International Inn manövriert.

»Nicht so schnell«, bremse ich ihn, »weil der Schnee schmilzt, haben wir Zeit genug, um das Dakota Territory Air Museum zu besichtigen, es ist gleich hier gegenüber.« Der Dr. wirft verzweifelte Blicke in alle Richtungen, auf der Suche nach Schnee, der ihm als Vorwand dienen könnte, hier schnell raus und auf den US Highway 2 zu kommen, aber es ist aussichtslos. Er schnaubt ob seiner Niederlage und fährt langsam die Hauptstraße entlang. Diese trägt den romantischen Namen »Broadway«, ist aber eigentlich eine Ansammlung von seelenlosen modernen Bankgebäuden, Fastfood-Läden und Mega-Stores, die in ihrer Summe nur als »Anywhere America« zu bezeichnen sind. Allerdings haben wir gestern Abend im »10 North Main Street«-Restaurant, das in einem umgebauten Kino untergebracht ist, ein wahnsinnig saftiges Stück gebratenen Elch gegessen, und das mit einer Flasche superseidigem 2000 PINOT NOIR von 2000 DOMAINE SERENE aus Oregon heruntergespült – Minot hat also auch seine guten Seiten. In der Tat war hier jeder, mit dem wir gesprochen haben, auffallend offen und freundlich.

Das Museum besteht aus ein paar kastenartigen Konstruktionen, und ich frage mich, ob wir hier nur unsere Zeit verschwenden, aber ich bin einer Schimäre aus meiner Kindheit auf der Spur, die unbedingt endlich eine konkrete Form annehmen muss. Meine zwei skeptischen Begleiter zuckeln ungeduldig hinter mir her, aber stoßen bald auf überkandidelte Militärkunst, deren atemberaubend naive Einstellung zum Krieg sie amüsiert. Am Eingang ist ein Display von Texten und Fotos, die erstaunlich viel Information zu den 150 Minuteman-III-Raketen bieten, die zum in Minot AFB stationierten 91. Space Wing bzw. Fluggeschwader gehören. Sie sind in gepanzerten Silos aufgestellt, die auf einer Fläche von 8500 Square Miles um Minot verteilt sind.

Aber das ist es nicht, nach dem ich suche, deshalb gehe ich weiter. Ich finde es in der kleineren der beiden Ausstellungshallen, hinter einer gut erhaltenen Sammlung alter Feuerwehrwagen und ein paar exzentrischen Kleinflugzeugen: Ein antikes Minuteman-I-Kontrollbord aus den 1960ern. Ich brauche nicht lange, um den dreieckigen Schalter zu finden, den ein Daumen und Zeigefinger hätten umlegen können. Dann wären Raketen gestartet, die meine eigene atomare Auslöschung in den Vororten Londons sichergestellt hätten, wenn ich nicht bereits vor ihrem Abschuss bei lebendigem Leibe verbrannt oder verdampft wäre. Der Brennpunkt meiner Albträume als Kind, aus denen ich so häufig in Todesangst aufschreckte, ist ein banales Stück Blech, das durch die blaugrüngraue Farbe eher medizinisch als militärisch wirkt.

Irgendwie passt die Farbe dazu, wie die Homepage des 91. Space Wing verkündet, es sei ihre Mission, »die Vereinigten Staaten mit sicheren, zuverlässigen Interkontinentalraketen zu verteidigen, jederzeit bereit, um unverzüglich Bomben ans Ziel zu bringen …« Ich meine, was würde eine Flotte von unsicheren und unzuverlässigen ICBMs mit der tausendfachen Sprengkraft der Hiroshima-A-Bombe bedeuten? Und was sagt das breite Lächeln von Commander Colonel Daniel S. Adams Jr. und Vice-Commander Sandra E. Finan über ihr Wissen von den Auswirkungen auf die Zivilbevölkerung dieses »Bomben-ans-Ziel-Bringens« aus? Die Homepage ist mit dem Wappen des Geschwaders geschmückt, dessen Motto »Bereit für den Frieden« lautet, mit einer fliegenden Minuteman III, die so positioniert ist, als sei sie aus einem gepanzerten Silo im Wing-Commander selbst abgeschossen worden. Das nenne ich, die nukleare Abschreckung persönlich nehmen!

Ich nehme Atomwaffen auch persönlich, besonders die inzwischen mehr als 200 000 Opfer jener auf die Städte Hiroshima und Nagasaki am 6. und 9. August 1945 abgeworfenen – nahezu alles Zivilisten. Die amerikanischen Medien haben vom 60. Jahrestag dieser Ungeheuerlichkeiten berichtet, aber ich habe nichts in den größeren Zeitungen gesehen, das das enorme Leid, das dadurch verursacht wurde, ernsthaft wiedergegeben hätte, und noch viel weniger irgendeine offizielle Äußerung des Bedauerns gehört. Der Glaube, damals im Sommer 1945 habe mehr oder weniger jeder diese Aktion befürwortet, um den Krieg schneller zu beenden und das Leben unzähliger alliierter Soldaten zu retten, ist ein weit verbreiteter Irrtum. Der Widerstand gegen den Einsatz von Atombomben in Japan unter der militärischen Führungsriege der USA war beträchtlich. Als General Dwight Eisenhower im Juli 1945 vom Secretary of War Henry E. Stimson von dem Vorhaben informiert wurde, widersprach er vehement. Wie er später gegenüber einem Journalisten der Zeitschrift Newsweek äußerte, waren »die Japaner bereit sich zu ergeben, und es war nicht notwendig, sie mit diesem schrecklichen Ding zu attackieren«. Flotten-Admiral William D. Leahy, Trumans Chief of Staff, vertrat dieselbe Meinung: »Weil wir es als Erste einsetzten, hatten wir uns auf ein ethisches Niveau begeben, das dem der Barbaren im finsteren Mittelalter entsprach.« General Douglas MacArthur, der höchstrangige amerikanische Offizier im Pazifik, wurde nicht konsultiert, brachte aber später wiederholt seine Überzeugung zum Ausdruck, dass es keine militärische Notwendigkeit für diesen Einsatz gegeben hatte. Andere bekannte Gegner beim US-Militär waren General Carl Spaatz, Kommandeur der US Strategic Air Force im Pazifik, und Flotten-Admiral Chester W. Nimitz, Commander in Chief der Pazifik-Flotte. Die Liste ist noch länger, doch Anfang August habe ich nichts davon in amerikanischen Zeitungen gelesen.

Dr. Doom erzähle ich das alles jetzt nicht, er könnte entscheiden, sich den Geschwader-Kommandanten persönlich vorzuknöpfen, und das könnte uns alle in große Schwierigkeiten der *post-9/11-Art* bringen. Tatsache ist, dass die auf Minot AFB stationierten B52s des 5. Bomber-Geschwader »unbegrenzt weltweites Angriffspotenzial« und die Minuteman III-Raketen für die hiesige Wirtschaft eine große Rolle spielen. Könnten »10 North Main Street« oder POINTE OF VIEW überleben, wenn Minot AFB dichtgemacht würde? Es sollte nicht verwundern, dass die Stadt der Luftwaffe das Land, auf dem der Stützpunkt liegt, kostenlos zur Verfügung gestellt hat; ohne die US-Air Force wäre hier oben nicht viel los.

Als wir zum US Highway 2 kommen, spüre ich, wie mich der Schlaf übermannt. Endlich! Ich kippe meine Rückenlehne nach hinten, endlich, nach fünf Nächten fiebrigen Dösens schlafe ich ein.

9. Oktober 2005   Nach beinahe 24 Stunden weiß ich immer noch nicht, was ich von Fargo/Nord-Dakota halten soll. Der gleichnamige Film der Coen-Brüder hat sich als ziemlich schlechte Vorbereitung auf die Realität hier entpuppt. Die Stadt hat ganz offensichtlich harte Zeiten durchgemacht, seit die zwei bedeutenden Eisenbahnlinien, die sich hier kreuzen, im letzten Viertel des 19. Jahrhunderts für Wohlstand sorgten. Die Baulücken in der Innenstadt von Fargo, die teilweise als Parkplatz dienen, erwecken den Anschein, als sei die Stadt irgendwann aus der Luft angegriffen worden, wie die deutschen Städte im Zweiten Weltkrieg von der Royal Air Force. Es erinnert mich stark an den Teil von Ost-Berlin, in dem ich lebe. Unser Haus steht auf einem Grundstück, das bis vor acht Jahren ein solcher ausgebombter Parkplatz war. Es stellt sich aber heraus, dass die Schäden in der Innenstadt von Fargo auf einzelne Brände zurückgehen, die sicher weniger Opfer gekostet haben als die Feuerstürme in meinem adoptierten Heimatland. Hier kann der Kommunismus natürlich nicht als Schuldiger für den fehlenden Wiederaufbau gelten, Hauptverdächtige sind wirtschaftliche Schwierigkeiten und mangelndes Interesse. Überraschenderweise sind die noch bestehenden alten Gebäude jedoch auf dieselbe verhätschelte Art überrestauriert wie in Deutschland.

Wenn ich wieder Militärisches im Kopf habe, dann ist daran zumindest teilweise die US-Navy schuld. Gestern nach dem Abendessen und einer Flasche von ZINFANDOODLE von der SCHERRER WINERY mit Vuk-Dieter und Dr. Doom auf meinem Zimmer im Fargo Best Western Hotel habe ich mich hingesetzt, um etwas mehr von dieser Geschichte in mein Notebook zu tippen, mehr kalifornische Sonne und kalifornische Schufterei in Binärkode umzuwandeln. Ich hörte dabei einen hiesigen Rocksender namens »The Fox« auf meinem aufziehbaren Etón-Radio und machte erstaunlich gute Fortschritte beim Schreiben, als die Musik von einem Rekrutierungswerbespot der US-Navy unterbrochen wurde: »After all, rocket science is so much more fun when you actually have rockets.« *Schließlich macht Raketentechnik soviel mehr Spaß, wenn dabei tatsächlich Raketen zur Verfügung stehen.*

Die letzten Nachrichten, die ich verfolgt habe, sprachen von weiteren sechs Marines, die von Straßenbomben im Irak getötet wurden, und ich höre noch die Worte des politischen *Neo-Con*-Kommentators Bill O'Reilly auf Fox News: »Wir sind im dritten Weltkrieg!« Seine Worte ließen mich erschaudern. Er scheint sich nach einem Endkampf zwischen Gut und Böse zu sehen, genau wie George W. Bush und Ronald Reagan vor ihm. Das Böse muss vernichtet werden und dafür sind anscheinend alle Mittel recht. »Kill them all – let God sort them out« – ein Aufkleber, den ich neulich auf einem Auto gesehen habe, war der einzige Schritt, wozu O'Reilly nicht bereit wäre. Ein Krieg gegen das Unheil in der Welt mit heiligen Nuklearraketen, bereit im Dakota-Holster.

Aber jetzt fahren wir auf der 25th Street nach Süden, durch neue Vororte, die in der sanften Herbstsonne leuchten und auf ansehnliche Vermögensbildung in den letzten Jahren deuten. Wir kommen an einer Sammlung von beeindruckenden neo-viktorianischen Backsteingebäuden vorbei, die ein Schild als katholische Shanley High School ausweist, alle brandneu. Mir gefallen die grünen älteren Vororte unmittelbar südlich von der Innenstadt besser, aber auch sie sind *all American*, tragen keine speziellen Züge, die auf Fargo oder Dakota verweisen würden. Die Stadt endet abrupt, und die Straße wird zum Kiesweg. Wir haben zweifellos noch ein Stück vor uns; die letzte Hausnummer, die ich gesehen habe, war 6000, und die Adresse von Bear Creek Winery lautet 8800 25th Street.

Dann sehe ich inmitten grüner Felder eine grüne Scheune mit einem hohen Spitzdach in einiger Entfernung links von der Straße, genau wie Rod Ballinger es mir am Telefon beschrieben hat. Eine große sehnige Gestalt mit schütterem Haar tritt aus einer der weißen Türen, als wir vor der wie frisch gestrichen glänzenden Scheune aus dem Auto steigen.

»Hi, Rod Ballinger, willkommen bei Bear Creek!«, ruft er uns zu und begrüßt uns mit einem kräftigen Handschlag. »Der eigentliche Bear Creek liegt allerdings ein paar Meilen von hier, und die ursprüngliche Scheune ist 2001 abgerissen worden. Ich habe sie hier neu aufgebaut, beinahe identisch.« Wir schauen das Gebäude an, und ich bin einigermaßen erstaunt, dass es *nicht authentisch* sein soll. Daneben ist ein merkwürdig schlangenförmiger Teich, der wie ein verlorengegangener Teil eines Flusses aussieht, und um ihn herum ein kleiner Golfplatz.

»Ich bin auf Bear Creek aufgewachsen, deshalb habe ich es quasi nachgebaut. Die Form dieser Scheunen ist im Grunde ein auf den Kopf gestelltes Schiff und die meisten von ihnen wurden von schwedischen Schiffsbauern errichtet.« Wir gehen hinein, er stellt uns seiner Frau Sue vor, und das Chaos deutet an, dass die Bauphase erst vor kurzem abgeschlossen worden ist. Der größte Raum, ganz oben unter den Deckenbalken, beherbergt nicht viel mehr als eine Tischtennisplatte. Wein? Wir gehen wieder hinunter, und da gibt es im Erdgeschoss einen unfertigen Verkostungsraum. Der Tresen steht bereits, ist aber noch nicht lackiert – die Weinindustrie von Nord-Dakota ist förmlich am Entstehen. Im hinteren Teil des Gebäudes stehen ein paar Plastiktanks und eine kleine pneumatische Korbpresse, die durch den Druck der Wasserleitung betrieben wird, an die sie mit einem Plastikschlauch angeschlossen ist.

»Das ist eigentlich die effektivste Art von Kelter, die es gibt!«, erklärt unser Gastgeber. Mit deutlichem Zögern stellt Ballinger eine Reihe von Probiergläsern auf den Tresen und schenkt einen kupferroséfarbenen Wein ein, auf dessen Etikett Prairie Nouveau steht.

»Das ist aus 55 Prozent Erdbeeren und 45 Prozent Rhabarber«, präzisiert er dabei. »In unserer Gegend machen die Leute Erdbeer-Rhabarber-Pie.« Meine Großmutter mütterlicherseits hat Erdbeer-Rhabarber-Marmelade gemacht, die Kombination ist mir seit langem vertraut. Der Geschmack ist sehr authentisch und frisch, aber nicht gerade subtil. Waren diese erstaunlichen Fruchtweine, die wir gestern bei der Pointe of View Winery erlebt haben, eine Ausnahme?

»Der nächste Wein ist Bear Creek Blue«, sagt Ballinger, während er eine weitere Flasche öffnet. Blauer Wein? »Es ist ein trockener Roter aus Blaubeeren im Merlot-Stil«, erläutert er und amüsiert sich über meine naive Frage, aber manchmal sind das die wichtigsten Fragen für einen *Gonzo-Weinjournalisten*. Rund um *Planet*

Wein schmecken viele Rotweine aus der Merlot-Traube nach Blaubeeren, so dass es eine nicht abzustreitende, wenn auch exzentrische Logik hinter der Idee eines Blaubeerweins mit Merlotgeschmack gibt. Und der Wein schmeckt ähnlich wie ein Merlot! Ich ziehe ihn sogar vielen teuren Merlots aus allen denkbaren Gebieten vor, weil er eine köstliche Balance zwischen *süßer* Fülle und *trockenen* Gerbstoffen besitzt und dazu eine Frische, was alles zusammen bei Merlot selten ist. Sicher, die besten Weine aus der Heimat des Merlot in Pomerol/Bordeaux in Frankreich schlagen ihn in den besten Jahrgängen, aber da sprechen wir von Weinen, die in sehr begrenzten Mengen erzeugt werden und drei- und vierstellige Summen kosten!

»Ich fürchte, die knochentrockene Variante ist ausverkauft, deshalb zeige ich euch den halbtrockenen CHOKECHERRY«, entschuldigt sich Ballinger und schenkt den nächsten Rotwein ein. Ich erkenne das intensive Aroma von unserer Verkostung bei POINTE OF VIEW, aber dieser Wein hier ist geschmeidiger und stärker von Vanillearomen aus den Eichenfässern geprägt. Ganz offensichtlich sind Fruchtweine nicht automatisch Bürger zweiter Klasse auf *Planet Wein*, sondern können bei der richtigen Obstqualität und dem richtigen Ausbau guten Traubenweinen Paroli bieten. Die Tatsache, dass das hier der Fall ist, genau wie es auch der Fall unter ganz anderen Umständen in Thailand ist, scheint mir ein ziemlich schlüssiger Beweis. Ballinger wirkt ein wenig verlegen, als wir ihm zu seinen Leistungen gratulieren und uns bedanken. Beim Hinausgehen flüstert er mir halb zu: »Weißt du, Stuart, ich habe auch eine Menge weggeschüttet«, und meint damit, dass er einen Haufen Fehlschläge dem Gulli überantwortet hat. »Weißt du was, Rod, ich auch!«, erwidere ich und meine damit den riesigen Papierkorb meiner journalistischen Vergangenheit.

»Zeit für ein bißchen Golf!«, ruft er daraufhin erleichtert. Obgleich der 9-Loch-Platz definitiv in die Kategorie *Miniatur* fällt, springt er auf einen Golf-Buggy und düst zur anderen Seite des

Platzes, wo anscheinend das erste Loch liegt. Als wir abfahren, winke ich dem Weinmacher-Piloten zu, und bevor er sich für den Put in Pose stellt, winkt er mir vom ersten Green zu. Ich kann mich nicht erinnern, in einem Film etwas Ähnliches gesehen zu haben, und wenn dies einer wäre, müßte sein Titel »American Dream« lauten!

10. Oktober 2005 Bill Cody's Saloon in Gayville/Süd-Dakota ist beinahe zu gut, um wahr zu sein, weil es ein waschechter Western-Saloon ist, ohne ein Spur von touristischem Kitsch. Dass er von der Main Street von Gayville aus wie eine Scheune aussieht, eine rote Scheune ohne Fenster und mit einer einzigen Tür, macht ihn aus europäischer Sicht noch exzentrischer, fällt aber hier nicht besonders auf. Die Gayville Hall auf der anderen Seite der Straße hat auch nur zwei kleine Fenster in der langen weißen Fassade, und bei den anderen Gebäuden scheint man ebenso sparsam mit dem Einbau von Fenstern gewesen zu sein. Vielleicht ist es auch deshalb so gemütlich hier im Bill Cody's Saloon? Die Countrymusik gurgelnde Jukebox und das unlackierte Holz überall tragen auch ihren Teil dazu bei. Dann taucht Wild Bill auf mit Blechplatten voller »Log Steaks«, perfekt gebratenem Ribeye in Streifen, und »French Fries«, großen ungeschälten im Bratenfett gegarten Kartoffelschnitzen. Unser Gastgeber ist Eldon Nygaard von VALIANT VINEYARDS in Vermillion/Süd-Dakota, der wie ein Cowboy mittleren Alters aussieht und uns gerade seinen 2002 WILD GRAPE aus einheimischen *Vitis-riparia*-Trauben eingeschenkt hat, die von den Lakota in der Rosebud Indian Reservation 200 Meilen westlich von hier gesammelt werden. Dann beginnt er, uns die Geschichte des Weins zu erzählen.

»Ich hatte die Idee 1993, als ich in dem Bericht des amerikanischen Forscherpaars Lewis & Clarke über ihre Reise 1804 durch diesen Teil von Süd-Dakota von den wilden Trauben las. Ich suchte nach ihnen, und es gab sie!«, begann der mit einem »Purple Heart«-Abzeichen für Tapferkeit ausgezeichnete ehemalige Vietnam-Kampfhubschrauberpilot. Wir wussten bereits, dass unser nicht besonders großer, schnurrbärtiger Held mit dem leichten Bauchansatz und einem breiten Hut im Western-Stil früher Rechtsanwalt war und auch an der University of South Dakota Vermillion Politikwissenschaft unterrichtet. Darüber hinaus hat er irgendwann eine Raumfahrtfirma gehabt und mehrere Spielkasinos betrieben, darunter auch das in Rosebud, wohin wir übermorgen fahren werden. Da erscheint es kaum überraschend, dass er aufgrund eines 200 Jahre alten Berichts in die Weinproduktion eingestiegen ist. Der Umstand, dass die Anziehungskraft dieses Weines bis zu Charlie Trotters berühmtem Restaurant in Chicago und dem »Lavinia« an der Place de la Madeleine in Paris reicht, passt auch zu unserem außergewöhnlichen Gastgeber. Jedesmal, wenn er den Mund aufmacht, scheinen wir von einer weiteren Karriere oder Firmengründung in seinem Lebenslauf zu hören. Aber es stört mich überhaupt nicht, dass er soviel redet, weil er ein verdammt guter Geschichtenerzähler ist.

Ich habe so ein Gefühl, dass ich dabei bin, auf ein paar wichtige Sachen zu stoßen, selbst wenn ich noch keine Ahnung habe, was das alles wirklich bedeutet. Ich bin extrem erleichtert, weil es vor meiner Abreise wahnsinnig schwierig war, irgendeine Antwort auf meine E-Mails aus Nygaard herauszulocken. Schließlich schickte mir seine Frau Sherry zwei Wochen vor meinem Abflug nach Amerika einen Zweizeiler, sie würden uns gerne empfangen, es seien Gästezimmer bei der Winery für uns reserviert. Und auch das kam nur zu Stande, weil Nygaards belgischer Importeur Luc Hoornaert, dessen Firmenmotto lautet »10 000 000 Winos können sich nicht irren«, sich für mich einsetzte. Zu jenem Zeitpunkt dachte ich, die zögerliche Reaktion sei ein Ausdruck von »wir haben keine Journalisten nötig«, ein Verhalten, das unter erfolgreichen Winzern recht häufig ist – aber da lag ich wohl vollkommen falsch. Sie haben eine surrealistische Vorstellung von Korrespondenz.

»Ein Weinmacher aus Kalifornien könnte wegen der hohen

Säure, die die Trauben hier haben, im Midwest keine guten Weine machen«, fährt Nygaard fort. Auch er brauchte eine Weile, bis er herausfand, wie mit den Wild-Grape-Trauben im Keller am besten zu verfahren war. Ein Schlüsselerlebnis war, als er vor einigen Jahren den Wein aus einer Flasche verkostete, die drei Monate in einem Kühlschrank gelegen hatte. Er schmeckte eindeutig besser als andere Flaschen, die korrekt gelagert wurden. Heutzutage ist es normal, dass Weine säurestabil gemacht werden, indem man sie vor dem Abfüllen in einem Edelstahltank einige Tage lang bis knapp über dem Gefrierpunkt kühlt. Dadurch fällt die nicht kältebeständige Weinsäure in Form von Kristallen aus, anstatt das gegebenenfalls erst später in der Flasche zu tun. Nygaard wendet diese Methode an, um die Säure der *Vitis-riparia*-Trauben zu zähmen, indem er den WILD GRAPE während der Reifephase zweimal bis fast zum Gefrierpunkt kühlt, einmal kurz nach dem Ende der Gärung, bevor der Wein in Eichenfässer gelegt wird, und zum zweiten Mal gute zwei Jahre später kurz vor der Abfüllung. Es gibt jede Menge erfolgreicher kalifornischer und europäischer Winemaker, die darüber lachen und behaupten würden, mit gutem Wein könne man so nicht umspringen, aber sie müssen sich auch nicht mit Trauben auseinandersetzen, die so voller natürlicher Säure stecken. Doch der Wein selbst, den Eldon Nygaard macht, ist das beste Argument gegen diese Art von Hochnäsigkeit und Besserwisserei, weil er nicht nur der beste Wein ist, den ich in den Dakotas verkostet habe, sondern auch ein genialer Wein, dem es gelingt, *zivilisiert* und *wild* zugleich zu sein. Das ist natürlich ein Paradox, vielleicht sogar das ultimative Wein-Paradox. Aber das Beste, was mir mein Landsmann Hugh Johnson je gesagt hat, war, dass jeder große Wein etwas Paradoxes hat.

Was ist wild? Die unglaublich strahlende Intensität der Beerenaromen, die mich an winzige Beeren denken lässt, die auf kargem, nie bewirtschaftetem Boden gewachsen sind. *Was ist zivilisiert?* Die Art und Weise, wie die Säure des Weins in etwas Positives verwandelt worden ist, ausbalanciert von einer herben Fülle, die wahrhaft raffiniert ist. Verdammt, ich will mehr davon!

»Mein Großvater ist aus Norwegen weggegangen, als er 15 war, und hat zwei Jahre für seine Überfahrt gearbeitet. Um 1890 herum kam er in Ellis Island/New York an und ein paar Jahre später ließ er sich hier draußen nieder!«, wechselt Nygaard das Thema, während er mein Glas wieder füllt. Das Fleisch ist extrem saftig aufgrund der Fettmarmorierung durch das Mästen der Rinder mit Mais vor dem Schlachten – eine Methode, die mit den Büffeln einfach nicht funktioniert.

»Mein Vater hat nur Norwegisch gesprochen, bis er zehn war. Jetzt ist er 91, und am Samstag hat er 100 Ballen Heu gebündelt.« Diese Wurzeln lassen die Leistungen des autodidaktischen Weinmachers noch außergewöhnlicher erscheinen – die Rebe ist eine wesentlich anspruchsvollere Pflanze im Anbau als jedwede Gräser, und Norwegen nicht gerade ein Land mit großer Weinbautradition. Das Heu ist auf der Farm der Familie in Turkey Creek gewachsen, um die 25 Meilen nördlich von hier, wo Eldon Nygaard 1993 die ersten zivilisierten Reben in Süd-Dakota gepflanzt hat. Damals war die Weinerzeugung für selbständige Farmer hier illegal, aber von einer solchen Kleinigkeit ließ sich unser Gastgeber nicht stören. 1996 wurde der von ihm entworfene »Farm Winery Act« – ein Gesetz, das die Weinbereitung selbständiger Bauern ermöglicht – erlassen, gerade rechtzeitig für seine erste Ernte im Herbst. Seitdem macht er Wein von zivilisierten Reben, die in ordentlichen Reihen auf seinem eigenen Grund und Boden wachsen, aus kalifornischen Trauben, die er mit Trucks herschafft, und aus wildwachsenden Trauben. Trotz dieser einzigartigen Situation ist er Teil einer größeren Bewegung.

»Wisst ihr, Amerika orientiert sich immer mehr an dem europäischen Modell *regionaler Produkte*«, sagt er und geht damit zu den sozio-ökonomischen Trends und der kulturellen Entwicklung seines Landes über. »Zuerst kamen vor zehn Jahren die Mikro-Braue-

reien, und jetzt passiert dasselbe beim Wein. 1992 gab es in Nebraska, unserem südlichen Nachbarstaat, eine einzige Winery, jetzt
sind es 18. In Minnesota im Nordosten waren es damals drei, jetzt
gibt es um die 20. 1996 waren wir die erste Winery mit Zolllager in
Süd-Dakota, jetzt sind wir zu zehnt.«

Ein Wirtschaftsexperte würde vielleicht über die Gesamtpro-
duktions- und Umsatzzahlen der um die 50 Winerys im Norden
des Midwest lachen, aber es sind erstaunliche Wachstumsraten für
eine Gegend, deren Trinkkultur traditionell von Bier und Whiskey
bestimmt wird. Wie man es auch immer betrachtet, hätte diese
Entwicklung keinen Bestand gehabt, wenn nicht auch am Markt
Veränderungen stattgefunden hätten. Die Zahlen scheinen eine
grundlegende Veränderung in der Einstellung der Konsumenten
anzudeuten. Kündigt sich hier tatsächlich der wilde Weinwesten
an?

11. Oktober 2005   Es ist ein chaotischer Tag gewesen. So chaotisch wie unser Gastgeber, aber nicht minder kreativ. Beim Frühstück in der Winery erklärte uns Eldon Nygaard, welchen Schaden
die amerikanische Wirtschaft durch die Tendenz großer und mittlerer Firmen, junge Menschen beinahe unmittelbar nach dem Col-
legeabschluss als Vice Presidents mit bedeutenden Stock-options
als Incentives und Bonusse einzustellen, in den letzten Jahren erlit-
ten hat. Es sehe aus wie ein Erfolgsrezept für eine dynamische Wirtschaft, führe aber allzu oft nur dazu, dass sich die gesamte Aufmerksamkeit der jungen Vice Presidents ausschließlich auf den
Wert ihrer Firmenanteile richte. Noch schlimmer sei, dass sie die
besten Voraussetzungen hätten, um Firmenzahlen und -image zu
frisieren und so die Aktienpreise in die Höhe zu treiben.

»Nach ein paar Jahren haben sie jeder mehrere Millionen Dollar
in der Tasche, aber nicht aufgrund irgendeiner Form von Produkti-
vität«, schloss er seine Ausführungen. Es ist Geld, das durch den
Einsatz unser guten alten Freunde erzeugt wird, Smoke and Mirrors

– PR-Tricks und -Märchen. Doch während ein ganzer Haufen dieses Bubble-Gelds seinen Weg in die kalifornische Weinbranche gefunden hat, sind mir keine Anzeichen dafür aufgefallen, dass es bei dem Aufstieg der Northern Midwest-Weinbranche eine Rolle spielt.

Nach dem Frühstück fuhr Dr. Doom Vuk-Dieter herum, um Fotomaterial zu sammeln, während ich eine Zeitungskolumne auf Sherrys Computer schrieb. Es fiel mir schwer, mich zu konzentrieren, weil mir das, was Vuk-Dieter mir auf unserer Fahrt durch die Dakotas mitgeteilt, nein, gebeichtet hat, im Kopf herumging. Er hat sich selbst immer als Dieter bezeichnet; Vuk und der Bindestrich tauchten nur auf, wenn er seinen Namen schrieb. Jetzt aber nennt er sich Vuk, und der Bindestrich und D. für Dieter erscheinen nur noch in geschriebener Form. Er hat es beinahe vollständig umgedreht.

»Vuk heißt Wolf auf serbokroatisch. Ich fühle mich dem Wolf sehr nahe«, sagte er mit großem Ernst, nachdem er erklärt hatte, dass diese Veränderung die Folge seiner beruflichen Umorientierung sei. Er hat seinen vorherigen Job als Reisebürokaufmann aufgegeben, um sich ganz auf die Fotografie zu konzentrieren. Wölfe gibt es seit den 1930er Jahren nicht mehr in Süd-Dakota, außer in Kevin Costners Cowboy-Film »Der mit dem Wolf tanzt« von 1990, der in den Black Hills gedreht wurde. Hat unser Fotograf einen Video-Abend zu viel hinter sich ? Wenn ich das alles von mir gegeben hätte, hätte der Dr. mir keine Ruhe gelassen. Zweifelsohne wäre ich mantra-artigen Wiederholungen der Doom'schen Standardfrage »Warum?« ausgesetzt gewesen, aber der Dr. und der »Wolf« haben sich verbrüdert und im Auto blieb es ruhig. Heute früh habe ich aber angefangen, mir ganz ernsthafte Gedanken zu machen. Als ich wie verabredet 8 Uhr 30 an der Tür des »Wolfs« klopfte, hat er mit » Ja, Dieter«, geantwortet. Hoffentlich geht die Reise in einem Auto mit einem gespaltenen Fotografen und einem autodidaktischen Psychoanalyse-Dr. gut aus. Körperlich geht es mir zwar besser, aber trotzdem komme ich mir wie eine wandelnde Wein-Desasterzone vor.

Nach einem Hamburger-Lunch mit CNN-Soundtrack in einer irischen Arbeiter-Bar namens »Bunyan's« unweit der Winery hatten Vuk/Dieter, Dr. Doom und ich Mühe, Spirit Mound zu finden, obwohl es der einzige richtige Berg in dieser Gegend ist. Schließlich entdeckten wir ihn unweit des State Highway 19, zwei bis drei Meilen von der Stadt entfernt. Durch die Windschutzscheibe sah er nicht sehr beeindruckend aus, aber alle Touristenführer schwärmen, dass dies einer der äußerst wenigen Plätze sei, an denen Lewis & Clarke nachweislich auf ihrer Expedition vor zwei Jahrhunderten gewesen seien. Ich fange an, ernsthafte Skepsis angesichts dieses Lewis-&-Clarke-Kults zu entwickeln. Ein ganze Reihe französischer Forscher und Trapper sind hier bereits 50 und 60 Jahre vor dem angeblich dynamischen Duo aufgetaucht. Die beiden haben den Weg nur mit der Hilfe einer ganzen Reihe von eingeborenen amerikanischen Führern gefunden, und es gibt jede Menge Plätze, wo sie angeblich waren. Es erinnert mich an den Goethe-Kult, den Wagner-Kult und den ganzen anderen nationalistischen germanischen Hochkultur-Kitsch. Als wir ausstiegen, schlug meine Stimmung jedoch sofort um, weil die Vegetation hier grundlegend anders war als alles, was wir bisher in den Dakotas gesehen hatten. Das Gras war hoch, manche Arten schulterhoch!

Aufgrund der Beschreibung, die ich in Richard Mannings Buch »Grassland« gelesen hatte, erkannte ich, dass dies ein Teil der Grasland-Prairie sein musste. Die Gräser wachsen höher als weiter im Westen, weil die Niederschläge hier höher sind; der Regenschatten der Rockies fällt hier weniger extrem aus. Ein Schild erklärte, dass dieser Lebensraum durch die Aussaat einheimischer Pflanzen und das systematische Entfernen aller nicht einheimischen über Jahre hinweg neu geschaffen worden war. Meine Begleiter waren ebenso fasziniert von dieser Landschaft, und deshalb kletterten wir bis ganz oben auf den Berg. Dort glauben viele der interessierten Lewis-&-

Clarke-Kult-Besucher, das zu sehen, was das Duo vor zwei Jahrhunderten sah. Doch es ist genau das, was die beiden nicht sahen: der grundlegende Gegensatz zwischen der einheimischen Vegetation und dem vorherrschenden intensiven Weizen-, Kartoffel- und Sojabohnenanbau sowie der ebenso intensiven Rinderzucht. Zwischen den beiden verläuft eine scharfe Trennungslinie.

Der Wilde Westen unserer Zeit ist eine Reihe von Anomalien wie diesen Berg-Inseln der Andersartigkeit innerhalb der mächtigen Landwirtschaftsmaschinerie, angetrieben von chemischem Dünger und zuständig vor allem für die Versorgung der Fastfood-Industrie, die genau wie der Komplex der Militär-Industrie von Regierungsgeldern unterhalten wird. Verglichen mit der monolithischen Art dieser Struktur, die der Ölindustrie Texas' und McDonalds mehr zu dienen scheint als den Farmern hier, ist die einheimische Vegetation ausgesprochen vielfältig und ändert sich ständig.

Es ist sieben Uhr abends, und wir stehen alle drei auf der Veranda vor der Winery und warten darauf, dass Nygaard uns zum Abendessen abholt. Außerdem hat er versprochen, uns für unseren Besuch morgen im Rosebud-Indianer-Reservat mit einigen Anrufen den Weg zu ebnen. Das wäre wirklich hilfreich. Bis jetzt wissen wir nämlich nicht, wo die wilden Trauben dort wachsen, haben keinerlei Kontakte zu den Lakota und auch keine Hotelreservierung. Das ist nicht unbedingt mein gewohnter Stil, wenn ich meine Rechercherereisen plane, aber ich nehme an, man kann eine Reise in das Herz einer wahrhaft wilden Weinregion nicht im Voraus planen – dafür muss ein *Gonzo-Weinjournalist* ins kalte Wasser springen. Andersherum könnte das Reiseziel auch gar nicht wild sein, wenn man dafür bei einer Madison-Avenue-PR-Frau mit Silikonbrüsten, Nasenkorrektur, zwei Facelifts und einer massiven Botox-Dosis in beiden Lippen einen Termin ausmachen könnte.

Nygaard kommt in Begleitung eines hochgewachsenen Mannes an, der wie er auf die 60 zugehen muss und den er als Denis vorstellt, ein Schulfreund, der jetzt in Denver/Colorado lebt und für ein paar Tage zu Besuch da ist.

»Wir gehen in ein vietnamesisches Restaurant in Sioux City/Iowa, ist das für euch okay?«, erkundigt er sich. »Man fährt nicht ganz eine Stunde.«

Wir steigen in seinen großen Sportjeep und fahren los. Die Dämmerung bricht gerade herein.

»Ich habe ein paar Leute in Rosebud angerufen«, berichtet unser Gastgeber mit offenkundigem Enthusiasmus. »Sie wollen euch ihre Büffelherde zeigen und eine ganze Menge mehr. Ich werde euch begleiten.« Wir haben eine Connection zu den Lakota in Rosebud und damit die Chance, die äußersten Grenzen dieser wilden Weinwelt zu erreichen! Vuk/Dieters Augen leuchten und selbst der Dr. scheint gespannt.

Im Gegensatz zu Sioux Falls/Süd-Dakota, das ziemlich grün ist und ein wenig Flair hat, wirkt Sioux City schlechtgelaunt, heruntergekommen und industriell. In der 6th Street gibt es viele Baulücken, aber anders als in Fargo haben die noch stehenden Häuser ihre besten Tage längst hinter sich gelassen. Wiederum fühle ich mich an Zuhause erinnert, allerdings diesmal an die *falschen Ecken* im Osten Berlins. In dem einfachen vietnamesischen Restaurant mit Resopal-Tischplatten und dem weltweit üblichen Ethno-Dekor stellt Nygaard sofort einen Kontakt zu der Besitzerfamilie her, die aus Dakao, einem nördlichen Vorort von Saigon, stammt, nach dem das Restaurant benannt ist und an den er sich mit bemerkenswerter Genauigkeit zu erinnern scheint. Wir bestellen, und dann, bevor das Gespräch wieder in Gang kommt, blickt er mir direkt in die Augen, mit einem merkwürdigen Ausdruck, den ich überhaupt nicht einordnen kann.

»Man kann nicht in ein anderes Land gehen und Menschen töten, und nicht als veränderter Mensch zurückkommen«, sagt er dann schwermütig.

Ich habe viele Vietnam-Veteranen kennen gelernt, aber das ist das erste Mal, dass einer von ihnen vom Töten spricht. Und das in einem vietnamesischen Restaurant, in einer nach einer anderen Nation benannten Stadt; der großen Sioux-Nation, deren Mitglieder ebenfalls zu Tausenden von US-Soldaten umgebracht worden sind! Er erklärt weiter, dass er viermal abgeschossen und einmal verwundet worden sei. Doch: »Es haben sich mehr Vietnam-Veteranen nach ihrer Heimkehr selber umgebracht, als im Kampf gefallen sind!«

Wie wird das bei den Irak-Veteranen sein? Wahrscheinlich nicht viel besser. Ich muss an die Szenen in »Fahrenheit 9/11« denken, als Michael Moores Kamera ein Rekrutierungsteam auf dem Parkplatz vor einer Shopping Mall in Flint/Michigan an der anderen Seite des Northern Midwest bei der Arbeit verfolgt, auf der Suche nach jungen Männern, die gewillt sind, nach Irak in den Kampf zu ziehen.

»Was den Midwest auszeichnet, ist ein gewisses Arbeitsethos«, fährt Nygaard trocken fort. »Wenn unsere Nation ruft, dann kommen die jungen Männer auch hier. Ich weiß nicht, ob es Patriotismus ist, Naivität hinsichtlich der Gefahren des Krieges oder die wirtschaftliche Situation. Wahrscheinlich etwas von allem.«

Mein Pho kommt, eine scharfe Nudelsuppe voller Rindfleischstücke, manche davon vertrauter Art, andere eher das, was ein Süd-Dakota-Steak-und-Kartoffel-Esser verächtlich als Knorpel bezeichnen würde. Ich muss darauf ebenso lange herumkauen wie auf Nygaards Bemerkungen.

Zwei Stunden später, wieder in der Winery, ist unser Gastgeber in gefährlich guter Laune, und die Korken fliegen nur so aus den Flaschen. Ich vermute, wenn man aus *Apocalypse Now* quasi unversehrt zurückkehrt, dann wirft einen diese Erfahrung entweder in eine tiefe Depression, aus der man vielleicht nie wieder herausfindet, oder man entwickelt diese Art von positiver Energie, zu der Nygaard gefunden hat, und tut Dinge, wie die Weinbranche seines Heimatstaates zu begründen.

»Ich habe mir selbst versprochen, dass ich, wenn ich lebendig aus dem Ganzen herauskomme, mich nie wieder über Kleinkram aufregen werde«, hat Nygaard mir vorhin im Auto gesagt und meinte damit Geld und all die anderen Alltagsdinge, die mich immer noch aufregen können.

Die beste Flasche dieses Abends ist der 2000 STURGIS MERLOT, der offizielle Wein der berühmten Motorrad-Rallye in den Black Hills, einer dieser seltenen Merlots, die wirklich anmutig sind, statt zäh oder klebrig.

»Der wird bei eBay für bis zu 250 Dollar pro Flasche gehandelt!«, sagt Nygaard – dagegen scheint sein 2002 WILD GRAPE für gerade 35 Dollar ab Weingut günstig. »Und jetzt ein paar Fassproben.«

Wir nehmen den Fahrstuhl hinunter in den Keller. Die Weißweine, die wir aus dem Fass probieren, sind gut gemacht, aber zum größten Teil für meinen Geschmack etwas zu eichenholzlastig.

»Hier ist etwas, das ihr unbedingt verkosten müsst!«, ruft er dann vom anderen Ende des Kellers, einer großen achteckigen Betonkiste. Er steht neben einem hohen zylindrischen Edelstahltank ohne den üblichen Hahn auf Schulterhöhe, um Proben zu ziehen. Der Tank wurde wahrscheinlich für die Milchindustrie hergestellt – eine beliebte und sehr günstige Quelle für kellertechnisches Zubehör unter alternativen Weinmachern.

»Hier drin liegt der 2005 FRONTENAC-Rotwein aus meinen Weinbergen oben am Turkey Creek«, erklärt er, während er ein langes Stück Schnur um eine Glaskanne von der Art bindet, wie sie in unzähligen Büros in Kaffeemaschinen stehen. Dann steigt er mit einer Leiter auf einen hohen Stapel Weinkartons auf einer Palette, öffnet den Deckel des Tanks und hängt den improvisierten Schöpflöffel hinein. Wird das funktionieren? Doch es ist ganz offenbar ein erprobtes System, wenige Sekunden später ist der Wein in unseren Gläsern und riecht auch nicht nach Filterkaffee. Ganz im Gegenteil, der erste Schluck strotzt vor Brombeeraromen, ist nicht gerade der Ausbund der Eleganz aufgrund seiner extremen Jugend, aber so saftig, dass ich ihn trotzdem schon jetzt gerne trinken würde.

»In drei Tagen ist er einen Monat alt. Er kommt jetzt in die Kaltstabilisierung, um die Säure zu reduzieren, bevor wir ihn zum Reifen ins Fass legen«, sagt der Meister der Improvisation. Der Wein zeigt, dass er auch mit diesen zivilisierten Reben, die in ordentlichen Reihen auf seinem eigenen Grund und Boden wachsen, bemerkenswerte Dinge vollbringt und dass sich hier eine Weinrevolution auf mehreren Ebenen anbahnt.

12. Oktober 2005 Der Gegensatz in der Lichtintensität zwischen dem strahlenden Sonnenschein draußen und der ewigen Nacht, die im Fort Randall Spielkasino der Yankton Sioux herrscht, ist so extrem, dass jeder beim Hereinkommen im ersten Moment wie geblendet ist. Lass alle Hoffnung fahren, der du hereintrittst ... außer der Hoffnung, wesentlich reicher herauszukommen! Wir allerdings sind nur auf der Suche nach einem Bissen zum Mittagessen, da das Kasino auf der halben Wegstrecke zwischen Vermillon und Rosebud liegt. Darüber hinaus bin ich aber auch neugierig, weil ich noch nie in einem von eingeborenen Amerikanern betriebenen Kasino war. Um Geld zu spielen, hat keinerlei Reiz für mich, doch das vereinte Schnurren, Trillern und Piepen der aufgereihten Slotmachines, vor denen verlorene Seelen auf Barhockern kauern, zieht mich an. Es ist so voll, wie ich mir die Hölle vorstelle. So gut wie alle hier sind weiße Amerikaner in mehr als dem üblichen Sinne – auch die vorherrschende Haarfarbe ist weiß. Eine Frau mit einem Plastikschlauch im Hals hilft ihrem noch gebrechlicheren und verhutzelteren Partner auf den Hocker vor einem Spielautomaten, als sei das die allerwichtigste Handlung vor dem Verlassen der sterblichen Hülle. Ein *letztes* Spiel, eine *letzte* Chance! Oder geht es nur um *Ausgeben, Ausgeben, Ausgeben,* bevor es endlich zu spät ist? In Las Vegas, wo das Geldspiel quasi ein Teil der Landschaft ist, würde mich das alles wahrscheinlich nicht besonders schockieren, aber hier in der Wildnis von Süd-Dakota wirkt es wie eine transplantierte Niere, die der neue Körper nur aufgrund eines wahnsinnigen Drogencocktails toleriert. Whiskey gehört zweifellos dazu.

»Wie war es in Vegas?«, frage ich Nygaard. »Vegas war kein guter Ort, um Kinder aufzuziehen«, antwortet er, »wegen der Prostitution, all dem Glanz, dem Glamour.« Wir gehen mit ihm ins Restaurant, meine Begleiter entscheiden sich für *gesunden* Salat, der wahrscheinlich aus Kalifornien kommt, während ich einen *gesunden* Büffel-Burger bestelle, weil ich mir denke, dass das zumindest aus der Gegend hier stammt. Es ist eine schlechte Entscheidung meinerseits, weil er wie ein Beef-Burger aus marmoriertem Rindfleisch mit einer Menge süßem Fett gebraten ist. Vor mir auf dem Teller liegt ein harter, nahezu geschmackloser Schatten jener Offenbarung, die Dan O'Briens Burger für mich waren. Büffelfleisch schmeckt nicht zwangsläufig besser als Rind. Alles hängt davon ab, wie die Tiere aufwachsen, geschlachtet und zubereitet werden.

»Ich habe diesen Laden eine Weile geführt, nachdem ich das Rosebud-Kasino aufgemacht hatte«, erzählt Nygaard und berichtet dann von Problemen, die er damals mit seinen Angestellten hatte, und mir wird schnell klar, dass eingeborene Amerikaner, die offensichtlich den größten Teil des Personals ausmachen, nicht zwangsläufig bessere Menschen sind als weiße Amerikaner. Alles hängt davon ab, wie man aufwächst, was für ein Leben man führt und wie man es dann beschließt.

Um 14 Uhr 15 rollen wir ins Rosebud-Indianer-Reservat, dessen Grenzen auf der Karte mit denen von Todd County/Süd-Dakota übereinstimmen, dem fünftärmsten County der gesamten USA. Es fällt mir schwer zu glauben, dass es sich bei der Tatsache, dass vier der fünf ärmsten Counties der USA in Süd-Dakota liegen und alle ganz oder teilweise Indianer-Reservate sind, um einen Zufall handeln soll. Die Regierungsstatistiken, die ich im Internet gefunden hatte, geben hier als durchschnittliches Jahreseinkommen 7174 Dollar pro Person an, während das landesweite Mittel bei 21 587 Dollar liegt! Doch ich muss mich bemühen, diese Zahlen, die mich sehr schockierten, erst einmal gedanklich zu verdrängen, um wenigstens zu versuchen, den Menschen hier ohne herablassendes Mitleidsgetue begegnen zu können. Die Landschaft, durch die wir uns mit beträchtlich mehr als der erlaubten Geschwindigkeit bewegen, ist so spektakulär, dass mir das nicht schwer fällt. Diese unregelmäßigen, fließenden Berge sind nicht nur voller Schönheit – die unglaublich feinen Schattierungen der natürlichen Prairie-Vegetation, braun und gelb mit einer Ahnung von Grün, Rot und Violett –, sondern auch schlecht im Sinne der »Badlands«. Man erkennt auf den ersten Blick, warum die *Wasichus* glaubten, auf dieses Land verzichten zu können. Sie haben diesen Rest der »Great Sioux Reservation« 1889 als Teil der »Great Sioux Settlement« den Sicangu oder Brulé, dem Lakota-Stamm von Spotted Tail, zugewiesen. Die Sicangu wurden aber schon Oktober 1877 hierher abgeschoben, und das *Wasichus*-»Settlement« war eigentlich nur eine Methode, um der Great Sioux Nation nochmals viel Land abzunehmen – insgesamt 3 642 250 Hektar in Nord- und Süd-Dakota!

Aber von dem, was ich auf O'Briens Cheyenne River Ranch gesehen und verkostet habe, würde ich sagen, dass es sich dabei um eine grobe Fehleinschätzung handelt. Sitting Bull hat 1877 den *Wasichus* gesagt: »Merkwürdigerweise sind sie entschlossen, den Boden zu pflügen, und die Liebe zum Besitz gehört zu ihren Krankheiten.« Wenn man dieses Land pflügen will, mit dem Ziel, Besitztümer anzuhäufen, wie es der *Wasichus* getan hat und auch weiter tut, dann ist es zweifellos wirtschaftlich schlechtes Land, eben »Badland«. Wenn man aber hier Büffel auf der natürlichen Prairie-Vegetation weiden lässt, die gesundes Fleisch geben, dann ist es Land, das für Körper und Geist wahre Reichtümer zu bieten hat. O'Brien hat mir erzählt, dass die Lakota nicht zwischen körperlicher und geistiger Gesundheit unterscheiden. Er hat mir aber auch erzählt, dass sich die Lakota heutzutage größtenteils von Fastfood aus den Convenience Stores in den Reservaten ernähren.

»Eine Menge Fett und Zucker kommt herein und eine Menge

Geld geht heraus«, beschreibt er unumwunden diese ernährungs-technische und wirtschaftliche Situation. Obwohl ich die betref-fenden Statistiken noch nicht angeschaut habe, habe ich doch von katastrophalen Diabetes-Problemen bei den Lakota gelesen. Aber ich habe auch gehört, dass eine wachsende Minderheit des Stam-mes eine Rückkehr zu der traditionellen Ernährung, Büffelfleisch eingeschlossen, als unabdingbaren Teil ihrer spirituellen – körper-lichen Regeneration betrachtet, obwohl ich erst noch begreifen muss, was das alles bedeutet.

Nygaard biegt vom US-Highway 18 rechts auf einen Kiesweg ab, der über die Kuppe des nächsten Hügels verschwindet. Wir folgen seinem Wagen, auf Vuk/Dieters Gesicht macht sich Neugier breit, während der Dr. nur bedeutungsvoll nach vorne starrt. Wir fahren durch eine Öffnung in einem Stacheldrahtzaun, dann hält Nygaard an und wir neben ihm. Die Straße endet hier. Wohin jetzt?

»Lasst euer Auto hier stehen und fahrt mit mir. Ich habe Allrad-antrieb, und den werden wir brauchen«, sagt er, und wir folgen sei-nem Kommando.

»Das ist eine 1700 Acre große Ranch, die Charles Colombe ge-hört, dem Council President Tribal von Rosebud«, erklärt Nygaard, während wir einen steilen Hang hinunterrumpeln, der mit hartem Gras und rauem Gestrüpp bewachsen ist. »Das Land gehört seiner Familie seit den ersten schriftlichen Aufzeichnungen. Es hat nie ei-nen Pflug gesehen, nur ein paar Kühe und Pferde.« Nach mehreren Minuten dieser brutalen Sitzhöckermassage halten wir an und stei-gen aus.

»Jetzt zeige ich euch das Geheimnis des WILD GRAPE«, sagt der Wein-Revolutionär, und wir folgen ihm vertrauensvoll in eine steile Schlucht, auf eine Gruppe von verkrüppelten Bäumen und großen Büschen zu, die in Herbstfarben leuchten. Plötzlich entdecke ich vor mir Massen von winzigen Trauben nahezu schwarzer Beeren an blattlosen Reben, die in den Bäumen und Büschen hochranken. Da sind sie!

»Mensch«, ruft Nygaard, »das sind bestimmt zwischen zwei- und dreihundert Pfund allein hier, wo wir stehen.« Das wäre genug, um ein Barriquefass halb zu füllen. Die Dürre im Jahr 2003 hat dazu geführt, dass er nur sechs Barriquefässer von seinem gefragtesten Wein ernten konnte. Bei 35 Dollar pro Flasche stellt ein Fass auch mehr als 5000 Dollar potenzielles Einkommen für VALIANT VINEYARDS dar! Kein Wunder, dass er aufgeregt ist. Ich pflücke eine Traube und fotografiere sie auf meiner Hand, wo sie immer noch klein wirkt. Jede Beere misst fünf bis sechs Millimeter im Durchmesser und enthält zwei bis vier kantige Kerne. Der Geschmack ist süßherb, aber von derselben übernatürlichen aromatischen Intensität wie die der WILD GRAPE; Trauben und Wein entsprechen sich nahezu hundertprozentig.

»Jetzt siehst du es, noch natürlicher kann Wein nicht sein!«, ruft Nygaard herüber, während er für Vuk/Dieter mit den Trauben posiert, aber ich glaube, seine Wildheit ist wichtiger als seine Natürlichkeit.

Der Kulturhistoriker in mir weiß, dass selbst das eine westliche Idee ist, die Idee der Natur im Gegensatz zur Kultur, die ich auf dieses Land projiziere. Doch der Geschmack selbst ist nicht bloß Projektion. Ich trete aus den Bäumen heraus und blicke mich um. Jetzt kann ich weder Vuk/Dieter, den Dr., Nygaard noch unser Auto sehen, auch keinen Zaunpfahl oder Stacheldraht, ganz zu schweigen von einem Gebäude irgendeiner Art. Diese Szene kann sich kaum verändert haben seit dem Tag im Jahre 1492, als Christoph Kolumbus auf den Bahamas landete. Der weiße Mann betrachtet diesen Moment als die »Entdeckung Amerikas«, während es eigentlich der Beginn der militärischen Eroberung dieses Kontinents durch den *Wasichus* war. Das ging Hand in Hand mit der industriellen und landwirtschaftlichen Ausbeutung des Landes – ein Prozess, der kaum etwas unberührt ließ. Ich denke in diesem Augenblick darüber nach, weil dieser Ort eindeutig zu den wenigen Ausnahmen gehört, die diesem Schicksal entkommen sind. Sicher, man könnte sagen, dass eine ganze Reihe Nationalparks zu derselben Kategorie gehören, aber sie werden *künstlich* in einem ursprünglichen Zustand erhalten, im Gegensatz dazu ist diese Landschaft hier seit der letzten Eiszeit von sich aus so geblieben. In einem ähnlichen Zustand befinden sich auch noch die 64 Quadratmeilen von O'Briens Winter-Büffel-Weide, weil der Versuch des *Wasichus* mit dem Pflug dort kläglich gescheitert ist.

In Nygaards WILD GRAPE und O'Briens WILD IDEA-Büffel-Burgern kann man das *ursprüngliche* Amerika schmecken, wiewohl es *Interpretationen* dieser Landschaften durch den weißen Mann sind. Aber sie deuten eine Richtung an, wohin sich Amerika entwickeln könnte, befreite sich der *Wasichu* von seiner Besessenheit nach Besitztümern und davon, den natürlichen Gegebenheiten des Landes zuwiderzuhandeln.

Wir fahren in den Ort Rosebud, an Reihen von einfachen ein- und zweistöckigen, in lebhaften Farben gestrichenen Häusern vorbei. Nygaard erklärt mir, wie das Rosebud-Indianer-Reservat verwaltet wird.

»Sie haben ihre eigene Regierung, ein eigenes Rechtssystem, Gerichte und Polizei, aber das FBI behält sich die Verfolgung schwerer Vergehen vor. Das kann zu Problemen führen.« Nygaard erzählt von seiner Freundin, die vom FBI wegen des Anbaus von Marihuana verhaftet wurde. Sie gab zu, Cannabis gelegentlich zu rauchen, stritt aber jeglichen Anbau oder Handel vehement ab. Nach zwei Monaten Untersuchungshaft akzeptierte das FBI, dass es sich bei den fraglichen Pflanzen tatsächlich um wilden Hanf handelte, und ließ die Anklage fallen. Die Lakota sind also durch die Behörden der Bundesregierung nach wie vor den Schikanen des *Wasichus* ausgesetzt.

Überall flattern Laken, Hemden und Jeans an Wäscheleinen. »Sie trocknen ihre Wäsche immer an der Luft«, sagt Nygaard dazu. »Sie haben alle Häuser, aber sie glauben nicht an Wäschetrockner.«

Ich bin überzeugt, dass das eine spirituelle Bedeutung hat. Wir halten an einem eingeschossigen roten Backsteingebäude, das mich an manche Gemeindeämter erinnert, die ich aus den Vororten Londons kenne. Wir gehen in den Versammlungsraum der Sicangu-Regierung, der wie all die anderen Konferenzsäle aussieht, die ich kenne, abgesehen von der Tatsache, dass hier neben den Stars and Stripes die Stammesflagge und ein riesiger ausgestopfter Büffelkopf an der Wand hängen. So wie die 25 Mitglieder des Stammesrats hier rumhängen und sich angeregt unterhalten, scheinen wir in eine Sitzungspause geraten zu sein. Nygaard stellt uns einem drahtigen Lakota mittleren Alters in einem Cowboy-Hemd vor.

»Charles Colombe!«, sagt er freundlich, und ich kann erkennen, dass er uns nicht einfach in einen Topf mit den *Wasichus* wirft. Er blickt auf seine Uhr und geht dann zu einem größeren, korpulenten Lakota ähnlichen Alters hinüber. Der stellt sich uns als »Terry Fast Horse« vor. Die Sitzung des Stammesrats geht weiter, und es ist Zeit für unsere Tour, auf der uns Terry Fast Horse führen wird.

Ich wünschte, ich könnte es mir abgewöhnen, weil ich das Gefühl habe, dass es eine Spätfolge des unterschwelligen Rassismus ist, mit dem ich aufgewachsen bin. Aber wenn ich Menschen fremder Kulturkreise kennen lerne, ertappe ich mich immer wieder dabei, wie ich auf den Aspekt ihrer Gesichtszüge starre, der sich am stärksten von meinen eigenen unterscheidet. Ich kann kaum die Augen von der riesigen felsenartigen Nase von Terry Fast Horse lösen, als wir in Nygaards Wagen sitzen, aber glücklicherweise scheint er das gar nicht zu bemerken.

»Wir gehören zu den demokratischsten Stämmen«, beginnt er ohne Umschweife, »weil wir unseren Stammesrat direkt wählen und es keine Mindestanforderungen in puncto Schulbildung gibt. Das Problem ist, dass die Ärmeren keiner Entscheidung zustimmen, durch die es ihnen kurzfristig schlechter geht, selbst wenn es ihnen langfristig förderlich ist.«

»Das ist genau dasselbe Problem in Deutschland«, entgegne ich, und Vuk/Dieter stimmt mir sofort zu. »Der Unterschied ist nur, dass unsere Ärmeren mehr haben als hier.«

Unser Führer ist einigermaßen verblüfft, dass unser Heimatland manche grundlegenden Probleme mit seinem gemein hat.

»Was für Berufe habt ihr?«, fragt er, und ich erkläre ihm, ich sei Journalist, Vuk/Dieter Fotograf, und der Dr. fahre uns.

»In meinem anderen Leben, als ich in der echten Welt lebte, war ich Polizeifotograf, eine Menge Unfälle, Murder One«, erzählt er in einem Ton, der dies zu einer Geste der Verbrüderung macht. »Meine Aufgabe war es, die Wahrheit herauszufinden.« Das bedeutet, dass wir in einem Sinne Brüder sind, der vielleicht tiefer reicht als die uns trennenden kulturellen Unterschiede. »Anders als in Deutschland gibt es hier eine Menge ungenutztes Land. Wir könnten viel mehr bewirtschaften«, fügt er hinzu und sagt, er sei während seiner Zeit bei der US-Air Force in Deutschland gewesen. Wir sind diejenigen, die spät dran sind mit dem Besuch der Welt des anderen!

Wir halten an einer Gruppe von eingeschossigen Häusern, wo uns ein schlaksiger Lakota mit ernstem Gesichtsausdruck zuwinkt. Wir kurbeln das Fenster herunter, und er stellt sich uns als Leonard Two Eagle vor, Manager der Stammes-Büffelherde von Rosebud. Er schlägt vor, dass wir seinem Wagen folgen, und einige Minuten später biegen wir links von der Hauptstraße auf einen Feldweg ab.

»Das Problem, wenn man für den Stamm arbeitet, ist, dass man sich um alles selber kümmern muss«, erzählt Terry Fast Horse weiter, »und man weiß nie, ob sie das, was man tut, schätzen. Vor meiner Pensionierung war ich Bauunternehmer, und ich habe das Rosebud-Spielkasino gebaut. Niemand vom Stamm hat sich je dafür bedankt, dass ich das Ding für weniger als die veranschlagte Summe hingestellt habe. Die Zeit der Gemeinschaft ist vorbei. Das 20. Jahrhundert sagt: *Es interessiert mich einen Scheiß, wer du bist, bezahl mich!*«

Diese Reise zum Verständnis des Lakota-Geists wird von Leonard Two Eagle unterbrochen, der zu uns in den Jeep steigt, weil er selbst – absurd angesichts seines Jobs – keinen Allradantrieb hat. Wir fahren immer schmalere Wege entlang, aber mir scheint, dass das schwierigste Terrain für den Büffelherden-Manager das der fehlenden Anerkennung von Initiative und Engagement durch den Stammesrat ist. Wenn ich Terry Fast Horse richtig verstehe, dann sind das auch genau die Ursachen, die zu ungenutztem Land und verpassten Gelegenheiten führen. Die Landschaft hier ist ganz anders als alles, was wir bis jetzt im Reservat gesehen haben, mit Gruppen von Kiefern und vereinzelten Laubbäumen in vollem Herbstgold. Plötzlich kommen wir an den Rand eines tiefen Flusstals, und dort unten kann ich einen Teil der Herde erkennen.

»Ich bin Indianer, aber ich hätte sie nicht entdeckt«, frotzelt Terry Fast Horse. Wir steigen aus, um besser sehen zu können. Leonard Two Eagle erklärt, das sei das Tal des Little White River.

»Wir haben über 400 Tiere auf 5000 Acres. Ich arbeite hier seit Februar 2000, davor war ich 17 Jahre bei der Polizei. Ich habe mich vom Streifenbeamten zum Polizeichef hochgearbeitet.« Leonard Two Eagle trägt immer noch Uniform, das Polo-Shirt der Abteilung Wild, Fisch und Parks des Sioux-Stamms von Rosebud, aber seine berufliche Veränderung scheint ebenso geistiger wie praktischer Natur gewesen zu sein.

»Ist das Büffelfleisch gut für den Menschen?«, frage ich und bin abgesehen vom Inhalt seiner Antwort gespannt, welche Wörter er dazu wählt.

»Klar ist es das, und nicht nur im üblichen ernährungstechnischen Sinne. Es hat den zusätzlichen Vorteil, dass die Büffel Pflanzen fressen, die wir als Medizin benutzen, so dass das auch im Fleisch ist«, antwortet er.

Dann sehen wir plötzlich einen Mustang – keine 100 Meter von uns entfernt ein wildes Pferd! Terry Fast Horses Handy klingelt – Nokia läßt grüßen.

»Wir sind hier draußen in der Büffelweide, ich spiele den Indianerführer«, antwortet er mit amüsierter Ironie. Es ist Zeit, zum Hauptquartier zurückzukehren. »Ich bin immer gefragt worden, wie man denn Indianer *und* erfolgreich sein könne«, fährt Terry Fast Horse mit seiner Analyse der Lakota-Gesellschaft der Gegenwart fort, während wir zurück nach Rosebud fahren, »und ich habe immer gesagt, ich hätte ein paar Tricks von weißen Typen gelernt, aber das macht mich nicht zum Weißen. Das Problem für Leute wie Charles Colombe und mich ist, dass wir hier auffallen, weil wir keine Verlierer sind. Stammesleute diskriminieren ihre eigenen Leute mehr, als sie das mit Weißen tun.«

Diese Wahrheit zu hören ist schmerzhaft, denn die Unfähigkeit der Lakota zusammenzuhalten ist der Hauptgrund dafür, warum es ihnen nicht gelungen ist, die Bundesregierung dazu zu zwingen, ihren gesetzlichen und moralischen Verpflichtungen ihnen gegenüber nachzukommen.

»Man kann als Indianer nicht lächeln, um Gottes willen, wir sind unterdrückt!«, stößt er mit wesentlich weniger amüsierter Ironie hervor, weil es der Kern der Sache ist. »Das Schlimmste ist die *Kultur des Versagens*.«

Diese Worte sind ganz im Geist von Spotted Tail. Nachdem er während seines ersten Besuches in Washington DC 1870 die Übermacht der *Wasichus* gegenüber den Sioux erkannt hatte, kämpfte Spotted Tail für den Erhalt der Kultur der Lakota ohne militärische Mittel. Er propagierte die Beherrschung der Sprache und Gebräuche der *Wasichus* unter seinen Leuten, um erfolgreich mit ihnen umgehen zu können. Dieser gemäßigte Kurs im Vergleich zur Unnachgiebigkeit von Crazy Horse und Sitting Bull brachte ihm viele Feinde unter seinen eigenen Leuten, und im Spätsommer 1881 wurde er von seinem Cousin Crow Dog erschossen. Acht Jahre später war Crow Dog der erste Unterzeichner der »Great Sioux Settlement« – Red Cloud hielt ihn für einen Agenten der *Wasichus*.

Heute scheinen Lakota mit einer positiven Einstellung und mit Selbstbewusstsein, wie Terry Fast Horse und Charles Colombe, eine kleine Minderheit zu sein; zu klein, um die allgemeine Situation ihres Stammes entscheidend zu verbessern.

»Charlie sagt immer, dass die Welt nach der goldenen Regel funktioniert«, fährt Terry Fast Horse fort. »Whoever has the gold rules«, wer auch immer das Gold hat, regiert.

Auf einmal fügen sich eine Menge lose Fragmente in meinem Kopf zu einem Bild. Colombes Spruch ist nicht nur ein witzig-böses Wortspiel, das eine grundlegende Wahrheit über politische Macht verdeutlicht, sondern eine Analyse der neueren Geschichte seines Volks. Die Unterdrückung der Great Sioux Nation war die direkte Folge der Entdeckung von Gold in den Black Hills. Spotted Tail gehörte zu den Häuptlingen, die 1875/76 alle Versuche der US-Regierung, die Black Hills von den Sioux zu kaufen, ablehnten. Fünf Millionen Dollar wurden angeboten, obwohl allein die Homestake Gold Mine von George Hearst (der Vater des berühmten Verlegers von »Citizen Kane«, William Randolph Hearst) in Lead/Süd-Dakota innerhalb weniger Jahre einen Börsenwert von zehn Millionen Dollar erreichen würde! Dann, im September 1876, sind die nicht mehr kämpfenden Sioux-Häuptlinge vor die Wahl gestellt wurden, entweder zu unterschreiben oder mit ihren Völkern verhungern zu müssen. Schon durch Masern und Cholera geschwächt und durch das Verschwinden des Büffels und anderer Wildarten in der Platte River Valley von den *Wasichus* abhängig geworden, blieb den Sicangu-Lakota keine Wahl.

Das Black-Hills-Gesetz vom 28. Februar 1877 besiegelte die Beschlagnahmung von Black Hills durch die US-Regierung. Die *Wasichus* hatten Paha Sapa, die Black Hills, den Sioux gestohlen!

So lautet auch das Urteil des US-Supreme Court vom 30. Juni 1980, der mit einer Mehrheit von acht gegen eine Stimme die Entscheidung des Court of Claims von 1975 bestätigte, die gelautet hatte: »Ein deutlicherer Fall von unehrenhaftem Verhalten wird in unserer Geschichte aller Wahrscheinlichkeit nach nicht zu finden sein ...« Der Supreme Court sprach den Sioux eine Entschädigung von nahezu 106 Millionen Dollar zu, was generös klingen mag. Aber es basiert auf einer Schätzung von 17,5 Millionen Dollar für das Jahr 1877, obwohl Gold von wesentlich höherem Wert aus den Black Hills geholt wurde und auch der Immobilienwert 1980 weitaus höher als 106 Millionen Dollar lag. Die Sioux lehnten die Entschädigung ab und forderten stattdessen die Rückgabe Paha Sapas, was die Regierung wiederum ablehnte. Sie fürchteten zweifellos, das könne ein Präzedenzfall für andere Stämme werden, die von den *Wasichu*s gleichermaßen ausgebeutet worden waren.

Die Black Hills den Lakota zurückzugeben würde auch bedeuten, den Mount Rushmore »Indianern« zu überlassen. Unmöglich! Die Regierung deponierte das Geld daher auf einem Bankkonto, wo es inzwischen auf über 750 Millionen Dollar angewachsen ist. Auf diese Art und durch Investitionen in Bildungs- und Wohlfahrtsprogramme für Indianerreservate beruhigen die *Wasichu*s ihr schlechtes Gewissen. Diese Programme werden oft in guter Absicht geschaffen, ändern aber nichts am Selbstbild der Sioux als besiegtes und unterjochtes Volk.

Was die *Wasichu*s nicht verstehen, ist die Tatsache, dass Paha Sapa für die Great Sioux Nation das Zentrum der Welt, die heiligen Berge und die Heimat der Geister darstellt. In ihrer Vorstellung sind die Paha Sapa der bedeutendste Ort, an dem menschliche und geistige Welten sich treffen. Das ist der Grund, warum eine materielle Entschädigung für die Sioux uninteressant ist. Auf dem geistigen Niveau *ist* das Gold in Colombes Spruch, Paha Sapa selber, und die *Wasichu*s regieren, weil sie dieses Gold gestohlen haben.

Nach meiner Ansicht kann es keinen Zweifel daran geben, dass die Rückgabe der Black Hills an ihre rechtmäßigen Besitzer eine grundlegende Veränderung in der Beziehung zwischen den *Wasi*-

chus und den Sioux bewirken würde. Dieser Schritt würde endlich vom Sieger-Besiegten-Schema wegführen, das nach wie vor in den Köpfen der Regierung und unzähliger Menschen auf beiden Seiten der Kluft festsitzt, einer Kluft, die nur durch solche Schritte der grundlegenden Versöhnung aufgehoben werden könnte – in diesem Fall der verspäteten Erfüllung eines im Jahr 1868 geschlossenen Vertrags! Das würde sicher zu einem tiefreichenden Umschwung in dem vorherrschenden Selbstbild der Sicangu-Sioux führen, von einer gescheiterten Zivilisation zu einem Volk mit einer Zukunft, wie sie Spotted Tail für die Sioux von Rosebud sah. Für die *Wasichus* könnte es ebenfalls ein bedeutender Schritt auf dem Weg zu der Erkenntnis sein, dass weder das Gold aus diesen Bergen noch das gedankenlose Pflügen dieses Landes, um Besitztümer anzuhäufen, auf Dauer zu vertreten sind, dass es ohne Anpassung hier für sie keine Zukunft gibt. Auch dahin führt die Spur, die mit einer Flasche WILD GRAPE begann.

In den Büros des Stammesrats ist die heutige Sitzung inzwischen beendet.

»Auf dem Weg hierher haben wir wilde Trauben gefunden!«, verkündet Nygaard und lenkt das Gespräch in Richtung seiner eigenen Interessen.

»Wo?«, fragt Colombe mit einem Funkeln in den Augen.

»Auf deiner Ranch«, lautet die Antwort des potenziellen Käufers in einem Ton, der keinen Zweifel an seinen Absichten lässt: Lass uns ins Geschäft kommen. Plötzlich kommen aus allen Richtungen Rufe von Lakotas, die behaupten, ebenfalls von wilden Trauben zu wissen. Dahinter stecken ganz offensichtlich eigene Interessen, denn Nygaard bezahlt gut, um jede mögliche Traube *Vitis riparia* zu ergattern. Es scheint, dass er dieses Jahr wesentlich mehr produzieren kann als die sechs Fässer 2003. Es ist aber auch ein Zeichen ihres Vertrauens in ihn; die wilden Trauben sind Teil ihrer traditionellen Ernährung.

Nachdem sich die Aufregung gelegt hat, sagt Colombe, er habe für uns im Kasino-Hotel Zimmer zum Stammespreis organisiert. Ganz abgesehen von der Geste – wenn dieser Preis ebenso freundlich ist wie der Stammespreis für Büffel-Hackfleisch 1,50 Dollar pro Pfund im Gegensatz zu vier Dollar für Nichtmitglieder wie uns, dann hilft das wirklich, mich in Süd-Dakota vor dem finanziellen Ruin zu bewahren. Ich zahle weder meinem Fotografen noch meinem Fahrer Lohn, aber ich komme quasi für alle Ausgaben von Vuk/Dieter und dem Dr. auf. Der Stammespräsident setzt sich einen Stetson auf den Kopf, bewundert sich kurz im Spiegel – welcher Politiker ist nicht eitel? –, verabschiedet sich dann von der Runde und geht. Ich wünschte, ich hätte seine Geschichte ebenso lang, breit und tief gehört wie die von Terry Fast Horse. Nygaard hat die möglichen Trauben-Vorkommen notiert und fragt jetzt herum, ob es heute Abend irgendwo ein Inipi gibt, eine Schwitzhütte, an der wir teilnehmen könnten. Vuk/Dieter und Dr. Doom hat es die Sprache verschlagen, während sie sich bemühen, die grundlegenden Prinzipien der Chaostheorie zu begreifen, nach denen die Stammesverwaltung funktioniert.

Einer der jüngeren Lakota im Büro winkt mich hinüber zu einem Computerbildschirm und zeigt mir die Website des Stammes. Wieder bin ich mit Zahlen konfrontiert, die die dramatische Situation des Lakota-Stammes deutlich widerspiegeln. Die ansässige Bevölkerung des Rosebud-Indianer-Reservats beträgt 20 762, von denen volle 82 Prozent arbeitslos sind, was wirtschaftliche und soziale Probleme in einem Ausmaß bedeutet, das ich mir nur im Ansatz vorstellen kann. Durch das Frisieren der Statistik ist das US-Innenministerium jedoch auf eine Zahl von lediglich 34 Prozent gekommen; zweifellos eine Vorsichtsmaßnahme, damit sich kein Regierungsbeamter oder Politiker mit der Frage auseinandersetzen muss, wie eine Gegend mit 82 Prozent Arbeitslosigkeit noch funktionieren kann, und warum das so ist. Nach der inneren Schockwelle, die die Zahlen auslösen, steigt in mir das Wort *Ghetto* auf; ein scharfkantiger Kristall der Wahrheit. Dann stoße ich auf die

Klimastatistiken, die wiederum auf ihre Weise ganz harte Fakten darstellen. Die Tiefsttemperaturen im Winter liegen um minus 34°C und die Höchsttemperaturen im Sommer steigen bis auf über 43°C. Die Wachstumsperiode umfasst ganze drei Monate, und der durchschnittliche jährliche Niederschlag beträgt nur 40 bis 43 cm. Von dem, was ich heute Morgen gesehen und geschmeckt habe, wird deutlich, dass *Vitis riparia* an dieses extreme Klima ebenso gut angepasst ist wie der Büffel. Dan O'Brien hat mir erzählt, dass Charolais-Rinder hier eingehen, und ich bin sicher, dass Pinot Noir, Chardonnay und Zinfandel ihr Schicksal teilen würden, wäre jemand verrückt genug, sie hier anzupflanzen. Fred Scherrers Weinwelt ist hier einfach nicht möglich. Das zu begreifen ist allerdings wesentlich einfacher, als zu verstehen, wie Rosebud wirtschaftlich wirklich funktioniert. Von dem, was ich in diesen Büros mitbekommen habe, ist es zweifellos ganz anders als die Regierungsweise der *Wasichus*. Bevor er ging, hat Colombe veranlasst, dass einem riesigen, langhaarigen Lakota, der hier mit seiner zierlichen deutschen Freundin (die wie eine Hölderlin-Muse aussah) herumhing, das Geld für die Fahrkarte zurück nach Los Angeles aus der Kasse des Rats ausgezahlt wurde. Die entspannte Art, mit der dies geschah, ließ es als etwas ganz Normales erscheinen.

Gerade als die Lakota-Beamten sich auf den Heimweg machen wollen, sagt der Typ, der mir die Website gezeigt hat, er habe Plätze für uns bei einem Schwitzhütten-Ritual gefunden. Er sagt, er müsse sowieso zu einer Versammlung nach Denver/Colorado fahren und könne uns den Weg zeigen. Nygaard strahlt vor Freude – jede Menge wilde Trauben und ein Inipi! Er hat meinen Begleitern und mir bereits erklärt, dass die Schwitzhütte, eigentlich ein Zelt mit einem Rahmen aus Weidenschößlingen, die die Fähigkeit der Natur zur Erneuerung symbolisieren, ein Ort ist, wo Rituale zur geistigen Reinigung stattfinden.

Es dämmert bereits, als wir bei einem kleinen Anwesen unweit von Parmelee halten, mit einer merkwürdigen Ansammlung von kleinen Gebäuden, alle weit voneinander entfernt. Nygaard bedankt sich überschwänglich bei dem Typen, der uns hier Zutritt verschafft hat, während wir etwas verwirrt inmitten einer gewaltigen Leere stehen, die erst am Kreis des Horizonts endet. Die tiefblaue Weite über uns wird von der schmalen Silbersichel des Mondes beherrscht. Gleich werden die Sterne auftauchen und die Nacht ankündigen. Dann bemerke ich, dass die anderen davonspaziert sind und ich alleine bin. Ein älterer Lakota, der vollständig mit seinen Gedanken beschäftigt zu sein scheint, schlendert herum. Dann sehe ich einen hochgewachsenen, athletischen jüngeren Lakota in einem grauen Jogginganzug und einer blauen NFL-Baseball-Cap nur wenige Schritte von mir entfernt. Ich gehe zu ihm hinüber, stelle mich vor und bedanke mich, dass wir überhaupt kommen durften. Er erzählt mir, dass er im Reservat geboren sei, jetzt aber in Sioux City lebe und arbeite.

»Dort waren wir gestern Abend vietnamesisch essen«, platze ich heraus, worauf er fragt, ob es das Restaurant »Dakoa« in der 6th Street war. Ich bejahe das und beschreibe aus irgendeinem Grund auch die Straße. Er nickt und sagt, dort sei das Lakota-Versammlungshaus der Stadt, was entweder reiner Zufall oder voller Bedeutung ist.

»Ich erzähle Ihnen, wie ich den Geist gefunden habe, oder vielmehr, wie er mich gefunden hat«, sagt er. Er meint Wakan-Tanka, den großen Geist der Sioux, und vermittelt mir dabei den Eindruck, dass er unser Treffen nicht als Zufall betrachtet. In diesem Augenblick kommt mir das Wort *Krieger* in den Sinn, aber er ist ganz anders als die Sioux-Krieger, die ich als Kind in Hollywoodfilmen gesehen habe.

»Als ich 22 Jahre alt war, 1991, hatte ich einen Herzinfarkt«, beginnt er, als sei es das Normalste der Welt, das einem wildfremden Menschen zu erzählen. »Zuerst habe ich das niemandem erzählt, weil ich dachte, es würde mir bald von selbst wieder besser gehen.

Mir war aber nicht bewusst, dass ich an Herzrhythmusstörungen litt, und ich wurde immer schwächer.«

Ich denke unwillkürlich an den jungen Pfälzer Winzer Karsten Peter, der letzten Herbst im Alter von 28 einen Schlaganfall hatte und das auch niemandem sagte, bis er plötzlich umkippte.

»Schließlich, nach Monaten, als ich sehr schwach war und nicht mehr arbeiten konnte, rief ich meine Mutter in Rosebud an. Sie sprach mit einem Medizinmann, der sagte, wenn ich nicht zu ihm käme, hätte ich nur noch kurze Zeit zu leben. Bei einer Schwitzhütte gab er mir Medizin, und in dem Augenblick, als ich sie trank, spürte ich, wie mein Herzschlag sich normalisierte, und ich wußte, dass ich geheilt war. Aber der Medizinmann sagte mir auch, dass Alkohol oder andere Drogen den Effekt der Medizin aufheben würden … Heute kommen eine Menge junger Leute zurück zum Geist. Als ich zum ersten Mal hierher kam, bestand die Sun Dance Group aus zehn bis 15 Leuten, heute sind es 70 bis 80. Das ist der Grund, warum wir das neue Zeremonienhaus bauen. Ich bin hier, um das Dach fertigzumachen.«

Er zeigt auf das größte der Gebäude, das ich nicht nur als unfertig erkenne, sondern auch als fensterlos. Und das alte Zeremonienhaus? Er deutet auf etwas, das eher einem größeren Gartenschuppen ähnelt. Wie haben da je 70 oder 80 Leute hineingepasst? Doch alles zusammen sind es unverkennbare Zeichen für eine Erneuerung, auch wenn die US-Regierung ihre Verpflichtungen gegenüber diesem Volk noch nicht erfüllen will. Als der junge Lakota weggeht, wahrscheinlich um bei der Vorbereitung der Zeremonie zu helfen, sehe ich, dass Vuk/Dieter in einem mit Wellblech abgetrennten Bereich steht. Ich gehe hinüber, hinter dem Zaun sind zwei kleinere, kuppelförmige Zelte – zweifellos Schwitzhütten – und ein Lagerfeuer brennt. Er macht schnell ein Foto davon und steckt dann seine Hasselblad weg, aber eine gewichtige Lakota-Frau in einem grünen Jogginganzug mit einem Handtuch über der linken Schulter hat ihn bemerkt.

»Keine Fotos!«, schnauzt sie uns an, und ich frage mich, ob wir bereits zu weit gegangen sind und gleich aufgefordert werden zu verschwinden. Doch plötzlich ist da Nygaard und versucht sie zu beruhigen, indem er ihr erzählt, wie er 1996/97 das Kasino von Rosebud geführt hat.

»Damals gab es jemanden, der das ganze Geld genommen hat«, sagt sie bitter, und es klingt fast, als klage sie ihn dieses Verbrechens an.

»Nun, das stimmt einfach nicht«, entgegnet Nygaard ruhig. »Wir haben jeden Monat 240 000 Dollar an den Stammesrat gezahlt.« Sie scheint das zu akzeptieren und stellt sich ihm vor, begrüßt aber weder Vuk/Dieter noch den Dr. oder mich. Stattdessen werden wir mit einem Blick bedacht, der keine Zweifel daran lässt, dass ihr unsere Anwesenheit überhaupt nicht passt. Was sollen wir tun? Der junge Lakota, der mir gerade erzählte, wie ihn der Geist gefunden hat, war offensichtlich anderer Meinung.

»Ich habe Diabetes«, vertraut die Frau Nygaard an, womit uns eines der größten Probleme der Lakota einholt. Ein schlaksiger Kerl mit langem, zu einem Pferdeschwanz zusammengebundenem Haar, den ich nie als Lakota identifiziert hätte, kommt zu uns herüber. Dann taucht eine andere Lakota-Frau auf, in Pullover und Jeans, mit einem Stapel bunter Handtücher, und wird von Nygaard herzlich begrüßt. Sie erklärt, dass die Handtücher für uns seien und dass wir uns bis auf die Unterhosen und ein Handtuch ausziehen müssten, bevor wir die Schwitzhütte betreten.

»Zeit zum Ausziehen!«, ruft Nygaard. Wir gehen zurück zu den Autos und schlüpfen jeder auf seiner Seite aus unseren Sachen. Ich nehme auch meine Uhr ab, aber das ist nicht genug. Als wir uns vor der offenen Eingangsluke der Schwitzhütte anstellen, sagt der Krieger zu Vuk/Dieter, dem Dr. und mir, auch die Brillen müssten draußen bleiben. Wir gehorchen und kriechen dann durch die niedrige Luke. Im Inneren ist es so gut wie stockdunkel und ziemlich eng, aber es fühlt sich aus irgendeinem Grund nicht klaustrophobisch an. Wie Nygaard uns angewiesen hat, setzen wir uns in eine Reihe mit dem Rücken zur Zeltwand.

Das Ritual beginnt damit, dass der Medizinmann den ersten im Feuer draußen erhitzen Stein, glühendorange, als sei er gerade dem Schlund eines Vulkans entrissen worden, in das runde, ummauerte Loch in der Zeltmitte kippt. Mehr Steine folgen, bis ein leise glühender Haufen vor uns liegt und die Luke geschlossen wird. Nacheinander stimmt jedes anwesende Stammesmitglied nun ein Lied an, und der Klang einer fremden mündlichen Kultur, ohne die Trennungen und Dualismen unserer eigenen, legt sich auf unsere erhitzten Körper. Um ehrlich zu sein, der Grund, warum ich das mitmache, ist meine Entschlossenheit als *Gonzojournalist*, diesen Torpedo bis zum Ende zu reiten, und nicht, weil ich glaube, dass mein Geist durch irgendetwas gereinigt werden wird, das in dieser Schwitzhütte geschieht.

Der Schweiß läuft mir in immer dickeren Tropfen hinunter, während die Temperatur steigt und steigt. Jedesmal wenn ich denke, dass es jetzt wirklich nicht mehr heißer werden kann, passiert genau das, aber erstaunlicherweise bleibe ich ganz ruhig. Dann, wir müssen beim fünften oder sechsten Lied sein, ich habe schon aufgehört zu zählen, fängt ein junger Lakota an, Wasser auf die Steine zu kippen. Die Hitze ist plötzlich unglaublich erdrückend; die heißeste Sauna ist sanft, im Vegleich dazu ein lauwarmes Dampfbad! Der Schweiß bricht aus all meinen Poren. Wenn ich einatme, fühlt sich die Luft wie Feuer an, das meine Lungen in Brand setzen könnte, aber ich bin innerlich immer noch fast so ruhig, als herrsche normale Raumtemperatur.

»Ich muss hier raus!«, jammert Vuk/Dieter auf einmal, und in meiner Magengrube regt sich Panik wie ein aufgeschrecktes Tier. Einen Moment lang muss ich meine ganze Willenskraft aufbringen, um mich unter Kontrolle zu halten. Dann wird die Luke geöffnet, Vuk/Dieter kriecht hinaus, der Dr. folgt ihm, und schließlich gebe ich mich auch geschlagen. Die Nachtluft, in die wir taumeln – die unteren Regionen gerade so vom Handtuch bedeckt –, ist kühler, klarer und frischer, als ich es je erlebt habe. Es ist beruhigend, dass unser Aufbruch kommentarlos und ohne Vorwürfe akzeptiert worden ist; durch die offene Luke kann ich hören, wie das Singen weitergeht. Haben sie uns herausgedrängt, indem sie die Hitze so weit wie möglich nach oben geschraubt haben, oder hat Wakan-Tanka entschieden, dass wir weit genug gegangen seien und es Zeit für uns ist umzukehren? Gerade in dem Augenblick, bevor es alles zuviel wurde, hatte ich das Gefühl, mit meinem linken Fuß zwar noch fest auf dem guten alten *Planet Wein* zu stehen, mit dem rechten jedoch, ohne nachzudenken, einen Schritt auf fremden Boden unternommen zu haben. Ich weiß nicht, ob es ihre Geisteswelt war, aber wenn ich dort unbefugt eingedrungen bin, dann habe ich nichts dagegen, umzukehren, wer auch immer mir bedeutet, dorthin zurückzukehren, wo ich hergekommen bin. Nygaard ist noch im Zelt, aber ihn scheinen viele von ihnen als Ehren-Stammesmitglied anzusehen.

Vuk/Dieter gibt einen erleichterten Jauchzer von sich, als wir hinüber zum Auto laufen, und spricht mir damit aus der Seele. Wir ziehen uns an und werfen uns in die Sitze, um uns wieder in unserer eigenen Welt zurechtzufinden. Wir kommen überein, dass es Zeit zum Aufbruch ist, packen die Handtücher mit ein paar Worten des Dankes auf einem Zettel auf Nygaards Auto und machen uns auf den Weg durch die Sternennacht in Richtung Rosebud-Kasino an der Grenze von Nebraska. Es sind 40 Meilen bis dahin und zur nächsten Flasche Wein.

»Na, deine wilden Trauben hast du zu sehen bekommen!«, sagt Dr. Doom lakonisch zu mir. Ich habe sie nicht nur gesehen, sondern auch erlebt, wie der WILD GRAPE Wein tatsächlich nach ihnen schmeckt und nicht nur ein guter Rotwein ist, der zufällig aus merkwürdigen Trauben gemacht wird. Für die Sioux ist die natürliche Welt dort, wo sich die menschliche und die Geisteswelt treffen, und natürliche Phänomene sind daher auch im spirituellen Sinne bedeutungsvoll. Das bedeutet, dass der WILD GRAPE ebenso eine spirituelle Offenbarung in sich birgt, wie das Büffelfleisch *Medizin* enthält, wenn wir dafür offen sind. Nygaard ist ihr Vertrauter, der diese *Botschaft* für sie in der Welt des weißen Mannes verbreitet. Es kommt mir vor, als habe ich die *Aufgabe* bekommen, davon zu erzählen und zu berichten.

14. Oktober 2005 Als wir den Mietwagen am Flughafen von Rapid City parken, erinnere ich den Dr. daran, dass wir notieren müssen, wie viele Meilen wir gefahren sind, bevor wir den Schlüssel abgeben.

»2144 Meilen!«, sagt er nach einem Blick auf den Tacho, 3452 Kilometer, und klingt zufrieden mit sich selbst, dass er uns in elf Tagen ohne Zwischenfälle rund um die Dakotas kutschiert hat. Er hat ganz offensichtlich beschlossen, den Zwischenfall von gestern Abend zu vergessen, als er eine Kurve auf einem besseren Kiesweg zu schnell genommen hat und Glück hatte, den Wagen wieder unter Kontrolle zu bekommen, bevor wir uns in der Böschung überschlugen.

»Gute Leistung!«, lobe ich ihn. Von meinen Digitalfotos habe ich eine Ahnung von denen, die Vuk/Dieter mit Hilfe seiner Hasselblad und seines künstlerischen Empfindens zweifellos geerntet hat.

»Ich kann kaum erwarten, die Abzüge zu sehen«, sage ich zu ihm, als wir uns am Schalter zum Einchecken anstellen. Was ich keinem von beiden erzähle, ist der Inhalt einer E-Mail, die ich heute früh von Fred Scherrer bekommen habe. Sowohl er als auch der »Sheriff« erkrankten an dem Tag, als ich hier in Rapid City eintraf, mit denselben Symptomen wie ich. Die Diagnose lautete Westnil-Virus, das sich aus Afrika auf kalifornische Mücken übertragen hat, von denen eine uns alle drei beim Traubenverarbeiten gestochen haben muss. Glücklicherweise scheinen weder Vuk/Dieter noch der Dr. sich bei mir angesteckt zu haben, deshalb werde ich ihnen das erst mitteilen, wenn wir wieder zu Hause sind und sie die Erlebnisse der letzten elf Tage in Ruhe verdaut haben, ohne sich Sorgen darüber zu machen, ob sie sich ein gefährliches tropisches Virus eingefangen haben.

Ich weiß nicht, wie es ihnen geht, aber für mich ist es ein ganz anderes Amerika als alle, die ich vorher kannte, eine wahrhaft neue Welt, zu der jetzt Wein gehört, der in vielerlei Hinsicht wild ist. Es ist auch eine Welt voller Widersprüchlichkeiten, wie uns auch unsere Fahrt heute früh wieder klar gemacht hat. Als wir – vorsichtig – bei strahlendem Sonnenschein durch die raue Wildnis des Buffalo Gap National Grassland fuhren, schoss ein in Ellsworth stationierter B1-B-Bomber des 28. Bombergeschwaders über Berge, die sich nicht verändert haben, seit die Gletscher sich hier vor über 10 000 Jahren zurückgezogen haben. Er trainierte zweifellos für Einsätze an weit entfernten Orten, an denen die US-Regierung die Interessen der *Wasichus* als bedroht empfindet, so wie es der Fall war, als die Sioux ihnen die Black Hills nicht für einen Apfel und ein Ei verkaufen wollten. Angesichts des Desinteresses der *Wasichus* gegenüber dem Leid der irakischen Zivilbevölkerung, von denen mindestens 30 000 infolge des Einmarsches und der Besatzung gestorben sind, fürchte ich, dass die Sioux noch lange warten müssen, um das zurückzuerhalten, was ihnen rechtmäßig gehört. Ich bin nicht dazu gekommen, mit ihnen die Friedenspfeife zu rauchen, aber was ich gekostet habe, übertraf bei weitem meine Erwartungen. Vor allem das beste Büffelfleisch und die besten Weine aus wilden Früchten und Trauben schmeckten außergewöhnlich und bargen in sich den Frieden dieses Landes. Es ist mir egal, was die Welt von mir hält, wenn ich es so ausdrücke, aber hier in den Dakotas habe ich das *wahre Amerika* geschmeckt.

New York City

19. Oktober 2005   Ich stelle mich am besten gleich vor, damit Sie sich nicht fragen, was zum Teufel los ist, und warum das hier plötzlich ganz anders klingt als vorher. Stephen Taylor der werte Name, Yours Truly, ganz der Ihre. Komme aus Lewisham in Southeast London, zahlendes Mitglied der britischen Arbeiterklasse, Gott schütze uns. Bin 1966 geboren, gerade rechtzeitig, als England den World Cup gewonnen hat – im Fußball, für alle, die sich da nicht auskennen. In der Schule war ich 'n ziemlicher Versager, aber danach lief es ganz gut mit dem Immobilienverkauf, dann noch besser in den 90ern am NASDAQ, und jetzt kann ich wirklich nicht klagen, danke der Nachfrage. Heutzutage bin ich Venture Capitalist, selbständiger Investor in Unternehmen, die an der Spitze von Technik- und Wirtschaftsinnovation stehen. Heißt aber nicht, dass ich nicht 'n ganz normaler Kerl geblieben bin. Erzähle Ihnen das alles, weil mein guter Kumpel Stuart Pigott mich um 'nen Gefallen gebeten hat. Als wir uns '85 kennen lernten, war er 'n armer Kunststudent, kannte sich aber mit Wein schon ziemlich gut aus. Mein Durst für guten Wein entwickelte sich damals gerade, aber ich hatte keinen verdammten Schimmer davon. Tschuldigung, versuche diese Worte zu vermeiden, aber sie rutschen manchmal einfach raus. Über die Jahre hat mir Pigott viel geholfen, nicht nur mit dem Wein, sondern er hat mir auch seine Recherche-Methode beigebracht. Hat mich in meinen Geschäften 'nen Riesenschritt weitergebracht, deshalb ist es nur fair, dass ich in den nächsten drei Tagen für ihn die amerikanische Luxus-Weinszene erforsche. Soll für ihn an der »New York Wine Experience« der Zeitschrift »Wine Spectator« teilnehmen, *dem* »New Yorker Wein-Erlebnis«, und über alles Bericht erstatten, was ich bei dieser glamourösen Veranstaltung erlebe. Ich muss zugeben, ich hab so 'n gewisses Misstrauen. Warum will Pigott, dass ich das für ihn erledige? Gibt's da was Wichtiges über die »Wine Experience«, von dem ich nichts weiß und von dem er mir nichts erzählt hat, weil ich sonst aus der ganzen Sache aussteigen könnte? Wird sich das als irgendeine grässliche Reise in die finsteren Abgründe der Weinwelt entpuppen, statt dem ultimativen Weinbesäufnis? Oder hat er wirklich alles ausgepackt, als er gesagt hat, er will einfach bei der Orgie nicht erkannt werden? Denn, verstehen Sie, Pigott hat ab 1987 zehn Jahre lang als freier Mitarbeiter für den »Wine Spectator« geschrieben. Er hat mir gesagt, sie hätten ihn gut behandelt und gut bezahlt. Der Grund, warum er aufgehört hat, für sie zu arbeiten, war gewaltiger Frust über manche Aspekte der Redaktionspolitik von Chefredakteur und Herausgeber Marvin R. Shanken. Pigott meint, sie hätten jetzt vielleicht Angst vor ihm, wegen seines Rufs, den er sich seitdem aufgrund seines direkten Stils erworben hat – ich meine, er hat's damit ins »Wall Street Journal« gebracht, auf die erste Seite, über dem Knick! Er glaubt, »Yours Truly« kann sich in dieser Welt unauffälliger bewegen, fällt nicht sofort als kritischer Beobachter auf, so wie es ihm wahrscheinlich passieren würde. Ich kann Ihnen das alles erzählen, weil Pigott versprochen hat, meinen Bericht in keiner Weise zu zensieren, sondern nur meine Grammatik gerade zu biegen, damit Sie überhaupt verstehen, was ich in dieses komische altmodische Diktiergerät spreche, das er mir gegeben hat. Bevor er Anfang September Richtung Big Apple losgedüst ist, ist Pigott in mein Büro Nr. 10 in Belmont Hill, Lewisham, gekommen und hat mir 'nen dicken Packen Papiere gegeben, Unterlagen als Vorbereitung auf diesen Job. Aber verstehen Sie, ich bin extrem viel unterwegs, schließlich muss ich mich auf mehreren Kontinenten um meine Investments kümmern, deshalb hab ich den Packen meiner Assistentin Maureen gegeben und sie gefragt, was sie davon hält. »Lesen Sie's auf dem Flug nach JFK«, hat sie gesagt. Maureen muss es wissen, also habe ich das heute früh genauso gemacht. Der Packen war in verschiedene Akten unterteilt, jede mit einem anderen Thema. Ich habe keine Ahnung, warum er mir da dieses ganze Zeug über die Wirtschaft der USA, New York City und die Probleme der Bush-Regierung mit reingepackt hat, weil ich das alles sowieso genau verfolge wegen meinen Investments hier in den US of A. Die andren Akten über die amerikanische Weinszene, die »Wine Experience« und Marvin Shanken waren aber verdammt guter Lesestoff. Susanne, die Journalistin, die für Pigott dieses ganze Zeug zusammengetragen hat, ist nicht nur eine ziemlich attraktive junge Lady, sondern auch ganz schön clever. In dem Packen steckten ein paar klasse Sachen drin! Verstehen Sie, manche von diesen Informationen könnten »Yours Truly« sehr nützlich sein, auf eine Weise, an die Pigott sicher nicht gedacht hat, als er mir sie zusammenstellen ließ. Ich habe nämlich vor, eine ganze Menge Anzeigen im »Wine Spectator« zu schalten, für die Pinot Noir-Rotweine aus dem neuen Projekt mit meinem deutsch-rumänischen Partner »Philip Roth« in Rumänien. Wir planen, die Pinot-Noir-Marke PHILIP ROTH in exakt einem Jahr auf dem amerikanischen Markt zu lancieren. Bin aber nicht sicher, ob ich die Verbindung zwischen dem Zeug in den verschiedenen Akten erkenne, die Pigott da angeblich findet. Der große Unterschied zwischen uns ist, dass »Yours Truly« ein geradeheraus logisch denkender Kerl ist, während Pigott einer von diesen verrückten Querdenkern ist. Manchmal habe ich keine Ahnung, was er meint, aber wir haben genug Zeit verschwendet.

Los jetzt! Es ist einer dieser perfekten Herbsttage, die ganze Stadt leuchtet wie ein Diamantenhalsband im Schaufenster von Tiffany's. Ich bin gerade aus meinem Zimmer heruntergekommen, Suite 3908 im 39. Stock des Hotels »The Pierre«, mit wahnsinnigem Blick über den Central Park und die Dächer der Upper East Side – wenn die Info in Pigotts Akten korrekt ist, auch home sweet home eines gewissen Marvin R. Shanken. Einer der Gründe, warum mir das »The Pierre« so gefällt, ist, dass es inzwischen das einzige Hotel in Manhattan ist, in dem es noch Liftboys und Liftgirls – die süße kleine Schwarze! – gibt. Ich meine, wenn ich eine vierstellige Summe für mein Zimmer hinlege, soll ich dann verdammt nochmal selber auf die Knöpfe drücken? Tschuldigung. Draußen auf der Fifth Avenue sage ich dem Doorman, er soll mir ein Taxi rufen, dann nehme ich einen richtig tiefen Atemzug. An so 'nem Tag kann man die unerschütterliche Überzeugung der New Yorker so richtig riechen: Die halten ihre Stadt nämlich nicht nur für die wahre Hauptstadt ihres Landes, sondern auch den Mittelpunkt der Welt, der Galaxis, des ganzen Universums. Kann man ihnen nicht verübeln. Ist schließlich klar, dass sich alles ums Geld dreht, und das ist hier das größte Finanzzentrum auf dem ganzen Planeten. Mir ist das laute Selbstbewusstsein der New Yorker lieber als die mäuschenstille Überzeugung der Upper Class Brits, dass London immer noch der Ort ist, der einzig und wirklich zählt. Ihre Einstellung ist immer so'n unterschwelliges »Jedem steht 'ne eigene Meinung zu, so lange klar ist, dass ich Recht habe.« Solche Feinen-Pinkel-Sprüche kotzen mich an! Was die New Yorker draufhaben, kenne ich aus Lewisham, wahrscheinlich kommen wir deshalb so gut miteinander aus. Ich höre öfter, dass mein Einser-Haarschnitt – so kurz wie nur möglich – und meine Designer-Bartstoppeln auch helfen. So viel schlechter als Brad Pitt sehe ich wirklich nicht aus! Endlich hat der Doorman ein Taxi aufgetrieben. Ich drücke ihm ein paar Lappen in die Hand und steige ein.

»Westin Times Square«, sage ich und versuche dabei so zu tun, als würde ich genau wissen, wo dieses neue Hotel ist, obwohl ich noch nie da war und keine Ahnung habe, wo's liegt. Das ist eines der Geheimnisse, damit man von den Taxifahrern im Big Apple nicht übers Ohr gehauen wird – so tun, als ob man genau weiß, wo alles ist – obwohl das Problem viel weniger ernst ist als 1988, bei meinem ersten Besuch. Damals hat oft Osama bin Laden persönlich am Steuer gesessen, zumindest sahen viele der Taxifahrer genauso aus. Was sich überhaupt nicht geändert hat, ist der Verkehr. Nach wenigen 100 Metern stehen wir schon, direkt gegenüber vom »Plaza«. Das ist geschlossen, weil der neue Besitzer, Elad Properties aus Israel, das halbe Gebäude als Hotel renoviert und die andere Hälfte in

Luxus-Apartments mit Central-Park-Blick umwandelt. Ursprünglich wollten sie aus dem ganzen Kasten Apartments machen, aber dann hat New Yorks Bürgermeister Michael Bloomberg sich eingeschaltet und die Medien haben mächtig Druck gemacht. Uups! Die Israelis mussten klein beigeben und das »Plaza« lebt weiter! Elad hat 675 Millionen Dollar für das Ding bezahlt und plant, 350 Millionen Dollar zu investieren, um es richtig herauszuputzen, Gesamtausgabe über eine Milliarde! Also werden die Apartments ziemlich teuer ausfallen, selbst für »Yours Truly«. Heutzutage liegt der Durchschnittspreis für ein Apartment in Manhattan bei einer Million Lappen, und die teuersten Penthäuser gehen für über 30 Millionen Dollar weg! Aber eigentlich sind die Immobilien-Preise im guten alten England noch viel überzogener, durchschnittlich beinahe 50 Prozent überteuert im Gegensatz zu *nur* 20 Prozent hier in den US of A. Verstehen Sie, ich weiß, was in diesem Markt vorgeht, ohne dass ich irgendeine von Pigotts Akten dafür studieren muss! Die Renovierung des »Plaza« kostet Midtown Manhattan vorübergehend 348 Luxus-Hotelzimmer, das hält die Hotelpreise auf hohem Niveau. Es ist mir ein Rätsel, wie es Pigott geschafft hat, mir diese klasse Suite im »The Pierre« für 525 Dollar pro Nacht zu organisieren, die günstigste Rate, die sie zur Zeit anbieten. Ich muss ihn nach seinem Trick fragen – muss ein verdammt guter sein. Wir treffen uns gleich mit 'nem gemeinsamen Freund aus der Schweiz, »Alberto Giacometti«. Pigott hat mir erzählt, dass »Giacometti« auch für die »Wine Experience« hier ist und bei meinem letzten Briefing heute Abend dabei ist. Ich weiß, dass wir ihm vertrauen können, aber ich will nicht, dass er sich mit in diesen Job drängt.

Jetzt bewegen wir uns wieder, wenn auch nur kriechend, die Fifth Avenue hinunter, rechts an Bergdorf Goodman und Bulgari vorbei, dann kommt Tiffany's links, dann der Trump Tower; glitzernde Luxustempel, die nur darauf warten, deinen Kreditkarten einen heftigen Schlag zu versetzen, wenn du verrückt genug bist, da reinzugehen. Das ist einer Gründe, warum ich strikte Regeln habe, was attraktive junge Ladies betrifft – keine teuren Geschenke und so auch keine überzogenen Erwartungen! Das erinnert mich an eine interessante Sache in der Akte, die mir Pigott über die US-Wirtschaft gegeben hat. Es war eine Analyse aus der »Herald Tribune« vom 6. Juni 2005 über die 0,1 Prozent Spitzen-Steuerzahler der USA. Da stand, dass die am schlechtesten verdienenden unter dieser *Einer-von-Tausend*-Gruppe, immerhin 145 000 Leute, über ein Jahreseinkommen von 1,6 Millionen Dollar verfügen. Das ist fast ein Tausendfaches vom Preis des »Complete Package« – dem Ticket, das mir Pigott für die »Wine Experience« besorgt hat und das Eintritt zu allen Verkostungen und Dinners verschafft. Eigentlich bin ich sicher, dass es ein paar Weinfanatiker gibt, die wesentlich mehr als ein Tausendstel ihres Jahreseinkommens für ein »Complete Package« hinblättern, aber ich wette, dass die allermeisten auf der »Wine Experience« *Einer-von-Tausend* sein werden. Der Artikel hat außerdem klar gemacht, dass es Amerikas *Einer-von-Tausend*-Gruppe in den letzten Jahren ziemlich gut geht, danke der Nachfrage. Seit Reagan haben sie ihren Vorsprung ständig ausgebaut, und jetzt stellen sie 7,8 Prozent vom gesamten Privateinkommen der USA dar, mehr als das Doppelte als in 1980. Führt kein Weg herum, »Yours Truly« wird drei Tage mit 'nem Haufen Yanks verbringen, die es so richtig geschafft haben. Wirklich 'ne gute Gelegenheit rauszufinden, wie das erfolgreiche Amerika tickt. Allmählich begreife ich 'n paar von diesen Querverbindungen, die Pigott zwischen diesen verschiedenen Akten aufzeigt, jedenfalls glaube ich, dass ich endlich was begreife. Keine Frage, nirgendwo in der westlichen Welt ist Wein so'n wirksames Statussymbol für die Erfolgreichen wie hier in Amerika. Ich bin sicher, dass 'n guter Teil des Anstiegs beim amerikanischen Weinkonsum darauf zurückgeht, dass die weniger erfolgreichen – in diesem Artikel aus der »Herald Tribune« stand auch, dass der Anteil der unteren 90 Prozent der Steuerzahler am großen Kuchen in den letzten 25 Jahren immer dünner geworden ist – sehen, wie diese ganzen Filmstars und dicken Geschäftsleute in schicken Restaurants rumhängen und Wein trinken. Sie trinken selber Wein, damit sie sich wenigstens wie Filmstars und Macher fühlen können. Aber ich schätze, dass 'ne Menge davon sich auch Voodoo-Hoffnungen hingeben: Sie denken, wenn ich wie ein *Einer-von-Tausend* aussehe und tue, dann gehöre ich irgendwann dazu. Keine Frage, kindisch, aber nur menschlich! Das Problem ist, dass ein ganzer Haufen von diesem Hoffnungstrinken auf Kredit passiert, und zwar oft mit Kreditkarten, die bis an das äußerste Limit strapaziert sind. Kein Wunder, dass die durchschnittlichen Schulden pro Haushalt in den USA in nur 15 Jahren von 60 000 auf über 100 000 Dollar gestiegen sind. Ein Teil davon, kein Schwein weiß wieviel, geht auf das Konto Wein. Eigentlich werden viele dieser Schulden nur noch bedient, weil die Zinsen immer noch so niedrig liegen, und das sind sie nur, weil die Chinesen massenweise US-Treasury Securities kaufen. Chinas neue Wirtschaftsmacht gehört zu den Lieblingsthemen von »Yours Truly«, aber anstatt mich jetzt lang und breit darüber auszulassen, sage ich dazu einfach nur, dass Uncle Sam eine chronische Sucht nach chinesischen Dollaraufkäufen entwickelt hat und die asiatische Wirtschaftssupermacht eine ähnliche Sucht für US-Käufe von billigen chinesischen Konsumgütern. Ist außerdem beinahe eine Einbahnstraße, weil die meisten Chinesen die Qualität von US-Waren schlecht finden, und das ist 'n Problem, wodurch das US-Handelsdefizit dieses Jahr weit über 700 Milliarden Dollar liegen wird, ich meine, ein Problem unter vielen anderen. Ein Kumpel in Shanghai hat mir vor kurzem erzählt, dass das einzige richtig erfolgreiche US-Produkt in China heutzutage der Greenback, der Dollarschein, selbst ist. Dieser US-Dollar und die Dollarkäufe der Chinesen halten den chinesischen Yuan künstlich niedrig und steigern den Wert des Dollars, so werden die chinesischen Konsumgüter für die Yanks noch billiger. Uncle Sam und Miss Ying geben 'n verdammt merkwürdiges Paar ab, aber jetzt haben sie einander am Hals und müssen tanzen, bis einer von beiden schlapp macht. Habe keine Ahnung, wann das sein wird, aber keine Frage, wenn's passiert, werden beide Junkies mächtig unter Entzugserscheinungen leiden.

Aber jetzt sind wir endlich am Westin Times Square, 'n riesiges Stahl- und Glasding an der Ecke von der 43rd Street, eins von den neuen Skyscraper-Hotels in diesem Teil der Stadt. Mein Gott, hat sich Times Square seit 1988 verändert! Verstehen Sie, heutzutage ist das »Marriott Marquis Hotel« am Times Square – zwischen 45th und 46th Street auf der Westseite vom Broadway – als Veranstaltungsort der »Wine Experience« eine richtig lahme Adresse, aber damals in den Achtzigern war das gewagt. Damals brauchte man nur ein paar Meter in die Querstraßen reinzulaufen, um auf Typen in Hauseingängen zu stoßen, die Crack rauchten. Es war Kokain-City! Manche davon waren Penner, die ihre Sucht mit Verbrechen finanzierten, aber andere auch Geschäftsleute in Anzügen, die für ihre Kokain-*Rocks* mit dicken Gehältern aus dem Finanzdistrikt bezahlten. Das hat der Film »New Jack City« 1991 nicht gezeigt, obwohl sonst alles daran genau gestimmt hat, wie der Big Apple damals von Drogen verseucht war. Was mir auch im Kopf herumgeht, ist, wie man damals aus diesen Luxus-Apartmenthäusern in Midtown rauskam und direkt vor der Tür waren diese Bettler, die verdammt nach dritter Welt aussahen. Viele von ihnen waren ehemalige Klapsmühlen-Insassen, die Reagan »wieder in die Gesellschaft gebracht« hat, will sagen, auf die Straße gesetzt hat; eine verdammt dumme Politik, wenn Sie mich fragen. Tschuldigung. Ich meine, wofür sind Klapsmühlen da, wenn nicht, damit wir auf der Straße nicht über diesen Abschaum der Menschheit stolpern? Das Erstaunliche an der Situation war, wie die meisten New Yorker das scheinbar gar nicht mehr bemerkt haben. Sie haben es fast komplett ausgeblendet. Damals haben alle gesagt, dass der Big Apple wirtschaftlich wesentlich besser dran war als in seinen schlechten Tagen in den Siebzigern. Damals, als Präsident Ford New York einfach geantwortet hat, zum Teufel zu gehen, als die Behörden der Stadt von ihm verlangt hatten, die Stadt vor dem Konkurs zu retten. Keine

Frage, meine zwielichtigen ersten Eindrücke von der Stadt wurden bald Ur-Geschichte, mit Zero-Tolerance-Rudi-Giuliani als Bürgermeister ab 1993 und seinem harten Durchgreifen bei Drogen und Verbrechen. Obwohl manche von den umstrittensten Veränderungen in der Stadt eigentlich auf das Konto von Michael Bloomberg gingen. Er war es, der das Rauchverbot an allen öffentlichen Orten verhängt hat, so dass es sogar illegal wurde, im eigenen Büro einen Aschenbecher mit Büroklammern auf dem Schreibtisch stehen zu haben! Die Yanks haben viele großartige Ideen, aber sie treiben es oft zu weit! Aber trotzdem, Giulianis Law-and-Order-Kampagne hat es geschafft, in dieser Stadt aufzuräumen. In seinen acht Jahren als Bürgermeister hat er die Verbrechensrate auf 57 Prozent runtergebracht, Polizeischießereien um 40 Prozent reduziert, und das FBI hat diese Entwicklung schließlich besiegelt: die haben den Big Apple doch glatt zur sichersten Großstadt der US of A erklärt! Heute liegt die Mordrate bei ganzen 6,9 pro Hunderttausend pro Jahr – acht Millionen Menschen leben in der Stadt, falls Sie das genau ausrechnen möchten. Wobei, trotz dieser ganzen brutalen Kleinverbrechen und der hirnlosen Gewalt auf Londons Straßen unsere Mordrate immer noch nicht halb so hoch wie in New York ist. Auch bevor Pigott mich zu der kritischen Einstellung des Journalisten gegenüber Statistiken gebracht hat, habe ich ihr Versprechen nie geglaubt, die ganze heilige Wahrheit zu sagen. Aber Statistiken sind verdammt nützlich bei meiner Art zu arbeiten, und deshalb hab ich mich trainiert und kenne Stapel davon auswendig. Bei diesem speziellen statistischen Ausflug geht es um die wichtigsten Gründe hinter dem heutigen Wirtschaftsboom, der im größten Teil der Stadt herrscht. Giuliani hätte es nie geschafft, beinahe 700 000 New Yorker von der Stütze runter und in bezahlte Jobs zu kriegen, wenn die Straßen noch voller menschlichem Dreck und der dazugehörigen Chemie gewesen wären. Also Hut ab vor ihm, sage ich. Der einzige Ort, wo man noch spüren kann, wie der alte Times Square war, ist, wenn man an der Nordseite der 42nd Street aus der Subway kommt. Da lungert ziemlich sicher ein Rudel schwarzer und/oder hispanischer Teenager rum und verbreitet eine wirklich aggressive Stimmung. Die Gewalt scheint richtig in der Luft zu hängen, obwohl ich nie gesehen habe, dass hier irgendwas passiert wäre, und um ehrlich zu sein, kann man dieselbe Halbstarken-Testosteron-Spannung heutzutage so gut wie überall in Central London spüren.

Wie ist der Times Square heutzutage wirklich? Also, mit diesen ganzen blinkenden Lichtern und dem Lärm ist es hier wie im Inneren eines Flippers, und obwohl ich mit ganz normalem Tempo den Bürgersteig langlaufe, fühle ich mich wie ein Ball in diesem verdammten Ding! Tschuldigung, es rutscht einfach raus. Es ist dieser Overload an Informationen, vor allem von den riesigen Leuchtreklamen und Videos: »Coca Cola: It's the Real Thing« »Adidas: Impossible is Nothing«, »JVC: The Perfect Experience« – das perfekte Erlebnis, das einzig wahre und nichts ist unmöglich! Meistens die gleiche Message, obwohl's an diesem Ort 'ne besondere Bedeutung bekommt. Grantiert herrscht hier wohl der höchste Energieverbrauch pro Quadratmeter auf dem ganzen Planeten. Diesen Frühling war ich total baff, als ich genau hier so'n Riesen-Video-Ding gesehen habe: G L O B A L W A R M I N G www.undoit.org. Den Leuten, die das gesponsert haben, oder irgendjemand anderem war anscheinend überhaupt nicht klar, dass das Ding selbst mächtig zur Klimaerwärmung beiträgt. Vollkommen verrückt!

Ich gehe durch die riesige Glastür in die riesigen Glaswände des »The Westin« und fahre mit der Rolltreppe hoch in die Lobby, wo mich meine Kumpel Pigott und »Giacometti« schon erwarten. Sie scheinen sich schon mächtig gut zu unterhalten, und wir gehen direkt rüber in die Bar. Ich bin zwar auf Wein-Mission hier, aber jetzt bestelle ich erstmal 'n Bier. Die Bar ist eine von diesen Manhattan-Dingern, die so ausgelegt sind, dass jeder das Gefühl bekommt, dass er's endlich zum Mittelpunkt des Weltgeschehens geschafft hat. Und wenn du's schaffst, hierher zu kommen und 'nen Drink zu ordern und dich nicht fehl am Platz fühlst, siehst du wie'ne Million Dollar aus. Verstehen Sie, für mich und für »Giacometti« bewirkt es nichts, aber für die anderen muss es ein Wahnsinnsgefühl sein – ein *Millionen-Gefühl!* Ich nehme mal an, dass »Giacometti« etliche Millionen schwerer ist als ich, aber eine Sache habe ich sofort gelernt, als ich's zu den Superreichen geschafft habe: Solche Fragen stellt man einfach nicht. Und genauso, wenn ich die Geschichte erzähle, wie ich alle meine Investitionen am NASDAQ am 10. März 2000 verkauft habe, nachdem ich den Präsidenten von einem der Unternehmen, von dem ich Anteile hatte, halbbetrunken brabbeln gehört habe, dass der Markt seine Firma um 500 Prozent überbewertet – ich erzähle nie, wieviel Gewinn ich dabei gemacht habe. Um ganz ehrlich zu sein, eine Weile hatte ich Sorge, zu früh abgesprungen zu sein, aber dann hat sich rausgestellt, dass ich's nicht nur im richtigen Monat oder in der richtigen Woche, sondern an dem verdammt richtigen Scheiß-Tag getan habe! Tschuldigung, aber ich bin jedesmal so aufgeregt, wenn ich an den Augenblick denke, als der NASDAQ auf dem höchsten Stand aller Zeiten war. Mein alter Herr Peter Taylor – Gott hab ihn selig, ist leider seit 16 Jahren unter der Erde – wäre mächtig stolz auf mich. Ist kein Geheimnis, dass er sich mit Bank- und Postüberfällen durchs Leben geschlagen hat, war vor der Zeit der elektronischen Sicherheitssysteme. Nicht dass er dabei je jemanden erschossen hätte oder auch nur verletzt. Er hat's dem Rest der Bande nie erzählt, aber wenn sie 'n Ding gedreht haben, hat er immer Platzpatronen in seiner abgesägten Schrotflinte gehabt – er hat nur 'ne wirklich gute Show hingelegt. Pigott erklärt »Giacometti« gerade, dass genau das zu meinen Aufgaben die nächsten Tage gehört. »Yours Truly« muss den wohlhabenden, weinliebenden Unternehmer, der gerade ins Weingeschäft einsteigt, spielen und dabei die Augen verdammt weit aufhalten, verstehen Sie. Ich meine, eigentlich wird das 'ne einfache Show werden – genau das bin ich und das tue ich sowieso. Aber bevor Pigott mit seinen Erklärungen weit kommt, unterbricht ihn »Giacometti«.

»Warum? Was ist der Grund? Das Ganze kostet doch bestimmt viel Geld«, fragt er.

»Es ist teuer«, bestätige ich ihm, und dann zu Pigott, 'nen ganzen Zahn lauter: »Wo ist mein verdammtes Taschengeld? *Ich will meine verdammten 1000 Lappen – jetzt!*«

Uups, ich glaube, jetzt hab ich gerade dieses Million-Dollar-Gefühl für die anderen hier in der Bar völlig versaut, und Pigott muss dafür blechen, alle starren ihn an. Einen Moment lang sieht's aus, als ob er die Fassung verliert, aber dann rafft er sich zusammen und schiebt mir 'nen kremfarbenen Umschlag rüber, und ich kann die Greenbacks darin fühlen.

»Nun, ich möchte herausfinden, wie es am Luxusende von *Wein-Amerika* zugeht, und ob das hier tatsächlich der Mittelpunkt der Weinwelt ist, wie Shanken und viele andere anzunehmen scheinen«, sagt er zu »Giacometti« in diesem Hier-geht-es-um-seriösen-Journalismus-verstehst-du-Ton, aber unser gemeinsamer Freund wirkt nicht überzeugt.

»Es ist das absolut Entgegengesetzte von dem, was ich in Kalifornien und den Dakotas erlebt habe«, fügt Pigott hinzu, und »Giacometti« gibt Ruhe.

Wenn ich mich so umschaue, würde ich sagen, dass das hier der perfekte Ort ist, um attraktive junge Ladies aufzureißen, aber Pigott will sein Dinner, also wird's damit nichts. »Giacometti« zahlt für die Drinks, und wir nehmen ein Taxi nach Downtown ins »Landmarc«. Es ist ein altes Taxi und schaukelt mehr wie ein Schiff als ein Auto, aber ich meine, das gehört schließlich zum Charme vom Big Apple. Das Essen im »Landmarc« ist unspektakulär, 21. Jahrhundert, Italien-und-die-Welt, aber es ist eins meiner Lieblingsrestaurants in der Stadt, wegen der supergünstigen Weinkarte. Ich meine, theoretisch kann ich einfach irgendwohin gehen in dieser Stadt und die teuersten Flaschen ordern, aber ich hasse den Gedanken, mehr als nötig zu blechen. Man muss die Preise immer im Auge behalten, das hilft, mit den Füßen fest auf dem Boden zu bleiben. Das einzige Problem, wenn man hier oder an einem ähnlichen Ort mit Pigott auftaucht und er sowas wie seinen türkisfarbenen Gehrock von Vivienne Westwood anhat, denkt natürlich jeder, er ist schwul, und ich gleich mit! »Giacometti« dabei zu haben, ist wirklich hilfreich, mit ihm sehen wir eher aus wie Geschäftspartner.

»Landmarc« ist am West Broadway, unten in Tribeca, einem der Stadtteile von Manhattan, die 9/11 am schwersten getroffen hat. Ein volles Drittel der Jobs in Tribeca gingen im Winter 2001/2 flöten, und sie haben lange gebraucht, um wieder hoch zu kommen. Angesichts des Betriebs im »Landmarc« würde man das allerdings nicht glauben. Vielleicht sieht's nicht gleich jeder, aber das sind hier nicht nur *Uptown-* und *Bridge-and-Tunnel-Leute* aus den anderen vier Bezirken von New York City und New Jersey. Tatsächlich gibt's hier am südlichen Ende von Manhattan 'nen richtigen Wohnimmobilienboom. Die Belegung der Apartments in Battery Park City neben Ground Zero war direkt nach 9/11 runter auf 40 Prozent, jetzt liegt sie wieder bei 97 Prozent. Vor fünf Jahren haben nur um die 25 000 Menschen südlich von Chambers Street gelebt, jetzt sind's 35 000; und wenn die Projekte fertig sind, die zur Zeit im Bau sind, wird sich das fast verdoppeln. *Ultra-Downtown*, wie ich das nenne, wird sich genauso dramatisch verändern wie Soho in den Neunzigern, als aus 'ner coolen Adresse voller angesagter Galerien eine Shopping Mall mit lauter Geschäften wurde, die allerlei Jeans verkaufen. »Yours Truly« hat natürlich schon die angemessenen Investitionen in *Ultra-Downtown* getätigt. Die Empfangsdame sagt, dass der nächste Tisch in 45 Minuten frei wird. Kein Problem, entgegnet Pigott, er will uns sowieso noch 'n paar Sachen zeigen. Also verschwinden wir in Richtung »Brandy Library«, direkt um die Ecke in der North Moore Street.

Das ist eine dieser clubartigen Manhattan-Bars mit holzgetäfelten Wänden, Ledersesseln, warm, schummrig, dekoriert mit Geschäftsleuten in gestreiften Hemden und Hosenträgern. Nach dem was ich über ihn gelesen habe, könnte hier auch Marvin Shanken auftauchen und eine seiner kubanischen Zigarren aus der Vor-Castro-Zeit rauchen wollen. Aber Blomberg hat solche Angewohnheiten per Gesetz verboten und sich dadurch Shanken zum Feind gemacht. Es scheint, dass der Herausgeber der Zeitschrift »Cigar Aficionado« – 1992 von ihm gegründet, gute 13 Jahre, nachdem er den »Wine Spectator« für nur 40 000 Dollar gekauft hat – heutzutage den größten Teil seiner Zigarren im eigenen Büro raucht, wo er 'nen begehbaren Humidor hat. Heute Morgen im Flugzeug hab ich gelesen, 1993 hat er der »New York Times« erzählt, seine Frau Hazel hat ihm verboten zu Hause zu rauchen, und dass sie letzten August mit einer Spende zur Kampagne für die Wiederwahl von Bush und Cheney beigetragen hat. Sind sie bei der Politik genauso geteilter Meinung wie beim Rauchen? Wir bestellen 'nen billigen kalifornischen Sekt, ich hab mich nie an diese amerikanische Sitte gewöhnen können, vor dem Essen hartes Zeug zu trinken.

»Die ersten Fragen, die du versuchen musst auf der ›New York Wine Experience‹ zu beantworten, ist, wie die Luxus-Weinwelt von Amerika wirklich tickt und ob sie so etwas wie das Wein-Weltzentrum ist«, sagt Pigott ganz ernst. »Die zweite Frage ist, ob diese Welt starr und verschlossen oder offen und beweglich ist.«

Dann erzählt er von seinem Besuch der »New York Wine Experiences« von 1991. Es klingt schon ganz toll, nicht am wenigsten wegen der attraktiven jungen Lady, mit der er unterwegs war. Aber manches kommt mir wie eine Reagen-Zeit-Nostalgie vor. Ich meine, die Welt hat sich in den letzten Jahren mächtig verändert. »Natürlich spiegelt diese Veranstaltung die Zeitschrift ›Wine Spectator‹ wider und sie wiederum die Politik von Shanken, aus diesem Grund verdienen die beiden auch deine höchste Aufmerksamkeit«, schließt Pigott seine Erklärung.

Klar, der Häuptling gibt den Ton an, und die Indianer folgen ihm ganz brav. Jedes erfolgreiche Unternehmen hat System, und diese Kiste hat ein *Shanken-System*. Da möchte ich auch durchblicken und freue mich über den Schwierigkeitsgrad der Aufgabe. Fühle mich ein wenig wie Harry Palmer in einem dieser großartigen Spionagefilme mit Michael Caine aus den Sechzigern.

»Hier sind einige weitere Unterlagen zum Thema,« sagt Pigott und händigt uns einige Fotokopien aus. Auf dem ersten Blatt ist der Bericht von 'nem Gespräch zwischen ihm und Thomas Matthews vom »Wine Spectator« aus den frühen Neunzigern, in dem das damals bescheidene Mitglied des Redaktionsteams, das heute zum geschäftsführenden Chefredakteur aufgestiegen ist – eine Stufe unter dem großen Shanken selbst –, erklärt, warum er von London nach New York gezogen ist: »Nun, wenn man für Louis XIV arbeitet, geht man besser nach Versailles!« Naja, jeder erfolgreiche Unternehmer muss in großen Dimensionen denken. Dann kommt eine Geschichte von der ehemaligen »Wine Spectator«-Kolumnistin Jancis Robinson, wie sie von der Zeitschrift fallen gelassen wurde, weil sie in ihrem »Oxford Book of Wine« keine Eintragungen über den »Wine Spectator« oder Shanken schrieb. Das war wohl kein Einzelfall, da gibt's noch die Geschichte, wie Shanken Norah Lawlor als Klatschkolumnistin der Zeitschrift »Hamptons Country« – noch ein Titel in seinem Stall – gefeuert hat. Ihr Verbrechen war, dass sie 'nen Artikel für »The New York Post« geschrieben hatte, mit dem Titel »Welcome to the Hellish Hamptons« – »Willkommen in den mörderischen Hamptons«, in dem sie sich über die Menschenmassen in diesem Teil von Long Island beklagt hat, die »arroganten« Restaurants und die Cocktailpartys, auf denen man immer »dieselben 50 Leute« trifft. Das klingt wie die klassisch-amerikanische »Hire and Fire«-Methode. Als Journalist hat Pigott natürlich Sympathie für seine Kollegen, aber ich finde Shankens konsequentes Handeln richtig – ohne Disziplin hält man das Schiff nicht auf Kurs!

Der Sekt kommt und schmeckt wie billige Limo, aber das Süßsaure passt zu diesem Lesestoff. Die nächsten Seiten, die Pigott mir überreicht, sind voll mit Beschimpfungen gegenüber dem »Wine

Spectator« und Shanken, wegen ihrer Geschäftspolitik und ihrer Redaktionspraktiken – sprich, weniger erfolgreiche, neidische Konkurrenten und Winzer, solche, die noch nie die maximale 100 Punkte Bewertung für einen ihrer Weine bekamen, spucken Feuer und Galle in rauen Mengen. Sie sind sich einig, dass da irgendetwas Unsauberes läuft, aber Beweise bringt keiner von ihnen. Das kenne ich nur allzu gut. Solch Gerede gibt es auch über »Yours Truly«, weil in dieser Welt Neid und Frust regiert.

Für die zarte Blume Pigott ist das schockierend, aber langsam. Lass uns der Wahrheit direkt ins Auge schauen: Quasi jede Zeitschrift lebt von Anzeigen und von Abonnenten. Reise- und Auto-Journalismus sind wahre Sumpfgebiete, wo sich die Schreiberlinge ständig direkt und indirekt bestechen lassen. In Pigotts Akten steht Schwarz auf Weiß, dass für die Journalisten beim »Wine Spectator« strenge professionelle Standards gelten, die auch eingehalten werden. Wo ich aber ein echtes Fragezeichen setzen muss, ist bei der Selbstdarstellung des »Wine Spectator«. Hier beschreibt sich die Zeitschrift als weltoffenes Blatt, in dem jeder Wein die gleiche Chance auf die maximale Bewertung von 100 Punkten hat. Nur Qualität zählt und so weiter – Halleluja! Wenn hier 'ne mächtige Kluft zwischen Versprechen und der Realität bestehen würde, kann ich das Problem, das mein Freund mit dem Blatt hat, verstehen. Manche halten mich zwar für einen ziemlich aggressiven Geschäftsmann, aber meine Politik war es immer, ganz straight zu sein.

Das wahre Problem für »Yours Truly« ist nur, dass der »Wine Spectator« die einzige Zeitschrift ist, in der es sich überhaupt lohnt, Anzeigen zu schalten, die einzige, wo Anzeigen Leute wirklich dazu bringen, einen Wein zu kaufen. Als Anzeigen-Kunde muss ich sie einfach nehmen, wie sie sind.

»Hier ist noch etwas«, sagt Pigott und gibt uns beiden eine übergroße Fotokopie. Es ist ein Ausschnitt aus der »Herald Tribune« vom 3. Dezember 2003 mit einer Kolumne von Charles Levendosky von der »Star/Tribune« aus Casper/Wyoming namens »Dismantling U.S. Democracy«, Demontage der US-Demokratie. Was zum Teufel hat das mit der verdammten »New York Wine Experience« zu tun?

»Lies das Ganze«, sagt Pigott bedeutungsvoll, also tue ich das. Am Ende explodiert 'ne wahre Atombombe: »In einem vor kurzem gegebenen Interview sagte der inzwischen pensionierte General Tommy Franks, der die militärische Invasion der USA in Afghanistan und im Irak leitete, gegenüber der Männer-Lifestyle-Zeitschrift ›Cigar Aficionado‹, dass im Falles eines Anschlags auf die Vereinigten Staaten mit Massenvernichtungswaffen und den daraus folgenden bedeutenden Verlusten, die Verfassung außer Kraft gesetzt und von einer Militärregierung ersetzt werden würde. Solch eine Aussage von einem Vier-Sterne-General könnte darauf abzielen, die amerikanische Bevölkerung auf das Ende ihrer verfassungsmäßigen Regierungsform vorzubereiten, das Ende der Demokratie … Franks Aussage könnte Abschreckungstaktik oder ein politischer Versuchsballon sein, um zu sehen, wie die amerikanische Öffentlichkeit reagiert.« Ich meine, für »amerikanische Öffentlichkeit« kann man *Einer-von-Tausend* einsetzen, bei der Leserschaft von ›Cigar Aficionado‹, die noch weiter oben auf der Einkommenskala liegt als die beim ›Wine Spectator‹. Es sieht verdammt danach aus, als ob das Interview nur stattgefunden hat, damit Franks diese Aussage an die Öffentlichkeit bringen konnte, und gewisse Leute, die politisch so weit rechts liegen, dass sie beinahe unsichtbar sind, die Reaktionen darauf testen konnten. Laut Pigotts Akten erzählt Shanken gerne davon, wie er für Jack Kennedys Wahlkampagne gearbeitet hat und JFKs Zigarren-Humidor auf 'ner Versteigerung für beinahe 'ne halbe Million Lappen ersteigert hat. Ist das nur ein Deckmantel? Gehört er doch zu den 16 Prozent Einwohnern in Manhattan, die für Bushs Wiederwahl gestimmt haben? Ich bin beileibe kein Linker, aber das gibt mir schon zu denken. Ich nehme noch 'nen kräftigen Schluck von dem scheußlichen Prickelzeug.

»Zeit fürs Abendessen, glaube ich«, sagt Pigott feierlich. Endlich!

20. Oktober 2005 Es ist genau 18.30 Uhr. Vor den Fahrstühlen des »Marriott Marquis Hotel« wartet 'n ziemlicher Haufen, um zum »Critics' Choice Grand Tasting« im fünften und sechsten Stock zu kommen, das in dieser Sekunde startet, der allerersten Veranstaltung der »New York Wine Experience«. Ein freundlicher schwarzer Mitarbeiter in einem roten Jackett teilt uns mit, dass wir alle wesentlich schneller dorthin kommen, wenn wir die Rolltreppen nehmen. Also Massenauftrieb Richtung Rolltreppen, die sich sofort mit *Einer-von-Tausendern* füllen. Erinnert mich daran, was »Giacometti« gestern Abend beim Essen in den Raum gestellt hat. War gerade dabei, diese attraktive junge Lady in weißen Schlangenhautstiefeln und entsprechenden Beinen in Augenschein zu nehmen, aber plötzlich ganz Ohr: »Meint Ihr nicht, dass die *Shanken-Methode* darin besteht, in den Leuten ein Bedürfnis nach etwas zu erwecken, das sich nicht stillen lässt, so dass sie dann alles wollen, was sie nicht bekommen können?«

Hier sieht's jedenfalls ganz danach aus. Als ich vom vierten zum fünften Stock gleite, sehe ich ein Display, das verkündet, dass diese Fahrstühle die besten sind, die man für Geld kaufen kann! Und ich bin nicht der Einzige, der das mächtig zum Lachen findet, aber endlich haben wir Weinsüchtigen es zu der beeindruckenden Warteschlange vor dem Westside Ballroom geschafft. Um meinen Hals hängt das schwarzgrüne Schild, auf dem steht ALL EVENT ACCESS, Zutritt zu allen Veranstaltungen, und über meiner Schulter die schwarze Tasche mit dem »Wine-Spectator«-Logo, die mit zum »Complete Package« gehört und in der der schwere ringgebundene Katalog dieser Verkostung steckt. Zu meiner Überraschung geht es plötzlich schnell voran und schon Sekunden später bin ich im Weinparadies. Der Ballsaal ist riesig und seelenlos in dieser Art der Achtziger, wo man immer meint, ohne dicke wattierte Schultern im Jackett unsichtbar zu sein. Aber mein grauer gestreifter Etro-Anzug und der rote Etro-Schlips haben genug optische Schlagkraft – brauche mir nicht die geringsten Sorgen zu machen, mich wird diese

Blah-blah-blah-Kulisse nicht verschlucken. Der Plan in meiner Hand zeigt mir, dass in diesem Ballsaal die Tische 001 bis 127 sind. An jedem davon schenkt einer der laut »Wine Spectator«-Kritikern weltbesten Weinproduzenten einen einzigen Wein aus. Oben im Broadway-Ballsaal sind die Tische 128 bis 256 mit den weiteren »weltbesten« Weinen. Und man kann verkosten, was man will, in welcher Reihenfolge man will – Wein-Demokratie auf Amerikanisch. Obwohl sich die ganze Sache morgen Abend wiederholt, werde ich in 'ner kleinen Weile nach oben verschwinden, damit ich nicht was verpasse, was ich vielleicht nicht so schnell wieder zum Probieren kriege. Aber irgendwo muss man anfangen, also schnappe ich mir ein Probierglas von 'nem Tisch am Eingang und gehe direkt rüber zum Tisch 090, wo SCREAMING EAGLE ausgeschenkt wird. Wie ich immer sage: An der Spitze anfangen und sich von da runterarbeiten! Wer weiß, vielleicht lerne ich die reizende Jean Phillips kennen, Gründerin und Besitzerin dieser Miniatur-Winery, die den teuersten California-Cult-Cabernet erzeugt? Leider sieht's nicht danach aus, ihr Tisch ist von zwei jungen Kerlen in grauem Anzug besetzt. Aber wenigstens kann ich herausfinden, wie der Wein schmeckt. Ganze fünf Minuten nach der offiziellen Eröffnung drängeln sich hier die Leute schon. Einer der Gründe dafür ist natürlich der Preis! Ich meine, in einer von Pigotts Akten steht, dass das Zeug direkt von der Winery 300 Dollar pro Flasche kostet. Man kann ihn da aber nur kaufen, wenn man zu den Auserwählten auf Ms Phillips Mailingliste gehört. Hier draußen in der Wirklichkeit, auf dem so genannten Zweitmarkt von Weinhändlern und Weinversteigerungen, wird der 2002 SCREAMING EAGLE zwischen 1000 und 3200 Dollar gehandelt! Und in der aktuellen Ausgabe vom »Wine Spectator« bewertet ihn Jim Laube auf der »Wine-Spectator-100-Punkte-Skala« mit 95 Punkten. Alle Weine, die hier gezeigt werden, haben vom »Wine Spectator« mindestens 90 Punkte bekommen. In den Akten hab ich außerdem gelesen, dass Pigott über ein ganzes Jahr mit der reizenden Ms Philipps per

E-Mail korrespondiert hat, weil er unbedingt bei Screaming Eagle 'nen Termin haben wollte. War schließlich umsonst, aber am 24. Juli 2003 kommt Pigott auf sein Zimmer im »El Bonito Motel« in St. Helena/Napa, und da steht 'ne Flasche 1996 Screaming Eagle mit 'nem Gruß von Philipps auf'm Tisch! Zwei Tage später lässt er den Wein im Restaurant »The Farmhouse« in Sonoma für 'ne Gruppe von deutschen und kalifornischen Weinprofis ausschenken, blind natürlich. Sollten ihn alle auf der 100-Punkte-Skala bewerten, und lagen am Ende alle zwischen 86 und 89!

Da sind wir schon wieder bei den Zahlen, aber ich versuche immer, den ganzen Punktekram beim Verkosten zu vergessen. Erst muss man schließlich entscheiden, ob man das Zeug mag oder nicht. Wenn der Wein wie aufgelöste Scheiße riecht und schmeckt, ist alles andere unwichtig! Ich strecke mein Glas hin, und einer der Jungs im Anzug gießt mir 'nen bemerkenswert generösen Schluck ein. Der Wein hat diese schöne Granatfarbe, riecht süß nach schwarzen Johannisbeeren, wie richtig reife Cabernet-Sauvignon-Trauben, hat 'ne diskrete Toastnote aus den französischen Eichenholzfässern, in denen er beinahe zwei Jahre gereift hat, 'ne ganze Menge herbe Gerbstoffe, aber die sind gut integriert in den üppigen Körper, und der Abgang ist frisch, nicht etwa schwer – da sehen Sie, wie ich die ganzen Jahre von Pigott gelernt habe! Nicht schlecht für 'nen Amateur, oder? Was dieser Wein braucht, um so richtig gut dazustehen, ist 'n großes Steak oder einen Hamburger auf dem Teller. Dann könnte ich mich vielleicht zu 91 oder 92 Punkten hinreißen lassen statt der 90, die ich jetzt auf der *Stephen-Taylor-100-Punkte-Skala* dafür vergebe. Mein zweiter Stopp ist Tisch 098, direkt hinter Screaming Eagle, nur mit 'nem Vorhang dazwischen. Trotzdem muss ich zurück zum Eingang laufen und in den nächsten Gang, um zu Harlan Estate zu kommen. Davor stehen noch mehr Leute, der 2000 Harlan Estate ist auch einer dieser Napa-Cult-Cabernets, obwohl in ihm laut Katalog auch etwas Merlot-, Cabernet-Franc- und Petit-Verdot-Trauben stecken. Einer der älteren Typen hinter dem Tisch gießt mir 'ne Kostprobe ein, und man braucht kein »Wine Spectator«-Kritiker oder gar Stuart Pigott zu sein, um zu erkennen, dass das wirklich verdammt gutes Zeug ist. Tschuldigung, die Aufregung. Das Bouquet hat wirklich Hunderte von Nuancen, Kräuter, Gewürze, was weiß ich! Im Maul ist er riesig, hat 'nen Haufen herben Gerbstoff, aber der fühlt sich wie feines Pulver an, und irgendwie schafft es dieses Monster von Wein, richtig anmutig zu wirken. Das nenne ich 95 Punkte, vielleicht sogar 96!

Jetzt ein paar rote Bordeaux zum Vergleich. Drüben am Tisch 108 ist der 1996 CHÂTEAU LÉOVILLE LAS CASES: sehr fest, herb, schlank und … wie soll ich sagen … glitzert wie ein Rubin in 'ner Krone im Tower. Glaube nicht, dass er neben HARLAN ESTATE irgendein Problem hat oder umgekehrt. Lässt sich vom 1995 CHÂTEAU MOUTON-ROTHSCHILD, Premier Grand Cru Classé, so 'nem Wein für die feinen Pinkel in London gegenüber an Tisch 105 allerdings nicht sagen. Der riecht wie 'nen Topf Kaffee, den jemand heute früh in der Küche vergessen hat, ein schwerer Klumpen von holzbeladenem Rotwein. Nein, danke vielmals, nicht für »Yours Truly«! Das Gleiche gilt für 1999 CHÂTEAU MARGAUX, riecht nach Sellerie und schmeckt ziemlich dünn und langweilig. Außerdem hat er diesen Pflastergeruch nach Brett, das ist Brettanomyces, 'n hefeartiges Zeug, das in Weinfässern lebt. Ich meine, ich bin nicht Pigott, aber 'n paar Profi-Sachen hab ich schon mitgekriegt! Um die Ecke an Tisch 083 der 2001 CHÂTEAU LATOUR ist wie 'ne andere Welt dagegen. Er duftet wirklich verführerisch, weil sich sein Bouquet unmöglich nicht mit nur ein oder zwei langweiligen normalen Wein-Wörtern beschreiben lässt. Ich meine, verstehen Sie, das ist ein richtig ernsthafter Wein, die festen Gerbstoffe sind keinen Deut zu hart. Ich hab wirklich das Gefühl, die Weine gut zu verstehen. Diese Zahlengeschichte ist auch 'n toller Spaß: LÉOVILLE 96, MOUTON 78, MARGAUX 82 und LATOUR 93, Bingo! Jetzt ist es Zeit für »Yours Truly«, sich hinauf zum sechsten Stock zu bewegen. Wieder sind die Rolltreppen gesteckt voll, und als ich nach oben komme, wartet da eine lange Schlange, um 250 Dollar pro Kopf zu bezahlen, um nur heute Abend ab 19.30 Uhr verkosten zu können. So wie sie aussehen, schätze ich, dass sie direkt vom Büro kommen, und dass die meisten davon Einkommen haben, die deutlich unter 'nem Tausendfachen vom Eintrittspreis liegen. Aus 'ner Akte von Pigott weiß ich, dass dieser Haufen früher direkt in Richtung der Tische mit den Premier-Grand-Cru-Classé-Rotweinen aus Bordeaux gestürmt ist, dass das aber bei der letzten »New York Wine Experience« 2003 nicht mehr so war. Trotzdem gehe ich auf Nummer Sicher, wer weiß, was heute passiert. Der 2001 CHÂTEAU HAUT-BRION an Tisch 215 riecht nach Karamell und Leder, ein großes, klebriges Maul voll Rotwein, der plötzlich am Ende sauer wird. 78 Punkte und nein danke! Nebenan bei Tisch 214 der 2001 CHÂTEAU LA MISSION HAUT-BRION ist viel besser, wenn auch etwas herb und mager, mehr als 86 Punkte sind da nicht drin. Ich gehe zurück zum Eingang und den nächsten Gang hoch, um den Letzten der Premiers aus dem Médoc zu erwischen, CHÂTEAU LAFITE-ROTHSCHILD, wo es den Jahrgang 1998 gibt. Ist erst dick und üppig, dann ziemlich hart, eigentlich vollkommen durcheinander. Sorry, aber 84 Punkte ist alles, was »Yours Truly« hier machen kann, fürchte ich. Bis jetzt sind LÉOVILLE LAS CASES und LATOUR die einzigen von den roten Bordeaux, die die bedeutenden dreistelligen Summen wert sind, die dafür in den US of A pro Flasche verlangt werden, aber wenn ich richtig Geld für einen dicken Roten ausgebe, dann ist es HARLAN ESTATE. Warum? Weil er verdammt gut schmeckt! Da sehe ich auf dem Plan, dass zwei beinahe nebeneinander liegende Tische, 228 mit Dominus aus dem Napa Valley und 226 mit CHÂTEAU LA FLEUR-PÉTRUS aus Pomerol in Bordeaux, noch 'ne gute Kalifornien/Bordeaux-Vergleichsmöglichkeit bieten. Beide Weingüter gehören der Familie Moueix, das heißt, die beiden Weine kommen aus unterschiedlichen Welten, aber demselben Stall. Das ist die Art von Geschichte, über die professionelle Weinjournalisten schreiben, aber das kann ich auch. Der 2002 DOMINUS ist ein komischer Vogel, marmeladig und rau zugleich, als ob er sich verdammt nochmal nicht entscheiden kann, ob er nun 'n dicker, satter Kalifornier oder ein vornehm magerer französischer Auswanderer ist. Dann gehe ich rüber zu Château La fleur-Pétrus. Hinter dem Tisch steht Christian Moueix selbst, derjenige aus der Familie, der für die ganze Show verantwortlich ist. Ich frage, ob ich probieren kann, und er gießt mir mit 'nem breiten Lächeln einen guten Schluck von seinem Wein ein. Der hat ein verdammt verführerisches Parfüm und als er mir die Kehle hinunterfließt, denke ich daran, wie meine Hand einer Schönen im schwarzen Leder-Minirock und schwarzen Seidenstrümpfen das Bein hochstreicht … Ups! Tschuldigung, vielleicht politisch inkorrekt, aber ich meine, der Wein ist wirklich so weich und glatt wie Seide!

»Ihre Krawatte gefällt mir«, sagt Moueix. »Sie hat so eine Art von niedriger Auflösung!« Wahrscheinlich meint er das »Pixel-Muster« meiner Krawatte. Willkommen im 21. Jahrhundert!

»Es ist Seide, klar«, sage ich, »und der Wein ist 'ne sehr hohe Auflösung, eigentlich der eleganteste Rote, den ich heute Abend probiert habe.«

»Vielen Dank«, sagt Moueix darauf und scheint wirklich erfreut über mein Lob. »In einer Welt, in der wir mit von amerikanischen Winemakern erfundenen Power-Weinen konkurrieren müssen, die von der amerikanischen Weinpresse hochgejubelt werden, wird das nicht immer geschätzt. Aber wer will schon wirklich *Blockbuster* trinken?«

Was hat er dann verdammt nochmal hier zu suchen, in der Höhle des Löwen, umringt von *Blockbuster* saufenden Yanks? Mit diesem Wein im Glas kann ich seinen Blickwinkel halbwegs verstehen, aber der 2000 Harlan war aufregender als sein Wein, und das ist ein amerikanischer Power-Wein wie die, die er gerade abgekanzelt hat. Tut mir Leid, Christian, für »Yours Truly« heißt es: Harlan 96, La Fleur-Pétrus 94.

Plötzlich strömen die Horden von 250-Dollar-New-Yorkern in

den Ballsaal, und für einen Moment verliere ich den Überblick. Ich schlendere herum und beäuge die ganzen *Sex-and-the-City-Babes* in tiefausgeschnittenen Kleidchen und stratosphärisch hohen Absätzen, und da entdecke ich wieder diese junge Lady in den weißen Schlangenstiefeln. Sie steht vor Tisch 243 mit 'nem Typen in langweiligem dunkelgrauen Anzug – der ganze Saal ist voll von ihnen –, der ihr erzählt, was sie von dem 2002 Wolf Blass Gold Label Shiraz zu halten hat. So wie sie an seinen Lippen hängt, hab ich da keine Chancen. Auch an Tisch 224 siehts so aus, die Leute drängen sich vier, fünf Mann tief und versuchen 'nen Schluck vom 2001 Hillside Select Cabernet Sauvignon von Shafer aus Napa Valley zu ergattern. Hier sind Kritiker und Publikum anscheinend einer Meinung! Ich boxe mich nach vorne durch. Mr Shafer sieht zwar wegen meiner brutalen Taktik leicht verärgert aus, gießt mir aber trotzdem ein. Der Wein ist noch heißer als die Lady in den weißen Stiefeln, hält aber genauso gut die Balance auf hohen Absätzen – eine 98-Punkte-Sexbombe! Eine ernsthafte junge Frau irgendwo aus Fernost spricht mich an, ob ich ihr Tipps für kalifornische Weine geben kann. Sie schreibt alles auf, was ich sage, dann gibt sie mir ihre Karte, auf der steht, dass sie Pak Choi heißt. Nicht mein Typ, aber ich lächle sie trotzdem an, man weiß ja nie.

Ich dränge mich weiter durch die Massen in den nächsten Gang zu einem anderen California Cult Cabernet, dem 2002 Eisele Vineyard von Araujo an Tisch 205. Ein totaler Gegensatz zum Shafer, mächtig und mit enorm herben Gerbstoffen, aber auch richtig mineralisch – 94 Punkte. Plötzlich wird mir klar, dass der große, dünne Typ mit dem Schnurrbart neben mir tatsächlich Jim Laube ist, der »Wine Spectator«-Kritiker, der für die Bewertung der kalifornischen Weine zuständig ist. Als ob ihn ein Engel mir auf dem Silbertablett anbietet; Zeit für 'n bisschen ernsthaftes Networking! Mit 'nem richtig breiten Grinsen strecke ich ihm die Hand entgegen.

»Stephen Taylor, hoch erfreut, is' mir eine wirkliche Ehre!« Ich erzähle ihm, dass viele Leute in meiner Heimat auf kalifornische Rotweine hochnäsig herabblicken, dass er aber nach dem, was ich hier verkostet habe, Recht hat, sie im »Wine Spectator« so zu loben.

»Oh, danke«, sagt er und scheint leicht überrascht, dass er so direkt angesprochen wird. »Ich glaube, dass sie hier in den letzten Jahren wirklich große Fortschritte gemacht haben und viele Leute außerhalb Amerikas haben das noch nicht mitbekommen.«

»Leider trinken viele meiner Landsleute trotzdem lieber weiter einen stinkenden, grünen Bordeaux als einen reifen, sauberen California Cabernet«, erkläre ich.

»Sie haben Recht«, sagt er darauf. »Ich habe eine Menge Brett heute abend in den Bordeaux-Weinen gerochen. Wissen Sie, Brett ist eine großartige Methode, um eine große Menge Wein gleich schmecken zu lassen.«

Brett steht für unsere kleinen Freunde die Brettanomyces. Schon vor langer Zeit habe ich von Pigott gelernt, dass so gut wie alle Spitzen-Château Medoc/Bordeaux sechsstellige Jahresproduktionen haben. Aber wie viele Châteaux haben 'nen Tank, der groß genug ist, um den gesamten Wein eines Jahrgangs zusammenzulegen und vor der Abfüllung geschmacklich auf einen Nenner zu bringen? Ich schätze, die korrekte Antwort lautet, kein einziges. Brett im Wein könnte also helfen, damit geschmackliche Unterschiede zwischen einzelnen Partien überdeckt werden, die auf dem Etikett denselben Namen und denselben Jahrgang tragen. Ich hab außerdem vor langer Zeit gelernt, dass ein Teil von dem, was bei rotem Bordeaux »Regionalcharakter« genannt wird, eigentlich der ledrige Ton von einer leichten Brett-Infektion ist.

Ich danke Laube für seine Zeit – besser, es nicht gleich zu übertreiben. Rumänien kann ich ihm nächstes Mal verkaufen. Ich gehe weiter den Gang runter, und ich kann's kaum glauben, da steht der bärtige, pummlige Marvin R. Shanken! Der *große Mann* himself, das ist nicht nur ein Silbertablett, das ist ein verdammter Goldklumpen! Er ist tief im Gespräch mit zwei anderen Wein-Businesstypen im grauen Anzug versunken. Ich pirsche mich also so unaufdringlich wie möglich heran, hänge unauffällig neben ihnen rum, bis das Gespräch beendet ist. Dann trete ich direkt vor ihn und ergreife seine Hand, während ich ihm überschwänglich für den großartigen Abend danke. Seine Hand ist schlaff und unverbindlich.

»Wo sonst kann man diese ganzen großen Weine nebeneinander probieren? Nirgends!« Ich will eigentlich noch sagen, wie wunderbar demokratisch die ganze Sache ist, weil jeder die Chance hat und selbst entscheiden kann, welcher Wein ihm am besten gefällt, aber das Zeug von gestern Abend in der »Brandy Library« kommt mir plötzlich in den Sinn, und da bleibt mir das D-Wort im Hals stecken.

»Großartig! Machen Sie weiter so«, sage ich also nur, aber meine es doch ernst. Er lächelt ziemlich lahm, als ob irgendwas nicht stimmt. Stört ihn meine große Gianfranco-Ferré-Sonnenbrille, die ich zum Schutz vor neugierigen Blicken trage? Is' meine Arbeiterklasse-Stimme zu laut?

»Danke«, sagt er leise und verschwindet in der Menge, seiner Menge. Keine Frage. Der *große Mann* wird viel schwerer zu knacken sein als Laube. Morgen werde ich in meiner Kampagne einen Gang höher schalten. Als ich heute Nachmittag zurück ins »The Pierre« gekommen bin, nach dem Registrieren hier und einem langen Spaziergang durch Greenwich Village, war ein Brief für mich unter der Tür der Suite 3908 durchgeschoben worden. Es war eine Nachricht von Rachel Nexus-Six, einer Mitarbeiterin von M. Shanken Communications Inc., um 14 Uhr 19 auf »The Pierre« Notizpapier getippt. Darin war eine Mobilnummer angegeben. Ich hab Rachel Nexus-Six gleich angerufen, und wir haben ein Treffen für morgen Mittag um zwölf während der Mittagspause der »Wine Experience« ausgemacht. Sie hat sich richtig verschluckt vor Eifer, als ob sie's gar nicht erwarten kann, mich kennen zu lernen.

Aber jetzt will ich 'ne attraktive junge Lady kennen lernen, mit 'nem Kopf fürs Geschäft und 'nem Körper für die Sünde. Ist wirklich genug von diesem verdammten Weinspaß für einen Abend, wie wär's mit'n bißchen Sex and the City ... *Das übrige Material, das Stephen Taylor am Abend des 20. Oktober 2005 aufzeichnete, stand in keiner Verbindung zur »New York Wine Experience« und wurde als irrelevant vernichtet.*

21. Oktober 2005 »Willkommen zur 25. ›Wine Experience‹ ... es ist ganz schön erstaunlich«, dröhnt Shanken vom Rednerpult auf der linken Seite der Bühne des Broadway Ballsaals den über 1000 Leuten entgegen, die ihm in langen Reihen gegenübersitzen. Wie alle anderen sehe ich ihn allerdings auf dem riesigen Videobildschirm über der Bühne. Jetzt ist er wirklich groß! Und schau mal einer an – die rote Krawatte, die er anhat, ist beinahe die gleiche wie das Meisterwerk an niedriger Auflösung von »Yours Truly«! Es ist kurz nach 9 Uhr, und ich bin noch leicht geschafft von meiner durchfeierten Manhattan-Nacht. Gottseidank, dass ich mir in weiser Voraussicht im »The Pierre« Frühstück aufs Zimmer bestellt hatte.

»Waren es nicht die größten Weine, die wir je bei einer ›Wine Experience‹ hatten?«, dröhnt Shanken weiter und meint gestern Abend. »Ich meine, Leute, Ihr werdet so verwöhnt, Ihr wißt gar nicht wie!«

Ohne die geringste Gestik, oder was Auffälliges in diese Richtung, bearbeitet er die Menge, obwohl er eigentlich nur die Geschichte von 25 Jahren »Wine Experience« erzählt. Ich hab das schon alles in der dicken Hochglanzbroschüre gelesen, die wie die Tasche zu jedem »Complete Package« gehört, und meine Augen wandern über die pompöse Kulisse des Ballsaals. Doch dann kommt Shanken plötzlich wieder zur Sache.

»26 000 Flaschen Wein werden zum Einsatz kommen, 64 000 Gläser und vor allem – wir werden Wein im Wert von *drei Millionen Dollar* an diesem Wochenende trinken! Ich wünsche allen ein großartiges Wochenende!«

He, Hut ab, keine Frage, 'ne gekonnte Show. Er hat da genauso viel drauf wie »Yours Truly«! Um 9.20 Uhr, mit nur fünf Minuten Verspätung, beginnt die »Weine des Jahres-Rückblicksverkostung«. Sie wird von Harvey Steiman am Rednerpult geleitet, dem »Wine Spectator«-Redakteur für besondere Angelegenheiten, sowie von Jim Laube auf der rechten Seite der Bühne, näher zu »Yours Truly«. Zwischen ihnen sitzen an einem langen Tisch in einer Reihe sieben berühmte Winzer. Steiman mit seinem warmen, runden Gesicht, dem silbernen Bart und dem kurzem Silberhaar sieht aus wie ein Onkel, den ich als Kind gern gehabt hätte. Aber auch Laube ist schon ziemlich grau. In Pigotts Akten steht, dass Laube 54 ist und Steiman 58, aber ich meine, beide sehen älter aus, richtig müde. Verstehen Sie, Robert Mondavi war 53, als er 1966 seine NAPA VALLEY WINERY gegründet hat, und er hat dann die ganze verdammte Weinwelt auf den Kopf gestellt!

»Wir müssen wirklich begeistert von etwas sein«, sagt Laube, um zu erklären, wie es zu einem »Wein des Jahres« kommt, aber er klingt total unbegeistert. Er sieht auch aus, als ob er sich da oben überhaupt nicht wohl fühlt, vor dem gesammelten »Complete-Package«-Haufen.

»Der Preis sollte unter dem liegen, was man für diese Qualität erwartet«, nuschelt Steiman, als ob's um Waschpulver im Sonderangebot ginge!

»Und dann ist da die Frage, wie viele Kisten produziert wurden«, fügt Laube hinzu, wie ein Lagerverwalter bei der Jahresinventur.

»Das andere ist das, was wir den X-Faktor nennen … es ist wirklich aufregend, auf etwas zu stoßen, das unsere Gedanken über Wein verändert«, lässt sich Steiman wieder hören, aber so lahm, dass seine Inspirationslampe wirklich nur müde flackern kann. Ich möchte nicht überheblich klingen, aber »Yours Truly« könnte hier 'ne bessere Show abziehen! Gottseidank sind die Weine interessanter, wäre sonst wirklich nicht auszuhalten. Besonders die älteren California Cabernets – wirklich 'ne seltene Gelegenheit, sowas auf

die Zunge zu bekommen. Der 1986 PRIVATE RESERVE von BERIN-
GER (Wein des Jahres 1990) und der 1990 SPECIAL SELECTION von
CAYMUS (Wein des Jahres 1995), beide aus Napa, sind ziemlich
schwere Klopper, nicht gerade subtil, aber der 1996 CINQ CÉPAGES
von CHÂTEAU ST. JEAN aus Sonoma (Wein des Jahres 1999)
schmeckt köstlich. Voll und kräftig, aber nicht ausladend, dicht
und geschliffen, mit diesem Duft nach frischen Kirschen, der direkt
auf einen zukommt und einem auf die Schulter klopft wie 'n alter
Kumpel; 95 Punkte von »Yours Truly«. Ist auch der einzige Wein
hier, der von einer Frau vorgestellt wird: Margo Van Staaveren.
Nicht mehr ganz jung, aber doch noch 'ne dunkelhaarige Schönheit. Die Männer ziehen alle die gleiche Show ab, danken Shanken
persönlich, dass sie hier sein dürfen, blah, blah, vielleicht sitzt ihnen
die Angst im Rücken, sie könnten genauso fallen gelassen werden
wie Jancis Robinson und Norah Lawlor.

Van Staaveren dagegen setzt auf mehr Risiko: »Danke für Ihre
Weinbegeisterung, denn ohne die wären wir heute nicht hier«, sagt
sie zu uns »Complete-Package«-Leuten und bekommt dafür leisen
Applaus. Wir *Einer-von-Tausendern* wollen uns schließlich nicht zu
offensichtlich selbst loben, oder? Die Probe endet mit zwei Vintage
Ports, FONSECA und TAYLOR, beide Jahrgang 1994 (Weine des Jahres 1997), die beide nicht nur süß sind, sondern wirklich guter
Stoff. Das Problem ist, dass »Wine Spectator«-Kritiker James Suckling beiden 100 Punkte verpasst hat, was sie für »Jours Truly« nicht
annähernd verdienen. Das einzige, was ich aus dieser ganzen Geschichte hier gelernt habe, ist, dass ein Wein, um »Wein des Jahres«
beim »Wine Spectator« zu werden, rot sein muss, viel Alkohol und
viel Gerbstoff haben muss, und außerdem 'n richtiger Kumpel sein
muss. Nach diesem Ausflug in die Geschichte des »Wine Spectators« wird die Bühne geräumt, und Steiman stellt Matt Kramer vor,
»das schwarze Schaf des ›Wine Spectators‹«. Klingt spannend, aber
dann kommt 'n großer Kerl mit schütterem Haar, großer schwarzer
Brille und ernster Miene zum Rednerpult.

»Die Predigt des heutigen Tages trägt den Titel ›Natürliche Weine im 21. Jahrhundert‹«, setzt der Kolumnist des »Wine Spectators« an und erntet die ersten Lacher. Die Matt-Kramer-Show entpuppt sich als 'ne Mischung aus Predigt und Stand-up-Comedy, ist aber mächtig unterhaltsam. Das einzige Problem ist, das es nicht allzu lange dauert, bis sich seine Egomanie wie ein übler Gestank im ganzen verdammten Ballsaal ausbreitet.

»Jeder hat Meinungen. Ich bin der mit der Kolumne«, frotzelt er. So gut wie keine Lacher, weil es stimmt. Wir *Einer-von-Tausendern* lassen uns zwar vielleicht manchmal sagen, was wir denken sollen, aber wir wollen absolut gar nicht wissen, dass das so ist. Ich gehe raus, um 'ne Stange Wasser abzusetzen und Maureen anzurufen, hören, was so los ist in meinem Hauptquartier in London. Bin gerade rechtzeitig wieder drin, um den letzten von drei Weinen zu erwischen: den roten 1999 Volnay-Santenots du Milieu von Domaine Leroy in Burgund. Der Name ist ja 'n wirklicher Zungenbrecher, aber der Wein schmeckt verdammt total erstaunlich – tschuldigung – war es wert, diesen ganzen Blah-blah-Kramer-Kram über sich ergehen zu lassen, und wenigstens trifft der Kolumnisten-Prediger hier ins Schwarze: »Ein tiefer Brunnen … ein Fjord an Geschmack.« Bisschen poetisch, aber nicht schlecht; von »Yours Truly« bekommt so 'n Wein jedenfalls die vollen 100 Punkte. Ist auch der teuerste Wein heute Morgen, 300 Dollar pro Flasche. Das ist langfristig genau mein Ziel für die Pinots Noirs, die ich gerade angefangen habe, mit »Philip Roth« in Rumänien zu produzieren; perfekter Rotwein und astronomische Preise mit riesiger Gewinnspanne!

Letzter Programmpunkt vor meinem Treffen mit Rachel Nexus-Six ist eine Vertikalprobe von einem toskanischen Rotwein namens Masseto, der von der Tenuta dell'Ornellaia in Bolgheri gemacht wird. Am Rednerpult der smarte, schlaue James Suckling, bewaffnet mit 'nem Apple Notebook, sieht aus wie der Präsident von irgendeiner Software-Firma. Ich kenn viele dieser Spezies, hab die ganze Zeit mit ihnen zu tun. Am Tisch in der Mitte der Bühne sitzen zwei Typen, den ersten stellt Suckling als Lamberto Frescobaldi vor – gehört zur Familie der Besitzer, sieht aus wie altes Adelsblut, ist auf die richtige Schule gegangen, richtige Universität und so weiter. Der andere, jüngere, ist der Direktor vom Weingut, Leonardo Raspini, wirkt ziemlich intelligent und fähig, statt einfach nur den richtigen Stammbaum raushängen zu lassen. Suckling erzählt uns sofort, dass der Jahrgang 1997 ein enormer Wendepunkt für den italienischen Wein war, und er der erste, der das 1998 gemerkt hat. Er erzählt, dass er seitdem in Italien lebt: »Ich fühle mich zum Teil als Italiener.« In einer von Pigotts Akten stand die Vorgeschichte dazu, dass Suckling Sohn eines Steueranwalts aus Los Angeles ist, mit 'nem Tennis-Stipendium auf die University of Utah gegangen ist, dann Journalismus auf der University of Wisconsin studiert hat. 1981 hat Shanken ihn engagiert, ihn '85 nach Paris geschickt, '87 nach London, und im Juni '98 schließlich ist er in das Dorf Borro in der Toskana gezogen. Das Haus, in dem er lebt, hat er von der Luxusfirma Salvatore Ferragamo gemietet, denen das ganze Dorf seit 1993 gehört! Und weil es die schöne Toskana ist, machen unsere Freunde Ferragamo in Borro natürlich auch Wein, und Suckling gibt den Weinen liebenswürdigerweise bis zu 92 Punkte im »Wine Spectator«. Kein Kommentar. Das Publikum ist unaufmerksam, und Suckling weist sie zurecht, von sich eingenommen wie 'n junger Schullehrer. Ich meine, da ist schon noch was Jungenhaftes an ihm, aber in Pigotts Akte steht, dass er schließlich auch erst 44 ist! Hut ab. Außer dem mickrigen 1995, mit dem die Probe losgeht, sind das üppige Weine. Aber verlassen Sie sich nicht auf »Yours Truly«, fragen wir das Paar mittleren Alters aus Michigan neben mir, was sie vom 2001 MASSETO halten, den Suckling mit 100 Punkten bedacht hat. »Mir gefällt er gut«, sagt sie mit freundlichem Lächeln, das ziemliche Investitionen auf dentalem Gebiet freilegt.

»Als ich das im Frühjahr [2002] probiert habe«, lässt sich Suckling da gerade auf der Bühne vernehmen, »habe ich zu Leonardo

[Frescobaldi] gesagt, wenn du mit dem Scheiße baust, spreche ich nie wieder mit dir!«

Freundliche Worte für die Frescobaldis … haben immerhin nach meinen Berechnungen 576 Flaschen MASSETO für diese Geschichte hier gestiftet. Und auch keine Scheiße gebaut. Ist ein köstliches Glas Rotwein, richtig großartig samtig, wie 'ne üppige Lady. Und der Nachgeschmack, ich meine, der Nachhall, hört gar nicht mehr auf. Aber 100 Punkte ist er nicht wert, und der Preis hat sich verdoppelt, seit er für 250 Dollar auf den Markt gekommen ist, das ist einfach zu teuer. Wie Suckling vor kurzem wohl in einem Interview gesagt hat: »Wenn Weine teuer werden, dann wird viel Wein aus den falschen Gründen getrunken, Investition, Status, etc.«

Da hat er nun wieder Recht! Aber gestern war viel interessanter, außerdem wird's Zeit für meinen Mittagstermin, also mach ich hier 'nen Abgang. Ich bin gerade mit 'ner weiteren Telefonkonferenz mit Maureen durch, als um Schlag 12 Uhr 15 die kleine, züchtige Ms Nexus-Six auftaucht. Sie ist ganz in Schwarz, Hosen, schulterlanges dunkles Haar, ernst, zielstrebig. Kurz gesagt, die klassische New Yorker Powerfrau, die die Welteroberung im Kopf hat. Sie schlägt vor, dass wir hoch in den achten Stock auf einen Kaffee gehen, und wenige Minuten später stehen wir im Atrium, das den Kern von diesem aufgeblasenen Architekturverbrechen bildet, in der Schlange vor der hotelinternen Starbucks-Filiale. Nexus-Six ist ultrafreundlich zu »Yours Truly«, aber schließlich, verstehen Sie, sind wir hier, um über einige hunderttausend Dollar an Anzeigen im »Wine Spectator« zu reden! Mir fällt allerdings auf, dass sie ihren regulären Latte mit kalter Milch auffüllt, der Trick, dass er sich schneller trinken lässt. Und sie hat verdammt viel zu erzählen. Es dreht sich alles darum, wie großartig der »Wine Spectator« ist. Die Kolumnisten und Kritiker unten haben uns vielleicht mit dem Löffel gefüttert, aber das hier ist reine Zwangsernährung, und ich bin die Gans, die für Shankens Tisch gemästet wird. Wir gehen rüber zu 'ner Sesselgruppe um einen kleinen runden Tisch mit schwarzer

Marmorplatte, auf den ich meinen Latte, Mobiltelefon und Diktaphon packe. Sie holt kaum Luft, als sie sich gegenüber von mir hinsetzt, und ist gar nicht mehr zu bremsen, wie sie erzählt, dass der »Spectator«, wenn es um Wein geht, »die Zeitschrift Nummer eins weltweit« ist, »385 000 bezahlte Exemplare … zwei Millionen Leser, erstaunlich!« Ich kenn die Zahlen schon aus der E-Mail-Korrespondenz, die »Roth« mit ihrer Abteilung seit zwei Monaten führt. Die Frage für mich ist: Was bieten sie wirklich für diesen fetten Haufen Lappen, abgesehen von 20 ganzseitigen Vierfarb-Anzeigen? Es sprudelt aus ihr raus wie der Dampf aus dem Topf mit Kohlrüben, die es früher bei meiner Mum gab, wenn sie kurz vor dem Überkochen waren.

Sie erzählt mir, dass sie weiß, dass ich meine Entscheidung schon getroffen habe, und deshalb nicht versucht, mir etwas zu verkaufen. Scheiße, tust du doch! Tschuldigung wegen das Sch-Wort, aber das ist, wie zu behaupten, dass das, was passiert, bevor der Fisch im Netz landet, nicht Fischen wär! Und ich spreche da als Fischer, im wörtlichen und im übertragenen Sinn. Nach dieser ganzen Mega-Selbstvertrauen-Show wirft sie das Ruder plötzlich rum und erzählt, das die Konkurrenzblätter alle Scheiße sind. Ich sage ihr, dass ich, was Anzeigen betrifft, von der monogamen Art bin und mir schon klar ist, dass die Konkurrenz Scheiße ist, aber das scheint bei ihr nicht richtig anzukommen. Was würde ankommen? Wahrscheinlich sowas wie: »Machen wir daraus doppelseitige Anzeigen!«, »Shanken über alles!« oder »Let's do it in the Road.«

Also muss ich meine Taktik ändern und erkläre ihr, dass ein ganz großes Problem für »Roth« und mich das Scheiß-Image von Rumänien ist, wegen der 40 Jahre Kommunismus und weil Nicolae Ceaucescu nicht gerade zu den Sympathieträgern des 20. Jahrhunderts gehört. Eine Sekunde lang bringt sie das durcheinander, weil sie weiß, dass es wirklich ein ernsthaftes Hindernis bei der Vermarktung unserer Weine sein wird. Sie hat den Trubel in Downtown Bukarest nicht erlebt und auch nicht die enorme Menge an

Porsche Cayennes auf den Straßen dort gesehn, genauso wie die Leute, denen wir in Amerika unsere Weine verkaufen wollen.

»Aber bedenken Sie, wie Mondavi die Stellung der kalifornischen Weine verändert hat!«, sagt sie und quasselt weiter, wie Chile, Spanien, Italien, Österreich und sogar Deutschland ihre Position auf dem amerikanischen Markt vor kurzem ausgebaut haben. Klar ist das alles richtig, aber wie kriegt man Rumänien aus dem Schatten von diesem grausamen Mörder raus, den sie 1989 ausgerechnet am Weihnachtstag hingerichtet haben?

»Wie wäre es mit einem Star-Winemaker?«, fragt sie, aber ich sage ihr, dass das in unserem Budget nicht vorgesehen ist, ein Argument, das sie sofort versteht.

»Dann ein Starkoch, der aus Rumänien stammt? Das ist meine Business-Idee!«, entgegnet sie darauf voller Selbstbewusstsein.

»Ohne Berechnung!«, sage ich. Ich meine, jeder Dummkopf kann erkennen, dass es ’ne gute Marketingstrategie wäre, wenn wir den richtigen Typen aufgabeln. Jeder kommt darauf. »Roth« sucht schon seit Monaten verzweifelt nach einem solchen Koch. Dann sprudelt sie wieder los, wie begeistert sie ist, meine Anzeigen im »Wine Spectator« zu haben und dass sie da ist, um mir zu helfen, und ich denke an meinen guten Haufen Dollars.

Ich sage ihr, dass ich nicht versuche, Berichte im »Wine Spectator« zu kaufen:

»Ich weiß, dass das nicht möglich ist, aber wie ist die Redaktion zu Osteuropa eingestellt, zum neuen Europa?«

»Wir wollen immer die Ersten sein«, sprudelt sie zurück. Keine Frage, das klingt gut, aber eigentlich heißt es, dass sie weiß, wie dick der Fisch ist, den sie an der Leine hat, und dass sie ihn so schnell wie möglich reinholen will. Dann schlägt sie einen vorsichtigen Ton an. Sie kann zwar nichts versprechen, aber ich sollte den leitenden Redakteur Bruce Sanderson oder sogar Thomas Matthews kontaktieren. Um diese Beziehungen mittel- und langfristig zu pflegen, empfiehlt sie, ’ne New Yorker PR-Agentur zu beauftragen. Jetzt lerne ich, wie dieses Luxus-Weinmarketing wirklich funktioniert. Die Plauderei lohnt sich! Laut Pigotts Akten sind Sanderson und Matthews die offensten Redakteure der Zeitschrift, also die aussichtsreichste Methode, um Rumänien wenigstens auf die ungeschriebene »B-Liste« der Wein-Anbauländer zu kriegen, die der »Wine Spectator« ernst nimmt. Momentan wäre es undenkbar, einen Platz auf der inoffiziellen »A-Liste«, wo Frankreich, Italien und Kalifornien die absoluten, unangetasteten Herrscher sind, anzupeilen. Ich muss ganz klar 'ne Menge Kontakte knüpfen und 'n Budget für ein paar heftige PR-Rechnungen aufstellen, damit der »Wine Spectator« unsere Weine richtig zur Kenntnis nimmt. Nicht gerade das, was ich weltoffen und aufgeschlossen nenne.

»Und Sie? Wie sind Sie hierher gekommen?«, fragt sie plötzlich. Sie interessiert sich für »Yours Truly«! Für 'nen Moment bin ich vollkommen baff, dann erzähl ich ihr die Lebensgeschichte von »Yours Truly«, und sie zuckt nicht mal mit der Wimper, dass mein alter Herr, Peter Taylor, ein Gangster war. Vielleicht sieht sie das als risikoreiche Business-Strategie, so wie sie bestimmte italienische Familien in New York mit großem Erfolg praktizieren? Sie lehnt sich 'n bisschen weiter rüber und erzählt mir, dass ein anderer potenzieller Anzeigenkunde, den sie gerade kennen gelernt hat, auch ein Selfmademan und Unternehmer ist.

»Haben Sie schon einen amerikanischen Importeur?«, fragt sie dann, und ich sage ihr, dass wir uns mit den entsprechenden Kandidaten in Verbindung setzen, sobald »Roth« und ich unsere neuen Weine probiert haben und die Anzeigen im »Spectator« gebucht sind. Sie schlägt vor, dass wir noch 'ne Anzeige in einem anderen Shanken-Titel platzieren, der »Market Watch« heißt, um diese Strategie zu untermauern, und dann am »Market Watch Seminar« teilnehmen, das nächsten September hier im Big Apple stattfindet.

»Der Eintritt ist der Kauf einer Anzeige in der ›Market Leaders‹-Ausgabe der Zeitschrift«, sagt sie unverblümt. Das sieht mir wie die Überholspur Richtung Shankens Gunst und der Aufmerksamkeit der »Spectator«-Redakteure aus. Jetzt verstehen wir uns! Sie muss jetzt gehen, sagt sie, steht auf, schüttelt mir die Hand und stürzt los zur weiteren Welteroberung. Aber wo wäre Marvin Shanken Communications Inc. ohne diese starke Frau? Als ich meine Sachen vom Tisch raffe, sehe ich, dass ich aus Versehen vergessen habe, das Diktaphon auszuschalten. Ich meine, ich hab unser ganzes Gespräch aufgenommen! Das Ding lag die ganze Zeit direkt vor ihr, mit dem roten heruntergedrückten Aufnahmeknopf klar erkennbar, aber die kleine Powerfrau war so unglaublich zielstrebig, dass sie's nicht gesehen hat! Wenn ich mich nicht sehr irre, dann bin ich jetzt im Besitz einer höchst illegalen Aufnahme. Ich werd's sofort Pigott übergeben, wenn ich ihn heute Abend zum Essen treffe, aber jetzt muss ich runterflitzen, zur Château-d'Yquem-Probe.

Die Schlange ist ellenlang, und als ich endlich drin bin, muss ich mich mit 'nem Platz begnügen, der viel weiter hinten ist als heute Morgen, in der achten Reihe. Keine Frage, diese Probe ist einer der Höhepunkte der ganzen verdammten »Wine Experience« und absolut jeder, der ein »Complete Package« gekauft hat, ist hier. Suckling ist wieder am Pult mit seinem Apple Notebook und spielt auch wieder den Lehrer. »Entschuldigung, Entschuldigung, lassen Sie uns jetzt mit der Probe beginnen.« Die Leute rennen alle zu ihren Plätzen, als wär'n sie unartige kleine Kinder. CHÂTEAU D'YQUEM! Der berühmteste süße Weißwein der Welt, und der einzige Sauternes, der in der Boredeaux-Klassifizierung von 1855 nicht nur als Premier Grand Cru Classé eingestuft worden ist, sondern dazu noch die Bezeichnung »Supérieur« bekommen hat. Wir superioren *Einer-in-Tausendern* greifen oft nach YQUEM, um zu zeigen, wer wir sind. Von dem Spiel gibts verschiedene Versionen. Zuerst ist da: »Das ist YQUEM, der Beste, ich meine, nicht der beste Süßwein. Nein! Der beste Wein der Welt, punktum!« Da hängt immer ein unausgesprochener Satz dran: »Und ich mache diese Flasche für dich auf, du kleiner Glückspilz von 'nem Scheißkerl!« Dann gibt's: »Das ist der beste Jahrgang von YQUEM«, ein Spiel mit zwei Variationen. Die bessere ist die, bei der der betreffende Wein irgendein großer und legendärer Jahrgang wie 1937 oder '67 ist, was heißt, dass jemand zwar vielleicht mächtig von sich eingenommen ist, aber auch ganz schön generös. Die miesere ist die mit 'nem grässlichen Jahrgang wie 1965 oder '68; da ist dann jemand mächtig von sich eingenommen und auch mächtig geizig. Es gibt andere Spielchen, zu denen zum Beispiel gehört, das Zeug aus Körperöffnungen zu lecken, lässt sich aber nicht in anständiger Gesellschaft drüber sprechen. Ich meine, ich selber ziehe sowieso die süßen Weine aus Deutschland vor, verstehen Sie, Beerenauslese und Trockenbeerenauslese, aber weil YQUEM vor kurzem den Besitzer gewechselt hat und 'nen neuen Direktor hat, muss ich nochmals dieses süße Frenchie-Zeug kritisch unter die Lupe nehmen.

Suckling stellt den großen schlanken Kerl, der sich gerade an den Tisch in der Mitte der Bühne gesetzt hat, als Pierre Lurton vor, den Louis Vuitton Moët Hennessy (LVMH) 2004 zum neuen Direktor des Gutes ernannt hat. Er ist tadellos gekleidet, sieht wirklich aus, als ob Gott höchstpersönlich seinen Anzug am sechsten Tag geschaffen hat, statt so 'n schnöder Schneider aus normalen Stoff und Garn. Suckling erklärt uns »Complete Package«-Leuten, dass Lurton aus einer alten Bordeaux-Wein-Familie stammt, aber ich weiß dank Pigotts Akten schon Bescheid über den Mann. Lurton ist seit 1991 Direktor von dem Premier Grand Cru Classé CHÂTEAU CHEVAL BLANC, das den berühmtesten Rotwein in St. Emilion produziert. Als Pigott 1998 auf CHEVAL BLANC war, ist was Interessantes passiert. Nachdem mein Kumpel gegenüber Lurton erwähnt hat, dass er früher für den »Wine Spectator« gearbeitet hat, aber froh ist, dass das vorbei ist, hat Lurton ihm gesagt, dass er nur einmal an der »Wine Experience« teilgenommen hat, und nie wieder! Als Pigott dann zugestimmt hat: »Ganz meinerseits!«, hat Lurton die Geschichte erzählt, wie bei einem von den »Grand Tastings« Shanken selbst zum Tisch von CHEVAL BLANC gekommen ist, mit 'nem sehr zögerlichen Blick und einer Hand hinterm Rücken. Mit der anderen hält er ein Weinglas und will probieren. Lurton gießt ihm den Wein höchstpersönlich ein, sieht ihm ins Gesicht und ganz klar, Shanken gefällt der Wein nicht. Shanken nuschelt irgendwas, holt die Hand hinterm Rücken vor, in der 'ne Monster-Zigarre steckt, nimmt 'nen mächtigen Zug, bläst den Rauch raus und verschwindet in der Riesenwolke. Lurton meinte, Shanken habe CHEVAL BLANC nur probiert, weil Premier Grand Cru Classé auf dem Etikett steht. Was zum Teufel tut er dann jetzt da oben auf dieser Scheißbühne?

Der erste Wein ist der 2000 YGREC, ein trockener Weißwein, den YQUEM aus den Trauben produziert, die nicht edelfaul genug für das wahre Zeug sind. Ich meine, nichts gegen Marzipan, aber zu Weihnachten zum Essen, nicht flüssig im Glas! Deshalb hat mir YGREC noch nie geschmeckt, und der hier ist keine Ausnahme.

»Es tut mir wirklich Leid, dass wir mit einem 100-Punkte-Wein anfangen müssen«, sagt Suckling ironisch-großkotzig, als uns der 2001 CHÂTEAU D'YQUEM eingegossen wird – spielt damit auf die Tatsache an, dass das Zeug in der »Wine Spectator«-Ausgabe vom 15. November, die wir »Complete Package«-Leute schon haben, 100 Punkte bekommen hat. Ich meine, interessantes Timing, oder? Suckling hat vorher erklärt: »Als das Château verkauft und mein guter Freund Pierre Lurton Direktor wurde, wusste ich, dass es klappen würde.« Damit hat er gemeint, dass diese Probe stattfinden würde, aber er hat auch von monatelangen Verhandlungen vor diesem Moment berichtet. Ich meine, und da soll die Entscheidung, dem ersten von Lurton abgefüllten YQUEM-Jahrgang die perfekte Bewertung zu geben, nicht schon während dieser Verhandlungen gefallen sein? Vielleicht war's nicht entscheidend, aber für Lurton und LVMH die Krönung vom Ganzen, keine Frage. Werde nachher checken, ob ihre Aktien steigen. Und der Wein? Verstehen Sie, für die Kehle von »Yours Truly!«, keine Frage, ist 'n hervorragender Süßwein. Viel lebendiger und klarer als 'n paar andere Jahrgänge, die ich vor kurzem erlebt habe, sehr lobenswert. Marzipan macht sich nur leicht bemerkbar, da sind vor allem diese leckeren getrockneten Aprikosen und Ananas. Üppig ist er, wie alle YQUEMS, hat aber auch 'ne frische Säure, die wiegt das auf, lässt ihn leichter erscheinen, als er eigentlich ist. Lässt mich an Marilyn Monroe denken, bei der Verführungsszene auf dem Boot in »Some like it hot«, wo man denkt, sie würde jeden Augenblick aus ihrem Abendkleid fallen, es aber nicht tut. Keine 100 Punkte auf der *Stephen-Taylor-Skala*, aber doch 95.

»Als er auf den Markt kam, verdoppelte sich der Preis innerhalb von 24 Stunden!«, lässt sich Suckling jetzt vernehmen. Er klingt ganz aufgeregt.

»Es waren zwei Stunden, nicht 24«, korrigiert ihn Lurton mit einem Lächeln.

»Der Wein ist bereits eine Legende!«, sagt Suckling darauf; meint sicher auch, dass ein Teil von dem ganzen Glanz und Gloria ihm zusteht, weil er die »1« vorn an der Bewertung geschrieben hat. Im Vergleich ist der 1999, der jetzt eingegossen wird, wie ein übergewichtiges Supermodel, das postwendend zu 'ner einmonatigen Karottensaftkur auf eine Schönheitsfarm zum Abspecken geschickt gehört. Dann kommt der bleierne '97 und der '96, der leicht nach Nagellack riecht, gar nichts für »Yours Truly« – und ich habe andere Flaschen davon gehabt, die noch viel schlimmer waren. Ich meine, Lurton beschreibt den Wein als »sehr rein und sehr elegant«, alles nur heiße Luft! Der '89 schmeckt wie Sirup, jedenfalls nach meiner bescheidenen Ansicht, und der '83 ist für »Yours Truly« einfach zu holzig, kann so teuer gewesen sein, wie er will. Macht nichts, der '62, der zum Schluss noch kommt, ist 'n angenehmer reifer Wein, süß, aber nicht klebrig. Hoffentlich werden meine Träume heute Nachmittag auch genauso ausfallen.

22. Oktober 2005 Das »Grand Tasting« gestern Abend war genauso interessant wie am Donnerstag und genauso ein Riesenspaß. Es gab eine Menge Kommentare von attraktiven jungen Ladies zu meinem Anzug, aber dann kam auch immer Zustimmung von ihren Partnern; also nichts zu machen an der Sex-and-the-City-Front. Am Tisch von RIDGE hab ich gehört, wie eins der Mädchen, die dort geholfen haben, den Kerl hinterm Stand gefragt hat: »Wer ist dieser Austin-Powers-Typ?« und »Yours Truly« meinte. Aber sie war so beschäftigt, den wunderbar geschmeidigen 1985 MONTE BELLO in die ganzen Gläser zu gießen, dass ich kaum zu ihr vorkam. 95 Punkte von »Yours Truly«, und ich meine den Wein und das Mädchen! Verdammte Schande. Ich hab Pak Choi auf ihrem Mobiltelefon angerufen, keine Antwort, also musste ich schließlich ohne weibliche Begleitung mit »Giacometti« und Pigott im »Le Bernardin« an der West 51st Street essen. Wenigstens gab's so 'nen frühen Schluß; ideale Vorbereitung für den längsten Wein-Tag heute.

Es ist 10.45 Uhr, und ich sitze wieder mit den anderen »Complete Package«-Leuten im Broadway Ballsaal. Wir haben gerade das »Top Ten Tasting« absolviert, bei dem die Kritiker vom »Wine Spectator« neun ihrer Top-Weine aus dem letzten Jahr vorgestellt haben, zusammen mit den dazugehörigen Produzenten. War 'ne verdammt langweilige Geschichte, weil diese Probe aus sieben dicken, gerbstoff- und holzüberladenen Rotweinen und zwei schweren süßen Sauternes bestand. Christian Seely, ein smarter Kerl mit Fliege, der Direktor des ersten Sauternes, CHÂTEAU SUIDUIRAUT, hat sich bei Shanken persönlich dafür bedankt, dass er »zwei Sauternes unter die Top-Ten gelassen hat«. Ich meine, es gibt zwar fünf leitende Redakteure, einen geschäftsführenden Redakteur, einen Redakteur für besondere Angelegenheiten und einen Executive Redakteur beim »Wine Spectator«, aber offensichtlich alle wichtigen Entscheidungen werden vom *großen Mann* selbst abgesegnet. Aber verstehen Sie, ich war auch froh, dass es nicht nur dicke, gerbstoff- und holzüberladene Rotweine gab. Bruce Sanderson hat angemerkt, dass die Top-Ten-Weine aus sechs Ländern stammen: »Darin spiegelt sich die Weinwelt wider. Wir beim ›Wine Spectator‹ begrüßen diese Vielfalt.«

Eigentlich waren fünf der Weine aus Frankreich und Italien, aber ich meine, wenigstens geben seine Worte Rumänien halbwegs eine Chance. Es sieht allerdings aus, als ob ich ziemlich viel Arbeit vor mir habe und seinen Boss bearbeiten muss, sonst kann ich mir nicht vorstellen, wie einer von unseren Weinen je 90 Punkte kriegen soll oder Maureen je eine Einladung für die Teilnahme an dieser verdammten Veranstaltung mit der Post auf den Schreibtisch von »Yours Truly« legen wird. Seely war allerdings nicht der einzige Produzent, der sich bei Shanken überschwänglich für die Einladung bedankt hat, selbst Greg Norman, die Golf-Legende – verdammt langweiliger Sport, wenn Sie mich fragen –, der jetzt Winemaker ist, hat es ziemlich ähnlich gemacht. Da blieb Baron Eric de Rothschild, dem Vorsitzenden von Château Lafite-Rothschild, nicht groß was anderes übrig, als sein Wein eingegossen wurde. Der Wein ist trocken, kantig und hart, doch der Baron bringt's fertig, von diesen Gerbstoffen zu schwärmen, die *»unglaublich weich«* sind. Ich meine, entweder hat er Zugang zur vierten räumlichen Dimension, wo sich viel weiches Zeug versteckt, oder er spuckt einfach heiße Marketingluft.

»Es ist ein perfekter Lafite, weil er nicht sehr teuer ist, aber *unglaublich köstlich«*, setzt er mit waschechtem British-Upper-Class-Akzent noch eins drauf. Ich hab das Zeug gerade um die Ecke vom »The Pierre« auf der Madison Avenue bei Luxus-Weinhändler Sherry Lehmann gesehen: 185 Dollar pro Flasche! Das ist selbst für »Yours Truly« teuer. Jetzt macht sich Baron Eric ans unvermeidliche Stiefellecken, und plötzlich ist die Hölle los. »Unsere Partnerschaft hat sich für alle Beteiligten sehr gelohnt. Vielen Dank also, Marvin, für diese echte Partnerschaft.«

Ich meine, »gelohnt« kann aus dem Mund vom Mitbegründer der Rothschild & Cie Banque Paris nur richtig Knete bedeuten und »Partnerschaft« hört sich ziemlich an wie »Eine Hand wäscht die andere«. Eine unangenehme Spannung breitet sich sofort im Ballsaal aus, man kann riechen, wie viele Leute denken, bitte lass ihn aufhören! Gott sei Dank tut er das auch, sonst wär vielleicht »Minuteman Marvin« mit voller Nuklearkraft losgeschossen. Hat Baron Eric versucht, Shanken die Daumenschrauben anzulegen, oder ist er einfach vollkommen taktlos? Kein Kommentar.

Oben auf der Bühne gibt's jetzt ein Durcheinander, weil sie die letzte Probe vorbereiten, mit den Weinen der »Bordeaux Ersten Gewächse«, das heißt die fünf Châteaux, deren Rotweine bei der Klassifizierung 1855 am höchsten bewertet worden sind: HAUT-BRION, LAFITE ROTHSCHILD, LATOUR, MARGAUX und MOUTON-ROTHSCHILD. Ich weiß, dass MOUTON sich erst später dazugeboxt hat, aber alle zählen es jetzt ganz normal dazu, man muss sich eben nur durchsetzen, oder? Zwölf Minuten, nachdem die Probe um 11 Uhr anfangen sollte, fehlt jemand von dem Panel der Châteaubesitzer auf der Bühne, und Suckling ruft ungeduldig am Pult übers Mikro: »Eric de Rothschild, bitte auf die Bühne!« Hat er sich hinter den Kulissen mit Shanken in die Haare gekriegt? … Aber da ist der große silberhaarige Pariser Bankier und Winzer, mit Weingütern rund um den verdammten Erdball, von Chile bis Portugal und Südafrika, schon wieder auf der Bühne. Für diese Probe haben wir die größeren, besseren Gläser bekommen und auch 'ne 24-seitige Hochglanzbroschüre mit jeder Menge Gold drauf. Soviel Remmidemmi, das ist das *Große Ding*, keine Frage! Suckling legt los mit 'nem Zitat von Philippine de Rothschild von Mouton Rothschild. Angeblich hat sie ihm gesagt: »Die ersten Gewächse haben etwas Außergewöhnliches … etwas, das sich nicht kopieren lässt.« Also, ich meine, selbst ich weiß, dass die Regel Nummer eins beim Marketing heißt, klarstellen, dass das eigene Produkt einzigartig ist!

»Ich hatte vor einer Woche oder so den 1870 LATOUR«, macht Suckling weiter, der Angeber. »Ich glaube, 1870 gab es im Napa Valley noch Indianer«, setzt er noch eins drauf, aber ich muss mich schon sehr täuschen, wenn ich meine gelesen zu haben, dass die ersten Reben im Napa Valley 1838 von George Yount gepflanzt worden sind und die Einheimischen kurz danach von 'nen paar ekligen Westler-Krankheiten fast ausgerottet wurden.

»Ein großer Wein muss reifen und mit der Reife zulegen. Darum geht es bei diesen Weinen«, Suckling pumpt die zehn Weine, die wir gleich probieren werden, immer weiter auf. Das Einzige, was er nicht sagt, ist: »Das ist es, das einzige Wahre!«

Würde das Zeug eher als die Nachhut der alten Weinwelt bezeichnen. Die Probe beginnt mit 2000 CHÂTEAU HAUT-BRION. Im Gegensatz zum 2001, den ich beim »Grand Tasting« probiert habe, 'n Superwein. Wirklich üppig, mit massenhaft Gerbstoff, aber prima Harmonie. Dummerweise hat Haut-Brions Präsident Joan Dillon Duchesse de Mouchy nichts anderes zu sagen als, das ist »ein Star-Jahrgang«. Ich meine, wirklich schlechte Show ist das übliche Weinmarketing-Geschwafel, was dieser Wein überhaupt nicht braucht. Es folgt 2000 CHÂTEAU MARGAUX, der viel schlanker schmeckt, aber auch hart wie Eisen mit 'nem Bouquet, das der Vereinigung von französischen Tonneliers und 'nem Haufen Forstverwaltern mächtig gefallen wird, wenn sie sich den Wein je leisten können: Eiche, Eiche, nichts als Eiche! Nein danke!

MARGAUX-Präsidentin Corinne Mentzelopoulos erzählt uns, dass ein amerikanischer Journalist sie vor kurzem gefragt hat, was erforderlich ist, um einen großen Wein zu machen, und ihre Antwort war: »Ein großartiger [Weinbergs]Boden, der amerikanische Markt und ein großartiges Team.« Das Publikum lacht 'n bisschen vor sich hin, aber ich meine, es ist nicht wirklich witzig für 'nen amerikanischen *Einer-von-Tausendern*, wenn er daran erinnert wird, dass schließlich er den größten Teil der Rechnung begleichen wird für die finanzielle Seite von der Bordeaux-Erste-Gewächs-Show. Dann ist Philippine de Rothschild an der Reihe, ihr Hirnschmalz unter Beweis zu stellen, während wir ihren 2000 MOUTON-ROTHSCHILD probieren.

»Ich ganz persönlich bin sehr glücklich, wieder in New York zu sein. Es ist ein großartiges Gefühl!«, sagt sie, aber in dem Brief in der

Broschüre geht sie mit der Schleimerei noch weiter und nennt New York die »magische Stadt«. Der Wein hat denselben Kaffeegeruch und ist so unsubtil wie der 1995 neulich Abend, wenn auch geschmeidiger. Von Magie ist aber keine Spur heute in New York. Würde das noch eher vom 2000 CHÂTEAU LAFITE ROTHSCHILD sagen, der wirklich so schmeckt wie LAFITE immer in diesen ganzen Weinbüchern beschrieben wird: subtil, elegant, klassisch, blah, blah, blah. LATOUR, der letzte der 2000 Weine, ist dafür ein richtiger Kracher, mit dem tiefsten, dunkelsten Duft und trotz seiner ganzen Power 'ne richtige Spitzenfigur. Da rutsche ich gleich in Pigotts Art Wein zu beschreiben, dieses Stream-of-Consciousness-Ding: Angelina Jolie in hautengem schwarzen Leder! Und jetzt die Punkte von »Yours Truly«: HAUT-BRION 94, MARGAUX 84, MOUTON ROTHSCHILD 91, LAFITE 96, LATOUR 98. Jetzt kommt jeder von den fünf da oben mit 'nem älteren Jahrgang dran, aber den Präsidenten, Vorsitzenden und Besitzern fällt endgültig nichts Interessantes mehr ein. Abgesehen vom 1996 LATOUR, der fantastisch lecker ist, geben die Weine auch nicht viel mehr her. Ich meine, verstehen Sie, jede einzelne Flasche von dem Zeug kostet Hunderte von Lappen, und »Yours Truly« erwartet 'ne entsprechende Menge Wumms dafür! Suckling hat's nicht einfach am Rednerpult mit dem Aufpumpen und klammert sich an die letzten Strohhalme. Schließlich, als wir »Complete Package«-Leute den ordentlichen, aber unglaublich unspektakulären 1988 CHÂTEAU LAFITE ROTHSCHILD probieren, wendet er sich an Baron Eric und möchte von ihm hören, wie er die jungen Weine beurteilt, die jungen Lafites, natürlich.

»Wenn sie jung sind, sind sie wie *scheue Jungfrauen*, die einem nicht alles zeigen wollen, was sie haben«, sagt Baron Eric und segelt gleich volle Kanne aufs große Meer der politischen Unkorrektheit, zumindest 'n unterhaltsamer Typ! »Man muss richtig *in sie gehen*«, fährt er fort. Der alte Knabe scheint richtig auf diesen sexistischen Kram zu stehen. »Denn *die Länge* ist das Wichtigste. Wenn sie reif sind, bekommt man *das volle körperliche Vergnügen*.« Ich meine, ich glaube nicht, dass Suckling auf so 'ne Antwort aus war – die eine Hälfte des Publikums kichert peinlich berührt, die andere ist starr vor Schreck, so schockiert sind sie. In einer von Pigotts Akten steht, dass Baron Eric 1940 im Big Apple geboren ist, er ist ein geborener New Yorker und was er gerade getan hat, ist fast wie vor Gästen auf den eigenen verdammten Teppich zu scheißen! Suckling versucht, die Misere irgendwie unter den Teppich zu kehren, aber ich meine, bei so 'nem gewaltigen Stinker ist das alles sinnlos. Kann von Glück reden, dass der »Complete Package«-Haufen sich schon Richtung Ausgang bewegt, weil der nächste Termin was zum Futtern ist – »Lunch with the Four Chefs«, Lunch mit den vier Chefköchen unten im Westside Ballsaal im fünften Stock.

Als ich da auftauche, drücken um die 500 Leute gegen die noch geschlossenen Türen, und strömen alle auf einmal rein, als sie schließlich punkt 12 Uhr 30 aufgehen. Drinnen herrscht totales Chaos. Es gibt Typen, die ganze Reihen für ihre Kumpel reservieren. Am Ende sind die vorderen Reihen noch beinahe leer, und hinten drängelt sich alles. »Yours Truly« geht wie üblich entschlossen an die Sache ran und erobert 'nen Platz genau in der Mitte. Schließlich taucht um 12 Uhr 47 Thomas Matthews auf der Bühne auf und unternimmt den kläglichen Versuch, die Leute dazu zu bewegen, ihren Hintern auf die Stühle zu bringen. Wie sollen sie sonst 1100 Leuten Lunch servieren? Plötzlich kommen unter schrillem Pfeifen und donnerndem Applaus die vier Fernseh-Stars in Kochjacken auf die Bühne: Mario Batali vom »Babbo« in New York, 'n rothaariger italienischer Schwergewichtler, Emeril Lagasse vom »Emeril's« in New Orleans, der seine Restaurants wegen dem Katrina-Hurrikan dichtmachen musste, der fidele Exil-Österreicher Wolfgang Puck vom »Spago« in LA und der clever und jungenhaft aussehende Charlie Trotter vom gleichnamigen Etablissement in Chicago. Ich weiß aus einer von Pigotts Akten, dass die ersten drei diese Veranstaltung vor zwei Jahren schon mal gemacht haben, und Shanken und das Publikum damals am Ende richtig gebettelt hatten, damit sie wiederkommen und das Ganze nochmal durchziehen. Jemand hat damals aus der Menge geschrien, dass Trotter dabei sein soll, worauf Lagasse sein Mobil-Telefon rauszog und ihm 'ne Nachricht in die Windy City geschickt hat. Diese Art von amerikanischer Show wird bei so 'ner Veranstaltung gewaltig bejubelt. Matthews meint genau das, als er jetzt sagt: »Nach vielen Jahren auf diesem Podium habe ich eine wichtige Lektion gelernt. Ihr seid einfach unmöglich zufriedenzustellen, Leute! ... Mehr Köche, mehr Probleme für mich!«

Ich weiß genau, wovon er spricht, aber ehrlich gesagt, ich meine, er quasselt 'n Haufen Scheiße, Tschuldigung. Verstehen Sie, ich meine, wenn ein Wein oder Essen richtig gut ist und man offen ist, dann ist man glücklich damit und zufrieden, oder? Wenn nicht, und man noch mehr braucht, dann ist man entweder gierig oder total verknöchert! Endlich stellen sie die ersten Teller vor »Yours Truly«, mit zwei Vorspeisen: Pucks Gericht ist ein Doppel, Auberginenterrine mit Stir-Fried Lamm und Erdnusssauce, daneben Entenleberparfait mit Birnenchutney, auf 'nem quadratischen weißen Teller. Trotter hat sich für in Olivenöl pochierte tasmanische Forelle mit Algenkruste und Curry-Pilz-Coulis entschieden, auf 'nem runden Teller angerichtet. Das Zeug von Puck ist ekelhaft, weil es kalt ist und mindestens lauwarm sein müßte. Trotters Geschichte funktioniert, weil der clevere Junge herausgefunden hat, dass der ganze Kram schließlich eiskalt serviert wird, und sich für 'n Gericht entschieden hat, das auch bei arktischen Temperaturen nicht abkratzt.

»Die Chefs haben Weine ohne Holz ausgewählt, beinahe ohne Holz«, kommentiert Matthews, endlich mal 'ne wache Bemerkung. »Sie sind unabhängig voneinander zu dieser Entscheidung gekommen.« Macht auch Sinn, weil nach meiner Erfahrung diese roten Holzbomben, die wir heute Vormittag probiert haben, gar nicht freundlich mit gutem Essen umgehen, sie rollen's einfach platt. Ich meine, eigentlich brauche ich im Moment gar nicht viel Wein, obwohl der 2003 CHARDONNAY VON TREFETHEN aus Napa, den sie mir gerade eingegossen haben, leicht, lebendig und erfrischend ist; alles, was kalifornischer Chardonnay normalerweise nicht ist.

»Die Forelle schmeckt, als ob sie aus Lake Michigan kommt«, zischt Puck zu Trotter rüber, wahrscheinlich weil er ganz genau weiß, dass sein eigenes Ding wie Scheiße schmeckt. »Ich hab zwei Gerichte gemacht, weil Thomas mir gesagt hat, ich soll eins machen.«

»Ich mache das hier seit ein paar Jahren mit Wolfgang, und er hat die Regeln schon wieder eigenmächtig geändert und betrogen!«, witzelt Lagasse, und dann legen sie alle so richtig los.

»Foie gras ist in Amerika sehr umstritten, und Charlie Trotter ist der Meinung, dass das auch richtig ist ... er hat entschieden, sie in seinen Restaurants nicht mehr zu servieren«, wirft Matthews dazwischen und versucht, sowas wie 'ne seriöse Diskussion in Gang zu bringen. Trotter erntet ein paar Buhs. »Yours Truly« isst das fette Zeug noch, aber ich muss zugeben, seit ich auf die große Vier-Null zugehe, nicht mehr ganz so oft.

»Ich habe Verständnis für die Bedenken, aber ich bin auch froh, an der Spitze der Nahrungskette zu stehen«, sagt Batali mit einem bösen Grinsen auf dem Gesicht. »Einige meiner Lieblingsgerichte sind Vegetarier!«

Anthony Bourdain bringt diesen Witz viel besser in seinem verdammt lustigen Buch »A Cook's Tour«, und Batali punktet hier nicht groß damit. Puck schlägt eine andere Taktik an und lobt die Weine aus seiner Heimat. Verständlich bei dem trockenen Riesling 2004 LOIBNER BERG von F. X. PICHLER aus der Wachau, den sie uns gerade eingegossen haben – ein großer Wein, der nur viel zu jung und stark ist für meine ausgebrannte Kehle.

»Niemand würde österreichische Weine kennen ohne den ›Wine Spectator‹«, sagt Puck und kriecht besonders tief im Staub rum, wahrscheinlich hat er die mächtige Figur von Shanken vorne entdeckt. Tatsache ist, dass diese Köche Shanken alle ziemlich viel verdanken, über die Jahre ist in seinen Veröffentlichungen viel über sie

geschrieben worden. Gerade jetzt ist Lagasse auf dem Cover der aktuellen Ausgabe von »Cigar Aficionado« und Batali grinst vorne auf
»FoodArts« – ein weiteres Shanken-Blatt! Verstehen Sie, die wissen,
wie das *Shanken-System* funktioniert, und spielen darauf wie auf einer Klaviatur.

Jetzt kommen die Hauptgänge: der von Lagasse – langsam ge-
schmortes Schwein auf Landbrot-Crostini mit schwarzem Trüffel-
sirup auf 'nem runden Teller – und von Batali – langsam im Ofen
gebratene Kalbsbrust mit einem leichten Thunfisch-Dressing auf
'nem eckigen. Wieder sind beide eiskalt. Dass die Klimaanlage die
ganze Zeit auf vollen Touren läuft, macht die Sache nicht besser.
Der Saal ist eher wie 'n Fleischkühlhaus als ein Ort, wo man ans
Tanzen denkt! Verstehen Sie, ich fange bald buchstäblich an zu zittern, da hilft auch dieses aufgemotzte Schweinebratensandwich
nichts. Heiß wär's ein Festmahl, aber so ist es richtig zum Kotzen.
Batali hat sich's am einfachsten gemacht, und sein Ding funktioniert beinahe, aber »Yours Truly« hat sich innerlich von der »Complete Package«-Fresserei schon verabschiedet. Dieser ganze Fraß fast
direkt aus dem Tiefkühler, mir wird jetzt richtig schlecht. Aber das
Publikum hat soviel Erste Gewächse intus, dass sie das gar nicht
mehr mitkriegen; sie finden's alles prima, mampf, mampf, mampf!
Die Chefs sind inzwischen dabei, sich gegenseitig hochzunehmen.

»Ein ziemlich erstaunliches Ding«, sagt Trotter über das geschei-
terte Meisterwerk von Lagasse mit einem schrägen Halbstarken-
Gesichtsausdruck, »wenn man so ein Gericht kriegt, möchte man
einfach alleine sein.« Gejohle und Pfiffe aus dem Publikum, ich
meine, sitzen wir in irgend'nem verdammten Stadion? Erinnert
mich aber an was, das ich vor Jahren im »Wine Spectator« gelesen
habe. Ist mir hängen geblieben, weil es um einen total exotischen
Roten ging, den ich mit Pigott in Bordeaux aus dem Faß probiert
hatte und richtig geil fand. Sucklings Text über den mit 100 Punkten bewerteten 1998 Le Pin aus Pomerol hat so geendet: »Dies
sollte man mit niemand teilen; es ist zu wunderbar dafür.«

Ich meine, lieg ich falsch, oder geht's hier um Onanieren? »Für Trotter fehlt an dem Gericht nur noch das Baby-Öl!«, entgegnet Batali anzüglich – wie halbstarke junge Kerle beim Umziehen vor 'nem Fußballspiel. Nichts gegen Onanieren oder Wichsen oder wie immer man's nennen will, aber muss das hier und jetzt sein? Ich meine, geht's eigentlich darum bei der »Wine Experience«?

»Er tut mir Leid«, schnappt Puck jetzt giftig in Trotters Richtung. »Er muss es alleine essen. Und dann kommt er und beschwert sich, dass er einen Tennisarm hat.« Der giftige Neid! Aber die Menge reagiert darauf mit mehr Pfeifen und Schreien. Ich fühle mich schwindlig. Ich muss raus! Ich blicke mich nach dem schnellsten Fluchtweg um, aber das würde bedeuten, vorne an der Bühne und den verdammten Köchen vorbei, Tschuldigung. Matthews wenigstens läuft jetzt zu großer Form auf, die Menge frisst ihm aus der Hand, und er hat die Chefs jetzt fest an der Kandare, hätte Politiker werden sollen und als Bürgermeister, Senator oder gar Präsident kandidieren! Der Ballsaal fängt an sich zu drehen, und ich schlucke, damit das ganze Eis im Bauch nicht wieder hochkommt. Hunderte von rotgesichtigen, grinsenden »Complete Package«-Leuten tanzen vor meinen Augen. Die Luft ist schwer vom widerlichen Gestank geiler Yanks. Überall *Einer-von-Tausendern* mit 'ner Hand in der Hose, am Arbeiten, Arbeiten, Arbeiten … ich springe auf und schieße durch die Hintertür, taumelnd, schluckend …

Es ist 17 Uhr 30, und ich binde meine Fliege vor einem der vielen Spiegel im Ankleidezimmer der Suite 3908 im »The Pierre«. Smoking, Frackhosen und weißes Hemd sitzen schon. Das Nickerchen hat verdammt gut getan. Jetzt bin ich richtig gespannt auf das »Grand Award Banquet«, den absoluten Höhepunkt der »New York Wine Experience«. Der Champagner-Empfang im Westside Ballsaal des »Marriott Marquis« beginnt in genau einer Stunde. Ich hab diese Fliege von meinem alten Herrn geerbt, und er wäre mächtig stolz, dass ich da mit diesen ganzen High Rollern und Big Spendern stehe und sie mich als das akzeptieren, was ich bin – ein Mann von Welt mit 'ner ganzen Stange von Millionen. Wo ist jetzt dieses Ticket für das Bankett? Ich greife nach meiner schwarzen »Wine Experience«-Schultertasche, die ich vorhin auf einen Stuhl geworfen habe; vorne drin steckt das Ticket. Aber irgendwas stimmt da nicht, da steht drauf:

This is not a ticket
Please exchange for Banquet Seat
Dies ist kein Ticket. Bitte gegen Bankett-Platzkarte eintauschen.

Was zur Hölle! Du verdammtes Scheiß-Arschloch, du hast es versaut! Die Frist, um dieses verdammte Stück Papier gegen Ticket und Platzkarte einzutauschen, war heute Mittag. Kein Networking mehr! Nichts mehr mit Laube das rumänische Weinding klar machen oder Shanken bearbeiten! Ich bin vollkommen fertig … dieses »Grand-Award-Banquet«-Ticket kostet 400 Dollar, die Leihgebühr für den Smoking von Baldwin Formals auf der Sixth Avenue 135,47 Dollar und die Änderungen an meinen Hosen bei einem Schneider um die Ecke nochmal 14 Dollar. Ich hab gerade 550 Dollar aus dem Fenster geworfen, für nichts!

Ich

atme

tief

aus

und

lasse

es

alles

raus.

Und da ist Stuart Pigotts Gesicht wieder im Spiegel, wo es hingehört, mit einem Ausdruck enormer Erleichterung. Es ist alles vorbei. Stephen Taylors Aufgabe ist erledigt. Es gibt nichts mehr, wo er hingehen müsste, und nichts mehr, was er sagen müsste, außer ein paar Dankesworten an die Hotelangestellten beim Auschecken morgen. Ich kann diese Pinguin-Zwangsjacke ausziehen, mich rasieren und dieses prätenziöse Bankett vergessen, wo endlos falsche Nettigkeiten mit geübter Schein-Gelassenheit ausgetauscht werden. Stephen Taylor hätte es nie geschafft, Shanken vor so vielen Leuten zu bearbeiten, die um seine Aufmerksamkeit förmlich buhlen und von denen viele Jahre Vorsprung haben. Selbst Laube wäre schwierig gewesen. Was ist verloren außer der Gelegenheit, ein paar mehr dicke Lügen zu erzählen? Mir hätte klar sein sollen, dass es alles vorbei war, als Stephen Taylor kurz nach 14 Uhr aus dem »Four Chefs Lunch« stürmte, aus dieser Las-Vegas-artigen Wein & Food Show, aus dem hässlichen »Marriott Marquis« zurück auf den Bürgersteig des Broadway. Plötzlich stand ich in einer quirligen Menge von normalen Menschen, den Menschen, an die Europäer denken, wenn sie selbstherrlich behaupten, alle Amerikaner seien Kulturbanausen, umgeben von den unteren 90 Prozent der US-Steuerzahler, die hoffen, dass es aufwärts geht, und fürchten, dass es abwärts gehen wird, *Bridge-and-Tunnel-Leute* aus Brooklyn, Queens und New Jersey, auch Touristen aus allen Teilen Amerikas und der ganzen Welt, und Gott weiß wem noch. Es war grau, kalt und nieselte, aber ich fühlte mich plötzlich, als sei ich einer von ihnen, einer dieser *Neunzig-Prozenter*, der buchstäblichen Außenseiter der »New York Wine Experience«, die nur zufällig zur selben Zeit in der Stadt sind. Diese Menschen könnten sich selbst dann kein 250-Dollar-Ticket für die »Grand Tastings« leisten, wenn sie davon gehört hätten und interessiert wären. Bringt mir eure Massen!

Ruhe kehrte zurück, und ich ging die 45th Street auf der Nordseite Richtung Fifth Avenue hinunter. Die Wahrheit lautet, dass alle die guten und großen Weine, die Stephen/Stuart während der letzten drei Tage verkostet hat, mich nicht glücklich gemacht haben. Während der »Grand Tastings« kam ich am nächsten zum Glück, weil sie eine praktische Übung an Demokratie einer besonderen amerikanischen Art waren, aber selbst dort war die Atmosphäre hoffnungslos verseucht von verfressener Gier. Ich will alles, jetzt! Nein, mehr, mehr, mehr! Bei den Probe-Seminaren für die »Complete Package«-Leute war ich angespannt, weil es keinen Hauch von Offenheit gab, außer den wenigen Worten von Bruce Sanderson. Nicht ein einziges Mal, nicht einmal bei dem von Matt Kramer geleiteten Seminar, wo nur drei Weine in 45 Minuten serviert wurden, gab es die Möglichkeit, Wein richtig entspannt zu genießen. James Suckling, der sich darüber ausließ, wie die Premier Crus von Bordeaux Zeit bräuchten, gab ihnen keine, sondern war nur am Rasen, Rasen, Rasen! Wovor hatte er Angst? Dass jemand eine Meinung äußern könnte, die seiner eigenen widersprach? Es sah ganz eindeutig wie ein Fall von »Jeder hat ein Recht auf seine eigene Meinung, solange klar ist, dass ich Recht habe« aus.

Es gab sicher viele »Complete Package«-Leute, die das ganze Erlebnis, die »Experience«, genossen haben, obwohl ich mehrere Male Reaktionen gespürt habe, die weit entfernt vom vergnüglichen Genuss lagen. Aber ich kann nur für mich selbst sprechen, und ich weiß, dass ich mit jeder einzelnen dieser Flaschen mehr Spaß gehabt hätte, wenn ich mich mit Ursula hingesetzt und sie genossen hätte. Ich bin sicher, dass Stephen Taylor mir zustimmen würde – eine gute Flasche und eine attraktive junge Lady. Dann, als ich zur Kreuzung an der Fifth Avenue kam, sah ich sie, ein schwarzes Straßenmädchen, das in einer Hausecke auf dem Boden kauerte, genau an derselben Stelle wie gestern. Der alte Sack, den sie über sich gezogen hat, schien genau derselbe zu sein wie an dem Nachmittag im Oktober letzten Jahres, als ich sie zum ersten Mal bemerkte. Damals hatte sie sich an der südöstlichen Ecke der Kreuzung von 57th und Madison Avenue herumgedrückt, nur wenige Meter entfernt von Dior, Chanel, Jil Sander und einer Reihe anderer protziger Designerläden. Ihre Augen waren voller Tränen gewesen, und als ich mich niedergekniet hatte, um mit ihr zu sprechen, waren auch mir die Augen übergelaufen.

»Warum weinst du?«, hatte sie zornig gefragt, aber es war nicht der Zorn gewesen, der sie zittern ließ.

»Weil du weinst«, hatte ich geantwortet und dabei die Geschäftsleute, Personal Assistants und Sekretärinnen auf der Madison Avenue beobachtet, die an uns vorbei Richtung Uptown geströmt waren, ohne dem Leiden des Mädchens auch nur einen flüchtigen Blick zu gönnen. Als ich sie gestern sah, unterhielten wir uns ein bisschen länger. Sie bemerkte meinen Akzent und wollte wissen, wo ich herkäme. Ich sagte es ihr und war plötzlich meilenweit von Stephen Taylor entfernt. Neben ihr hockend, um ihre halbgeflüsterten Worte zu verstehen, konnte ich sie auch besser betrachten als ein Jahr zuvor. Sie ist wahrscheinlich erst in den Zwanzigern und sieht vermutlich wegen des Heroins älter aus. Das könnte auch der Grund für ihr Zittern sein, aber eigentlich ist mir das egal. Ihre Tränen waren nicht nur echt, sie schienen unaufhaltbar.

Als ich mich heute Nachmittag neben ihr niederkniete und »Hallo« sagte, wusste ich, was Stuart Pigott zu tun hatte. Ein kleines zaghaftes Lächeln huschte über ihr Gesicht, und ich zog mein Taschentuch heraus und trocknete ihre Tränen. Das Lächeln wurde ein wenig breiter, dabei riss ihre Unterlippe auf, und ein winziger Tropfen Blut quoll hervor. Ich konnte meine Augen nicht davon losreißen, die Farbe des Blutes war so lebhaft im Gegensatz zu dem restlichen Grau und Braun ihrer Erscheinung, aber meine Arme waren wie eingefroren. Eine Überdosis Luxus hatte sie gelähmt. Das Geld, das ich ihr gab, scheint mir jetzt wie eine Abbitte dafür, dass ich ihre Lippe nicht abgetupft habe, aber als ich heute Nachmittag von ihr wegging, bemerkte ich einen großen Fastfood-Pappbecher neben ihr auf dem Bürgersteig, in den mehrere Passanten Geld oder etwas zu essen gelegt hatten. Im letzten Herbst war sie am falschen Ort zur falschen Zeit gewesen, weil die zielstrebigen Leute auf der Madison Avenue am Ende eines Arbeitstages nur daran denken, schnell nach Hause oder irgendwo anders hinzukommen. Ich habe diese Menschen in den letzten Tagen des Öfteren beim Frühstück oder einem Kaffee in einem Diner namens »Viand« auf der Madison Avenue hinter dem »The Pierre« studiert. Wenn sie nicht zielstrebig sind, sind sie vollkommen normale Menschen. Es würde mich nicht überraschen, wenn der eine oder andere von ihnen heute diesem Mädchen etwas gäbe, unter ihnen vielleicht sogar Ms Nexus-Six.

Der Rasierschaum und die Stoppeln gurgeln den Abfluss des Waschbeckens hinunter, und ich betrachte das Ergebnis lange und ausführlich im Spiegel. Ich habe mich ein paar Mal geschnitten, um das alles herunterzukriegen, fühle mich aber viel besser, nachdem ich einen kleinen Teil von Stephen hinuntergespült habe. Der Rest hängt größtenteils im Schrank. Sobald ich angezogen bin, werde ich Richtung Downtown gehen, zurück in die Stadt, der die glitzernde Show der »New York Wine Experience« den Rücken zukehrt, um in der Glorie der Weine des Jahres, Premiers Crus, 100-Punkte-Weine und dem besten Wein der Welt zu schwelgen. Ich kann diese Geschichte nur vollkommen geradlinig erzählen, so wie ich sie erlebe.

Ich schlüpfe in ein T-Shirt und einen Pullover und setze meine Brille auf. Stephen Taylors liegt auf dem Ankleidetisch, neben seinem Schmuck, seiner gefälschten Rolex Submarine und dem gefälschten Montblanc-Kugelschreiber. Ich hole den Rest Dollars und die Kreditkarten aus seiner gefälschten Gucci-Brieftasche, stecke sie in meinen eigenen alten abgegriffenen Geldbeutel und greife nach meinem Mantel. Der Nieselregen hat aufgehört, und es dämmert, als ich Fifth Avenue überquere und an einer hässlichen abstrakten Edelstahlskulptur vorbeilaufe, die aussieht, als ob sich zwei Ringer in tödlichem Griff umarmten. Ich habe bereits auf das Schild geschaut und entdeckt, dass das Kunstwerk von dem Briten

Richard Deacon stammt und »Masters of the Universe« heißt. So haben sich die Bond Broker der Wall Street während des Booms der Achtziger genannt. Ich biege in Central Park South ein, an kleinen Grüppchen von Teenagern und jungen Menschen in den Zwanzigern vorbei, die alle herausgeputzt sind, um irgendwohin zu gehen – Material Girls and Material Boys in a Material World. Drüben an der Park Avenue wird die Gesellschaft in ihren Pinguin-Anzügen und Abendkleidern in ihre Limos steigen; Menschen, die etwas darstellen in dieser Stadt.

Die Pferde, die ihren Lebensunterhalt damit verdienen, Liebespaare in Kutschen durch den Central Park zu ziehen, sind unruhig in dieser Pause zwischen dem Nachmittagsliebesgeschäft und dem Abendliebesgeschäft. Ein paar von ihnen sind eifrig dabei, den Inhalt ihrer Futtersäcke zu zermahlen. Das Gefühl von wiedergewonnener Freiheit ist jetzt vollkommen, als habe ich endlich die Nabelschnur durchtrennt, durch die ich das Monster am Leben erhielt, das ich geschaffen hatte. Es schien eine riskante Entscheidung, ihn ins Leben zu rufen und ausgerechnet nach Post-9/11-New-York mitzunehmen, aber zu meinem Erstaunen wurde das »Foto-ID«, das ich mit meinen eigenen unbegabten Händen gefälscht hatte, anstandslos akzeptiert, als ich meine Eintrittskarten abholte und nach einem Ausweis mit Bild gefragt wurde. Ich hätte Mitglied von Al Kaida sein und problemlos eine Bombe in die »Wine Experience« und zwischen die *Ein-von-Tausendern* schmuggeln können! Ganze zwei Menschen bei der »Wine Experience« erkannten Stephen Taylor als den verkleideten Stuart Pigott, als die Fälschung, die er tatsächlich ist, sagten aber glücklicherweise nichts.

Jetzt driftet Stephen langsam immer weiter weg von mir, irgendwo ins Leere. Vielleicht habe ich das Ganze zu weit getrieben und dabei manche Antworten, auf die ich aus war, nicht gefunden, aber ich möchte nicht Teil des *Shanken-Systems* werden und ihnen so näher kommen. Schließlich ist es ein ganz gewöhnliches amerikanisches Macht- und Geld-System. Es spielt jetzt keine Rolle, weil ich abgelegt habe und in die Nacht von Manhattan segle. Columbus Circle und die Gestalt des ersten europäischen Amerikaners wirken zwergenhaft im Schatten der funkelnden neuen Twin Towers des Time Warner Centre, die der Welt zuzurufen scheinen: »Wir sind dank des allmächtigen Dollars und des großen Gottes Mammon von den Toten auferstanden!« Diese Stadt ist zugleich der Triumph des Rationalismus und die heimtückische Rache des Irrationalen. Als ich quer über Central Park West laufe, muss ich plötzlich an Christian Adams denken, der bei dem Flugzeugabsturz in Pennsylvania am 9/11 ums Leben kam, ein sympathischer und intelligenter Wein-Mensch, der mir nicht aus dem Kopf geht. Ich übersehe das verführerische Leuchten des Restaurants »Jean Georges« im Erdgeschoss des Trump International Tower, ein wahrer Tempel der Luxus-Fresserei, wo ich mehrmals während der ganzen New York-Recherche gespeist habe, und gehe direkt hinunter in die Subway.

Ein Zug der Linie 1 taucht sofort auf, und ich erwische einen Sitzplatz, den die Saturday Nigther aus unerklärlichen Gründen freigelassen haben. Das Mädchen mir gegenüber in schwarzen Jeans, hellblauem Sweatshirt und Baseball-Stiefeln liest ein Taschenbuch mit dem Titel »Das Bewusstsein Ihres vierten Chakras«. New York, New York! *Om mani padme hum hrih.* Stephen/Stuart hat heute Nachmittag, nachdem er sich kurz hingelegt hatte, um sich von dem kalten Essen und dem heißen Wahnsinn zu erholen, denselben Zug genommen, um einen der 256 Weinproduzenten der »Wine Experience« zu treffen. Dessen Namen darf ich nicht verraten, um ihm mögliche Schwierigkeiten zu ersparen, obwohl er nichts als die Wahrheit sagte.

»Es war interessant, zu einer Veranstaltung zu kommen, bei der die Produzenten dafür bezahlen, ihre Weine an zahlendes Publikum ausschenken zu dürfen«, lautete sein erster Kommentar. Er erzählte mir, er habe 2000 Dollar »Miete« für seinen Tisch bei den beiden »Grand Tastings« bezahlt. Multipliziert mit 256 sind das 512 000 Dollar. Dazu kommt, dass nach allem, was ich gelesen und gehört habe, es 1100 von uns »Complete Package«-Leuten gab, was bei 1750 Dollar pro Kopf 1 925 000 Dollar macht. Die Broschüre zum 25. Jubiläum, die wir überreicht bekamen, spricht von insgesamt 5000 Teilnehmern bei jeder »Wine Experience«, setzen wir also vorsichtig 2000 an, die jeder 250 Dollar gezahlt haben, um bei einem »Grand Tasting« dabei zu sein. Das ergibt mindestens 500 000 Dollar, und wenn dann vielleicht nur noch 200 Karten für das »Grand Award Banquet« zu je 400 Dollar dazukommen, wären wir immerhin bei weiteren 80 000 Dollar. Insgesamt: Über drei Millionen Dollar Einnahmen! Wieder diese Zahl, die Shanken am ersten Morgen in seiner Willkommen-Rede erwähnte. Jegliche Gewinne gehen zwar an die wohltätige »Wine Spectator Scholarship«-Stiftung, die laut 25. Jubiläums-Broschüre bereits vor der diesjährigen Veranstaltung über fünf Millionen Dollar verfügte, aber seien wir ehrlich, so wie das Ganze aufgezogen ist, ist es ein gigantischer Werbecoup, der weder die Zeitschrift noch Shankens Verlagsimperium auch nur einen Cent kostet. Und obgleich die Stiftung sich für gute Zwecke auf dem Gebiet von Wein und Kulinarischem in Amerika einsetzt, gibt es arme und verelendete Menschen in diesem Land, die dieses Geld besser gebrauchen könnten, und das nicht erst seit dem Hurrikan Katrina.

Ich sagte zu meinem Winzerfreund, dass das Schlimmste für mich war, wie die Auswahl der Weine bei den Probeseminaren das alte hierarchische Schema der Weinwelt widerspiegelte, aus nationalistischen Gründen bis zu einem gewissen Maße durch die neuen Weinstars Kaliforniens ergänzt. Er nickte und sagte, er betrachte das auch als großes Problem, weil dadurch nur veraltete Ansichten und Vorurteile bestärkt würden. Veraltet? Bei der »Wine Experience« sind sie verkrustet, gar fossilisiert!

Es war das Gegenteil von dem, was ich während meiner Zeit bei Fred Scherrer und in den Dakotas erlebt hatte. Dort hatte ich Freiheit geschmeckt und das, was sie ermöglicht. Das war auf ansteckende Weise inspirierend gewesen, während hier lediglich einige wenige Weine das waren. Sie entsprechen nicht den Shanken-Vorstellungen, hatten sich jedoch durch Türen hineingeschlichen, die jemand absichtlich oder versehentlich angelehnt gelassen hatte, und sorgten für ein wenig frischen Wind. Es gab einige großartige Weine, die Stephen Taylor in seinem Bericht nicht erwähnt hat, wie den 2001 Vigneto Bellavista Chianti Classico von Castello di Ama aus der Toskana, den 2004 Watervale Riesling von Grosset in Clare Valley in Australien, und den 2002 Fay Cabernet Sauvignon von Stag's Leap Wine Cellars in Napa Valley; Blüten der Winzerkunst von unglaublicher Schönheit! Da war auch der überraschende 2001 Signature Merlot von Château Mercian, der erste vollständig überzeugende Wein, den ich je aus Japan probiert habe, und ein selten eleganter Merlot noch dazu.

Wir haben Christoper Street erreicht, wo ich aussteigen muss. Ich nehme den Ausgang Sheridan Square, und es regnet wieder, deshalb setze ich meine Grace Family Vineyard-Baseballmütze auf. »Be optimystic!« steht hinten drauf, ein Gedanke, der mich seit Jahren begleitet, der aber in den letzten Tagen schwierig im Kopf zu behalten war wegen der Luxus-Überdosis. Als ich West 4th Street hinunter durch die junge Herausgeputzt-um-irgendwo-hinzugehen-Menge laufe, höre ich ein junges Mädchen in ihr Telefon schreien: »*Aber Scheiße nochmal, wo sollen wir hingehen?*«

Der Regen wird stärker, als ich in die Jones Street einbiege, so dass ich die letzten Meter zum »Caffè Vivaldi« renne, einer höchst ungewöhnlichen Musikkneipe in Greenwich Village. Hier in Downtown haben die astronomischen Mieterhöhungen der letzten Zeit die Musikszene ziemlich unter Druck gesetzt, aber ich habe den Eindruck, dass der harte Kern sowieso bereits über den East River nach Williamsburg in Brooklyn abgewandert war. Ich lasse mich auf einen Holzstuhl am Kamin fallen, und plötzlich wird mir bewusst, wie verspannt meine Beinmuskeln sind. Die Joggingrunden am Morgen im Central Park können es nicht sein, ich laufe sonst auch jeden Tag. Nein, das kommt von Stephen Taylors eigenartiger Macho-Pose, drei Tage am Stück, das hat mich auch körperlich geschafft. Darauf bereitet einen auch kein Schauspielunterricht vor, egal wie gut er ist. Eine punkige Bedienung taucht auf und gibt mir die Karte. Eine ungewöhnlich aussehende junge Sängerin mit schulterlangem, braunrotem Haar und einer Akustikgitarre fängt gerade an.

> *You'll ask me if I'm allright, I'll say, »yes I am«,*
> *But there's a cat in the moon and I'll sing my song to him…*
> *When I walk home in the lights of the city*
> *I feel so far away and it feels so strange that I can't explain,*
> *I'm left hanging*

Ich fühle mich hängengelassen. Ihre einfachen, kantigen Akkorde wirken hypnotisch.

> *Trees like the sounds which most of us don't hear,*
> *Trees like the wind which washes over tears…*
> *The wind washes over the rain,*
> *I can see through years*
> *I can see through years*

Applaus von ganz anderer Art wie der der letzten Tage; sie stellt sich als Miki Huber vor. Ich schaue mir die Weinkarte an. Wahnsinn ! Da ist der 2002 FAY CABERNET SAUVIGNON von STAG'S LEAP WINE CELLARS … für 250 Dollar. Normalerweise stünde das nicht zur Diskussion, aber Stephen hat eigentlich nicht viel von den 1000 Dollar Taschengeld ausgegeben, mit denen ich ihn ausgerüstet hatte, und Dollarscheine sehen alle so gleich aus, dass man genau hinschauen muss, um den Unterschied zwischen einem Einer und einem Hunderter zu erkennen. Also bestelle ich eine Flasche und gebe der Bedienung drei zerknitterte Rechtecke grünes Papier dafür. Der Wein ist genau wie die Musik, fest und ganz zart, kultiviert und ganz ehrlich. Ich kann mich nicht erinnern, je etwas Ähnliches probiert zu haben, bevor ich den Besitzer von STAG'S LEAP, Warren

Winiarski, kennen gelernt habe, genauso wie ich mich nicht erinnern kann, vor Miki Hubers Auftritt vor einer halben Stunde je so etwas gehört zu haben. Warum nach ausgeklügelten Metaphern oder Sprachbildern suchen?

Ihre Lieder erinnern mich jedoch an etwas, das der junge und wilde Nahewinzer Martin Tesch mir vor ein paar Monaten gesagt hat. »Weißt du, was nach dem ganzen Gitarrenrock kommt? Der Sound of Silence, der Klang der Stille!« Es ist Milliarden Lichtjahre vom *Shanken-System* entfernt auf der anderen Seite des Universums, wo der innere Kreis von Redakteuren, Mitarbeitern und der äußere Kreis von Weinfachleuten alle Shanken umrunden wie die Elektronen, die um den Kern eines Plutoniumatoms flitzen. Die »Wine Experience« ist sein verdammtes Manhattan Project. *Was du auch immer tust, dreh diesen Schalter nicht herum!*

Als Miki Huber mit ihrem Auftritt fertig ist, gehen mehrere Leute aus dem Publikum zu ihr hinüber, offensichtlich Fans, deshalb warte ich, bis sie am Zusammenpacken ist.

»Deine Musik gefällt mir«, sage ich schlaff, und meine schmerzenden Wadenmuskeln lassen mich leicht humpeln.

»Danke«, entgegnet sie, und als ich erzähle, ich sei Journalist, könne zwar nichts versprechen, würde mich aber gern mit ihr unterhalten, hört sie geduldig zu.

»Heute Abend bin ich mit Freunden verabredet, wie wär's mit morgen?« Sie schlägt vor, dass wir uns um zwölf Uhr mittags in der »Tea Lounge« an der 7th Avenue treffen, das heißt 7th Avenue Brooklyn, und ich bin einverstanden. Warum tue ich das? Weil die Arbeit eines ganzen Jahres zu diesem Moment geführt hat, hier hat mich der Wind hergeweht.

Ich renne durch den Regen zur Subway-Station. Gerade als ich sie erreiche, ertönt ein gewaltiger Blitz- und Donnerschlag. Haben sie das im Broadway Ballsaal im »Marriott Marquis« auch gehört, oder ist der Sound der lebenden Disco-Fossilien »KC and the Sunshine Band« zu laut? Zweifellos gefallen sich dort die Pinguin-Männer und die Frauen in ihren Abendkleidern, die etwas darstellen in der Weinwelt oder dieser Stadt, jetzt gerade auf der Tanzfläche.

Do you wanna go party ?
We'll get funky, then party
Drink a little wine, party
Have a funky time, party
Come on baby, sexy lady

23. Oktober 2005   Ich nehme die Linie F an der Station Lexington Avenue und 63rd Street wenige Blocks hinter dem »The Pierre«, wo Stephen Taylor ausgecheckt und mein Gepäck zur Aufbewahrung gegeben hat, weil ich erst heute Abend um sieben in ein Taxi zum JFK springen muss. Nach dem wuchtigen Sturm ist es jetzt strahlender Sonnenschein, aber kalt und windig; Plusterwolken schießen über den Himmel, perfektes Katerwetter! Nicht unbedingt ein Kater aufgrund von Stephen/Stuarts gestrigem Weinkonsum – Stephen Taylor hat alles ausgespuckt, was er verkostet hat, so wie ich es ihm beigebracht habe – und die eine Flasche im »Caffè Vivaldi« war für Stuart Pigott eher Entspannung nach fünf Wochen *Gonzo-Recherche* in *Wein-Amerika*.

Nein, die Ursache für meinen Kater heute sind zwei Jahre und drei Monate Suche nach wilden Weinen und der Wahrheit in ihnen. Damit es jetzt nicht zu Missverständnissen kommt: Ich bin nicht im Geringsten enttäuscht. Es war alles so viel erstaunlicher, als ich es mir je vorgestellt hatte. Doch als die Subway unter Midtown Manhattan nach Süden rattert, frage ich mich, ob es möglich sein wird, aus der Masse an Informationen und Eindrücken, die ich gesammelt habe, überhaupt klare Schlüsse zu ziehen, außer dem offensichtlichen, dass es wohl wilde Weine gibt, die die alten Regeln ebenso grundsätzlich widerlegen, wie die gekrümmte Raum-Zeit die Newtonschen Physikregeln entkräftet. Vor 100 Jahren, als Einstein erstmals die gekrümmte Raum-Zeit postulierte, war das etwas, für das Beweise an Orten gesucht werden mussten, die zuvor niemandem in den Sinn gekommen waren, etwa dass die Masse der Sonne das Licht der an ihr vorbeiziehenden Sterne merklich krümmt. Und genau wie diese Beweise einer nach dem anderen gefunden wurden, ist es mir gelungen, auf meinen Reisen an die äußeren Grenzen von *Planet Wein* Beweise zu sammeln, dass Wein in viele verschiedene Richtungen ausschlägt, die zuvor nicht für möglich gehalten wurden. Die Frage ist jedoch, warum man diese Analyse noch weiter als diese Aussage treiben sollte, und dabei Argumente anzubringen, die bereits der nächste Recherche-Trip als zurechtgebogen entlarven könnte? Das wäre ebenso dumm wie das andere Extrem, einem Schiff nachzustarren, das am Horizont verschwindet, und darauf zu bestehen, dass *Planet Wein* flach ist, obgleich man gerade den Gegenbeweis beobachtet, wie es bei der »Wine Experience« der Fall ist. Ob es einem nun gefällt oder nicht, man es akzeptiert oder abstreitet; wir werden alle früher oder später feststellen, wie diese wilde neue Weinwelt aussieht.

Jetzt tauchen wir auf der Brooklyn-Seite wieder auf und die Gleise ziehen sich auf Stelzen in die Höhe, eröffnen den Blick über eine chaotische, von Menschenhand geschaffene Landschaft; Hafenanlagen, Lagerhäuser, Fabrikhallen und dahinter die Freiheitsstatue! Unglaublich, es ist das erste Mal, dass ich sie sehe, obwohl ich seit 17 Jahren in diese Stadt komme. Ja, das ist die wirkliche Frage! Entweder akzeptiert man, dass so viele der alten Weinregeln weggefegt werden, oder man steigt auf die Barrikaden und versucht die Wirklichkeit davon abzuhalten, in die eigene kleine Ecke einzudringen. In den vier Tagen seit meiner Ankunft habe ich immer und immer wieder ein Lied von Jackson Browne »The Barricades of Heaven« angehört, von seiner neuen Solo-Acoustic-CD. Bereits der Titel des Lieds erscheint mir wie eine grundlegende Wahrheit. Entweder man öffnet die Himmelstore oder man verbarrikadiert sie, eine Entscheidung, die jeder von uns zu jeder Zeit treffen kann. Jeder von uns kann jedesmal, wenn er ein Glas Wein an die Lippen führt, entscheiden, ob er das Licht hereinlässt oder sich verbarrikadiert und im Schatten dahinter versteckt. Und es waren gerade sehr schattige Tage! Die Frage ist jetzt, was kann ich tun, um Licht in mein Buch zu lassen? Was für Seiten werden es sein?

> *Pages turnin',*
> *Pages torn and pages burnin',*
> *The faded pages open in the sun.*
> *Better bring your own redemption when you come*
> *To the barricades of heaven from where I'm from ...*

Wir haben die 10th Street Station erreicht, an der ich nach Mikis Anweisungen aussteigen soll. Ich bin in Park Slope, dem grünen Brooklyn-Bezirk, in dem ich ein paar Tage lang in einem Brownstone-Haus aus rotem Sandstein aus dem 19. Jahrhundert gewohnt habe, als ich Anfang September in der Stadt war. Die Besitzerin, eine Food-Autorin in den Siebzigern, erzählte mir bei einem spätnächtlichen Whiskey, dies sei einer der Bezirke, der sich in den letzten Jahren am stärksten verändert habe. »Damals in den Siebzigern wimmelte es hier vor Pistolenhelden, aber jetzt ist alles schick und dieses Haus 2,5 Millionen Dollar wert. Yippee!« Wir saßen auf dem Rand ihres Betts, sie im Nachthemd, aber es war alles harmlos.

Es sind nur ein paar Meter die belebte 7th Avenue hinunter zur »Tea Lounge«. Sie entpuppt sich als das, was die Marketingleute einen dritten Ort nennen, das heißt weder Zuhause noch Arbeitsplatz, sondern gemütlich. Es gibt abgewetzte bequeme Sessel, Sofagruppen und niedrige Tische für die Notebooks – natürlich gibt es hier kostenlosen Wireless-Internetzugang – der *Coolen Creativen Creaturen*, die hier leben. Die Lounge ist voller CCCs, viele in Gespräche am Mobiltelefon vertieft, ihren Geschäften nachgehend wie die Mitte-Boys in Berlin; eine Szene, die die Globalisierung beinahe weltweit vereinheitlicht hat. Gerade als ich mich frage, ob sich ein freier Platz finden wird, steht ein Paar an einem kleinen Tisch mit etwas festeren Stühlen auf – perfekt. Ich werfe einen Blick auf die Weinkarte, sie haben offenen Zinfandel. Aber ich bin in einem völlig ausgebrannten Zustand und brauche regelmäßige Koffein-Shots, um durchzukommen. Also bestelle ich einen Latte und versuche, die wunderbare harte Schufterei in Kalifornien und diese Flaschen ZINFANDOODLE in diversen Hotelzimmern in den Dakotas zu vergessen. Ich stelle Stephen Taylors Diktaphon auf den Tisch, aber weiß eigentlich immer noch nicht, was ich hier tue, außer mich treiben zu lassen. An einem gewissen Punkt gehen alle meine Pläne und guten Absichten zur Neige, aber ich laufe leer weiter, *running on empty*. Was dann passiert, ist serendipity, ergibt sich.

The Outlaw, der Geächtete, wird zum Drifter, zum Getriebenen, und sein Pferd reitet weiter, als er ihm schon längst keine Befehle mehr erteilt.

Miki Huber fegt durch die Tür und sieht mich.

»Ich hole mir nur etwas zu trinken«, sagt sie. »Hör dir das solange an, meine neue CD. Sie heißt ›Flutter‹.« Sie drückt mir einen Walkman in die Hand und ich setze mir folgsam die Kopfhörer auf.

> *You can't frighten me away,*
> *No ghosts around in here …*

Mit einer Tasse Tee in der Hand erzählt sie mir, dass ihr Vater aus San Diego kam, ihre Mutter Japanerin ist und sie auf einer Farm in der Mohave-Wüste aufgewachsen ist. Und wann kam sie nach New York?

»Ich hatte keinen besonderen Plan. Ich habe Musik gemacht, überlegte aber, auf die Kunstschule zu gehen, dann habe ich ein bisschen Schauspielerei gemacht … manchmal arrangieren sich die Dinge, wenn man sich innerlich darauf einstellt.« Und wie ist es in der New Yorker Musikszene?

»Die Hipsters in Williamsburg sind extrem bemüht, den Leuten zu zeigen, wie wenig sie alles interessiert, beäugen aber gegenseitig voller Neid jeden Erfolg. Man wird so leicht von Leuten vereinnahmt, die erfolgshungrig sind, sogar erfolgsgierig.« Es hört sich ein wenig ähnlich an wie die verrückte Weinwelt, in der ich in den letzten Tagen bis zum Hals gesteckt habe. »In allem, was ich tue, gibt es etwas Düsteres«, fährt sie fort und erinnert mich daran, wie ich während meiner Reise durch Amerika immer wieder in dunkle Schatten gestolpert bin, obwohl ich noch einen Moment zuvor im hellen Licht stand. Eigentlich habe ich diesen Wechsel von hell und dunkel überall auf *Planet Wein* erlebt. Und wie schreibt sie diese Lieder, die so anders klingen als alles, was ich sonst gehört habe?

»Eine Menge Leute schreiben erst ihre Texte und dann die Musik dazu. Ich nicht, für mich ist es nicht verbal. Es ist ein Prozess, bei dem ich meinen Kopf abschalte.«

Sich treiben lassen! Das wird von der Globalisierung nicht vereinheitlicht – es ist jedesmal und an jedem Ort neu. »Sobald ich an Worte denke, wirkt es gezwungen. Meine Schauspiellehrerin Carol Prescott sagt, dass trotz allem, was sie gelernt hat, ihre Technik darin besteht, tief durchzuatmen und sich an dem Erlebnis zu erfreuen.« *Atmen und Freude!* Ich erzähle ihr, dass ich in Berlin an meiner Atmung arbeite und an der Konzentration auf Freude, seitdem mir eine Freundin vor zwei Jahren am Telefon beigebracht hat, wie man meditiert. Aber soll ich ihr alles erzählen, was mir in diesen Jahren passiert ist und wie ich zu der Überzeugung gelangt bin, dass diese Übungen das alles auf eine obskure Weise ermöglicht haben? Alles über Thailand, Indien, über die wilden jungen Winzer in Deutschland und alles, was ich erlebt habe, als ich ihr eigenes Land durchquert habe? Nein, dieser *Wein-Amerikaner* muss endlich nach Hause, um in Berlin alles zu Papier bringen.

Stephen Taylor dankt

»Yours Truly« wäre kein Mann von Welt geworden, ohne eine Menge guter, tüchtiger Mädels und Jungs im Rücken.

Jede Story hat einen Anfang, und diese fing beim Friseur an. Stuart Pigott erzählte Sascha Boritzki von der SCHNITTSTELLE in der Kollwitzstraße 70, Berlin-Prenzlauer Berg (Tel: 030/44 04 89 70, www.eitelkeiten.de) von seiner Idee, die »New York Wine Experience« unter einer anderen Identität zu besuchen.

»Das klingt wie Günter Wallraffs Buch ›Ganz Unten‹«, sagte Boritzki dazu. Pigott holte sich es sofort und fraß den Wälzer innerhalb weniger Tage. Beim nächsten Besuch erzählte er Sascha Boritzki, wie er sich von Walraffs Buch bestätigt fühlte, aber wie soll der Typ heißen?

»Stephen Taylor«, platzte Boritzki aus, und damit war die Sache gebongt!

Klar war auch von Tag eins an, dass »Yours Truly« zur Arbeiterklasse gehört, aus Südost-London stammt, ein erfolgreicher Unternehmer ist und ein ganz anderer Kerl als der intellektuelle Mittelschicht-Frauenversteher Pigott. Unter uns gesagt, liegt ein Teil von Pigotts Wurzeln in der Arbeiterklasse von Südost-London. Deshalb mag er mich auch.

Boritzki war überzeugt, dass es klappt, aber dafür sei unbedingt ein andere Frisur notwendig. Wir waren uns schnell einig, die ganze scheiß Dichter-Mähne muss ab!

Kleider machen Leute. Aritha Scheibe von DESIGNER DEPOT in der Rochstraße 2, Berlin-Mitte (Tel.: 0 30/28 04 67 00, www.designer-depot.net) traf auf Anhieb meinen coolen Klamotten-Geschmack. Dazu war der gestreifte graue Etro-Anzug – ein verdammt starkes Teil! – drastisch reduziert, von fast 1500 Euro auf 500 Euro – ein geniales Schnäppchen und damit genauso unwiderstehlich wie »Yours Truly« selbst.

Nach den Änderungen vom Schneider Krstic Miroslav in der Pariser Straße 5, Berlin-Wilmersdorf (Tel.: 0 30/8 83 82 09) sah der Anzug aus wie maßgeschneidert, bzw. noch geiler und noch teurer!

Aber so einfach ist es nicht, solch ein toller Hecht wie Stephen Taylor zu werden. Bettina Keller in der Stendaler Straße 5, in Berlin-Moabit (Tel.: 0 30/39 03 60 49, www.bettina-keller.com), ist eigentlich eine ziemlich gute Porträt-Fotografin, aber in einem vorherigen Leben war sie Schauspielerin, hat Straßentheater gemacht und Seminare des berühmten und abgedrehten Georges Tabori besucht. Die Mutige nahm »Yours Truly« als Schauspielstudent auf, und es waren viele verdammt lustige Stunden.

Susanne Grieshaber (grieshaber@kulturbotschaft.de) ist eine Journalistin und hält sich auch in der Kunst- und Foto-Szene auf. Wie sie die schlechte Luft und die schlechten Stücke in den Theatern aushält, keine Ahnung. Sie hielt aber mühelos einige Abende mit dem coolen Mann aus London aus – ziemlich verrückte Blind-Dates waren das –, was meine Aura noch weiter stärkte.

Körpersprache verstehe ich dank Pauline Schneider (pauline.schneider@berlin.de). Vorher war ich ein Vollidiot, der glaubte, das sei alles nur etwas für attraktive junge Ladys. Nicht nur dass »Yours Truly« durch das Feldenkrais-Training in Form gebracht wurde, sondern Pauline Schneider hat mir gezeigt, wie man es komplett vermeiden kann, für schwul – nichts gegen Homos, aber ich bin Hardcore-Hetero – gehalten zu werden.

Amin Khadr und Rick Lee in New York sowie Myra Stimson in London haben sich auch voll hinter das Unternehmen gestellt.

Nie vergessen – nur so kann ein Geschäft überhaupt aufgehen. Here's looking at you kids!

Yours Truly
Stephen Taylor
Greatstephentaylor@hotmail.co.uk

Kontaktadressen

Südtirol

Weingut Franz Haas
Villnerstrasse 5–6
I-39040 Montan
Tel.: 0039 04 71/81 22 80
Fax: 0039 04 71/82 02 83
E-Mail: info@franz-haas.it
Internet: www.franz-haas.it

Martin Foradori/Weingut
J. Hofstätter
Rathausplatz 7
I-39040 Tramin
Tel.: 0039 04 71/86 01 61
Fax: 0039 04 71/86 07 89
E-Mail: info@hofstatter.com
Internet: www.hofstatter.com

Peter Pliger/Weingut Kuenhof
Mahr 110
I-39042 Brixen
Tel./Fax: 0039 04 72/85 05 46

Franz Pratzner/Weingut
Falkenstein
Schlossweg 15
I-39025 Naturns
Tel.: 0039 04 73/66 60 54

E-Mail: falkenstein.naturns@
rolmail.net

Kellerei St. Michael-Eppan
Via Pigano 25
I-39057 Eppan
Tel.: 0039 04 71/66 44 66
Fax: 0039 04 71/66 07 64
E-Mail: kellerei@stmichael.it
Internet: www.stmichael.it

Tiefenbrunner/Castel Turmhof
Schlossweg 4
I-39040 Enitklar
Tel.: 0039 04 71/88 01 22
Fax: 0039 04 71/88 04 33
E-Mail:
info@tiefenbrunner.com
Internet:
www.tiefenbrunner.com

Kellerei Tramin
Weinstrasse 144
I-39040 Tramin
Tel.: 0039 04 71/86 01 26
Fax: 0039 04 71/86 08 28
E-Mail: info@tramin-wein.it
Internet: www.tramin-wein.it

Nordpiemont

Christoph Künzli/Le Piane
Via Cerri 10
I-28010 Boca
Tel.: 0039 03 22/86 69 82
E-Mail: info@bocapiane.com
Internet: www.bocapiane.com

Paolo De Marchi
Isole e Olena
Loc. Isole 1
I-50021 Barberino Val d'Elsa
(Toscana)
Tel.: 0039 055/8 07 27 63

Die Tropen

Indien

Sula Vineyards
Gat 35, Govardhan
Gangapur-Savaragaon
Road
Nashik 422 222
(M.S.) India
Internet: www.sulawines.com

Chateau Indage
Narayngaon
Tal. Junnar
Dist. Pune
Internet:
www.indagegroup.com
Grover Vineyards

63, Raghunathapura
Devanahalli Road
Doddaballapur
Bangalore Dist.
E-Mail:
grovervineyards@vsnl.com

Die Tees von Ambootia sind
von Compagnie Cloniale zu
beziehen:

Compagnie Coloniale
Große Bleichen 12–14
20354 Hamburg
Tel.: 040/35 71 95 62
E-Mail: info@comcol.de

Ambootia Tea Estate
P.O. Kurseaong
Darjeeling Dist.
E-Mail: ambootia@vsnl.com

Thailand

B.J. Garden Winery
E-Mail:
bj_garden@hotmail.com
Internet:
www.bjchateauwine.com
www.siamesewine.com

Khao Yai Winery
102 Moo 5
Payayen
Pakchong
Nakornratchasima 30320

Internet:
www.khaoaiwinery.com

Chiang Rai Winery
160 Moo 7 Sritoi
Maesuay
Chiang Rai 57180
Internet:
www.chiangraiwinery.com

Chateau de Loei
Internet:
www.chateaudeloei.com

Siam Winery
Tel: 0066 (0)2937/00 55
Fax: 0066 (0)2937/01 55
E-Mail: info@siamwinery.com
Internet: www.siamwinery.com

Downtown Inn
172/1-11 Loy Kroh Road,
Anusarn Night Market
Chiang Mai 50000

Mandarin Oriental
51/4 Chiang Mai – Sankam-
paeng Road Moo 1 T. Tasala
A. Muang
Chiang Mai 50000 Thailand
Tel.: 0066 53/88 89 29
Fax: 0066 53/88 89 28
E-Mail: mocnx-
reservations@mohg.com
Internet:
www.mandarinoriental.com

Restaurant Sala Rim Naam
Hotel Mandarin Oriental
48 Oriental Avenue
Bangkok 10500
Tel.: 0066 02/4 37 62 11 oder
0066 02/6 59 90 00 (Ext: 7330)
E-Mail:
orbkk-restaurants@mohg.com

Hong Tauw Inn
95/17-18 Nantawan Arcade
Nimanhaemin Road
Chiang Mai 5000
Tel.: 0066 053/21 83 33

Die »Jungen Wilden«

Mosel

Katharina Prüm/Weingut
Joh. Jos. Prüm
Uferalle 19
54470 Bernkastel-Wehlen
Tel.: 06531/30 91
Fax: 06531/60 71
Internet: www.jjpruem.com

Daniel Vollenweider/Weingut
Vollenweider
Wolfer Weg 53
56841 Traben-Trarbach
Tel.: 06541/81 44 33
Fax: 06541/81 67 73
E-Mail: mail@weingut-
vollenweider.de

Internet: www.weingut-
vollenweider.de

Nahe

Helmut Dönnhoff/Weingut
H. Dönnhoff
Bahnhofstrasse 11
55585 Oberhausen
Tel.: 06755/2 63
Fax: 06755/10 67
E-Mail:
weingut@doennhoff.com
Internet: www.doennhoff.com

Meike Fröhlich und Karsten
Peter/Weingut Schäfer-
Fröhlich
Schulstrasse 6
55595 Bockenau
Tel.: 06758/65 21
Fax: 06758/87 94
E-Mail: info@weingut-
schaefer-froehlich.de
Internet: www.weingut-
schaefer-froehlich.de

Martin Tesch/Weingut Tesch
Naheweinstrasse 99
55450 Langenlonsheim
Tel.: 06704/9 30 40
Fax: 06704/93 04 15
E-Mail:
info@weingut-tesch.de
Internet:
www.weingut-tesch.de

Pfalz

Familie Peter/
Weingut Castel Peter
Am Neuberg 2
67098 Bad Dürkheim
Tel.: 06322/58 99
Fax: 06322/6 79 78
E-Mail: weingut-castel-
peter@t-online.de

Thomas Hensel/
Weingut Hensel
In den Almen 13
67098 Bad Dürkheim
Tel.: 06322/24 60
Fax: 06322/6 69 18
E-Mail: henselwein@aol.com
Internet: www.weingut-
hensel.de

Markus Schneider/Weingut
Schneider
Georg-Fitz-Strasse 12
67158 Ellerstadt
Tel.: 06237/72 88
Fax: 06237/97 72 30
Email: weingut.
schneider@t-online.de

Deidesheimer Hof
Marktplatz 1
67146 Deidesheim
Tel.: 06326/40 12 02
Fax: 06326/40 12 96
E-Mail:

info@deidesheimerhof.de
Internet:
www.deidesheimerhof.de

Hotel Restaurant zum Lamm
Bismarckstrasse 21
67161 Gönnheim
Tel.: 06322/9 52 90
Fax: 06322/95 29 16
Internet: www.restaurant-zum-lamm.de

Turm Stübl
Turmstrasse 3
67146 Deidesheim
Tel.: 06326/98 10 81
Fax: 06326/98 10 82
Internet: www.turmstuebel.de

Franken

Hansi Ruck/
Weingut Johann Ruck
Marktplatz 19
97346 Iphofen
Tel.: 09323/80 08 80
Fax: 09323/80 08 88
E-Mail: info@ruckwein.de
Internet: www.ruckwein.de

Weingut Horst Sauer
Bocksbeutelstrasse 14
97332 Escherndorf
Tel.: 09381/43 64
Fax: 09381/68 43
E-Mail: Mail@Weingut-

Horst-Sauer.de
Internet:
www.Weingut-Horst-Sauer.de

Christian Stahl/
Winzerhof Stahl
Lange Dorfstrasse 21
97215 Auernhofen
Tel.: 098489/68 96
Fax: 098489/68 98
E-Mail:
mail@winzerhof-stahl.de
Internet:
www.winzerhof-stahl.de

Rheingau

Theresa Breuer/
Weingut Georg Breuer
Grabenstrasse 8
65385 Rüdesheim
Tel.: 06722/10 27
Fax: 06722/45 31
E-Mail:
info@georg-breuer.com
Internet:
www.georg-breuer.com

Reiner Flick/
Weingut Joachim Flick
Strassenmühle
65439 Flörsheim-Wicker
Tel.: 06145/76 86
Fax: 06145/5 43 93
E-Mail: info@flick-wein.de
Internet: www.flick-wein.de

Rheinhessen

H.O. Spanier/
Weingut Battenfeld-Spanier
67591 Hohen-Sülzen
Tel.: 06243/90 65 15
Fax. 06243/90 65 29
E-Mail: kontakt@battenfeld-
spanier.de
Internet:
www.battenfeld-spanier.de

Jochen Dreissigacker/
Weingut Dreissigacker
Untere Klinggasse 4-6
67595 Bechtheim
Tel.: 06242/24 25
Fax: 06242/63 81
E-Mail:
info@dreissigacker-wein.de
Internet:
www.dreissigacker-wein.de

Johannes Geil/Weingut Geil
Kuhpfortenstrasse 11
67595 Bechtheim
Tel.: 06242/15 46
Fax: 06242/69 35
E-Mail: info@weingut-geil.de
Internet: www.weingut-geil.de

Klaus-Peter und Julia
Keller/Weingut Keller
Bahnhofstrasse 1
67592 Flörsheim-Dalsheim
Tel.: 06243/4 56

Fax: 06243/66 86
E-Mail: info@keller-wein.de
Internet: www.keller-wein.de

Stefan Sander/Weingut Sander
In den Weingärten 11
67582 Mettenheim
Tel.: 06242/15 83
Fax: 06242/65 89
E-Mail:
info@weingut-sander.de
Internet:
www.weingut-sander.de

Christian Spohr/
Weingut Spohr
Welchgasse 3
67550 Worms
Tel.: 06242/91 10 60
Fax: 06242/9 11 06 30
E-Mail:
weingut.spohr@t-online.de
Internet:
www.weingutspohr.de

Daniel Wagner/
Weingut Wagner-Stempel
Wöllsteiner Strasse 10
55599 Siefersheim
Tel.: 06703/96 03 30
Fax: 06703/96 03 31
E-Mail:
info@wagner-stempel.de
Internet:
www.wagner-stempel.de

Stefan Winter/Weingut Winter
Hauptstrasse 17
67596 Dittelsheim-Hessloch
Tel.: 06244/74 46
Fax: 06244/5 70 46
E-Mail:
info@weingut-winter.de
Internet:
www.weingut-winter.de

Philipp Wittmann/
Weingut Wittmann
Mainzer Strasse 19
67593 Westhofen
Tel.: 06244/90 50 36
Fax: 06244/55 78
E-Mail:
info@wittmannweingut.com
Internet:
www.wittmannweingut.com

Hotel Krautkrämer Münster
Zum Hiltruper See 173
48165 Münster/Hiltrup
Tel. 02501/80 50
Fax 02501/80 51 04
info@krautkraemer.de

Kalifornien

Scherrer Winery
966 Tiller Lane
Sebastopol
CA 95472
Tel./Fax: 001 707/8 23 89 80

E-Mail: freds@sonic.net
Internet:
www.scherrerwinery.com

WesMar Winery
P.O.Box 810
Forestvill2
CA 95436
Tel: 001 707/8 29 88 24
Fax: 001 707/8 29 88 86
E-Mail:
info@wesmarwinery.com

Brogan Cellars
Tel: 001 707/4 73 82 11
Fax: 001 707/7 44 87 61
E-Mail:
brogancellars@juno.com

Flowers Vineyard & Winery
28500 Seaview Road
Cazedero
CA 95421
Tel: 001 707/8 47 36 61
Fax: 001 707/8 47 37 40
E-Mail:
info@flowerswinery.com
Internet:
www.flowerswinery.com

Dehlinger Winery
4101 Vine Hill Road
Sebastopol
CA 95472
Tel: 001 707/8 23 23 78
Fax: 001 707/8 23 09 18

Internet:
www.dehlingerwinery.com

Diese Wineries empfangen nur
Besucher mit Voranmeldung!

Willow Wood Market Cafe
9020 Graton Road
Graton
CA 954444
Tel: 001 707/5 22 83 72
Fax: 001 707/8 23 80 94

Restaurant Zazu
3535 Geurneville Road
Santa Rosa
CA 95401
Tel: 001 707/5 23 48 14
Internet:
www.zazurestaurant.com

Die Dakotas

Wild Idea Buffalo
(Dan O'Brien)
Internet:
www.wildideabuffalo.com

Pointe of View Winery
8413 19th Avenue NW
Burlington
ND 58722
Tel: 001 701/8 39 55 05
Internet: www.povwinery.com

Valiant Vineyards
1500 W Main Street
Vermillion
SD 57069
Tel: 001 605/6 24 45 00
Fax: 001 605/6 24 88 23
Internet: www.ValiantVine-
yardsWinery.com

Der Wild Graape von
Valiant Vineyards ist von
folgender Firma in Belgien
zu beziehen:

Luc Hoornaert
S.W.F.F.O.U.
Tel.: 0032 47580/0414
E-Mail: wineluc@hotmail.com

Rosebud Sioux Tribe
Sicangu Lakota Oyate
11 Legion Avenue
Rosebud
SD 57570
Internet: www.rosebudsioux-
tribe-nsn.gov